Harald Holz

Philosophie humaner Prax

Harald Holz

Philosophie humaner Praxis

in Gesellschaft, Religion und Politik

Verlag Karl Alber Freiburg/München

Satz und Druck: Presse-Druck Augsburg
ISBN 3–495–47295–9

Inhalt

Vorwort 13

Einleitung: Skizze der Thematik 17

Erster Teil: Theorie und Praxis im Problemfeld ideologiegeschichtlicher Kritik 21

I. Vorblick: Ansätze des Theorie-Praxis-Problems in der neueren Philosophie 23

1. Methodische Vorüberlegungen 23
2. Kritik unter primär negativer Rücksicht 27
3. Ansätze konstruktiver Reflexion im Bereich transzendentalen Philosophierens 31

II. Das Theorie-Praxis-Problem im Marxismus 38

1. Das Problem der Legitimation von Kritik als Praxis 39
   a) Der Primat des Prozeßcharakters 39
   b) Der Primat eines (ökonomischen) Materialismus' 41
   c) Der Primat des anthropologischen Elements 44
2. Die allgemeine Struktur von Praxis: Dialektik der Totalität 45
3. Die Gesamtstruktur von Dialektik: Offenheit und Abgeschlossenheit von Praxis 51
4. Der theoretisch uneinholbare ‚Rest' von Praxis als ihr Schwerpunkt; die notwendige Forderung nach Politik 54

III. Kritische Betrachtung 58

1. Kritik von einem Marx-immanenten Standpunkt aus 58
   a) Der Zirkel in der Motivationsstruktur 59

b) Widerspruch von Anspruch und Erfüllung transzendentaler Begründungsstruktur 61
c) Widerspruch von Allgemeinem und Einzelnem; systematische Möglichkeit des Terrors 63
2. Kritik von einem systematischen Standpunkt aus 66
a) Akt- und Wesensaspekt von Materie als Prinzip 66
b) Das absolute Subjekt als Teil-Subjekt der Menschheit 68
c) Der pseudo-religiöse Aspekt des Marxismus 69
d) Ideengeschichtliche Parallelen: Gnostizismus, totalitäre Christlichkeit 72

IV. Das Theorie-Praxis-Problem im Umkreis des Christentums 77

1. Methodologische Vorerwägungen; selektive Thematisierung 77
2. Vergleich der Theoriestruktur: Das Prinzip der Nicht-Falsifizierbarkeit in ‚christlicher' Fassung 81
3. Weiterer Vergleich charakteristischer Strukturen 83
a) Glaube als Aktstruktur 83
b) Idealtypische Elitestrukturen 86
c) Weitere methodologische, ideenvergleichende Zwischenbemerkungen 89
d) Utopie und Eschatologie 90
4. Zusammenfassung: Vergleichende Prinzipienreflexion 94

V. Totalitäre Christlichkeit im systemgeschichtlichen Vergleich: Calvinismus und Kapitalismus 96

1. ‚Transzendentale' Fragestellung des geschichtlichen Bezugs 96
2. Die These M. Webers 98
3. Der Verifikationsaspekt von Praxis, seine prinzipielle Mehrdeutigkeit 101
4. Totalitarismus innerhalb des Christentums 104
5. Formen des Katholizismus als Totalitarismus 106
6. Exkurs A: Zum Begriff des Katholizismus 107

VI. Das Theorie-Praxis-Problem und der autoritäre Katholizismus 110

1. Allgemeine Vorüberlegungen 110
2. Geschichtlicher Anknüpfungspunkt; strukturelle Charakteristik im allgemeinen 112
3. Weitere Prinzipienanalyse der katholischen (katholizistischen) Herrschaftsstruktur 115
   a) Antinomie von Gewissen und Totalitätsanspruch einer ‚Heilsinstitution' 115
   b) Die geschichtliche und sachliche Ungelöstheit des Problems 117
4. Antinomie von Pluralität des Subjekts und ‚objektivistischem' Herrschaftsmonismus 118
5. Der Eliteaspekt im ideellen und strukturellen Vergleich 121
   a) Systematischer Aspekt 121
   b) Ideengeschichtlicher Aspekt 123
6. Die weltanschaulich-religiöse Tiefenstruktur von Katholizismus und Marxismus im weiteren Vergleich 125

Zweiter Teil: Teleologische Prinzipienlehre der Grundformen und -bereiche des Verhältnisses von Theorie und Praxis 129

VII. Das Theorie-Praxis-Problem im Horizont menschlicher Vernunft 131

1. Vernunft als Vermittlungsinstanz von ‚Religion' und Politik 132
2. Die Philosophie als ‚Organ' der vermittelnden Vernunft 134
   a) Dogmatische Subjektivität als Abweichmöglichkeit, ihre Herrschaft als Idee 134
   b) Herrschaft im Medium der Politik 137
3. Der stets nur indirekte Praxisbezug der Philosophie, die besondere Schwierigkeit ihres Theorie-Praxis-Verhältnisses 138
4. Ein autochthoner Weg zur Lösung: Doppelfunktion transzendentaler Vernunft 140
   a) Minimalbedingung von Vernünftigkeit 142

b) ‚Theorie' als eigentümliche Praxis von Philosophie 143
c) Zeitbestimmung der Philosophie 144
5. Der Zukunftsbezug von philosophischer Reflexion 146
6. Methodologische Zwischenerörterung zur Argumentationsstruktur 148
7. Weitere strukturanlytische Erörterungen; konstruktive und kritische Funktion der Philosophie in Hinsicht auf ihre Geschichte 152

VIII. Die inhaltliche Perspektive: Gesichtspunkte sozio-kultureller Geschichtlichkeit 156

1. Vorüberlegungen: Prinzipieller Pluralismus der Entwicklung 156
2. Rhapsodie über Prinzipien geschichtlicher Entwicklung von Kultur 158
3. Fortsetzung: Wechselseitigkeit und funktionale Ganzheit kultureller Leistung 162

IX. Analyse menschlicher Gesellschaftlichkeit vor dem Hintergrund der modernen Kulturkrise 166

1. Das europäische Paradigma 166
2. Vorgängige Bedingungen seiner Ausbildung: der christliche Personbegriff 167
3. Spiel-Struktur als soziokulturelles Lebensprinzip 169
a) Ihre Charakterstik: Kooperative Ganzheit 169
b) Dynamische Kreativität 171
4. Spiel in existenzialer Polarität zum Nicht-Spielhaften 172
a) Der Begriff des Ernstes 173
b) Der Begriff der Einmaligkeit 174
c) Rückblick auf den Begriff der Arbeit 174
d) Die existenziale Teleologie von Spiel 176
5. Spiel als existenziale Positivität von intersubjektiver Freiheit und Notwendigkeit 177
6. Weitere Charakteristik des Spielhaften (als existenzialer Kategorie): Abenteuer 179
7. Der Spielbegriff als Kategorie des Geschichtsablaufs 180

X. Ein neuer Begriff des Humanismus 182
1. Formaler Absolutheitscharakter des Humanismusbegriffs 182
2. Ethische Konsequenzen 184
3. Ausblick auf die Möglichkeit von Geschichte als einem gesamtmenschlichen Prozeß 185

XI. Die Möglichkeit einer Erneuerung von Politik und Gesellschaft als Problem; ihre Prognostik 188
1. Zukunftsaussichten der (freiheitlich) demokratischen Konzeption: Konstitutiver Wechselbezug von Vergangenheit und Zukunft als Tradition 188
2. Die kulturgeschichtliche Problematik des Gleichheitsstandpunkts 190
3. Das Problem des Übergangs zu neuen Herrschaftsstrukturen 194
   a) Kulturgeschichtlich vergleichender Rückblick 196
   b) Anwendung auf die heutige Problematik des Verhältnisses zur Natur 197
4. Bewußtseinsänderung: Vom Antagonismus zur Ko-Operation als Universalhorizont menschlichen Handelns 199
5. Geschichte als ‚Ausgleichsfeld' von Idee und Realität optimaler (demokratischer) Herrschaft 201

XII. Die freiheitliche Demokratie als Idealgestalt angesichts der Realität 205
1. Nochmals: Das Problem des Egalitarismus' und die Gleichheit des Rechts 205
2. Relative Ungleichheit als notwendiges Implikat einer funktionalen Leistungsgesellschaft 209
3. Der Egalitarismus in historisch-genetischer Perspektive 211
   a) Wechsel von Herrschaftsformen als Sachmotiv in der Geschichte 211
   b) Freiheitliche Demokratie als Herrschaftssystem 212
4. Die ‚innere' Problematik: Demokratische Herrschaft als Ausgleich von Elite und Masse 214

5. Freiheitliche Demokratie als globale Thematik 216
6. Autorität als funktionales Element in der freien Demokratie 217
a) Der Offensivaspekt der Demokratie in der geschichtlichen Wirklichkeit: Macht und Pädagogik 219
b) Der moralische Impetus als Letztmotiv 222
7. Die Selbstapplikation der Prinzipien in der freien Demokratie: subsidiäre Autonomie 223
8. Freiheitliche Demokratie und Totalitarismus 225

XIII. Vertiefende Idealtypik einer künftigen vollkommeneren Gesellschaft 229

1. Nochmals: Die Idee des ‚Spiels' als Leitstruktur 229
2. Der Begriff des Kunstwerks als Modell für die Gesellschaft in Funktion 231
a) Vergleichbarkeit in Ziel und Entstehungsprozeß 231
b) Leistung und Herrschaft 233
c) Die Gesellschaft als Analogon zum ‚Gesamtkunstwerk' 234
3. Die künftige Gesellschaft als Richtmaß für die Gegenwart: Moral und Institution 236
4. Idealität und Pragmatismus als Elemente des Weges zum Ziel 238

XIV. Die konstitutive Funktion der Freiheit für eine jede künftige humane Gesellschaft 240

1. Weitere Konsequenzen der These: Gesellschaft als (analoges) Kunstwerk 240
2. Transzendenzbezüglichkeit als Merkmal einer freien Gesellschaft 242
3. ‚Religiosität' als integrative Möglichkeit einer humanen Gesellschaft 244
4. Freiheit als anthropologisches Fundament 245
5. Die Selbstregulation der Gesellschaft; Wertneutralität und Selbstverteidigung der freien Demokratie 247
6. Das Christentum als möglicher konkreter Anwendungsfall humaner Religion 249

Dritter Teil: Entwürfe humaner Praxis im Spannungsfeld zukünftiger Geschichte 251

XV. Ein konkreter Neuentwurf von humaner Religiosität: reformiertes Christentum 253

1. Vorbemerkung 253
2. Die zentrale Frage nach der Gestalt des Stifters in ihrer anthropologischen Konstitution 254
   a) Statische und dynamische Denkweise als Modellhintergrund 255
   b) Ein unzureichendes Modell: Die ‚objektivistische' Theorie von Gerechtigkeit und Versöhnung 256
3. Die radikale Konsequenz der These: Gott ist ‚Subjekt' 258
4. Die Konsequenz für die Gestalt Jesus von Nazareths in existenzialer Hinsicht 260
5. Anthropologische Schlußfolgerungen: Relationistische Existenzialität 262
6. Neuentwurf des Transzendenz-Immanenz-Problems auf der Ebene der humanen Religion 263
   a) Geschichtsbezogene Partnerschaft von Gott und Mensch 263
   b) Innergeschichtliche Partnerschaft des Menschseins, im Horizont des Absoluten 265
   c) Im Christentum erneuerte Religionsität und zukünftige Humanität 268
   d) Konkretere Paradigmen: Die Integration des materialistischen und spiritualistischen Anliegens 269
7. Ausblick: Existenziale Sinnstruktur des Christentums 271

XVI. Philosophische Reflexion und ihr praktisches Interesse an der Gesellschaft 273

1. Allgemeine Vorfragen 274
   a) Zum Problem der sog. Voraussetzungslosigkeit der Philosophie 274
   b) Philosophische Reflexion im Horizont der Geschichtlichkeit des Menschen 275

2. Die innere Problematik von Philosophie als (theoretischer) Grundwissenschaft und ihr Anspruch auf gesellschaftlich praktisches Interesse 276
3. Ein Lösungsvorschlag: Prozeß zunehmender Selbstfindung der Vernunft 278
4. Der ‚Philosoph' als gesellschaftlich mündiger Mensch 279
5. Nochmals: Ein neuer Humanismus 281

XVII. Das Problem des Übergangs von Philosophie in (soziale und politische) Praxis 283

1. Die Zweck-Mittel-Relation 283
2. Die grundsätzlichen Mittel der Philosophie in der Wirksamkeit auf Praxis hin 285
3. Philosophie und globale Einigung der Weltanschauungen 287
4. Exkurs B: Die politische Einheit der Menschheit als Problem 291

XVIII. Paradigmatische Züge einer Strategie der Humanisierung 297

1. Die heutige Situation als Ausgangspunkt: ‚Zweifrontenkampf' des politischen Humanismus 298
2. Planungsmodelle 300
   a) Zentralistischer Aspekt 300
   b) Pluralistisch-kooperativer Aspekt 302
   c) Grundsätze des Ausgleichs 303
3. Das Problem eines ‚demokratischen Kampfes' und seine Lösung 305
4. Neue Gesichtspunkte der sozialen und politischen Ökonomie 308

Anmerkungen 311
Literaturverzeichnis 378
Namenregister 391
Sachregister 397

Vorwort

Die vorliegenden Untersuchungen stellen in gewisser Weise die Fortsetzung der beiden bisherigen Arbeiten (Mensch und Menschheit, Entwürfe zur Grundlegung und Durchführung einer philosophischen Anthropologie, Bonn 1973; Personalität als Wesen und Geschichte, Paderborn 1974) des Verfassers zum Themenbereich der praktischen Philosophie dar; sie bilden zugleich so etwas wie den vorläufigen Abschluß. Im erstgenannten Werk standen besonders Fragen der spezifischen Grundlegung bzw. der spekulativen Erörterung wie auch ihrer Applikation im Vordergrund: So waren die Begriffe von Existenz, Sinn, Entscheidung, und im Zusammenhang damit die Begriffe von menschlicher Natur (menschlichem Wesens-Sein) und von absoluter wie kontingenter Personalität, schließlich auch der Begriff des existenzialen Aprioris sowie des Tragischen mit seinen Implikationen zu klären. – Der spekulativ anthropologischen Erörterung, die nur gelegentlich, jedenfalls nicht systematisch, in das Feld geschichtlicher Darstellung übergriff, schloß sich von der Thematik und Methodik ergänzend die zweitgenannte Arbeit als ein zusammenhängender Traktat über menschliche Personalität als Zentralbegriff, wenn nach dem Wesen des Menschen gefragt wird, an. Das besondere Problemfeld dieser Frage aber war, auch in der inneren Konsequenz der schon zuvor in allgemeinerer Weise gestellten Themen, der Bereich von Geschichte im umfassendsten Sinne: Der Mensch als personales Wesen im Universum des Seienden insgesamt, und dies ohne Ausnahme, wurde begriffen als integrierendes, konstitutives Element in einem umfassenden Prozeß. Dessen letzte Sinnspitze erwies sich freilich nicht als Notwendigkeit, sondern als Freiheit, wie auch die Leitidee nicht diejenige einer Integration des *Einzelnen* in und unter ein *Ganzes* war, sondern im Gegenteil die Kor-Relativität, Kor-Respondenz, Polarität beider Aspekte und Ansätze. Das brachte als den Grundzug des Gesamtentwurfs einen gewissen relationalen Pluralismus sogar des Absoluten mit sich, wenn man es einmal polemisch gegenüber anderen Entwürfen formulieren will. Anthropologie war also durch eine sowohl spekulative Theorie als auch (teilweise) angewandte Geschichtsphilosophie erweitert worden. – Maßgebend war in beiden Arbeiten freilich dem allem gleichsam voraus der transzendentale Ansatz. So war wenigstens ein Versuch gemacht, Themen, die seit dem Deutschen Idealismus im wesentlichen von anderen philosophischen Richtungen und Schulen erforscht oder auch entdeckt worden waren, wieder in den Arbeitsbereich transzendentalen Philosophierens im Sinn jener Tradition einzubeziehen.

Mit der nun vorliegenden Untersuchung kehrt sich einerseits der Gedanke von der Reflexion der letzten Fundamente wieder fort und um zur Thematik empirischer Wirklichkeit: Indem er sich aber nunmehr den Bereichen der Gesellschaft und der Politik, und zwar durchaus in ihrer geschichtsbezogenen Erscheinung zuwendet, ist er andererseits auch eine Konsequenz aus dem Bisherigen; denn auf beide Bereiche zielte letztendlich ja auch schon vom erstgenannten Entwurf an der Gedankengang in seinem Kern. Es ist also wieder ein Stück angewandte Philosophie, genauer könnte man auch sagen, ein Beitrag zu einer *angewandten*, aber für das Heute und das Morgen erneuerten *Aufklärung*, das hier vorgelegt wird. – Die Methode schließt den Bezug auf vielfache Daten der Bewußtseins- und Ideengeschichte ein, ebenso wie auf mannigfache Bereiche der sich heute mehr und mehr ausweitenden eigentlichen Zukunftsproblematik. Zugleich jedoch bemüht sie sich, die Ebene eigentlich philosophischer Reflexion nicht zu verlassen, auch da, wo der Gegenstand nichtphilosophischer Natur, wie etwa die Politik oder, gelegentlich auch, die Ökonomie ist. – Philosophie als sachlicher, hier mehr noch als geschichtlicher Ort der in Erscheinung tretenden Vernunft wird sich dann vor allem mit zwei Phänomenbereichen mit ähnlichem Anspruch, wie sie selbst ihn vertritt, zu befassen haben: Mit der Politik und mit der Religion bzw. Weltanschauung, sofern sie religiöse Ersatzfunktion ausübt. Es ist der Sinn der folgenden Ausführungen, die zugleich *kritische* und die im Interesse des Humanum, der Humanität unübersteiglichen Differenzen zwischen beiden Bereichen reflektierende Funktion der Philosophie ebenso wie ihre *konstruktive,* die gleichwohl bestehenden inneren Bezüge zwischen beiden genannten Bereichen überdenkende, Funktion am konkreten Material der uns gegebenen, uns bedingenden und noch vor uns liegenden Geschichte aufzuzeigen. – Das vielverhandelte Thema ‚Theorie und Praxis' artikuliert sich somit in diesem Fall endlich zu dem Fragenkreis nach dem Verhältnis von Philosophie zur gesamtgesellschaftlichen Wirklichkeit.

Bleibt noch zum Schluß darauf hinzuweisen, daß auch diese Ausführungen, so wenig wie die früheren, beanspruchen können und wollen, den angeschnittenen Fragegegenstand auch nur in den grundsätzlichen Linien auszuschöpfen. Trotzdem schien dem Verfasser ein derartiger, nur einige allerwesentlichste Fragen behandelnder Versuch sinnvoll, insofern unsere Zukunft uns zu wichtig sein muß, um nicht eine jede Möglichkeit ihrer Bewältigung in rationalem Gespräch zu nutzen. Als ein solcher Diskussionsbeitrag wollen denn auch die anschließenden Erörterungen aufgefaßt sein.

Schließlich ist ein Wort des Dankes zu richten an alle jene, die diesem Buch zum Druck mitverholfen haben, in erster Linie wiederum an den Kanzler der Ruhruniversität, Herrn Dr. W. Seel, der mit einem namhaften finanziellen Beitrag Unterstützung geben und eine weitere finanzielle Hilfe von seiten der Freunde der Ruhruniversität vermitteln konnte; auch deren Schatzmeister, Herrn Bankdirektor Hollenberg sen., sei an dieser Stelle gedankt. Dank gebührt ferner Herrn Professor Biedenkopf, der eine Zuschußsumme des Stifterverbandes der Industrie flüssigmachen konnte, und last not least Herrn Fabrikanten H. Eickhoff (Bochum), der sich aus privater Initiative mit einem Beitrag beteiligt hat. Ich danke ferner den Herren stud. phil. H. Rehn und J. Brune, die bei der Anfertigung des Literaturverzeichnisses und der Register mitgeholfen haben, sowie dem Letztgenannten und Frl. stud. phil. D. Triebe für das Lesen der Korrekturen, endlich auch dem Verlag für sein in vielen Punkten großzügiges Entgegenkommen.

Das Manuskript wurde zum Jahresbeginn 1973 abgeschlossen. Ein letzter Hinweis sei gleichsam zur Strategie der Lektüre für den Leser gegeben. Die drei Teile behandeln das Thema mit unterschiedlichen Nuancen oder Akzenten. Der ideengeschichtlich Interessierte wird daher den ersten Teil ungern missen wollen – ein Leser, dem es in erster Linie aber um die heutige Problematik geht, wird jedoch diesen ersten Teil einigermaßen überschlagen können, ohne darum den Einstieg in die spätere Thematik zu verlieren. Schließlich darf der dritte Teil als besonders der *Ausarbeitung* des Motivs für das Ganze gewidmet angesehen werden; der zweite Teil erörtert demgegenüber mehr die systematischen Grundlagen. M. a. W. je nach der besonderen Interessenlage wird man die vorstehenden Überlegungen mit dem ersten, dem zweiten oder sogar dem dritten Teil, was die Lektüre betrifft, beginnen können, um von dort aus dann auf etwas verschiedenen Wegen zum Ganzen vorzudringen.

Bochum, im Juli 1973

Einleitung: Skizze des Themas

Die folgenden Ausführungen stellen vielleicht so etwas dar wie Prolegomena zu einer allgemeinen *Philosophie* konkreter *Praxis,* wie sie sich artikuliert in Wirtschaft, Gesellschaftlichkeit, Politik, Religion u. ä. Insbesondere aber die in beiden letztgenannten Begriffen angedeuteten Gesichtspunkte sollen hier etwas näher in ihrem Zusammenhang mit philosophischer Reflexion erörtert werden, wie gesagt. Umgekehrt aber wird auch diese Reflexion sich selbst nach ihrem Zusammenhang mit den genannten und anderen Bereichen von eigentlicher Praxis befragen lassen müssen, ja – dies wird sich als ein Ergebnis neben anderen herausstellen – es wird sich darum handeln, daß eine jede genuine philosophische Reflexion von sich aus in ein allgemeines Theorie-Praxis-Verhältnis hineingebunden ist und dies hinwiederum auch ihrerseits in seiner konkreten Dynamik mit bedingt.
Philosophie, d. h. philosophische Reflexion wird somit im folgenden nach mehrfachen Richtungen hin thematisiert werden: Es wird *einmal* darum gehen, diese Reflexion innerhalb des Gesamtzusammenhangs ihrer grundsätzlichen Praxisbezogenheit als das reine, theoretische ‚Moment' eben dieses gesamten Praxiskontextes zu begreifen. Das meint dann, daß philosophische Reflexion hier nicht als grundlegende Prinzipienreflexion ausdrücklich zum Fragegegenstand erhoben wird, sondern gerade in derjenigen Eigenschaft, wodurch sie – von sich aus – instand gesetzt erscheint, überhaupt praktisch wirksam zu werden, anders gesagt: die ihr immanente Bedingung der Möglichkeit, Bestimmung von Praxis überhaupt zu sein. Insbesondere aber wird dann wiederum der gesellschaftlich-politische sowie der (gesellschaftlich-po-

litisch-) religiöse Bezug im Vordergrund des Interesses stehen. Zum *anderen* wird es darum gehen, das soeben Skizzierte gewissermaßen in seinem Anwendungsbereich auseinanderzufalten als voneinander verschiedenes, aber auch ineinander verschränktes Gefüge von kritischer und konstruktiver Rolle der Reflexion, und umgekehrt auch als Bedingung der eigentlichen politischen Wirklichkeit im umfassendsten Sinn. Beides freilich, bedingender wie bedingter Status, gilt sowohl für diese Reflexion als auch für diese Wirklichkeit selber, so daß wir es mit einem unter mehrfacher Rücksicht aufeinander konstitutiv und resultativ bezogenen Prinzipien-(Bedingungs-)gefüge zu tun haben. – Um dies gleich vorweg in Thesenform zu sagen, so wird es hier kein eigenes, allen übrigen Prinzipienmomenten über- und vorgeordnetes, einziges Prinzipienmoment geben, sondern der letzte prinzipientheoretisch (wie -praktisch) fundierende Horizont wird durch eine *relationale* Struktur gekennzeichnet sein, derart, daß *mehrere* solcher prinzipialen Momente sachlich zugleich, in einer systematischen Neben- oder besser: Einander-Zu- und -Einordnung den eigentlichen Prinzipienboden ausmachen, aber gleichzeitig auch den ganzen Bereich des resultativ Möglichen ausschöpfen und gleichsam im Grundsatz abschreiten. – Diese an sich recht komplizierte Sachlage wird nun keineswegs dadurch erleichtert, daß *drittens* die weiteren Bezugspunkte der skizzierten Thematik ihrerseits geschichtliche, d. h. historische Gebilde von großer Vielfältigkeit in sich selber sind. Das gilt jedenfalls sowohl für das Christentum, es gilt aber auch für den heutigen Stand des Marxismus, und es trifft grundsätzlich natürlich auch für das zu, was man hier unter dem Begriff ‚Philosophie' zusammenfassen mag.

Die Durchführung des Themas wird dann im einzelnen so geschehen, daß die jeweils eigenen, ureigentümlichen prinzipiellen Gesichtspunkte entwickelt werden; und dies wird für die zu Anfang genannten allgemeinen Momente oder Elemente von Theorie und Praxis sofort schon als jeweils durch Geschichte bestimmte Momente zu thematisieren sein, d. h. also Philosophie im Kontext ihrer Selbstreflexion, insbesondere in Hinsicht auf ihre Geschichte, Marxismus und Christentum aber primär als bestimmte Formen menschlicher Praxis überhaupt. Und weiter wird dann auch der Kontext des so an und für sich selbst vorerst Charakterisierten im Kontext der jeweils anderen Gesichtspunkte betrachtet werden, derjenigen also, die dem jeweils anderen Standpunkt ureigentümlich sind: So wird dann etwa philosophische Reflexion vom Standpunkt des Marxismus, aber auch des Christentums aus noch einmal systematisch zu orten, aber ebenfalls die marxistische wie auch die christliche Praxiskonzeption in ihrem Bezug auf philosophische Reflexion zu prüfen sein. – Damit ist ferner schon gesagt, daß zunächst einmal jeweils die sozusagen konstruktive Funktion der je anderen Momente und Elemente für den je eigenen Entwurf, der gerade zur Diskussion ansteht – sei es nun der Reflexion, der Praxis als marxistische oder christliche –, zu artikulieren wäre, sodann aber auch im Anschluß daran und als notwendige Konsequenz die jeweils kritische Funktion. Diese beiden Funktionen, konstruktive Theoretisation wie Kritik ermöglichen wie ausüben zu müssen, ist jedem Moment von allen drei genannten Polen eigentümlich. Doch gilt dabei für die philosophische Reflexion – dies sei als eine zweite These vorweggenommen –, daß sie unter wohlbestimmten Rücksichten schon, wenigstens in einem Mindestmaß, an sich praktisch ist, zumindest im Kontext der Ethik; und umgekehrt gibt es überhaupt keine Praxis, die mit Normanspruch auftritt – wie immer dieser auch inhaltlich bestimmt sein mag –, die nicht auch von sich aus schon eine innere, immanente Affinität zu philosophischer Reflexion im eigentlichen Sinne enthielte.

Erster Teil

Theorie und Praxis im Problemfeld ideologiegeschichtlicher Kritik

I. Vorblick: Ansätze des Theorie-Praxis-Problems in der neueren Philosophie

1. Methodische Vorüberlegungen

Wir wenden uns nun zunächst der ‚Philosophie', d. h. der philosophischen Reflexion zu und behandeln die Theorie-Praxis-Problematik ‚anhand ihrer selbst': Das besagt, wie schon angedeutet, daß unter Ausschluß reiner Systematik hier diese Reflexion in einem solchen Verhältnis zu sich selbst gesehen werden soll, das sie als Ganzes, in Gestalt einer charakteristischen Totalität zum Gegenstand zu nehmen gestattet. D. h. Philosophie soll im Verhältnis zu ihrer eigenen Geschichte als der – jeweils praktischen – jeweils korrigierenden, weiter entfaltenden oder auch zurücksetzenden ‚Praxis' der Selbstaffektion notwendig überantwortet gezeigt werden. Das meint aber zugleich eine Vereinfachung, insofern hier nicht auf diese Geschichte im einzelnen eingegangen werden soll, sondern alles Einzelne immer nur als paradigmatisch gelten soll; es geht um das grundsätzliche Verhältnis von Philosophie als einem geschichtlichen Vollzug menschlichen Seins – was keineswegs schon eine inhaltlich bestimmte anthropologische ‚Wende' oder Intention einschließt – zu sich selbst *im* Horizont eben dieses Vollzugs: also als auf sich selbst angewandte Praxis, die dennoch mit eben dieser Praxis nicht unter jeder möglichen Rücksicht vollständig zusammenfällt.

Der leitende Gesichtspunkt ist also die Selbstreflexion der Philosophie in ihrer Geschichte oder auch: *als* ihre Geschichte. Damit ist nun nicht die ‚normale' hermeneutische Thematik angesprochen, so als ob es etwa um die Frage nach der Möglichkeit der Interpretation einer vergangenen oder ‚vorliegenden' Erkenntnis in Gestalt von (älteren oder jüngeren) Texten ginge; dies ist schon ein Feld angewandter Hermeneutik, obwohl auch dies selbstverständlich Verallgemeinerungen zuläßt, ja erfordert.[1] Hier jedoch geht es um ein ‚hermeneutisches' Verhältnis der Philosophie zu sich im Ganzen. Damit ist ihre Geschichte als solche, und wiederum: im Ganzen, *als* Ganzes thematisiert. Um Mißverständnisse, die immer noch möglich sind, abzuweisen: Es geht auch nicht um eine das Ganze von Philosophie betreffende Problemgeschichte, die dann einzelne Problemkomplexe sehr scharfsinnig in ihren unterschiedlichen Filiationslinien und Transformierungen im Ablauf der Zeit verfolgen würde[2]; und nicht einmal die transzendentale Hinterfragung solcher Theoretisation, in Gestalt der Frage nach den Möglichkeitsbedingungen solcher Problem- und Themenveränderung a priori, wird uns beschäftigen, – wobei es dann freilich in der Wahl des wertenden, beurteilenden Standpunktes eine gewisse Freiheit geben mag.[3] Was unser Thema unmittelbarer ausdrückt, es direkt artikuliert, findet sich beispielsweise schon genauer in E. Husserls Versuch einer phänomenologischen Aufarbeitung der gegenwärtigen Krisensituation der europäischen Wissenschaft, also des wissenschaftlichen Bewußtseins überhaupt,[4] oder auch allgemeiner in den Gedanken Fichtes, Schellings und Hegels zur Philosophiegeschichte. Es ist also der philosophische Gedanke, der in einer *grundsätzlichen* Weise sich auf sich selbst rückbezieht: als die Instanz, die unabhängig von jeder Sonder- und Einzelproblematik, sich doch jeweils auf alle solche Problemkomplexe hinwendet und sie – im Wechselbezug der gesamten Geschichte – in ein Ganzes integriert. Dies Ganze ist nichts anderes als das formale Prinzip von Philosophiegeschichte überhaupt: als grundsätzlich zwischen Allem mögliche Kritik, und zwar in jeder, zeitlich nicht gebundenen, Richtung (auch sehr Altes kann sehr modern sein, Zeitgenössisches sehr rasch veralten). Bedingender Horizont dafür, daß solches möglich ist, ist dann ein in derartiger Kritik sich ankündigendes, allgemeines allumfassendes, von der empirischen Zeitlinie unabhängiges *Interesse.* Dies Interesse aber läßt sich wiederum in seiner

rein formalen Charakteristik bestimmen als das sich seiner selbst gewiß werden wollende – und diese Gewißwerdung stets und wesentlich anhand der *konkreten* Bestimmtheit seiner selbst als geschichtlicher Artikulation vollziehend – Philosophieren als solches.
Damit ergibt sich die Frage nach dem besonderen strukturalen Modus, der gestaltenden Weise, *wie* solches möglich ist, so daß der je ständige Fortgang des philosophischen Gedankens in der Geschichte und als seine wirkliche Geschichte resultiert. – Bevor man nun etwa im einzelnen auf die Abfolge all der verschiedenen philosophischen Systematiken, die sich gegenseitig (teils ausdrücklich, teils auch nicht) kritisieren, eingeht, entsteht aber die bekannte Schwierigkeit: Da jene allgemeine Vergleichs- und Kritikinstanz ja notwendig, wie gezeigt, formal zu sein hat, andererseits aber die tatsächlich implizite wie explizite Kritik und Korrektur immer auf konkrete Inhalte bezogen erscheint, läßt sich einmal anscheinend von jenem kritischen formalen ‚Potential', vorsichtig gesprochen, höchstens im Sinne eines kantischen Regulativs sprechen; nicht aber würde ihm irgendwelche konstitutive Funktion, z. B. hinsichtlich einer wirklichen, sachgegründeten Einheit von Problemen und Themen philosophischer Reflexion zukommen. Dem entgegen läßt sich jedoch feststellen, daß gerade die besagte ‚Formalität' jenes Philosophierens, das hier in Frage steht, in ihrer Wirkensweise der jeweiligen Inhaltlichkeit sozusagen immanent ist: Die Bedingung der Möglichkeit einer – sei es mehr negativen, sei es auch positiv entwerfenden – Kritik an verschiedenen philosophischen Systematiken untereinander liegt gerade in einer Gemeinsamkeit von formal höherer Stufe begründet. Diese freilich steht unter dem Gesetz, im Verlauf des kritischen Unternehmens, sofern dies auch Korrektur in positiver Gestalt besagt, ihrerseits selbst begrifflich vergegenständlicht, objektiviert und somit selbst zu einer neuen Inhaltlichkeit zu werden; diese unterliegt dann wiederum dem gleichen Vergleichensgesetz wie das von ihr ursprünglich kritisch Beurteilte. Es herrscht somit eine Dialektik von Formalität und Inhaltlich-

keit, deren Prinzipienböden jeweils das für sie charakteristische Strukturmoment in vollkommener Reinheit ausdrücken: Das ist nun das eine Mal eben das *reine Vergleichen-Können* als solches, das schon zuvor in allgemeinerem Zusammenhang erwähnt wurde, und das andere Mal ist es der Blick, der *Ausgriff* in die unendlich vielfältige *konkrete Gestaltung* eben dieses Philosophierens, sofern es sich *aktual* vollzieht.[5]

Damit ist weiter sofort einsichtig, daß dieses allgemeine formale Vergleichen-Können ebenso wie sein material-grundhaftes Gegenstück die Bedingungen sind auch für den Fortgang der Philosophie und des Philosophierens in eine unbestimmt ausgedehnte Zukunft hinsichtlich ihrer kombinatorischen Vielfalt wie hinsichtlich des Ernstes sachlicher Relevanz. Freilich geschieht ein solches ‚Im-Vergleich-sich-philosophierend-Erweitern' nicht gleichsam mechanisch oder allein aufgrund der den Problemen immanenten Entfaltungsgesetze. Es tritt ein Moment der Praxis für den *tatsächlichen* Fortgang philosophischer Reflexion hinzu, das nicht leicht für die Geschichte der Philosophie zu unterschätzen ist: das Moment der konkreten Realität mit all ihren Zufälligkeiten, die sowohl die Person des Philosophen selber betreffen wie die Umstände seines Wirkens wie auch die Bedingungen und Umstände der verschiedenen ‚Wirkungsgeschichten'. So ist es klar, daß ein Genie eine ganz andere Reichweite und Gestaltungskraft der Synthesis sein eigen nennt, als dies dem Epigonen möglich ist. Der bloße zeitliche Weiterschritt ist damit noch keineswegs Zeichen sachlichen Fort- und Tieferschreitens. Platon, Aristoteles, Kant und die deutschen Idealisten sind neben unzähligen anderen hierfür schlagende Beispiele. – Aus dem gleichen Grunde wird sich das philosophische ‚Gespräch' der verschiedenen Standpunkte und Lehrauffassungen auch stets mit einer weniger an der zeitlichen Situation, als vielmehr an der sachlichen Bedeutsamkeit orientierten Auswahl über die Zeiten hinweg seine Partner suchen. Zwar bleibt bestehen, daß gewiß der eine Bezugspunkt solcher ‚Gespräche' in der jeweiligen Gegenwart liegt

– in einem allgemeinen und vorläufigen Sinn –, und somit auch der andere Bezugspunkt, sei er auch zeitlich längst vergangen, in irgendeiner Weise auf die philosophische Gegenwart bezogen erscheint; und so ist letztlich ein lebendiges Gespräch auch nur möglich. Doch dem Charakter der Wissenschaft allgemein und dem der philosophischen Reflexion insbesondere entsprechend ist diese Gegenwart eben eine solche, die sich als sie selbst letztlich nur im aktualen Gegenüber mit dem Gesamt des Anders-Gedachten, und d. h. in der Mehrzahl dann: des Früher-Gedachten, erfährt. Das innerlich Verbindende und einen Fortgang in die Zukunft der Sache nach Ermöglichende ist freilich allein etwas, was dem Zeitablauf, wie gesagt, entzogen ist; und gerade darin liegt die ausgezeichnete Bedeutung von Gegenwart im besagten Gespräch der Zeiten, daß *sie* in einer so *nur ihr* möglichen Weise diesen ermöglichenden *Sach*hintergrund (der Probleme) in einen zeitlichen Status überführen kann, der – weil *nicht* schon Vergangenheit damit gesetzt erscheint – jener ‚Sache' am meisten angemessen ist: als die je *gegenwärtige* Problematik, die als grundsätzlich noch offene ihre Lösungen noch vor sich, und also Zukunft hat.[6]

2. *Kritik unter primär negativer Rücksicht*

Weiter setzt diese, hier nur skizzierte Konzeption immerhin, wie schon angedeutet, einen erheblichen systematischen Rahmen und Bedingungshorizont voraus, der seinerseits wiederum durch ein bestimmtes Interesse mitbedingt ist. So nimmt es nicht wunder, daß aufgrund anderen Interesses und dementsprechend anderer Grundoptionen ebenso andere Konzeptionen in Konkurrenz zu dem soeben (hier nur) Angedeuteten treten. Solche Konzeptionen sind zu charakterisieren als erheblich negativer in je ihrer Thematisierung unseres Problems. Sie lassen sich entsprechend, aber auch mit Bezug auf die Frage nach dem Verhältnis von Theorie und Praxis, in dreifacher Richtung näher bestimmen: In der Relevanz gerade für das zuletzt erinnerte, unsere Hauptfrage darstellende Thema wäre die gleichsam äußerlichste kritische Position diejenige einer erklärten *Skepsis,* sei sie nun mehr ‚systematisch', mehr methodologisch oder wie immer; auf die Fülle der einzelnen Richtungen kann hier natürlich nicht zurückgegriffen werden[7]. Als schon wichtigere Position erscheint diejenige eines erklärten oder auch uneingestandenen *Relativismus* der Philosophiegeschichte; auch hier, und weit mehr noch als bei der vorigen Position, gibt es selbstverständlich eine Fülle von Einzelpositionen, auf die hier gar nicht näher eingegangen werden kann.[8] – Schließlich läßt sich gerade im Blick auf die innerphilosophische Theorie-Praxis-Problematik als weitere Position diejenige einer sog. *systematischen* Philosophie angeben. Läßt sich beim Relativismus und noch deutlicher bei der Skepsis ein bestimmtes Moment reiner Theoretisation im *Gegensatz* zu Praxis als beiden, wenn auch in verschiedener Weise und in verschiedenem Grade gemeinsam erkennen, so charakterisiert sich die letztgenannte Position demgegenüber als ‚aufgeklärte Bestimmung von Praxis durch Reflexion', wie man es einmal ganz allgemein formulieren könnte. Dabei sei selbstverständlich nicht bestritten, daß zwischen Aristoteles und Kant oder zwischen Platon und Heidegger ein ‚inhaltlich' außerordentlich breiter Spielraum an Differenzen besteht; darauf kommt es jedoch in unserer Betrachtungsweise nicht so wesentlich an.[9]

Die *Skepsis* im eigentlichen und engeren Sinn kennzeichnet sich bekanntlich durch den herausragenden und quasi-systematischen Rang, den sie dem Element der Epoché beimißt. In der Wendung auf die Philosophiegeschichte heißt das, daß die gesamte Bemühung systematischen Philosophierens letztlich von vornherein als verfehlt angesehen wird; die Geschichte der Philosophie wird zu einem exemplarischen Muster der Unzulänglichkeit der Vernunft. Methodisch bestünde allenfalls der Vorteil, die skeptische Kritik an einem immer größer werdenden Material schärfen und erproben bzw. verfeinern zu können. – Die *gemäßigte* Skepsis würde demgegenüber die Geschichte der Reflexion insofern aufwerten, als in einem gewissen, hier nur angedeuteten, pragmatischen Kontext von Philosophie überhaupt auch das historische ‚Arsenal' des menschlichen Geistes je nach den Bedürfnissen einer sich in ihrer Problemsituation allein nicht genügenden Gegenwart wichtig zu werden vermag. Es mag dabei durchaus zugestanden werden, daß ein verfeinerter pragmatistischer Standpunkt auch über das reine Nützlichkeitsinteresse hinaus – sozusagen aus der Erfahrung heraus, daß reine Forschung niemals letztendlich ohne irgendeine Bedeutung für die Praxis (auch der Lebenswelt) ist – sich gleichsam ‚vorläufig' dem ungeheuren Bereich historisch gewordener philosophischer Reflexion an sich selbst widmen kann.[10] Damit wäre dann auch schon die Grenze zum eigentlichen *Relativismus* überschritten. – Der Relativismus kann hier vereinfachend in einer doppelten Rücksicht als für unser Thema relevant betrachtet werden, einmal als reflektierte Auffassung von Philosophie, d. h. in unserem Problemkontext dann wiederum: in Hinsicht auf die Philosophie und (oder als) ihre Geschichte, also als relativistische Theorie der Philosophiegeschichte; zum anderen in einer mehr larvierten Form, sozusagen als unmittelbare Praxis, nämlich in der historistischen Einstellung zu Philosophie überhaupt. – Der erste Fall gibt sich dabei implizit, obwohl es explizit geleugnet wird, in einem höheren Maße ‚systematisch' als der zweite. Es wird immerhin der Versuch unternommen, über das Phänomen der immanenten, ideengeschichtlichen Relativität als solcher zu einem vergleichsweise ‚systematischen' Schluß zu kommen, wenngleich natürlich die systematische Konsistenz derartiger Versuche von vorneherein in Zweifel gezogen werden muß.[11]

Der an zweiter Stelle genannte Fall ist insofern schwieriger oder doch komplizierter, als in ihm gleichsam die Epoché, die Enthaltung von aller vordergründigen Systematik am reinsten vorzuliegen scheint. Es scheint also gar keine systematische These, wie sie der Relativismus unausdrücklich beinhaltet, vorzuliegen; am ehesten könnte man noch sagen, daß die Philosophie in dieser Einstellung, jedenfalls dort, wo sie in reiner Form anzutreffen ist, zugunsten von *Ideengeschichte* abgedankt habe, sich somit zu einer besonderen Disziplin der Geschichtswissenschaft transformiert habe. Zweifellos läßt sich gelegentlich, und je nach den Zeitläufen einmal öfter, einmal seltener, eine solche Einstellung auch in praxi verifizieren. Die wissenschaftliche Praxis hätte dann in der Geschichtswissenschaft, die freilich noch methodologisch zu erweitern wäre, ihre eigentliche Universalwissenschaft gefunden; ‚Philosophie' wäre neben ihrer Beschäftigung mit der Historie der Ideen dann gerade noch als solche methodologische Metatheorie der historischen Wissenschaften systematisch legitim.[12] – Trotzdem läßt sich wohl auch hier ein verborgener systematischer Anspruch erweisen, wenn auch sehr eigener Art. Eine solche Auffassung geriete systematisch, d. h. methodologisch, in die Nähe bestimmter Theoreme zeitgenössischer *Wissenschaftstheorie:* Philosophie könnte sich so beispielsweise in Analogie zur Idee der ‚offenen' Gesellschaft bei K. R. Popper verstehen als diejenige besondere Sphäre wissenschaftlicher Reflexion, die das Prinzip der permanenten möglichen Falsifikation (teilweise oder gänzlich) von Theorien zum Zwecke einer durch solche Korrektur im wesentlichen immer nur jeweils annäherungsweise erreichbaren Sicherung und Vergrößerung wahrer Erkenntnisse sozusagen in der größtmöglichen Reinheit darstellt, d. h. unter einer größtmöglichen Abstraktion von Interessen der Praxis. Ein Praxisbezug wäre aber damit gleichwohl gegeben, insofern mit derartiger Reflexion letztlich in dieser Auffassung nur das oberste und universale Muster einer gesellschaftlich ‚offenen' Systematik ausgeführt wäre.[13]

Insgesamt läßt sich im Fragehorizont von Theorie und Praxis in der Anwendung auf die philosophische Reflexion und eine *ihr* gemäße, entsprechende Wirklichkeit bzw. Aktivität für die soeben erörterten Auffassungen von Philosophie ein, wie man es formulieren könnte, mehr oder weniger rein ‚immanentes' Verständnis von ‚Praxis' als maßgebend ansetzen. So wäre z. B. die *skeptische* Reflexion zunächst Praxis innerhalb des Bereichs der Reflexion selbst; erst mittelbar durch die versuchte Destruktion einer theoretischen Normenwelt wächst ihr ein Bezug zu direkterer Praxis, auch der Lebenswelt zu; freilich wäre dieser Bezug vorwiegend oder auch rein negativ. – Im Falle einer sog. *relativistischen* Auffassung läge der Sachverhalt ähnlich, freilich mit einer sehr wichtigen Differenz: Reflexion ist zwar auch hier Muster einer letztlich nicht zu absoluten Wahrheiten in irgendeiner Weise befähigten Vernunft, doch gibt es ‚davor' einen Bereich von Wahrheiten und folgerichtig von Handelns- und Entscheidungszielen und entsprechend von Motivationskomplexen, die bedingterweise, aber doch auch keineswegs gänzlich theoretisch (im Sinn der Skepsis) illegitim sind und fungieren. Diese Praxis wiederum entspricht in ihrer Struktur jener Struktur einer nur bedingten Vernunft: Historisch gesehen ist es wohl kein Zufall, daß beispielsweise die Diltheysche diesbezügliche Konzeption ihren systematischen Hintergrund in der Lebensphilosophie hat. Ein gewisser gemäßigter Irrationalismus liegt somit ganz allgemein in der Konsequenz dieses Ansatzes.[14] – Das könnte auf einer methodisch reflektierteren bzw. regressiveren Stufe auch noch für das Poppersche Modell gelten, insofern darin zwar das Prinzip der permanenten Fehlerkorrektur durchaus rational gesehen ist: z. B. an der Bewährung in der Praxis freiheitlicher Selbstgestaltung der menschlichen Gesellschaft. Doch scheinen die hier maßgebenden systematischen Grundwerte nicht die letzte reflektorische Klarheit mit Rücksicht auf die spezifisch philosophische Reflexion erlangt zu haben, wie sie – in ganz anderen Problemzusammenhängen – durch andere Philosopheme erreicht worden sind[15].

3. Ansätze konstruktiver Reflexion im Bereich transzendentalen Philosophierens

Gegenüber dieser letztlich in der Durchklärung des Verhältnisses theoretischer wie praxisbezogener Reflexion (und der dazugehörigen Praxis selber) nicht befriedigenden Reihe von

Entwürfen steht nun der schon zuvor erwähnte Bereich, den man hier sehr vereinfachend und zugleich sehr weit gegriffen etwa Reflexion im Dienst vollständig rationaler Praxis bezeichnen könnte, und dies im Sinne einer grundsätzlich keinen Rest mehr übriglassenden *systematischen Rationalität;* anders gesagt, würde es sich also hier um die letzte Durchführung eines zentralen Anliegens der Aufklärung handeln. Gemeint sind in erster Linie hier vor allem, wie schon angedeutet, die Ethikentwürfe der von Kant inaugurierten Transzendentalphilosophie und entsprechend die darin implizierte Auffassung von Reflexion überhaupt. Von Interesse sind diese Entwürfe für uns unter dem Blickwinkel, wie sich das Theorie-Praxis-Verhältnis, das seine Relevanz wie seine besondere Fragezuspitzung allerdings von einem heutigen Bewußtseinsstand her erfährt, in jenen Reflexionen artikuliert hat.

Kant und noch um eine Stufe ausgeprägter seine idealistischen Nachfolger betrachten Reflexion in ihrem eigentümlichen Charakter als *genuine* Praxis, wenn auch als eine solche *sui generis.* Hinsichtlich Kants sind freilich in diesem Punkt noch gewisse Zweifel möglich, sofern im Zuge seiner systematischen Trennung von sog. theoretischer und praktischer Philosophie die Reflexion ihrem Begriff nach mehrdeutig erscheint, so daß erst noch im einzelnen die besondere Bedeutung zu klären wäre, deren eine (bzw. auch mehrere) dann im spezifischen Sinn ‚praktisch' zu nennen ist. Für unsere Zwecke genügt es jedoch, in wenigen kurzen Zügen Kants Auffassung zu skizzieren. Kant formuliert nur eine lange Tradition, wenn er das theoretische Verhalten definiert als ein solches, das auf das *Sein* der Dinge und Sachverhalte ausgeht, das praktische dagegen als eines, das auf das hinaussieht und ausgeht, was da sein *soll.*[16] *Vernunftgemäß* ist das letztere, wenn dies Sollen a priori sich bestimmen läßt[17]. *Ethisch-praktisch,* und nicht nur technisch-praktisch ist eine philosophische Lehre dann, wenn die Bestimmungsgründe oder Prinzipien der Praxis als Freiheitsgesetze charakterisiert sind.[18] In dieser Bedeutung praktisch können nun Erkenntnisse sein, nämlich eben die Reflexion auf das sittliche Handeln bzw. Entscheiden, seine Motivierung, seine Einordnung in einen nicht unmittelbar ethischen Zusammenhang u. ä.; aber auch die unmittelbare Handlung aus Freiheit selbst ist noch einmal neben ihrer reinen Faktizität (daß sie geschieht) ‚praktisch' in besonderer Weise, insofern sie durch eine entsprechende praktische, d. h. moralische ‚Reflexion' mitbestimmt ist.[19] Dabei verfällt Kant nicht in den Fehler, den eigentümlich sittlichen Charakter des Handelns selbst durch die Strukturen, die seiner proportionalen ‚praktischen' Reflexion *als* solcher (Reflexion) eignen, vollständig und wesensmäßig bestimmt sein zu lassen: Freiheit – auch wenn sich dies in Kants Überlegungen mehr als These denn als systematische Deduktion findet – läßt sich in ihrem An-sich von nichts anderem ableiten.

Die in Kants Konzeption unter der hier wesentlichen Rücksicht zentrale Schwierigkeit des Verhältnisses von theoretischer und praktischer Vernunft als Letztprinzipien von Denken und Handeln überhaupt, die er bekanntlich in einem Kontext von skeptischer Hoffnung mehr beiläufig feststellt als sie systematisch problematisiert[20], hat ja dann insbesondere J. G. Fichte den entscheidenden Denkanstoß gegeben. Fichte sieht die Lösung der Schwierigkeit in dem besonderen Charakter von Reflexion schon vorgezeichnet: Sie ist in ihrer eigentlichen, strengen, vollkommenen und wesentlichen Form *‚intellektuelle Anschauung'* und ist als solche von sich aus ganz ungegenständlich im Gegensatz etwa zu den Kantischen ‚Verstandesbegriffen': Sie ist genau die Struktur des Denkens, das sich auf sich selbst in der Dynamik seines Sich-Vollziehens bezieht, und dies nicht vermittels einer irgendwie phänomenologischen Methode – so daß doch noch implizite ‚Gegenständlichkeit', wenn auch auf höchster Stufe: als Prinzip, das leitende Modell wäre –, sondern unter Rücksichten strenger (diskursiv vergleichbarer) *Notwendigkeit.* Denken ist somit primär Tathandlung.[21]

Die Praxis freien Handelns resultiert nach dem Fichteschen Ansatz dann folgerichtig aus der dynamischen Polarität des

Ich, d. h. der durch Handeln zu überwindenden Diskrepanz zwischen dem absoluten Status unseres Ich einerseits, der seine innere Form von dem Begriff des absoluten Ich – als letztem transzendentalem Grund der Erkenntnisfähigkeit wie der Möglichkeit von Freiheit (letzteres als Grund des Sittengesetzes) – empfängt,[22] und dem durch Negativität ursprünglich mitbestimmten Status unseres endlichen, empirischen Ich andererseits. Sittlichkeit als Handeln aus der Freiheit, die sich allein durch das Absolute bestimmt weiß, und dies so, daß sich darin die theoretische *und* praktische Seite des Ich in seinem Einheitsgrund vollzieht, ist genau die Weise der Überwindung und Synthesis dieser Spannung[23]. Mehr noch als bei Kant ist bei Fichte das gesamte System der Philosophie auf die Artikulation von *Freiheit* ausgerichtet, auf ihre Bestimmung und die Erklärung ihrer fundamentalen und zentralen Funktion für die Philosophie – als Reflexionsbereich – ebenso wie für die *Würde* des Menschen selbst in der Unmittelbarkeit des Daseins, und hier wiederum in der Wechselbestimmung dieser Würde als Moment individueller wie interindividueller Verhältnisse.[24]

Diese Praxis, sowohl in ihrer Vermitteltheit mit einer sie mitbedingenden Reflexion (a priori auf ihre Möglichkeit selbst hin) als auch in der Unmittelbarkeit ihres Sich-Vollbringens wie schließlich auch im Kontext einer dynamischen, d. h. stets und wesenhaft sich verändernden, final sich bewegenden ‚mittleren' Stellung zwischen den beiden soeben genannten Verhältnissen oder Bestimmungen (von Vermitteltheit und Unmittelbarkeit) – also Praxis als das letzthin Übergreifende einer durch Sonderbezüge (letztlich wesentlich durch die Reflexion selber mit bedingt) charakterisierten Spannung von Theorie (Reflexion) und Praxis: Praxis in diesem dreifachen Bezugsfeld ist dann niemals einerseits heteronom, durch theoretische Prinzipien fundamental ermöglicht, bedingt, verursacht zu sehen; andererseits ist Praxis aber ebensowenig, im erklärten *Gegensatz* dazu, bloße Irrationalität des Handelns, das für sich als es selbst (handelnd) sich selbst gleichsam blind überlassen bliebe. – Die Schwierigkeiten, die diesem Ansatz der Lösung des Verhältnisses von Theorie und Praxis immanent sind, konzentrieren sich dann vor allem auf das Verhältnis des Einzelnen als eines Freien zur Gesamtheit der ihm darin Gleichen. Hier nun scheint eine, erst in der Folgezeit in ihrem ganzen Gewicht entdeckte, weitere Diskrepanz den ganzen Entwurf in die Gefahr der Diskredition zu bringen: Das *Allgemeine* erscheint hier zunächst als ganz ‚abstrakt', wie man später zu sagen pflegt, gedacht, als der Inbegriff einerseits eines transzendentalen Ursprungsgrundes, andererseits eines teleologisch fungierenden Endprinzips, das seinerseits mit jenem Ursprung sachlich identisch vorgestellt wird. Der *Einzelne* ist dann zwar in der Auseinandersetzung mit der Empirie methodisch regressiv deren Einflußmöglichkeit im Kernpunkt seiner Würde wesentlich entzogen, er ist jedoch in seiner Sittlichkeit im *wesentlichen,* was deren konstitutive Rolle (gerade für seine Würde) angeht, auf jenes transzendentale abstrakte Absolute – in praktischer Hinsicht – bezogen. Alles übrige Handeln mitsamt seinen spezifischen Ergebnissen, so z. B. der ganze gesellschaftlich bestimmte Bereich seines Wesens und seiner Geschichte, verhält sich demgegenüber sekundär, ist m. a. W. teils effiziente, teils finale ‚Bedingung', aber nicht letzter ‚Grund' im strengen Bedeutungsgehalt. Der Einzelne und sein Handeln als auf konkrete Geschichte bezogen verbleibt demnach sowohl eigentümlich ‚unbezogen' oder abstrakt als auch zugleich merkwürdig ‚einzeln', alleingelassen gegenüber der Empirie auf deren eigener Ebene. Diese Schwierigkeit hat ja bekanntlich Kant zur wenigstens regulativen Kompensation in Gestalt der ästhetischen und teleologischen Urteilskraft bewogen,[25] und Fichte bezog davon die Anstöße zum Entwurf einer Metaphysik der Religion in seiner späteren Periode.[26]

Der systematische Mangel ist gleichsam ‚von außen', von einem gänzlich anders gegründeten Standpunkt aus, wovon bald ausführlicher die Rede sein wird, durch K. Marx kritisiert worden. Immanent läßt sich mit Kategorien der Transzendentalphilosophie selber die Kritik in der Gestalt vorbringen, die dann auch Hegel zu einem Thema seines Philosophierens gemacht hat: daß nämlich gleichsam in systematisch isomorpher Entsprechung zu den Vermittlungsstrukturen innerhalb der sog. theoretischen Philosophie hier in der Sphäre sittlicher Verwirklichung *und* einer dementsprechenden Bestimmung der Praxis ein Gegenstück, sei es zum Kantischen Schematismus, sei es zur Fichteschen produktiven Einbildungskraft fehlt. Es sei nicht bestritten, daß es Ansätze dazu mehr oder weniger ausdrücklich bei beiden Denkern gibt, doch geht dies in die Gestalt des Systems allem Anschein nach nicht ein. – Schelling hat später aus immanenter Sicht der Problematik, d. h. in der Konsequenz des transzendentalen Frageansatzes, in der Mythologie und der Wirklichkeit der Religionen das vermittelnde Glied gesehen. Hegel jedoch macht an dieser Stelle die Frage in der Form, daß er nach Prinzipien und Strukturen eines metaindividuellen, aber zugleich auf das *Konkrete* bezogenen Geistes sucht, der sich als objektiv, subjektiv und – Synthesis beider Aspekte – als absolut artikuliert, sozusagen zum Mittelpunkt seiner Realphilosophie. Das Konkrete wird in bezug auf den Einzelnen (und das Einzelne) in seiner transzendentalen Funktion gerade hinsichtlich seiner objektiven Strukturation bestimmt. ‚Objektiv' kann dabei in einer doppelten Bedeutung gesehen werden: einmal als Eigenschaft des Geistes im Gegensatz zu seiner ‚subjektiven' Ausbildung; Recht, Moralität und Sittlichkeit, letztere mitsamt der (bürgerlichen) Gesellschaft und dem Staat, werden allgemeiner Intelligibilität (Seele), den verschiedenen Formen von Bewußtsein überhaupt und den Modi der Operationalität gegenübergestellt.[27] – In einem sehr viel weiteren Bedeutungsgehalt aber, auf den Hegel nicht reflektiert hat, kann damit auch ein Moment an der Systematik Hegels im Ganzen gemeint sein, das einerseits von Kierkegaard als Absolutheitsanspruch des Systems, andererseits von K. Marx wieder unter anderer Rücksicht als universale Reflektivität kritisiert worden ist. Die gemeinsame Wurzel für beide Richtungen der Kritik in der Philosophie Hegels selber, die im übrigen auch schon der späte Schelling kritisch beurteilt hat[28], dürfte in einer methodischen und zugleich systematischen Beschaffenheit des Hegelschen Denkens liegen, die es im Gegensatz zum Denken von allen dreien soeben genannten Denkern spezifisch charakterisiert: Es ist das, was man schon sehr früh, im Anschluß an die Ausdrucksweise von Hegel selbst, als *die Selbstbewegung der Idee* bezeichnet hat.[29]

Gegenüber Kant und den anderen idealistischen Vorgängern und Zeitgenossen stellt Hegel somit in der Tat so etwas wie einen ‚Schematismus' der Vermittlung absoluter Prinzipialität mit dem Konkreten innerhalb des Wirkensbereichs des letzteren, der Geschichte, bereit. Sein Entwurf nimmt zugleich die bei Kant und Fichte unerledigt gebliebenen systemtheoretischen Ansprüche einer Philosophie auf, die im Gang ihrer Reflexion auch das Praktische noch einmal an sich selbst, also als ‚*konkretes* Praktisches' *für sich* zu thematisieren und es in ihre reflektorische Totalität des Denkens aus einheitlichen Prinzipien einzubegreifen hat. Gerade unter dieser systemtheoretischen Rücksicht aber hat dieser Versuch bekanntlich scharfe Kritik gefunden, wobei K. Marx, auf den wir uns im folgenden im wesentlichen beschränken, diese Kritik in der besonderen Form einer Hegel angeblich immanenten Konsequenz vorgebracht hat.

II. Das Theorie-Praxis-Problem im Marxismus

Damit sind wir in den zweiten Fragekreis unseres Generalthemas eingetreten. K. Marx hat in der inzwischen sattsam bekannten elften Feuerbachthese die ganze bisherige Philosophie dahingehend von Grund auf kritisiert, daß das bloße Interpretieren der Wirklichkeit, auch in der Gestalt einer im übrigen inhaltlich noch so radikalen Kritik: aber eben nur an einer anderen Interpretation, nicht mehr genüge. Kritik wird erst dann voll glaubwürdig und zugleich damit erst voll wirksam, wenn sie die *reale Veränderung* nicht nur proklamiert oder auch programmiert, sondern als einen *Wesens*bestandteil sozusagen in sich schließt.[1] M. a. W. eine philosophisch überhaupt noch vertretbare Kritik muß gleichsam ‚von innen her', d. h. aufgrund ihrer Struktur sachnotwendig in eine Wirksamkeit zur Veränderung der Realität übergehen. – Hier zeigt sich sofort wie in einem Brennpunkt ein ganzes Bündel neuer und schwieriger Fragen im Theorie-Praxis-Verhältnis. Man kann diese Problematik nun, methodisch betrachtet, in einer Sicht angehen, die den Schwerpunkt mehr auf die Seite der Theorie, oder aber die ihn mehr auf die Seite der Praxis legt, wobei selbstverständlich (was die Rede vom ‚Schwerpunkt' ja schon einschließt) beide Male das Verhältnis als *Ganzes* durchreflektiert werden muß. – Nur nebenbei sei bemerkt, daß wir uns damit auf der Ebene einer primär reflektorischen Praxis befinden, die sich von einer ‚Praxis um der Praxis willen' bzw. von einer sich aus sich selbst ‚fundierenden' Praxis – z. B. des Glaubens, etwa an heilige Texte, oder der Hingabe, etwa in der Politik – darin unterscheidet, daß sie bei aller Würdigung des offenen oder verborgenen positiven Anliegens einer Sache, einer Konzeption, doch damit auch ganz grundsätzliche Kritik zu verbinden gesonnen ist. Diese Freiheit der Vernunft gehört nun einmal zum Wesensgesetz philosophischer Reflexion, die sich als vernünftig versteht, undispensierbar dazu.[2] Vorgreifend zu weiter unten noch Auszuführendem kann hier weiter schon so viel gesagt werden, daß die kritische Reflexion, mit welchem besonderen Gegenstand sie sich auch immer befassen mag, einerseits das Gesetz ihres Verfahrens, sofern sie in sich selbst methodisch konsistent zu sein hat, allein in einer Sphäre finden kann, die durch ihren eigenen Vollzug primär bestimmt ist: D. h., ist Reflexion zwar schon immer als Praxis begriffen, so doch als eine solche, die einem Strukturgesetz sui generis gehorcht; und andererseits wird sie als solche bestimmte doch nicht in einem fundamentalen Gegensatz zu primär nichtreflektorischer Praxis stehen, da eben das besagte Strukturgesetz ihrer selbst von sich aus Offenheit für eine derartige, nichtreflektorische Praxis einschließt.

1. Das Problem der Legitimation von Kritik als Praxis

a) Der Primat des Prozeßcharakters

Eine erste Frage soll sich mit der oben gestreiften ‚Legitimität' der skizzierten Kritik bzw. ihrer Struktur als legitim in ihrem Eigenverständnis, und sodann vor dem Forum einer sich zu ihr selber kritisch verhaltenden Reflexion beschäftigen; diese allerdings wird zugleich auch ihre eigene Legitimation jener gegenüber auszuweisen haben. Interpretation rein als solche, die bewußt oder jedenfalls faktisch von jedem Praxisbezug im Sinn einer Veränderung des Bestehenden absieht, scheint demgegenüber keinen hinreichenden Berechtigungsgrund für sich zu haben. In dieser These ist eingeschlossen ein durchgängiger *Primat der Praxis*, von dem aus allererst und ursprünglich auch über die Notwendigkeit, oder auch Möglichkeit, von Reflexion in Gestalt theoretischer Interpretation des Weltganzen oder von Teilbereichen desselben – was sich für Marx allerdings letzthin unter den Begriff des ‚Bestehenden' subsumieren läßt[3] – entschieden wird. Diese Praxis bezieht sich in ihrer intendierten Aktivität auf das Bestehende und auf seinen durch Veränderung herbeizuführenden Zukunftsstatus zugleich, sie richtet sich somit auf das *Gesamt* von *Sein und Sollen*, besser: hat dieses als konstitutive Momente ihrer Vergegenständlichung in sich. Auch alle Theorie, und Reflexion als ein besonderer Bestandteil von Theorie, gehört mit zu ihm und ist ein Teil des Bestehenden, des Seins, der zu verändernden Realität, es sei denn, diese Theorie und die Reflexion seien nunmehr in besonderer und ganz eigentümlicher Weise gefaßt: als ein Moment gerade an der umfassenden und radikalen Praxis, von der zuvor die Rede war. – Damit ist ein Zweites gesetzt: Der Primat von Praxis schließt einen systematischen *Primat* von Dynamik oder *Prozessualität* mit ein. D. h. Praxis läßt sich in der Marxschen Konzeption begreifen als die jeweilig aktuelle, besondere und konkrete Artikulation des Gesamtprozesses überhaupt. Die Legitimierung der Praxis resultiert auch ‚systematisch', sofern also diese Praxis Reflexion einbegreift, aus dieser allgemeineren Prozessualität. Spätestens an dieser Stelle sieht man, daß besagte Praxis nicht als einfach in blinde Aktion oder auch Aktion um ihrer selbst willen oder auch um jeden Preis begriffen ist,[4] sondern zweierlei in sich schließt: Einmal ist der Prozeß, der für die ganze Konzeption als grundlegend fungiert, nicht in erster Linie ein Naturprozeß, innerhalb dessen als Horizont dann auch menschliche, geschichtliche Prozessualität als von jenem abgeleitet und bedingt verstanden werden könnte[5]. Vielmehr ist ein anderes Moment, ein anderer Aspekt dem soeben Gesagten vorrangig: Der Prozeß erscheint bei Marx umgekehrt als fundamental auf den Menschen hin orientiert, als wesentlicher *Prozeß des Menschen* selbst; hier verdankt Marx Feuerbach wesentliche Denkanstöße[6]. Der Naturprozeß bedeutet demgegenüber eine Art von systematischem Hintergrund, der zwar in dieser oder jener Gestalt erwünschter sein kann als in einer anderen und von dem gewisse Strukturen ganz ausgeschlossen sein dürften, der aber doch letztlich, systemanalytisch gesehen, nicht eine Art von naiver Ontologie als Basistheoremfeld für die gesellschaftliche Theorie, und ihren Praxisbezug darstellt.[7] – So betrachtet, erscheint der Marxsche Entwurf wieder näher etwa an das systematische Anliegen der Kantischen Philosophie und des Deutschen Idealismus gerückt: Das meint, daß ähnlich wie dort die Gesamtsystematik von Philosophie ihr methodisches und problemtheoretisches Zentrum in der Frage nach dem Menschen hat; wobei natürlich zugegeben ist, daß bei Marx eine folgenreiche Verschiebung gerade des ‚anthropologischen' Anliegens von einer transzendentalen (im strengen Sinn) zu einer unmittelbarer erfahrungsbezogenen Fragestellung hin vonstatten gegangen ist. Naturphilosophie, wie sie demgegenüber bei Engels und erst recht später im sowjetrussischen dialektischen Materialismus ausgebildet worden ist, könnte man als eine (wenn zwar nicht den Kern, so doch aber) das Ganze betreffende Variante hin auf einen Nebenweg des Marxschen ursprünglichen Anliegens einschätzen[8].

b) Der Primat eines (ökonomischen) Materialismus

Das Zweite ist, daß dieser Prozeß des Menschen seine fundamentale Artikulationsebene auf einem ganz bestimmten Feld menschlicher Praxis überhaupt findet und daß dieser Artikulationsbereich aufgrund seiner eigenen Struktur vor allen anderen vergleichbaren ausgezeichnet ist: Dies ist das Feld, die Ebene, der Bereich der *Arbeit* als des produktiven Urprozesses, aus dem alle für den Menschen wesentlichen und charakteristischen Gebilde im Lauf der Geschichte hervorgehen: Gesellschaft, Staat, Wirtschaft, Politik, Religion usw.; es ist ‚politische Ökonomik'. Anknüpfend an eine schon zuvor angedeutete Betrachtungsweise könnte man darin den Prinzipienboden der Konstitution des Menschen erblicken, wobei noch mehr als oben auf die Verschiebung der Perspektive hinzuweisen wäre: An dieser Stelle wird bei Marx ein drittes systemkonstitutives Moment offenkundig, nämlich die *materialistische* Grundauffassung einmal des erwähnten Ge-

samtprozesses (von Mensch und Natur), und zum anderen des menschlichen Fundamentalprozesses, d. h. des Prozesses, der in sich alle wesentlichen und erforderlichen Prinzipien für die Selbstwerdung des Menschen einschließt. Richtig betrachtet muß also dann dieser letzte Aspekt noch einmal als der eigentlich zentrale und grundlegende ‚Kern' des ganzen Marxschen Denkens angesehen werden, von dem aus dann alle übrigen systematischen Überlegungen ausgegangen sind, auf den sie sich vom leitenden Grundinteresse her immerfort beziehen, in dessen Licht sie allein ‚systematisch sinnvoll' sind. – Wiederum wird hier eine gewisse Nähe zur Fragestellung der sonst von Marx ‚inhaltlich' strikt abgelehnten idealistischen Philosophie deutlich: Es ist der Blickwinkel von *Kritik* als dem Konstitutiv für die gesamte Philosophie und als ganz eigentümliches, unverwechselbares Charakteristikum auch für das systematische Anliegen, das (und sofern es) dann zum Zuge kommt.[9]
Es ist mit dieser zentralen Stellung des Anliegens um den Menschen gegeben, daß besagte Praxis dann gerade nicht nach einem mechanistischen Modell des Naturprozesses und der für diesen charakteristischen Blindheit, nämlich gegenüber seiner eigenen Zukunft und ihrer an sich gesollten Strukturierung, konzipiert ist. Gerade hier zeigt sich weiter ein Moment gleichsam ‚humanistischer Autonomie' in der Gesamtanlage des Marxschen Denkens, die nur folgerichtig dann zwar durchaus den Primat des Handelns, der realen Aktion im ganzen wie im einzelnen festhält, aber doch zugleich den gesamten Bereich theoretischen Denkens, jedenfalls dem Anspruch nach, zu sich ‚hereinholt', sich integriert. Hier kann dann zum Theorie-Praxis-Verhältnis eine weitere deutende Feststellung getroffen werden: Theoretisation ist im Ganzen, in der Totalität des Marxschen Denkens, des Marxschen Entwurfs, auf keinen Fall ‚systemkonstitutiv', so wie dies die Reflexion für Kant und die Philosophie des deutschen Idealismus, für Fichte, Schelling und Hegel, gewesen war. Mit einem Begriffspaar der klassischen Philosophie läßt sich dieser Sachverhalt auch so darstellen: Sie ist eine grund-

legende *Bedingung*, die als solche für das Ganze durchaus undispensierbar ist, damit der eigentliche *Grund* – des (systematischen) ‚Woher' und des ‚Woraufhin' – des Ganzen zu seiner eigentlichen Funktion zu gelangen vermag. – Diese Praxis nun als das alles tragende, alles begründende, alles in sich einbegreifende Element enthält in ihrem Primat gegenüber der Reflexion als ursprünglichem Typ menschlicher Leistung – und damit letztlich auch menschlichen Seins – in ihrer eigenen Struktur auch wiederum mit Notwendigkeit einen möglichen Bezug auf ihre eigene reflektorische Theoretisation, wenn anders ein vorgängiger Widerspruch vermieden sein soll. Systemkonstitutiv nämlich – den Terminus in einem analogen Sinn verstanden: da denn bei Marx gewiß eine Systematik des Praktischen, der Praxis sich feststellen läßt – ist für Marx in formaler Reinheit überhaupt nur besagte Praxis, genauer: ihre Struktur als ein in sich jeweils rückbezogenes Wechselverhältnis ihrer selbst: als Praxis, die nichts ist als reine Praxis, und von Praxis, die in sich Bezug, Hinordnung auf mögliches Bestimmtwerden durch Theorie besagt. Komplementär dazu ist Reflexion der Inbegriff von Theorie, die zwar letztlich, prinzipienanalytisch, von Praxis bedingt, hervorgebracht, konstituiert ist, die aber ebenso dann eine gewisse Eigengesetzlichkeit jener gegenüber – wenigstens in einem bedingten, relativen Rahmen – zu haben vermag.

Es erhebt sich natürlich die Frage, ob Praxis, als deren Inbegriff menschliche Arbeit in ihrem umfassendsten, aber auch fundamentalsten Bedeutungsgehalt gelten mag, diese ihre *systemkonstitutive* Funktion überhaupt ihrer Struktur gemäß wahrzunehmen fähig ist. Der Anspruch besteht zweifellos, wobei dieser nun gerade auch konstitutiv für die ‚Systematik' der wirklichen Wirklichkeit, der von der Vergangenheit in die Zukunft hinein konkret praktizierten und zu praktizierenden Praxis sein soll. ‚Systematik' besagt also nicht nur die Systematik einer philosophischen Theorie, sondern darüber hinaus und zugleich vorweg den Aufbau der geschichtlichen Welt im Ganzen.

c) Der Primat des anthropologischen Elements

Hier erhebt sich allerdings eine doppelte Schwierigkeit: Es ist einmal die mangelnde Begründung für die Bedingung der Möglichkeit a priori, d. h. es ist die mangelnde Einsichtigmachung der Bedingung und des Grundes für die Möglichkeit eines solchen Bezugsverhältnisses, wie es als für besagte Praxis charakteristisch, wesenseigentümlich dargetan wurde. – Zum anderen ist es der eigentümliche, schon erwähnte ‚materialistische' Aspekt, d. h. die wesenhafte Naturverflochtenheit und -bezogenheit im Ganzen eben dieser Praxis, die trotz der zuvor angemerkten möglichen Perspektive eines gewissen *‚humanistischen'* Primats[10] von Marx, und zwar als systemkonform oder mit ihm kompatibel, behauptet und entwickelt worden ist. ‚Humanistisch' wäre ein solches Programm dann, insofern es – zunächst noch relativ äußerlich gesehen – nicht Ontologie, Kosmologie, Theologie oder Religionswissenschaft, sondern Anthropologie zur Basis hätte, sodann aber, wesentlicher, insofern es die *„Selbstbewegung"* des innergeschichtlichen *menschlichen* Handlungs*subjekts*, also des Proletariats als des prinzipiellen Inbegriffs einer menschlichen Menschheit, primär als emanzipatorischen Prozeß des Menschen-in-Geschichte begreift. Hierin treffen sich nicht wenige der neueren Marxisten, die eine gewisse Revision gegenüber beispielsweise dem strengen Leninismus anstreben wie die Begründer der sog. ‚Frankfurter Schule' oder auch E. Bloch, aber auch manche jugoslawischen, ungarischen oder polnischen Theoretiker des Kommunismus, etwa Djilas, Supek, Stojanović (die ‚Praxis'-Gruppe) Kolakowski, usw.; von westlichen Theoretikern wären zu nennen etwa Gramsci, Lefèbvre oder L. Goldmann. – Auf die besondere Funktion des Materialismus in diesem Zusammenhang, nämlich als begründende Folie für den mit dem Gesagten geforderten menschlichen *Autonomismus* zu fungieren, wird noch zurückzukommen sein. Beide Aspekte, Humanismus- und ‚Naturalismus'-Tendenz sind, und zwar auch für die Konstituierung der Schwierigkeiten, voneinander abhängig und bedingen einander.

2. *Die allgemeine Struktur von Praxis: Dialektik der Totalität*

Zum Ersten: Jene Praxis hätte in sich eine ganz bestimmte Identitätsbeziehung als ihr Wesen aufzuweisen, zwar eine Identität nicht als leere Tautologie, sondern als konstitutive Relation, worin Selbst-Einheit durch Vollzug – und darin Selbstbesitz – in einer nicht geringeren, sondern ebenso strengen Einheit verbunden erschiene mit einem ursprünglichen Fremdbezug, dem Ausgriff aus wesensmäßig Anderes: beides jedoch müßte als ‚Praxis' gedacht werden. Diese Einheit der beiden Momente aber wäre nun gerade etwas, was dem Wesen von Praxis als ‚reiner' Praxis – worin diese allererst ganz bei sich und für sich und an sich zumal wäre – direkt widerspräche. Erst Praxis in einer ihrer Reinheit gegenüber abgeleiteten, oder mit Marxens Ausdrucksweise ‚entfremdeten' Leistungsweise wäre, wenn überhaupt, von sich aus fähig zu einer solchen Struktur; damit wäre unter dem Gesichtspunkt einer in sich konsistenten Fundierung des eigenen Entwurfs in seinen Grundstrukturen gerade Praxis als auf Reflexion bezogen das Ursprünglichere vor einer ‚reinen' Praxis.

Diese Schwierigkeit ist aber ihrerseits bedingt durch die Marxsche Fassung des universalen Prinzips eben dieser Praxis: der Natur an sich in ihrer Materialität. Natur, die durchweg als materiell verstanden, d. h. als durch den radikalen Ausschluß einer jeden möglichen Transzendenz bzw. eines Ansatzpunktes für Transzendenz definiert gesehen wird, diese Natur ist für das gesamte Wesen des Menschen und somit für alle aus diesem Wesen hervorgehende Tätigkeit der konstitutive Rahmen. So selbstverständlich für Marx nun auch die Ablehnung eines mechanistischen Naturbegriffs als unbrauchbar gerade für die Ableitung der *spezifisch* menschlichen Tätigkeiten ist, so problembeladen stellt sich andererseits die ‚dialektische' Konzeption von Natur dar; denn zweifellos ist es z. Z. der entfalteten Theorie, also spätestens nach der Kritik der politischen Ökonomie, mehr noch aber z. Z. des ‚Kapitals', eine *dialektische* Konzeption, die Marxens Gesamtphilosophie charakterisiert. Gewiß mag man zugestehen, worauf ja schon hingewiesen wurde, daß Marx eine systematische Dialektisierung im Stile von Engels ferner gelegen hat. Doch schließt jener relative Primat – sei es zunächst des anthropologischen, sei es dann entfalteter – des humanistischen Anliegens und die damit verbundene Relativierung des Entwurfs von einer naiven Ontologie hin zu einer philosophisch (auch im Sinne: einer nachkantischen) kritischen Theorie eine allgemeine Dialektik anderer Art zwischen Natur und Mensch nicht nur nicht aus, sondern verlangt sie geradezu: Wesentlich sind dabei nicht die der Einzelwissenschaft im Prinzip vorbehaltenen Sonderaspekte, sondern das Verhältnis des *Ganzen* von Natur und Mensch.[11] Der Mensch ist nunmehr insofern als ein Naturwesen verstanden, als *auch er* wesentlich als jeder Transzendenz, in traditioneller Bedeutung, unfähiges Wesen definiert wird. – Das Zweite in diesem Zusammenhang ist dann die Bestimmung des Menschen als eines Wesens, das in allem ihm gattungsmäßig Eigentümlichen einer strengen Gesetzmäßigkeit unterliegt, die keinerlei Ausnahmen duldet. Verbunden damit ist – was aus dem schon zuvor Dargelegten sich folgerichtig ergibt – die Konzipierung des Menschen als überhaupt eines grundsätzlich dem Werden, der Prozessualität (wie es oben genannt wurde) gehorchenden Wesens, eines Seienden, das im Werden, im Prozeß gerade sein Eigentlichstes hat und darin zu sich selbst findet.

Gerade die Strenge des Werdensgesetzes als des das Ganze bestimmenden Prinzips aber läßt dann eine grundsätzlich wesensverschiedene Artikulierung zweier Seins- bzw. Wirkensbereiche, wie derjenigen von deterministisch und frei sich vollziehenden Tätigkeiten nicht zu. Der ursprüngliche Gegensatz, der etwa in der Kantischen Problematisierung für Feuerbach noch wichtig war, dient jetzt gleichsam nurmehr zum bloß negativen Bezugspunkt – als Motivationsstück der Kritik – für eine nicht-mechanistische, d. h. im Ablauf nicht verfahrens- oder struktur-monistische Darstellung des Werdens in seiner *Totalität*. Mensch und Natur sind darin einander komplementär in der ermöglichenden Bendingungsfunktion, in der Konstituierung des faktischen Ablaufs, und in der Hinordnung dieses aus Prinzipien resultierenden Ganzen auf sein endgültiges Ziel: der wesensmäßigen Identifikation von Natur und Mensch derart, daß eines nicht ohne das andere, zugleich aber auch nur das eine vermittels des anderen zu operieren und zu fungieren vermag: und dies wiederum so, daß gerade das eine vollkommene und ‚wahre' Wesen, das sich im Ablauf des Prozesses jeweils nur in einseitigen Artikulationen gestalten konnte, nunmehr, im Endstadium, zu seinem Ganzheitsvollzug in der immanenten Einheit der beiden ehemals getrennten Vollzugsglieder gelangt. In diesen Kontext gehört dann die bekannte Zielsetzung und Anstrengung der ‚Selbstschöpfung' bzw. Selbstwerdung des Menschen als der Selbstschöpfung der Menschheit im ganzen und *als Ganzer,* und dies gerade *in* und vermittels der konkreten, faktisch relevanten Praxis in Form gesellschaftlich bedingter, emanzipatorischer Arbeit. – Die Arbeit ist ja bekanntlich im systematischen Kontext des Historischen Materialismus ursprünglich bedingend für die Artikulierung gesellschaftlicher Strukturen, unterliegt aber dann im folgenden einem rückwirkenden Einfluß von seiten eben dieser Gesellschaft. Der Primat der Arbeit als konstitutiven Prinzips zeigt sich dann jedoch darin, daß nur sie das Potential einer Weiterentwicklung und (wenigstens ‚formalen') Vervollkommnung der Strukturen – z. B. der Produktionsweise u. ä. – in sich enthält; dies gilt auch, insofern damit zunächst nurmehr *größere* Gegensätze – von Arbeit, Kapital usw. – erzeugt werden, sind diese doch letzlich als notwendige Durchgangsstufen aufzufassen.[12] – Daß er gerade die Konstitution dieser Vermittlung selbst noch einmal thematisiert hatte (im Kapital), hat sich Marx ja gegenüber Feuerbach und den anderen Junghegelianern als Verdienst angerechnet.[13]

Die Dialektik ist somit einesteils eine wesentlich auf das Werden selbst bezogene Strukturgesetzlichkeit, innerhalb deren dann zwar die einzelnen Schritte im Blick auf die vollkommene Totalität des Endes als sozusagen nur graduelle Schritte sich ausnehmen mögen, die aber gerade im Bezug zwischen Stadien und Stufen dieses *immanenten* Prozesses als Wesensschritte gesehen werden müssen. Andernfalls nämlich hatte man das Mißliche vor sich, daß die Struktur eines einzigen Stadiums, z. B. der unbelebten Natur als Objekt der Naturwissenschaft, das Werdensgesetz des Ganzen abgäbe. Aus diesem Grunde gerade kommt dem Menschen und seiner Wesensartikulation ja die zentrale Stellung in der Systematik zu.

Wir nehmen damit schon zuvor Erörtertes noch einmal zum Zweck größerer Verdeutlichung wieder auf: Mit dieser einerseits nicht-mechanistischen, aber doch zugleich streng gesetzmäßigen Strukturation des Werdens im allgemeinen ist ja das Werden des Menschen – wenn man für jetzt einmal dieses als jenem mit einem methodischen Kunstgriff nachgeordnet ansehen will – als seine Selbstbestimmung und Selbstsetzung wesentlich mitcharakterisiert: Es gibt in der menschlichen Geschichte zwar auch einerseits jene strenge Gesetzmäßigkeit, aber doch nicht als einen Determinismus, der gleichsam ‚platonisch-funktional' unabhängig vom menschlichen Handeln, gewissermaßen fast von selbst sich durchsetzt, ob nun die geschichtlichen Subjekte wollen oder nicht[14], vielmehr gehorcht der Prozeß der Menschwerdung durchaus den *für ihn als* menschlichen *spezifischen Gesetzen*, und insofern ist die Handlung des Einzelnen wie die von Gruppen, und zwar ‚in freier Verantwortung' für die Zukunft nicht nur nicht überflüssig, sondern geradezu geboten[15]. Es scheint, als ob Lenin hier doch einen in der Marxschen Konzeption zwar nicht unmittelbar zutage liegenden, aber doch in ihrer Konsequenz gelegenen Zug mit sicherem Blick gesehen hätte.[16] Andererseits aber hat nun diese menschliche Aktivität nicht einen gänzlich für sich geltenden autonomen Stellenwert, sie gilt vielmehr durchaus letztlich in bezug auf das Ganze. Dieses wiederum ist der Naturzusammenhang als materialistisch verstanden; auch wenn man zuzugeben geneigt ist, daß das eigentliche Wesen von Natur und somit von Materie als dem Gesamtprinzip von Prozessualität ja noch aussteht, weil in der Zukunft erst zu realisieren, so muß doch nach allen Grundsätzen strenger Wissenschaftlichkeit – und zwar als der alle übrige Wissenschaften begründenden Gesamtdisziplin: die Marxsche Theorie stellt also durchaus traditionell philosophische Ansprüche[17] – dafür auch schon im Verlauf des Prozesses selbst ein (wenigstens) *dafür* hinreichender Grund ersichtlich und zu finden sein. Ein solcher Grund aber hätte sich dann wiederum als durch die Materialität der Natur bestimmt zu geben. M. a. W. zumindest für den Ablauf dieses Prozesses selber dreht sich die Frage nach dem zureichenden Prinzip im Kreise. Dieser Zirkel aber ist nun insofern vitiös – und nicht etwa dem hermeneutischen Zirkel vergleichbar –, als ja gerade das Moment der Reflexion als für die Praxis jenes Ablaufs prinzipiell mitbestimmend und mitbedingend ist, wie beschrieben. Nun wird man im Sinn der zuvor erwähnten sog. ‚humanistischen' Perspektive umgekehrt wiederum auf die vergleichsweise ‚autonome' Sphäre wahrer menschlicher Praxis hinweisen, nämlich auf die gesellschaftliche Arbeit, und in deren vollkommener, d. h. völlig von jeder Form von Entfremdung befreiter oder gänzlich emanzipierter Gestalt den eigentlichen Kern, den systematisch tragenden Ansatz erblicken wollen[18]. Aber abgesehen, daß dies ein methodologisch betrachtet antizipierender, das Ergebnis für das Prinzip nehmender, und inhaltlich gesehen ein utopischer Gesichtspunkt ist, so ist doch jene vollkommene Endphase gekennzeichnet zwar durch ein Absterben der entfremdenden Institutionen, wie des Staates, und eine Gesamtverteilung der Güter dieser Erde, die jedem gemäß seinen Bedürfnissen gerecht wird. Darin ist aber auch eingeschlossen der *Primat der Gesellschaft*, d. h. des Menschen als eines *Gattungswesens* vor dem Individuum, der einzelnen Person. Dies muß für jene Phase insofern notwendig gelten, als das auch im Konstitutionsprozeß jenes vollkommenen Endzustandes selbst ein Grundgesetz ist, in dem sich ein weiterer Aspekt des Materialismus ausdrückt. Jedoch wiederum eben dieser Primat der Kollektivstruktur des Menschseins; – woher nimmt diese These als prinzipialer Aspekt für die Konstitution des Ganzen ihre Berechtigung, unter Ausschaltung aller möglichen und denkbaren anderen Konstitutionsgründe?[19] – Gewiß, an diesem Punkt wäre weiter auf das tendenzielle Anliegen der Marxschen *Kritik* zu verweisen, Marx will ja gar nicht in erster Linie ein theoretisches, in sich stimmiges, ‚System' nach alter Manier der Philosophie erstellen, sondern ihm geht es um eine spezifische Praxis, und alle Reflexion hat innerhalb dieser Totalität des kritischen Engagements einen eingeordneten (systematischen) Stellenwert, wie zuvor dargelegt. Aber noch einmal: Jene Praxis, deren Anfangspunkt Kritik ist, – hat sie nicht notwendig im Interesse gerade des Ganzen als solchen nicht eine sehr strenge Bindung auf Reflexion; denn wäre dies anders: wäre dann nicht der gesamte Praxisbezug, das gesamte praktische Engagement, nicht letztlich blind und zufällig? Eine Konsequenz, die Marx – und nach ihm am meisten Lenin – mit aller Entschiedenheit zurückweist[20].

Gibt es aber nun einen sachstringenten und -verbindlichen Bezug zwischen theoretischer Reflexion und der besagten Praxis, muß dann nicht ein fundamentaler Mangel, wie es etwa *Unbegründetheit* oder *Widersprüchlichkeit* wäre, konsequenterweise auch für jene Praxis Folgen nach sich ziehen? – Eine letzte Rettung könnte in dem Gedanken bestehen, daß ein widerspruchsfreier, gleichwohl notwendiger ‚Zirkel' gerade auf dem Feld des Praktischen zu gelten habe, so daß denn Praxis *als* Praxis allein aus sich selbst, als Vollzug, zu fundieren und zu setzen wäre. Der allgemeine Primat des Praktischen wäre dann im Kontext des soeben Gesagten dahingehend weiter bestimmt, daß er an und für sich selbst gleichsam in seinem Daß-sein betrachtet – und d. h. als praktizierte Praxis – *absolut* ist, und zugleich durch die Gattungsstruktur in seinem Sosein wesenhaft bestimmt und geprägt ist. Gerade dieser sachlich notwendige Komplementärbezug von ‚Daß' und ‚So' zeigt indessen die Unmöglichkeit des Gedankens einer reinen, in sich gewissermaßen formal isolierten Praxis: sofern diese eben *nicht* als durch begrifflich faßbare Strukturen bestimmt, sondern als allein durch sich selbst, also ‚materialistisch' durch die unerhellte und unerhellbare Tat selbst vorgestellt wird. Aber wie gesagt, schon die Gattungsbedingtheit der Praxis als solcher setzt, dies Verhältnis als real verbindlich genommen, Reflexionen als prinzipial mitkonstitutiv für das Ganze des Entwurfs wie für das Ganze von dessen ‚Gegenstand' oder ‚Thema' voraus. – Dem Circulus vitiosus ist demnach nicht zu entkommen.

3. Die Gesamtstruktur von Dialektik: Offenheit und Abgeschlossenheit von Praxis

Diese Dialektik läßt sich somit auch noch einmal weiter und für das Ganze des Marxschen Entwurfs systematisch relevanter fassen, insofern die verschiedenen für dieses Ganze geltenden Perspektiven in ihrem Verhältnis zueinander betrachtet werden können; ja man wird sogar in gewisser Weise zu einer – zunächst noch heuristischen – Betrachtungsweise gedrängt oder gezwungen, da ja der Entwurf, worauf schon andeutungsweise hingewiesen, *als* ganzer nicht geringe Widersprüche in sich aufzuweisen scheint. Zwar wurde auch schon anfangs auf einen wesentlichen Mangel an der Basis der systematischen Konstruktionen hingewiesen[21], doch war hier nun mit dem Blick auf die entfaltete Systematik noch einmal Kritik zu üben. Dabei aber ist zunächst dem Entwurf der größtmöglichen Einheitlichkeit die Präsumption vorzugeben. – In diesem Sinne wurde auch schon das Verhältnis Natur–Mensch gedeutet; und es ließ sich auch als Artikulation eines dialektisch sich vollziehenden Ganzen interpretieren, sofern man einmal nur auf die Ablaufbezüge zu blicken, auf die Frage aber nach den proportionalen Gründen und *ihrer* Einheitlichkeit zu verzichten gewillt ist. Man kann denn also nochmals die Frage stellen, an welcher Stelle Marx für seine Dialektik den einzig ursprünglichen Strukturzusammenhang findet. Um noch einmal zu erinnern: Dieser Komplex muß in sich in einer prinzipiellen Einheit die Momente enthalten: *Grund* einer *auf* menschliche *Zukunft* gerichteten *Praxis* zu sein – und diese Praxis ist eine solche des Menschen, zwar in der Auseinandersetzung mit der Natur, aber doch primär ist es ja konkret *seine* Praxis, *er* ist Subjekt des Handelns. Weiter muß dieser Grund sich als der *Inbegriff*, und als solcher vorweg ermöglicht als *Ingestalt des Ganzen* der Welt nach allen ihren Bedeutungsdimensionen: als Bereich materieller Realität, als Werden, als Zukunftsorientiertheit, als Entfaltung und Ausgleich von Bedürfnissen sich entwerfen, und zugleich muß sich danach handeln lassen. Schließlich muß in diesem Komplex, gewissermaßen als Modellkategorie, die *Garantie* der notwendigen und unausweichlichen Zielsicherheit, der tatsächlichen Erreichung des Prozeßzieles, ebenfalls letzthin begründet sein. Dabei darf die Strenge vor allem der erstgenannten Forderung nicht unterschätzt werden, denn von ihrer adäquaten Fassung sind die übrigen Forderungen mit abhängig.

Faßt man demnach alles bisher Auseinandergelegte zusammen, so ergibt sich als Ursprung und Zielgrund der ganzen Konzeption, ihres leitenden Interesses und ihrer Durchsetzung: *Praxis* als systematische und darin – da ‚systematisch' hier stets als auf Praxis, Praktizierung hin gerichtet aufgefaßt werden muß – aus dem fundamentalen Interesse des Ganzen in Wirklichkeit sich übersetzende Aktualität eines Absoluten. Genauer ist dies *Absolute* der Zusammenfall des Menschen in seiner höchstmöglich gewordenen geschichtlichen Gestalt mit der in der Natur, in ihrem Prozeß angelegten auf das höchstmögliche Ziel sich hinbewegenden Form von Materialität. – Es besteht somit hier eine Analogie zur Absolutheit des Ganzen der Philosophie Hegels, wenn auch der Unterschied darin besteht, daß die Beziehung der ‚Teile' eben zu diesem Ganzen nach dem Modell einer Dialektik vorgestellt ist, die nicht wie bei Hegel grundsätzlich dies Verhältnis als ein solches Ganzes noch einmal als in sich auf sich selbst bezogen, oder anders ausgedrückt: *als im Begriff vollziehbar* denkt. Vielmehr handelt es sich hier um ein Beziehungsgefüge, das letztlich auf der Ebene, wo allein das Wesentliche geschieht bzw. seinen systematischen Ort hat, als durch das Handeln auf der Ebene der Materialität gesetzt und bestimmt, ausartikuliert wird.[22] – Es ist im übrigen klar, daß ein solches Handeln in seinen Äußerungs- oder Manifestationsformen in sich hinreichend strukturiert ist: Hier spielt nicht nur die Arbeit, sondern alles das, was teils aus ihr im geschichtlichen Prozeß resultiert, entspringt, teils dann auch rückwirkend wiederum auf sie einwirkt, seine Rolle: so die sog. gesellschaftliche Praxis mitsamt ihrem ganzen Institutionsgefüge, so die Politik, die Wissenschaften, Weltanschauungen usw. Damit ist die bei Marx keineswegs einfache Frage des Verhältnisses von sog. *Überbau* zur *Basis* aufgeworfen. Hier soll freilich keine Marx-Exegese gegeben werden; man könnte jedoch auch hier auf die bei Marx nicht gelöste logische Unzuträglichkeit hinweisen, daß auf der nicht mehr primitiven Stufe menschlicher Gesellschaftlichkeit zwar einerseits der gesamte Bereich des Gedankens, also intelligenter Tätigkeit und ihrer Schöpfungen, seinen Ermöglichungsgrund letztlich ausschließlich in der Materialität, dem sog. ‚Sein' als Prinzip aller Lebensprozesse hat, daß aber andererseits doch eine, wenn auch nur relative Eigenständigkeit dieser ‚zweiten Sphäre' gegenüber jenem Bereich und sogar eine Rückwirkungsmöglichkeit in gewisser Weise zugestanden wird. Der Hinweis auf die ‚Dialektik' allein als Lösung des Widerspruchs muß so lange eine bloße Versicherung bleiben als eben nicht gezeigt wird, *inwiefern* ein solcher Widerspruch formallogisch widerspruchsfrei ist; ein Ansinnen, das von marxistischer Seite wohl kaum eingelöst werden dürfte.[23]

4. *Der theoretisch uneinholbare ‚Rest' von Praxis als ihr Schwerpunkt; die notwendige Forderung nach Politik*

Der eigentliche und unverwechselbare Antrieb aber, der ursprüngliche und unmittelbare Anstoß der Real-Setzung selbst ist etwas, das mit jenen soeben genannten Strukturen allein noch nicht vollständig, ja nicht einmal seinem Wesen nach zureichend bestimmt ist. Es ist im übrigen ja auch noch einmal das Moment, das der Marxschen Konzeption selber zu ihrer unverwechselbaren ureigenen Konkretisierung auf dem Feld der konkreten Geschichte verholfen hat; denn wenn es sich bei der Marxschen Konzeption um ein konsistentes Gebilde – sei es nun als ein theoretisch-praktisches Ganzes charakterisiert, wie auch immer – handeln soll, so muß von ihm der fundamentale Grundsatz der Selbstapplikation seiner Prinzipien gelten. Andernfalls wäre gerade der erhobene Anspruch hinfällig, die adäquateste Interpretation wie zugleich Veränderungsmotivation eben des *Ganzen* (wie zuvor skizziert) zu sein, damit aber gerade ein fundamentaler Punkt der gesamten Kritik des Bestehenden wie der Theorie der Veränderung. – M. a. W. besagter Antrieb für unmittelbare Praxis ist selbst nicht mehr reflektiert worden, und konnte dies freilich auch gar nicht. Denn wie bei allen Theorien, auch ihren traditionellsten Formen, die sich als Theoretisation einer Praxis, eines praktischen Bereichs verstehen, kann dies letztkonkrete Handeln selbst nicht mehr durch die Theorie, d. h. also hier: durch Reflexion überhaupt, als solche vermittelt werden. Dies gilt gewiß allgemein, doch bei Marx entsteht gerade an dieser Stelle noch einmal eine für seine Konzeption charakteristische Schwierigkeit: Gilt seine Vorstellung von Praxis zu Recht und absolut, so müßte sie für das Schicksal eben des in dieser kritischen Theorie – und theoretisch-praktischen Kritik – als zu verwirklichen Vorgestellten ebenfalls, wenigstens im Prinzip, verantwortlich sein. M. a. W. sie müßte sich, sofern aus ihr Praxis hervorgeht, auch als die Theorie eben dieser jeweils erst noch zu entwerfenden, zu konzipierenden, zu konstruierenden Praxis des Konkreten verstehen können. Und umgekehrt müßte auch diese Praxis selber sich als eine solche verstehen, die ihr jeweiliges Betätigungsfeld stets von jenen Prinzipien her angeht.

Damit ist gesagt, daß als Bestandteil des Ganzen der Marxschen Innovation auch die *Politik* als ein zu tätigendes Geschäft wesentlich hinzugehört. Marx selbst wie die bedeutendsten seiner Nachfolger haben denn auch diesen Zug miteinander gemeinsam: er gilt von Lenin wie von Mao Tsetung[24]. Es erklärt zugleich auch die besondere *Weise* kommunistischer Politik, das besondere Engagement ihrer Vertreter wie auch die besondere jeweilige ‚quasi-weltanschauliche' bzw. ideologische Selbstdarstellung der einzelnen politischen Aktionen.[25] – Damit kein Mißverständnis entsteht, dies zuletzt Analysierte ergibt sich ja nicht erst aus dem systematischen Postulat der Selbstapplikation des Ganzen auf die Position von Marx selbst als einem ‚Teil' von Praxis im Ganzen seines Entwurfs. Vielmehr folgt dies aus der Selbstaplikation dieser ganzen Konzeption auf eben ihre Praxis, und d. h. dann konsequenterweise auch seiner Vertreter als ‚Theoretiker', als ‚Praktiker'. – Anders gesehen, ist aber dann genau hier auch der Ort, wo zwar das ‚System' als Ganzes seinen konsequenten Ausdruck findet, aber doch auch zugleich ein ursprünglich fremdes Element mit bedeutsam wird: das der je *eigenen* persönlichen *Initiative.* Zwar läßt sich bis zu einem gewissen Grad – wie gezeigt – die Handlung als systemkonsequent dartun. Doch erscheinen hier die Schwierigkeiten, die schon weiter oben gegen die Struktur des Ganzen in seinem Wechselbezug von Theorie und Praxis erörtert worden sind, in anderer Rücksicht wieder: War dort die Einheit des Verhältnisses zwischen beiden Polen in ihrer Begründetheit letztlich nicht einsichtig zu machen, so ist es nun hier wiederum nicht die Praxis an sich selbst, in ihrer unmittelbaren Konkretion. Der Antrieb selbst ist naturnotwendig stets in die Hand des Einzelnen gegeben, allein sachlich zulässig nach der Konzeption ist nur das Allgemeine, wenngleich dies ein je konkretes Allgemeines ist. Der Zusammenfall des Einzelnen mit dem Allgemeinen – also der Gattungswesenheit des Menschen – kann aber in *dieser* faktischen Geschichte keineswegs mit jener Vollkommenheit vor sich gehen, wie dies im absoluten, vollkommenen Endzustand der Fall sein soll. Der in der Natur der Sache – und dies *nicht* aufgrund einer innergeschichtlichen besonderen ‚Entfremdung' – liegende Hiat muß also überbrückt werden: in einer dem Ganzen gemäßen Form. Dies wiederum setzt dann, da hier der Einzelne strukturell einen Punkt des (utopischen) Absoluten sozusagen individuell ‚vertritt', repräsentiert, ein diesem Absoluten – jenem Zusammenfall – entsprechendes Handeln frei. Dies manifestiert sich dann in den bekannten Formen kommunistischer Ethik, Askese, des Heroismus, der den Einzelnen im Allgemeinen konkret untergehen läßt. ‚Formalistisch' gesehen enthält somit der Kommunismus eine Ethik von hohen Ansprüchen. Allerdings ist dies doppeldeutig, insofern damit auch z. T. impliziterweise auf atavistische Elemente zurückgegriffen wird.[26] – Umgekehrt ist aber hier ein ‚widerspenstiges' Bewußtsein dann auch entsprechend als manipulierbar und notwendig zu manipulieren ausgewiesen; dies ist freilich nur ein sehr spezielles Moment innerhalb der konkreten Ablaufgestalt der marxistischen Dialektik.

Ein solches Bewußtsein erscheint im Rahmen des als realisierbar vorgestellten Endzustandes als gerade der Herbeiführung desselben hinderlich. Damit ist im Rahmen aller Sozialutopien das absolute Maß für *‚gut'* und *‚böse'* angegeben: Gut ist somit, was der Verwirklichung jenes Endzustandes förderlich erscheint, böse, war ihr widerspricht. Insofern weiter aber menschliches Bewußtsein als grundsätzlich durch ‚Sein', und d. h. dann durch die gesellschaftliche Wirklichkeit bestimmbar konzipiert ist, ist es in diesem Konzept völlig legitim, ein falsches oder ‚böses' Bewußtsein zu *‚bekehren';* auch kleinere Verfehlungen können so durch kleinere bewußtseinskritische und -verändernde Maßnahmen geahndet werden.[27]

Damit aber läßt sich nun die Reflexion über die gesamte Konzeption zu einem gewissen Abschluß bringen. Gerade an diesem Punkt besteht sozusagen ein systemkonsequenter Ort der *Uneinsichtigkeit, der Unzuverlässigkeit,* in Gestalt des Einzelnen *als* Eigenverantwortlichen. Immerhin kommt dies letztere Moment wenigstens an einigen sehr seltenen Punkten offen und sogar vor den Anhängern des Systems zur Erscheinung: Es sind dies die sog. weltgeschichtlichen Persönlichkeiten innerhalb des Kommunismus. Dies darf nicht naiv genommen werden. Ihre eigentliche Tätigkeit besteht ja nicht in ihrem alltäglichen Leben, sondern in der systemimmanenten Produktivität, die nun gerade sie entwikkeln in ihrer je konkreten Situation und aufgrund einer Entscheidung, die sie als vorwegnehmende Artikulation jenes absoluten Zusammenfalls des Besonderen mit dem Allgemeinen sich verstehen läßt. Aber eben dies ist aus dem Ganzen des theoretisch-praktischen marxistischen ‚Systems' weder theoretisch zu deduzieren noch auch praktisch aus den gegebenen, und sich entwickelnden, Verhältnissen zu erzwingen. So ist es nur folgerichtig, daß solche Weiterentwicklungen immer nur und sozusagen naturnotwendig *a posteriori* zustande gekommen sind und auch nur zustande kommen können. Genau der diese weitergehende Wirklichkeit ins Werk setzende Punkt aber ist als solcher im Zusammenfall seiner Aposteriorität mit seiner ursprünglichen Produktivität oder auch, da diese sich ganz unmittelbar auf das Konkrete bezieht, Kreativität vom Gesamt des marxistischen Theorie-Praxis-Konzepts, also der ‚Systematik', nicht hinreichend deduziert.

III. Kritische Betrachtung

Die Kritik läßt sich dann im wesentlichen von zwei Richtungen her geben: Einmal von einer dem Marxschen Konzept *immanenten* Basis aus, indem die systemimmanenten Unzuträglichkeiten aufgewiesen werden; dabei wird das kritische Moment vor allem im Aufweis einer ‚schlechten' Widersprüchlichkeit, theoretisch wie praktisch, liegen. Zum anderen kann von der bei Marx behandelten *Sache* selbst her die wesentliche Unvollständigkeit seiner Analysen gezeigt werden, und dies nicht nur sozusagen a posteriori, im nachhinein, gleichsam durch den Zufall der über Marx nun einmal so und nicht anders hinausgegangenen Geschichte beglaubigt, sondern umgekehrt a priori, indem die Unvollständigkeit des Ansatzes durch eine viel umfassendere *Wesens*analyse eben desselben Problems, derselben Thematik, d. h. dann in positiver Weise aufgewiesen wird.

1. Kritik von einem Marx-immanenten Standpunkt aus

Unter der erstgenannten Rücksicht läßt sich das zuvor Auseinandergelegte wie folgt auf seine kritische Quintessenz bringen: Es ist deutlich geworden, daß auf der einen Seite für Marx die Praxis als solche das letzte Prinzip darstellt – und zwar gerade unter beiderlei Hinsicht, der theoretischen wie der rein praktischen – für seine Gesamtkonzeption. Es ist weiter klargeworden, daß sich eine eigenartige Verflochtenheit und Wechselbezogenheit beider Pole in ihrer gegenseitigen Konstituierung als für diesen Entwurf charakteristisch erweist. Theorie war dabei niemals nur als ‚reine' Theorie gedacht, Praxis nie nur als blindes Handeln evoziert worden, sondern beides war je schon in seiner eigenen Wesensbeschaffenheit als durch seinen Gegenpol mit-bedingt, mit-charakterisiert. Dabei kam allerdings noch einmal der ‚Praxis' im ganzen eine auch für diese Wechselverflochtenheit letztbegründende – d. h. dann ‚theoretisch' gefaßt: ‚motiverende' – Funktion zu. Es liegt also zumindest prinzipientheoretisch ein zweifacher Bedeutungsgehalt von ‚Praxis' vor. Man könnte dies auch als schlechthin *absolute* Prinzipienfunktion und als bedingte, *gegenstandsbezogene* Funktion von Praxis definieren.[1] Auf die verschiedenen Eingrenzungen und Einengungen dieses Praxisbegriffs ist nun schon in vielfältiger Weise hingewiesen worden, und zwar unter je reziproker Hinsicht: sei es, daß man den anthropologischen oder auch den ‚humanistischen', sei es, daß man noch konkreter den sozialökonomischen und politischen, sei es auch, daß man den allgemein naturtheoretisch materialistischen Aspekt mehr in den Vordergrund rückt, und endlich noch gewissermaßen ‚methodologisch': sei es, daß man auf alle genannten Aspekte hin mehr den analytischen und damit sich dem Typus reiner Theorie oder auch Kritik nähernden, sei es, daß man mehr den konstruktiven, Zukunft bestimmenden und hervorrufenden Blickwinkel in den Mittelpunkt der Betrachtung gerückt hat.[2]

a) Der Zirkel in der Motivationsstruktur

Der entscheidende Mangel aber an dem so vielfältig sich ‚systematisch' artikulierenden Praxisbegriff läßt sich dann im Rückblick auf unsere Erörterungen als die *mangelnde rationale* Durchklärung oder *Einsichtigmachung* sowohl in seiner *Konstitution* wie auch in seiner *Motivationsstruktur* angeben. Das meint nicht, daß die Praxis, auf die bei Marx alles ankommt, nämlich die politisch gesellschaftliche Umformung der Menschheit, sowohl von ihrem weiteren Bedingungsrahmen – durch ihre ‚wissenschaftliche' Theoretisation – als auch in ihrer Unmittelbarkeit – als politischer Antrieb – nicht strukturiert und demzufolge dann auch einsichtig zu machen versucht worden sei. Jedoch bleibt bei dem allem für das Grundverhältnis von Theorie und Praxis, daß gerade hier ein verhängnisvoller Zirkel oder auch eine *Petitio principii* waltet. Praxis ist an und für sich selbst autonom, insofern nämlich letztlich ihr Inbegriff und ihre Ingestalt allein im Raum der Politik die vollkommene Wirklichkeit zu werden vermag, auf die ihr eigentliches, inneres Wesen abzielt. Praxis ist so zwar einerseits durchaus konstituiert, bedingt, aus Gründen und Bedingungen vielfältiger Art a posteriori wie a priori erstellt, sofern man derartige Begriffe innerhalb des marxistischen Materialismus rein systemstrukturell oder funktional gebrauchen will; insofern ist sie Resultat oder ‚prinzipiiert'. Aber zugleich ist sie eben darin autonom, daß aus diesem ihrem Resultatcharakter keinerlei *eindeutige* Bestimmung ihrer selbst als Handlung, die unmittelbar verändert usw., folgt. – Dies gilt nicht nur in dem allgemeinen Sinn, wie es für eine jede Handlung, eine jede Tat gilt, daß sie in ihrem Vollziehen Wirklichkeit sui generis ist, und als solche ‚unmittelbarste Unmittelbarkeit' an sich selbst[3], sondern in einem eigentümlicheren und zwiespältigeren, ambivalenten Sinn. Gerade eine Eigenkonstitution des reinen Handelns, etwa nach dem Modell der Kantischen oder Fichteschen Autonomie des Ethischen, scheidet hier ja aus. Handeln als solches ist – und das macht gerade den sog. ‚wissenschaftlichen' Charakter des marxistischen Materialismus mit aus – *wesentlich* bedingt durch sein *Allgemeines*. Dies Allgemeine aber vermag grundsätzlich gar nicht anders erfaßt, und damit auch für jedwedes Handeln ‚habbar', fungibel zu werden: als allein durch Theoretisation, d. h. durch die entsprechende Reflexion. Aber umgekehrt hat dies Moment der Theorie wiederum seinen systematischen ‚Sinn', seine system-konstitutive Funktion im Ganzen allein durch seine Hinordnung auf besagte Praxis; es gibt bei Marx keinerlei ‚reine' Theorie, die in sich selber Strukturen etwa von Letztbegründung von Geltung u. ä. enthielte. Auch die Dialektik des dialektischen Materialismus hat hier doch ihre Grenze: insofern eine prinzipiell und unter jeder möglichen Rücksicht der Geltung in sich autonome Begründung ihrer Erstfunktion die Reflexion aus dem Gesamtrahmen gerade eines im Marxschen Sinne konzipierten Materialismus herausstellen, sie davon uneinholbar dispensieren würde.

Mit einem Blick in die allgemeine Wissenschaftstheorie ist es m. a. W. das Problem einer *Selbstapplikation* der Erstprinzipien, das hier, wenn auch anders als z. B. im wissenschaftstheoretischen Positivismus, erscheint. Die Marxsche Konzeption faßt dies Problem nun derart, daß einerseits der Anspruch von Letztbegründung beibehalten wird und dies durchaus im Hinblick auf die Totalität menschlichen Vernunftsstrebens nach Einsicht, andererseits die spezifische Form dieser Begründung selbst auch noch einmal beansprucht wird: Es gibt bzw. wirkt ein Letztes (oder Erstes), das sowohl für sich selbst als auch für alles Andere den letzten Bezugspunkt abgibt, und dies ausnahmslos. Andererseits geschieht aber schließlich die ‚systematische', d. h. auf einen allerersten ‚Inhalt' bezogene Anwendung oder Durchführung dieses prinzipialen Strukturverhältnisses in einem gedanklichen ‚Milieu', das gerade für die soeben umschriebene Funktion oder Leistung von sich her unfähig ist: So kann zwar der Wille ‚sich wollen', ein Glaube ‚aus sich glauben', aber wenn dies – wie hier gemäß einer ausdrücklichen Voraussetzung: nämlich daß alle reine Theorie notwendig als solche ‚unwahr' sein müsse – *gegen* die Vernunft in ihrer *Eigenstruktur* geschieht, so muß das Gesamtergebnis widersprüchlich sein in einer Weise, die es innerlich von sich her zerreißt.[4]

b) Widerspruch von Anspruch und Erfüllung transzendentaler Begründungsstruktur

Es liegt m. a. W. also nicht nur die allgemeinere Problematik der Vereinigung von Reflexion und Handeln, von Theorie und Praxis vor, sondern eine wesentlich speziellere Stellung dieser Problematik. Die verschiedenen Gesichtspunkte von Kritik, von konstruktivem Entwurf, von erklärender Theorie, von geschichtsorientierter Beschreibung, von analytischem und evozierendem Denken und die häufig zu beobachtende Verschiebung der jeweiligen Argumentationsebenen, ohne daß zugleich eine methodologische Reflexion miterfolgte, – dies alles ist nichts anderes als die gleichsam phänomenologische Seite der Marxschen Systematik in ihrer inneren Zwiespältigkeit. – Damit ist aber dann, wie leicht zu sehen, auch der Zwiespalt zwischen Anspruch und Erfüllung mitgesetzt. Und es ist somit keineswegs bloßer Zufall oder ein an den Kern des Systems gar nicht heranreichender Hinweis auf die historische Empirie, unter Vernachlässigung des den Marxisten vorrangig interessierenden *Ganzen,* wenn auch in der historischen Dimension die Kluft zwischen dem Sein- oder Geschehen-Sollenden und dem wirklich Geschehenden oder Bestehenden als Gegeninstanz zum Entwurf der geschichtlichen Entwicklung angeführt wird. Vielmehr geht es gerade darum, die Bedingungen der Möglichkeit (Kantisch gesprochen) eben dieser Kluft ‚systemimmanent' aufzuzeigen, und nicht, sie einfachhin einer als entfremdet deklarierten Wirklichkeit anzulasten. Dies letztere ist freilich für den auf dem Boden des marxistischen Systems Stehenden das Gewöhnliche. Doch liegt hier ein system- und reflexionsanalytisches Mißverständnis, wenn nicht ein Vorurteil, vor: Wenn dabei auf eine Analyse verzichtet wird, die nun ihrerseits mit dem Anspruch auftritt, auch der theoretischen Seite adäquat gerecht zu werden, so lassen sich dafür, wie zu beobachten, Faktoren auf der Ebene der Reflexion selber nicht anführen. Dafür treten Faktoren von *irrationaler* Beschaffenheit nun in die entstandene Lücke, und solche mögen dann Glauben oder Hoffnung genannt werden. – Dieser Typ eines theoretisch-praktischen Verhaltens mitsamt seiner pejorativen Einstufung der reflektierenden Vernunft ist im übrigen natürlich durchaus nicht auf den Kommunismus Marxscher Prägung beschränkt. Es genügt vorerst, auf gewisse extrem reflexionsfeindliche Positionen der reformatorischen Theologie hinzuweisen, die mehr oder weniger gemildert, vermittelt, abgewandelt, doch bis heute innerhalb eines ‚reinen' Protestantismus eine gewisse Wirkung entfaltet hat: ‚Glaube' bedarf zu seiner Rechtfertigung grundsätzlich keiner vorherigen Vernunftprüfung, keinerlei Vernunftkontrolle, wenngleich dies dann gewöhnlich implizit doch, wenigstens nachträglich, der Fall ist.[5]

Genau an diesem Punkt läßt sich dann die Inkonsistenz der systematischen Gesamtanlage im einzelnen sowohl in Richtung auf die theoretisch-analytische wie auch auf die konstruktiv-praktische Durchführung weiter verfolgen.[6] – Hier soll im Anschluß an weiter oben schon Erörtertes dann noch einmal auf ein spezifisches, charakteristisches Moment innerhalb der umschriebenen Problemlage eingegangen werden, nämlich auf den innergeschichtlichen, gesellschaftlich-wirtschaftlich-politischen *Antagonismus.*

c) Widerspruch von Allgemeinem und Einzelnem; systematische Möglichkeit des Terrors

Es wurde schon auf den inneren Widerspruch hingewiesen, der besteht zwischen der Dynamik des Allgemeinen – d. h. gesellschaftsgeschichtlich gesehen, zwischen der maßgebenden *Klasse,* in welcher sich die Menschheit heute als zukunftsproduktiv zu artikulieren imstande ist: dem Proletariat[7] – und dem Einzelnen als solchem. Dieser *Einzelne* wird nun natürlich im Rahmen des Gesamtkonzepts überhaupt nur als ein Ausfluß, als eine Auswirkung der Gesamtgesellschaft in ihrer politisch-ökonomischen Verfaßtheit gesehen. Gerade aber an dieser Stelle zeigte sich dann im Rahmen der angewandten Theorie, und Marx selbst kann ja schon als ein erstes Praxis konstituierendes Subjekt, eben auf dem Boden einer in dieser Weise sich auf sich selbst applizierenden Theorie, angesehen werden, – es zeigte sich, wie schon zuvor ausgeführt, daß hier der Einzelne immer noch notwendig als solcher die Funktion zuerteilt bekam, die Inkonsistenz des Ganzen durch seine eigene Aktivität gleichsam ausgleichend zu retten. Ganz allgemein aber kann man nunmehr sagen, daß überhaupt irgendwelche ethische Forderungen in ihrem strengen Sollensgehalt an die Einzelnen in ihrer inneren Struktur selber diesen genannten Zwiespalt widerspiegeln, insofern nämlich einerseits das Allgemeine gar keine Alternative von seinem eigentümlichen Wesensgesetz her zuläßt, zugleich aber doch für den Imperativ an die Einzelnen überhaupt ein Raum gegeben sein muß; dies aber gerade im Sinn der Bedingung seiner Möglichkeit verstanden. Zwar wird man feststellen wollen, daß die Motivation des Einzelhandelns durch das besagte Allgemeine – hier dann etwa konkret verstanden als ein Handeln innerhalb einer klassenkämpferischen Ethik – ausnahmslos gelte und, wenn und sofern sie nur ‚richtig' begriffen und adaptiert werde, mit unfehlbarer Notwendigkeit den Einzelnen bestimmen werde. Konkreter heißt das, daß im weltgeschichtlichen Prozeß die Revolution als endgültige Emanzipation der unterdrückten Klasse – bei Marx natürlich immer der Arbeiterklasse als der Ausgebeuteten – aufs Ganze gesehen unaufhaltsam näherrückt, freilich derart, daß ihr Eintreten doch an gewisse Voraussetzungen und Bedingungen geknüpft ist. Genau diese Bedingungen sind von Lenin und Mao Tse-tung anders konzipiert worden als von Marx.[8] – Aber dies Motiv betrifft wiederum nur die Sphäre der Bedingungen eben dieses Handelns, nicht aber es selbst in der Unverwechselbarkeit und Unverfügbarkeit durch Andere. Wäre dies letztere nicht der Fall, dann bliebe im übrigen letztlich gerade die Notwendigkeit bzw. die Unausweichlichkeit des Imperativs und des Anspruchs des Allgemeinen an den Einzelnen nicht erklärt; es wäre ein weiterer Punkt auf der Skala des zu Glaubenden.

Es gilt somit: Der Einzelne wird bestimmt – gemäß der Theorie – durch das Allgemeine, in seinem Daß-Sein wie in seinem So-Sein und So-Handeln. *Antagonistisch* aber vermag dieses Verhältnis zu werden, sofern es unter der Gesetzmäßigkeit eines allgemeinen Strukturgesetzes betrachtet wird, nun aber unter dem besonderen Gesichtspunkt von dessen spezifischer Dynamik, nämlich des Klassenkampfes als der Form geschichtlichen Fortschritts in die bessere Zukunft. In diesem Kontext wird es dann möglich, daß der Einzelne den Anspruch dieses Allgemeinen in seiner Konkretheit erfährt als Gewalt, die ihm angetan wird. In der *kollektiv* konzipierten Prinzipiensphäre menschlichen Handelns als eines konkreten Vollzuges des Allgemeinen liegt so letztlich die Möglichkeitsbedingung des *Terrors*. Man sieht, innerhalb des Systems gibt es somit die Möglichkeit des sozusagen ‚legitimen' Terrors. Kontroversen über Gewalt überhaupt oder Nicht-Gewalt gibt es eigentlich innerhalb der marxistischen Orthodoxie grundsätzlich nicht, die These der völligen und prinzipiellen Gewaltvermeidung schreitet schon wesentlich über den Rahmen des marxistisch Annehmbaren hinaus.[9] Daran im Prinzip zu zweifeln, hieße konsequenterweise die Idee des Klassen-*Kampfes* aufgeben. – Ein breites Meinungsspektrum allerdings gibt es über das *Ausmaß* dieser Gewalt. Mag auch die Spannweite vom sog. ‚Humanismus' des westlichen Neo-Marxismus bis zum Stalinismus reichen, in der prinzipiellen Struktur herrschen hier, sieht man auf den Grund der Sache, doch nur Differenzen über den Anwendungsbereich eines Prinzips, das für das Ganze wesentlich ist: die sich selbst praktizierende Praxis, die ihr *letztes* Richtmaß allein vom Maßstab der zu verwirklichenden Zukunft her nimmt, es allein dort hat. – Nimmt man nun das ‚systematische Faktum' jenes Hiats zwischen rational befriedigender Erklärung bzw. Motivation des Handelns einerseits – da ja Theorie und Praxis *nicht* von ‚gleich zu gleich', sondern Theorie letztlich (!) als durch Praxis ermöglicht, fungieren – und die imperativische Wirksamkeit der Praxis andererseits in diesen Zusammenhang mit hinein, so ergibt sich noch ein weiteres Mal, nur von einer tieferen Ebene der Begründung her, für die *Praxis als solche* ein spezifischer Irrationalismus, der freilich wiederum bestimmt ist durch ein Surrogat rationaler Strukturation: Dieser Irrationalismus ist nicht einer des einzelnen menschlichen Subjekts als solchen, sondern – wenn schon dies, dann doch nur so, daß dieses sich immer schon seiner Eigeninitiative vorweg als stellvertretend für das betreffende Allgemeine existenzial interpretiert hat und als solches handelt.

Von dieser Struktur aus wird dann eine solche Gestalt politischer Herrschaft wie der Stalinismus, oder überhaupt ein Gewaltregime, von vornherein als systemkonform und auf dem Boden des Systems möglich und verständlich. Und zwar, dies ist das Besondere, nicht nur der jeweils Herrschende, sondern auch der Beherrschte, nicht nur der über die Gewalt bzw. den Terror Verfügende, sondern auch der ihr Ausgelieferte sind letztlich beide diesem systematischen Entwurf gemäß ‚systemkonform': Es besteht ein Anspruch von seiten des ‚Systems' selbst, *wenn* und *sofern* überhaupt einmal von einer maßgeblichen Instanz die rechte Lehre und die rechte Praxis letztverbindlich aufgestellt ist, daß man sich dann auch dieser Maßgabe füge und sich entsprechend verhalte bis hin zur sog. Kritik und Selbstkritik oder, anders gesagt: zur Denunziation und Gesinnungsmanipulation, an der man sich beteiligt, sich selbst und anderen gegenüber. Das jeweils Fehlerhafte liegt dabei wohlgemerkt immer erst einer rückschauenden Bewertung offen; jeder derartige Totalitarismus ist zu seinen Lebzeiten nicht nur faktisch ‚tabu', sondern aufgrund der eigenartigen Verschränkung von Theorie und Praxis, die hier gilt, prinzipiell *nicht falsifizierbar*[10]. Eine Relativierung ist erst durch eine andere ‚Praxis' möglich, d. h. dann durch dasjenige Element, das sich im Verlauf der geschichtlichen Entwicklung als mächtiger erweist.

2. *Kritik von einem systematischen Standpunkt aus*

a) Akt- und Wesensaspekt von Materie als Prinzip

Der systematische Mangel, der das Ganze von seiner Wurzel her bestimmt, läßt sich dann mit einem letzten Rückblick auch in der Grundkonzeption von Praxis überhaupt aufweisen, die hier maßgebend ist: Es ist (um es mit unseren eigenen Worten zu sagen) *die sich selbst als letzten Grund und als letztes Ziel setzende, d. h. die sich letzthin selbst letztbegründende und selbst erfüllende Praxis,* – die *sich praktizierende*

Praxis als solche, die aber alle Elemente und Momente von Theorie, von Reflektiertheit, mitsamt allen ihren Folgeimplikationen oder Konsequenzen in sich zu integrieren beansprucht, genauer: die diesen Komplex als ihr eigenes ‚Anderes' gleichsam durch die Tat ‚begreift' (oder erweist), d. h. als ihre eigene entfremdete Gestalt; und zu ihrer eigenen Vollkommenheit und Absolutheit nur durch die Adaption, durch die Aneignung eben dieses Fremden, Anderen, in ihr eigenes Wesen gelangt. Dies Wesen freilich ist nicht etwas, das durch die Adaption von jenem Anderen nun völlig neu konstituiert würde, sondern was neu erstellt wird, ist allein die Erscheinungsweise, die Gestalt als solche, in der sich Praxis als vollkommene vollzieht. Es ist aber zugleich dasjenige, was je immer schon im gesamten Lauf der Geschichte dessen, was man (wie oben skizziert) als das Prinzip des projektiven und produktiven, sich selbst produzierenden Zusammenfalls von Mensch und Natur nennen könnte, nämlich der umfassenden – und in diesem Sinn dann auch transempirischen – *Materie*, sich als wirkend erwiesen hat und erweist. Die eigentliche Prinzipienpolarität besteht daher letztlich zwischen Praxis als solcher, als *absoluter Vollzug* begriffen, und Materialität, die gewissermaßen das *Wesen* oder die inhaltliche Artikulationsmöglichkeit jenem Vollzug an die Hand gibt. Es ist also *‚Praxis der Praxis'*, die ihr Wesensgesetz im Zusammenfall hat von Vollzug als dem je Letztkonkreten der Geschichte, d. h. dem Zukunft real erschaffenden Prinzip *und* allgemeiner Materialität als dem Rahmen ausschöpfender Potenzialität, innerhalb dessen allein jener Vollzug seinen Sinn zu erfahren vermag. Es ist also eine in allen Phasen ihrer Artikulation und Setzung sich stets selbst setzende und bestimmende, jedoch auf der Ebene der Erscheinung zurücktreten könnende und in ihrer eigentlichen ‚Wahrheit', oder besser: ihrem eigentlichen Wert und Sinn erst in ihrem End- und Abschlußstadium für das Ganze sich eröffnende Praxis. Sie ist damit als Prinzip ihrer selbst wie ihres Anderen begriffen, und wirkt dementsprechend: als mundaner Actus purus.

b) Das absolute Subjekt als Teil-Subjekt der Menschheit

Wesentlich aber ist nun, daß diese Analogie zur spekulativen Gotteslehre der älteren Metaphysik[11] (die sich ja offenkundig genug nahelegt) gerade in ihrer Begrenztheit gesehen werden muß, d. h. daß gerade die zugleich damit gegebene grundsätzliche Andersartigkeit des Neuen in den Blick kommt. Denn erhellend in einem letzten Sinn wird diese Analogie erst dann, wenn man sie auf dem Hintergrund geschichtlich-menschlicher Immanenz, wie zuvor skizziert, betrachtet[12]: Das *absolute Subjekt,* das allein in der Lage ist, den Actus absolutus im genannten Sinn zu vollziehen, ist nun die *Gesamtmenschheit,* und zwar wiederum nicht rein quantitativ betrachtet, sondern qualifiziert: Es ist eine gleichsam das Heil bringende, eine erlösende und erlöste Menschheit, die hier handelt und den Sinn von Weltgeschichte konstituiert. Der vollkommene Status dieses Subjekts ist dann eschatologisch konzipiert: Er findet erst statt in der utopischen Vollkommenheit des absoluten Endes, in dem das Paradies auf Erden für alle unter allen Rücksichten erreicht sein wird; dies jedoch im Rahmen des materialistischen Grundentwurfs. – Es ist in diesem Zusammenhang dann keineswegs metaphorisch gesprochen, wenn der innergeschichtlich den Endzustand erwirkende Teil der Menschheit, das *Proletariat,* als *Subjekt der Geschichte* zugleich neben seiner Funktion der tatsächlichen, effizienten Herbeiführung jenes Endzustandes durch den konkreten Schritt in die je nächste wesentlichere Phase (durch Revolution, Diktatur der Werktätigen usw.) außerdem auch noch die Garantiefunktion zuerteilt erhält dafür, daß jener Endzustand auch tatsächlich als ein menschlicher erreicht werden kann. Das Proletariat in seiner Selbstlosigkeit im Einsatz für die Aufgabe der Zukunft ist dann die von jenem eschatologischen Status her schon jetzt in die konkrete jeweilige Geschichte hineinwirkende Teilvollkommenheit: ein Zeichen, das den Glauben und jene Hoffnung zu verbürgen imstande ist, der erst in jenem Zustand des Endes erfüllt sein kann und wird. Als solches ist es der ‚Vollstrekker' der Menschheit und ihres Sinnes. Es ist aber dieser Vollstrecker, weil und insofern es *in sich* einen *Inbegriff* und eine *Ingestalt der* konkreten, geschichtlichen *Menschheit im Ganzen* darstellt: als unübertreffbar *leidend* an der Ausbeutung einerseits und als zugleich unübertreffbar *handelnd* in der Befreiung zur emanzipierten Menschheit und ihrem Leben hin andererseits. In diesem Sinn kann man an ihm mit einer anderen Analogie ‚*messianische*' Züge erkennen.[13] Die Struktur der Geschichte ist somit teleologisch, wenn auch der Vollzug dieser Teleologie an dieselbe Instanz gebunden ist, die auch die Möglichkeit und den inneren Sinn der teleologischen Struktur im Ganzen verbürgt. Dem Glauben an die Vollendung entspricht so der Glaube an das Proletariat als dem allein hinführenden Weg zur Vollendung. – Die konkrete Gestalt des marxistischen Messianismus erscheint weiter speziell an die jeweilige kommunistische Partei, d. h. an die *Partei* überhaupt gebunden. Die Leninsche Umformung der Partei zu einem straff gegliederten und geführten, hierarchischen Organismus, dem das letzte und endgültige Urteil zusteht über alle Dinge von einigem Belang auf weltanschaulicher wie auch politisch-praktischer und moralischer Ebene, ist der weiteren Ausbildung messianistischer Züge innerhalb des Kommunismus zweifellos förderlich gewesen.[14]

c) Der pseudo-religiöse Aspekt des Marxismus

Mit dem zuletzt Ausgeführten hat die Kritik nunmehr explizit einen Boden erreicht, der die Immanenz des Ausgangspunktes teils noch wahrt, teils jedoch schon überschreitet. – Jene Immanenz erscheint gewahrt, insofern auch in der zuletzt erwähnten Analogie gerade nicht ein Vergleichsmaßstab von außen herangetragen wurde, sondern sich aufgrund der immanenten Strukturen selbst sich eine derartige Strukturen-Konfiguration ergab, für die sich dann kein treffenderes Vergleichsmodell finden ließ als gewisse Stücke der christlichen Dogmatik. Dem wird man den Einwand entgegenhalten können, daß es absurd sei, ein so erklärtermaßen materialistisches System des Denkens und Lebens, wie es das marxistische ist, für ‚religiös' strukturiert zu halten; doch ist die Erkenntnis der pseudoreligiösen Charakteristik am Marxismus ja keineswegs neu.[15] – Wesentlich ist dabei, daß es sich beim Marxismus ja durchaus nicht um eine ‚Religion' im herkömmlichen traditionellen Sinn handelt, sondern um eine Anschauung vom Menschen, die ihm bestimmte Züge zuerkennt, die *sonst* nur in einem *religiösen* Kontext begegnen: D. h. es ist gerade die *Absolutheit menschlicher Existenzialität,* und dies in einer die *gesamte Menschheit* betreffenden Form, die mit allen ihren Implikationen ein wesentliches, konstitutives Element des Marxismus ausmacht. Und es ist nichts als die neuzeitliche Erfahrung des Menschen als eines autonomen Wesens, die hier – nun nur noch einmal auf die Sphäre des unmittelbar konkreten Lebens (Arbeit, Wirtschaft usw.) appliziert, wenn auch in der Verzerrung eines materialistischen Rahmens – auf ihre Konsequenz hin bedacht wird. Dann wird die Menschheit als solche selbstschöpferisch. Dem absoluten und zugleich immanenten Ziel entspricht die Absolutheit des Einsatzes und der Hingabe auf dem Wege zu diesem Ziel. Der Marxismus kann somit als eine bestimmte Form von Religiosität bezeichnet werden, die gekennzeichnet ist durch *Weltimmanenz,* und die das Moment der Transzendenz, das für jede Religion bzw. Religiosität wesentlich ist, in das Verhältnis zwischen Einzelnem und Allgemeinem, zwischen Gegenwart und endgültiger Zukunft, zwischen Kampf und Endfrieden eingebracht hat. Das analog ‚Transzendente' liegt aber dann darin, daß gerade das Allgemeine dynamisch seinen Anspruch gegenüber seinem jeweiligen ‚Anderen' durchsetzt.[16]

Man sieht, die mangelnde systematisch-rationale Geschlossenheit bzw. Konsistenz des Ganzen wird kompensiert durch ein Moment weltanschaulichen Charakters, die mangelnde rationale Klärung an der Basis wird aufgehoben durch einen auf das Ganze sich beziehenden *Glauben,* der sich in der Konkretion der jeweiligen Geschichte bewährt einerseits als die *Hoffnung* auf die sich ständig nähernde vollkommenere Zukunft, andererseits in der Verantwortung angesichts der innergeschichtlichen je besonderen Kampfsituation als die Entscheidung, dieser Kampfsituation gemäß politisch zu handeln. Innerhalb einer marxistisch verfaßten Gesellschaft vermag dies beispielsweise sowohl in der selbstlosen Aufgabe der Eigenpersönlichkeit von seiten der Beherrschten als auch in der Entscheidung für den Terror von seiten der Herrschenden seinen Ausdruck finden; dabei ist freilich zu erinnern, daß beide Momente in ihrer rein formalen Qualität auch wiederum für beide Teile der marxistischen Gesellschaft gelten: Auch der sog. ‚Untergebene' hat Teil an der Gewaltsamkeit des sog. revolutionären Kampfes, und auch der Befehlende ist zur äußersten Hingabe an das Ziel gehalten. – Vermittelnd ist auch hier die Idee des *Kollektivs* als der politisch wirksam gewordenen Form des allgemeinen Gattungswesens „Menschheit". – Will man jedoch nicht in den Fehler einer gleichsam umgestülpten Bolzanoschen Welt materieller, selbstwirkender Wesenheiten verfallen (wobei man freilich letztlich nicht wüßte, was das eigentlich sein soll), so bleibt als rationale Erklärung nur diejenige übrig, daß der letzte (oder erste) Anstoß zu dem erforderlichen Handeln eben von Subjekten herrührt, und zwar keineswegs nur faktisch, sondern im eigentlichen Sinn letztverantwortlich[17], wie auch immer dies im ideologischen Verbalismus verdeckt werden mag. – Sofern man nur auf die strukturellen Isomorphien achtet und nicht zu vorschnell und naiv auf inhaltliche Entsprechungen auf der Ebene gleichsam fertiger Resultate abzielt, ergibt sich aber an dieser Stelle ferner die Möglichkeit, den Marxismus, so wie er hier zum Gegenstand der Erörterung gemacht wurde, in Beziehung auf noch andere ähnliche weltanschauliche Gebilde zu setzen. Dabei wird sich eine wechselseitige Modellfunktion schließlich für *alle* solcherart verglichenen Ideenkomplexe ergeben. – Als Vergleichspunkt sollen hier dann vor allem gewisse Eigenarten des frühchristlichen Gnostizismus, ferner des Islams, und schließlich auch noch des spätmittelalterlich-barocken kirchlichen Absolutismus dienen.

d) Ideengeschichtliche Parallelen: Gnostizismus, totalitäre Christlichkeit

Der Hinweis auf ideengeschichtliche Parallelen in der soeben angegebenen Richtung ist freilich nicht neu[18]. Doch soll an dieser Stelle nun nicht der Marxismus insgesamt oder eine seiner ideologischen Varianten in seiner ideellen Struktur lediglich als eine mit anderen Inhalten ausgestattete Neuauflage alter Weltanschauungen demaskiert werden; dies ginge am Kern des Problems gerade vorbei. Der Marxismus ist als solcher nicht bloß eine gnostizistische Religion der Weltimmanenz, ebensowenig wie er etwa der islamischen Theokratie oder auch bestimmten Formen von politischer Kirchlichkeit als kultur- und bewußtseinsgeschichtliche ‚reziproke' Parallele einfach an die Seite gestellt werden kann. – Vergleichbar sind, und dies gerade im Interesse der Aufhellung noch verborgener Hintergrundstrukturen, zunächst wohl nur charakteristische Einzelmomente und -aspekte; es mag sein, daß in ihnen dann auch sehr viel Wesentlicheres mit ausgedrückt ist, als es auf den ersten Blick den Anschein hat.
Der Vergleich zum altkirchlichen *Gnostizismus* ergibt sich vor allem natürlich aufgrund der *dualistischen* Strukturelemente:[19] Als erstes kommt hier in Frage die gesellschaftliche Gestalt der den vollkommenen Endzustand konstituierenden Dialektik als Klassenkampf, wobei ähnlich wie in den meisten gnostischen Systemen auf der Prinzipienebene als die endgültige, nicht weiter hintergriffene Ausgangsbasis eine Zweiheit einander grundlegend entgegengesetzter Prinzipien für die gesamte ausgeführte Systematik maßgebend ist. Der Unterschied liegt natürlich darin, daß dort solche Prinzipien kosmisch konzipiert und in einer kosmologisch-mythologischen Sprache ausgedrückt sind, während hier der entsprechende, das Ganze des systematischen Entwurfs bestimmende Gegensatz anthropologisch bzw. auf einer bestimmteren Stufe sozio-ökonomisch und sozio-politisch gedacht ist: Dem religiösen Akt innerhalb des Gnostizismus, der über die ganze ‚Heilsveranstaltung' entscheidet, steht hier intramundan und

menschheits- und geschichtsimmanent der Akt der Arbeit und ihre ‚Interpretation' durch weitere Praxis gegenüber. Entscheidend ist jedoch, daß auch bei Marx sich schon an der systematischen Basis diese Grundwirklichkeit als *von vornherein* positiv *und* negativ konzipiert erweist, und zwar beides in einer grundlegenden *Radikalität*, so daß von sich aus, besser: vom *Wesen* dieses ‚Negativen' aus – d. h. also z. B. des privaten Besitzstrebens, der Privatinitiative des Einzelnen in wirtschaftlichen Zusammenhängen u. ä. – überhaupt gar keine Möglichkeit in der konkreten Wirklichkeit zu einem Ausgleich, einer positiven Synthesis besteht. So ist das Kapital als Arbeitsfaktor realiter von seinem Wesen her schlecht, bösartig usw., das Proletariat von seinem Wesen her realiter gut usw.[20] Die hier angelegte Dialektik wird dann zu einer Lösung, bei Marx strukturell ähnlich wie in manchen der gnostischen Systeme, in einer Endumwälzung gewaltsamer Art gezwungen, wobei schließlich das ‚Gute' siegt durch die Ausrottung des Bösen, und zwar mit Einschluß der ‚unbekehrbaren', d. h. absolut und im Prinzip bösen Träger oder Subjekte der bösartigen Verhältnisse. Es handelt sich somit nicht nur um die Vernichtung des Bösen als abstrakten Strukturprinzips, sondern auch der Bösen selbst als realer Individuen (in einer Klasse). – Die strukturelle Ähnlichkeit mit vulgärchristlichen und gnostischen bzw. christlich sektiererischen und schwärmerischen Konzeptionen des Endgerichts liegt auf der Hand[21]. Es ist nur konsequent, daß entsprechend dem dualistischen Ansatz auch das *Ende* in einer solchermaßen dualistischen Weise konzipiert ist: Der Monismus der vollkommenen und endgültig menschlichen Welt – die der erlösten Menschheit der Gnostiker in ihrem systemfunktionalen Stellenwert entsprechen dürfte – wird erreicht (und kann es gar nicht anders, wenn man dem Prinzip des Anfangs treu sein will) durch die praktische, praktizierte *Negation* der Welt des Negativen insgesamt[22], d. h. durch ihre physische Vernichtung.

Daß bei Marx gleichwohl eine auch strukturell den Gnostizismus übersteigende systematische Leistung vorliegt, sei nicht bestritten; vor allem ist gerade der Vermittlungsgedanke mit Hilfe der Dialektik ein Element, das gegenüber dem alten Gnostizismus etwas wesentlich Neues darstellt, und das seine Bedeutung nun gerade auch von der philosophischen Theorie des *Menschen* her nimmt, die Marx entwickelt hat. Die neuzeitliche mit der Renaissance beginnende Wende zum Humanum als dem letzten und zentralsten Kernthema aller Kultur, alles Denkens und aller Praxis, zeigt auch hier ihre Folgen: Es ist der Mensch selbst, der sich in der Marxschen Konzeption befreit, emanzipiert usw. (in der alten Sprache: erlöst). – Um so mehr muß es bedenklich stimmen, daß diese Befreiung in einem systemanalytisch nur als (wenn auch zunächst versteckt, implizit) dualistisch zu bezeichnenden Prozeßgefüge vonstatten gehen kann. Es erhebt sich dann sogleich die Frage, woher denn dann *letztlich* der als ‚gut' bezeichnete Teil der Menschheit seine Legitimation nimmt, das Ganze so zu beurteilen, wie er es nun tut, und wie es auch die einschlägige Theorie (die marxistische) als deren adäquater Reflexionsstand, als adäquates wissenschaftliches Bewußtsein de facto tut. Der Hinweis, daß ‚Ausbeutung', Schädigung von Menschen in ihrer Menschenwürde doch Grund genug seien, verfängt insofern nicht, als Entsprechendes dann ja auch im Prinzip für die zu einem anderen Zeitpunkt dann ihrer Privilegien beraubte Menschheit zu gelten hätte, und dies dann auch noch für den Akt der Befreiung, der Besiegung der ‚Ausbeuterklasse', also für die Revolution selbst. Man kann dem nicht entgegenhalten, daß es ja auch ein Recht zur Strafe gäbe, daß es weiterhin nichts als Notwehr sei, die das Proletariat ausübe. Denn die Pointe der Theorie zielt ja in ihrem Kern *nicht* auf die gerechte Behandlung des *je Einzelnen,* der aus irgendwelchen Gründen zur sog. Ausbeuterklasse gehören mag, sondern auf die Vernichtung der *Klasse* als dem Repräsentanten des z. Z., in der je geschichtlichen Phase, höchsten Bösen. Der kollektivistische Zug des Marxschen Materialismus zeigt sich an dieser Stelle hinsichtlich der Bestimmung des Menschlichen, des Humanen, eigentümlich ambivalent[23]. Der Einzelne hat gegenüber dem

Gesamten auch in ethischer Hinsicht, wenn es zur höchsten Zuspitzung aller Probleme und zum äußersten Konflikt kommt, keinerlei Rechte, ja er hat nicht einmal irgendein ein Appellativ- oder Einspruchsrecht; das Gewissen als solches hat seinen Ort hier *im* (und als) Kollektiv gefunden.[24] Die für die ‚gewöhnliche' moderne Bürokratie typische *Anonymität* der Verantwortung, die in einer rechtsstaatlichen Gesellschaft immerhin ein Korrektiv in einer unabhängigen Justiz der öffentlichen Meinung u. ä. hat, wird hier demnach mit totalitärer instrumenteller Macht angereichert. Dies ist keineswegs eine Entartung nur eines sog. Vulgärmarxismus, sondern hat seine Wurzeln im ursprünglichen Ansatz selbst, wie klargeworden sein dürfte.[25] Die Beurteilung aber *als* gut oder *als* böse fällt so letztlich nicht in eine Wesensbeschaffenheit, eine Sachstruktur von Menschheit als solcher ganzer überhaupt, sondern ist entsprechend dem Ausgangspunkt schon von vornherein partikulär angesetzt und vorausbestimmt. Es ist eine Ethik des durch das System im Ganzen (zwar, und dies mitsamt seiner theoretischen Seite) bestimmten Sieges: der Sieg in der Praxis ist ‚wissenschaftlich', also durch theoretische Reflexion als zwingend erwiesen; aber umgekehrt ist auch eine solche Theoretisation nur ein Moment auf dem Wege zu diesem Ziel (der Praxis). Damit aber ist der letzte sittliche Entscheidungsgrund implizit ideologisch-*pragmatischer* Natur. Und hier mag auch ein Ansatzpunkt dafür liegen, daß die marxistischen Revolutionen stets und grundsätzlich bedenkenlos das individuell sittlich-Schlechte in ihren Dienst gestellt haben und daß dies auch in der etablierten Herrschaftsausübung kommunistischer Systeme das übliche Handelnsprinzip ist.

Für den *Islam* soll hier die mögliche Parallele nicht weiter ausgezogen werden. Es wäre höchstens noch darauf hinzuweisen, daß gewisse mehr äußerliche Elemente der Militanz, des autokratischen Herrschaftsstiles und der Aufklärungsfeindlichkeit sich neben anderem in beiden Weltanschauungen finden; so ist insbesondere die weltanschauliche Systemtreue der wissenschaftlichen Reflexion, und d. h. dann wieder-

um als freier Reflexion: der Philosophie, ein Symptom für beide Weltanschauungen.[26] In der Geschichte hat sich allerdings der Islam dort, wo die Orthodoxie sich durchsetzen konnte, durch eine gewisse Philosophiefeindlichkeit ausgezeichnet.[27] Ähnliches kann aber auch für den orthodoxen Marxismus festgestellt werden. Der orthodoxen Theologie dort entspräche hier die amtliche Ideologie, dem Glauben an die göttliche Autorität dort der Glaube hier an die Macht des eigenen Wissenschaftsverständnisses.[28]
Der Vergleich schließlich mit gewissen Formen eines kirchlichen Absolutismus bes. aus der Zeit des Barock und der Nachaufklärung kann hier nur andeutungsweise geführt werden; es wird im folgenden Teil aber noch einmal eine besondere Rolle spielen. Es soll jedoch sofort festgestellt sein, daß das hier mögliche Vergleichsobjekt von seiten eines organisatorisch und gesellschaftlich verfaßten Christentums *eine* ganz bestimmte historische Ausprägung desselben trifft, nicht jedoch Christentum in seinem eigentlichen Wesen und in seiner Kernwirklichkeit überhaupt. Insbesondere der kirchliche Absolutismus des 16. bis 19. Jahrhunderts, der von seinem prinzipiellen theoretisch-praktischen Ansatz her zwar nicht direkt, aber um so wirksamer indirekt politisch wirksam geworden ist[29], dürfte in mancher Hinsicht gewisse Ähnlichkeiten in seiner Struktur mit modernen ideologisch begründeten politischen Totalitarismen mit Anspruch auf absolute Vervollkommnung der Menschheit haben, wie sie im Marxismus eine der vollkommensten Ausprägungen erfahren haben. Es mag allerdings darin beschlossen liegen, daß durch einen – im einzelnen noch näher auszuführenden – Vergleich eines solchen sozio-politisch sich verstehenden Absolutismus kirchlicherseits die Frage auftaucht, ob in einer transformierten Weise nicht noch einmal, wenigstens indirekt, ein Dualismus ähnlich dem frühchristlichen gnostischen, in einer derart hierokratisch konstituierten Kirchlichkeit impliziert gewesen ist.[30]

IV. Das Theorie-Praxis-Problem im Umkreis des Christentums

1. Methodologische Vorerwägungen; selektive Thematisierung

Damit wäre unser Gedankengang zu dem großen anderen Themenbereich gelangt, der sozusagen im Gegenzug zur Marxismusdiskussion nun zu erörtern ist. Freilich geht es hier nicht um eine Gesamtdarstellung des Christlichen, sondern allein um die Herausarbeitung, wie schon oben angedeutet, oder Neubestimmung der Beziehungen zwischen dem uns *überkommenen Christlichen* und dem philosophischen Denken im Horizont der soeben umrissenen Problematik der Bestimmungen im Verhältnis von Theorie und Praxis. Dabei wird ein weiterer einschränkender Gesichtspunkt maßgebend sein: Nicht kommt es hier so sehr darauf an, eine vollständige Untersuchung des Christentums von seinem zeitlichen Beginn und seinem sachlichen Grund aus zu geben; der Einstiegspunkt ist vielmehr gerade das Vergleichsmoment zum *Marxismus,* d. h. eine Perspektive, die es ermöglicht, diese beiden weltanschaulichen Großkonzeptionen miteinander auf ihre formalen Gemeinsamkeiten, und sodann erst, in zweiter Linie, auf ihre Differenzen hin zu untersuchen. Dabei ist unser Ausgangspunkt wiederum der ‚modernere', unserem heutigen Bewußtsein gewissermaßen näherstehende Komplex des Marxismus. Das besagt dann für die Methodik und den Blickwinkel eben dieser Untersuchungen, daß somit wenigstens zunächst das Christentum gerade nur unter dem Aspekt seiner *Vergleichbarkeit* mit dem Marxismus in den Blick gefaßt wird, genauer noch: Es wird das Vergleichbare zunächst einmal betont herausgehoben werden müssen. Erst in einem jeweils zweiten Schritt mag dann auch die tiefgreifende Differenz zwischen beiden Komplexen bedacht werden. – Noch weit weniger als schon im Fall des Marxismus kann es hier somit unsere Aufgabe sein, einen auch nur einigermaßen erschöpfenden Überblick über alle Wechselbeziehungen zwischen Christentum und Marxismus zu geben, ebensowenig wie zur Frage nach dem Verhältnis der verschiedenen christlichen Orthodoxien zu Häresien, oder auch etwa zu dem Komplex der Beziehungen zwischen christlicher und nichtchristlicher Religiosität, wie es etwa die Religionswissenschaften untersuchen.[1]

Das Vergleichbare wird sodann teils von seiten der Lehre, teils aber auch von seiten der geschichtlichen Wirklichkeit und ihrer Praxis sich darbieten. In beiden Fällen aber wird man es mit Gebilden zu tun haben, deren christliche ‚Echtheit', Genuinität, durch den Aspekt des Vergleichs noch keineswegs getroffen zu sein braucht; ja man kann sogar annehmen, daß das je unverwechselbar Eigentümliche gerade nicht sich einem derartigen Gesichtspunkt zeigen wird. – Es kommt weiter darauf an, nicht nur sozusagen zufälliges Material beizubringen, seien es nun irgendwelche Lehrgehalte oder auch gewisse Realitäten der geschichtlichen Entwicklung; sondern wesentlich darüber hinaus geht es hier darum, bestimmte Charakteristiken theoretischer wie praktischer Natur in ihrem inneren Strukturzusammenhang, d. h. in der Notwendigkeit ihres So-geworden-Seins aufgrund wohlbestimmter Gründe herauszuarbeiten, so daß man dann ein systematisches Ganzes jeweils als Vergleichsobjekt (in bezug auf das systematische Ganze des Marxismus) vor Augen hat. Damit wird dem Anspruch des Marxismus selbst entsprochen: Er ist seiner eigenen Aussage gemäß ‚Wissenschaft', aber eine solche, die vom ‚gelebten' und zu ‚lebendem Leben' gelten will (um es einmal verfremdet auszudrücken) –, ebenso wird seine kritisch analysierte Gestalt aufgenommen: Auch nachgewiesene Inkonsistenz in den Grundlagen kann dann und nur in dem Fall ‚systematische' Folgen haben, wenn z. B. ein Axiom innerhalb dieses Ganzen Nicht-Falsifizierbarkeit fordert.[2]
Wiederum: auch einmal angenommen, es handle sich bei einer derartigen Systematisierung um eine mehr oder weniger aus-

geprägte Fehlentwicklung innerhalb des Christlichen, so muß doch ein solcher Kontext nicht schon von sich aus die Unmöglichkeit einer derartigen Systematik noch auch ihre Unausweichlichkeit beinhalten. Zugleich wird man das Problem der Einheit bzw. Gemeinsamkeit und die Differenz zwischen solchen, hypothetisch (vorerst) einmal angenommenen, Fehlentwicklungen und dem genuinen Kern dann zu behandeln haben, und zwar nunmehr vor dem Hintergrund einer Vergleichsrelation mit einem seinerseits extrem ‚anderen' Vergleichsobjekt.

M. a. W. der Vergleich des Marxismus als Weltanschauung mit dem Christentum wird hier so entworfen, daß mit seiner Hilfe 1. eine extreme, d. h. die Gefahr der Unmenschlichkeit notwendig in sich bergende, Strukturation an beiden offenbar werden kann, wobei dann weiter 2. der Vergleich auf Konsistenz des jeweiligen systematischen Ganzen in sich selbst dringen wird, so daß 3. sodann sich der Vergleich von beiden Verglichenen auf sich selbst, aber jeweils dies zugleich mit dem Hinblick auf den anderen Vergleichspol,[3] richtet. Mit dieser Verfahrensweise wird man nicht nur das jeweils ‚Unechte', Fehlentwickelte, fehlerhaft Strukturierte auf beiden Seiten aufweisen, sondern gleichzeitig damit auch den echten Kern, das wahre Zentrum ebenfalls auf beiden Seiten aufzeigen können. Dieser Kern mag dann in historischer Betrachtung wohl um eine Stufe abstrakter zu fassen sein, als die beiden Verglichenen es als geschichtlich gewordene (und noch werdende) Gebilde für sich darstellen. Gleichwohl wird er seinen sachlichen Bezugspunkt in einer vertieften Sicht und Reflexion auf den Menschen, seine Wesenheit und Wirklichkeit, haben. Der Vergleich erschöpft sich somit nicht formalistisch oder rein formal-dialektisch in einer endlosen Strategie des Opponierens, sondern wird gemäß seiner formalen methodischen Figuration zu einem eindeutigen Ergebnis kommen, dies auch mit Bezug auf die verglichenen Inhalte.

Bevor nunmehr, nach diesen mehr methodologischen Vorerwägungen, an den in Frage stehenden Vergleich selber herangegangen werden kann, muß eine geschichtliche Einschränkung gemacht werden, deren Motivation im Lauf der folgenden Ausführungen noch einleuchten wird. Aus dem übergroßen Komplex dessen, was Christentum genannt werden kann, wird hier, wie schon einmal angedeutet, insbesondere *die Zeit der Auseinandersetzung* eben dieses Christlichen mit dem sich emanzipierenden Bewußtsein der Neuzeit – in ihrer Rückwirkung auf die Artikulation und das Selbstverständnis des Christlichen – thematisiert werden; dies aber wiederum so, daß selbstverständlich immer nur gewissermaßen ‚in Auswahl', selektiv hier verfahren wird; die herausgegriffenen Strukturzüge werden dabei ihr Gemeinsames wiederum in ihrer Vergleichsfähigkeit mit dem Marxismus haben. So wird sich die Analyse beispielsweise nicht auf eine Konfession, auf eine theologische Schule, eine religiöse Praxis allein eingrenzen können, sondern nach Bedarf hier ein breiteres Spektrum suchen. D. h. ganz konkret, daß z. B. sowohl der Protestantismus mit seinen Spielarten als auch die Katholische Kirche, und gegebenenfalls auch die Orthodoxie, als Vergleichsobjekt herangezogen werden. Der Leitfaden, der uns vor der Gefahr der Zufälligkeit und des reinen Rhapsodierens oder einer bloßen ‚Robinsonade' bewahren soll, wird nun aus unserer bisher geleisteten Marxismuskritik genommen werden können: Es ist der Gesichtspunkt eines teils grob, teils sehr subtil formierten *Totalitarismus.* Dabei soll uns für jetzt der Streit darüber, ob man diesen Begriff mit Fug und Recht auf das Christentum in seinen wesentlichen sachlichen und geschichtlichen Themen bzw. Gestalten anwenden könne – oder ob man z. B. nicht besser: von ‚Autoritarismus', oder auch von Absolutismus[4] sprechen solle – dahingestellt bleiben; in welchem Sinn dieser Ausdruck aufzufassen ist, wird durch die folgenden Erörterungen schon noch geklärt werden. Wichtiger aber ist, daß damit zumindest unausdrücklich schon eine erste entscheidende *Stellungnahme philosophischer* Art indiziert ist. Mit dieser vorerst freilich noch nicht expliziten Standpunktnahme erscheint denn auch schon der unabhängige Bezugspunkt kritischer

Wertung für *beide* weltanschaulichen Großphänomene angegeben.[5]

2. *Vergleich der Theoriestruktur: Das Prinzip der Nicht-Falsifizierbarkeit in ‚christlicher' Fassung*

Der erste Vergleichspunkt soll rein theoretischer Art sein: Zur Frage stehe nun der *Grund* der Rechtgläubigkeit, und zwar nicht einmal so sehr als Akt, als Wirklichkeit der Praxis, sondern als *systematische Konzeption*, die durchaus spezifische Theorie einschließt, zugleich aber auch als solche (theoretische Konzeption nämlich) eminent und primär auf Praxis hin angelegt erscheint. – Anzuknüpfen ist dabei an die Charakteristik der *Nicht-Legitimierbarkeit* vor der Vernunft, der auch hier strukturologisch eine Schlüsselstellung zukommt. Das besagt dann aber letztlich zwei verschiedene Richtungen der Gültigkeit dieses Prinzips: *Einmal* ist damit die absolute Macht, Weisheit und der darin beschlossene Heilswille Gottes als des höchsten Universalprinzips gemeint, *zum anderen* der Vollzug der erlösten oder zum Heil führenden Existenz selbst unmittelbar: aus Glauben. Bevor diese beiden Gültigkeitssphären erörtert werden, sei bemerkt, daß im folgenden vor allem eine theologische Auffassung in dieser Problematik skizziert werden soll, die ungefähr im Luthertum, mehr aber noch im Calvinismus ihren Urtypus haben mag. Dabei sei zugestanden, daß hier insofern eine gewisse Vereinfachung stattfindet, als in der Richtung auf die soeben genannten Auffassungen etwa geistesgeschichtlich das Bild lokalisiert werden kann, das sich beispielsweise die Aufklärung des 17. und 18. Jahrhunderts vom Lehrgehalt des Christentums gemacht hat.[6] – Das bedeutet dann mehr im einzelnen: Was den *ersten* Fragekreis angeht, so liegt das Prinzip der Nicht-Falsifizierbarkeit im wesentlichen in der Unerforschlichkeit des göttlichen Heilswillens, ontologisch gesehen in der Voluntarietät, der Willensbeschaffenheit Gottes, und zwar mit allen ambivalenten Implikationen: einmal so, daß überhaupt ein göttlicher Heilswille als letzte Richtschnur und alles überspannender Rahmen menschlicher Geschichte statuiert wird; und wie anders könnte ein solches Faktum aus dem Bereich des schlechthin transzendenten Absoluten ‚nach außen', also an die Menschheit, mitgeteilt werden als durch eigentliche ‚Offenbarung', durch Mitteilung, die zu ihrem einen, eigentlichen und alleinigen Urheber eben diesen heilswollenden Gott hätte. Dieser Bereich des göttlichen Wollens entzieht sich ja ex definitione jeglicher nicht-absoluten Erkenntnis. Soll also nicht-absolutes Sein daran beteiligt werden, ist der erste Schritt immer auf seiten eben dieses Absoluten selbst.

Ein Weiteres kommt hinzu: Dies Gesagte einmal angenommen, so bieten sich in der Artikulierung der Anwendung auf die menschliche Wirklichkeit zwei Wege an: *Einmal* wird ein universaler Heilswille statuiert – wobei dann wiederum dessen Universalität in der Durchsetzung ihrer Intention absolut – im Origenismus beispielsweise – oder ‚gemildert' – durch die Mitbedingung menschlicher Freiheit nämlich: so die orthodoxe Großkirche – vorgestellt wird.[7] *Zum anderen* aber läßt sich dieser Heilswille, obwohl grundsätzlich in sich umfassend und konsistent, so doch in der Anwendung bzw. Durchführung eingeschränkt vorstellen: so eine in beiden abendländischen Konfessionen in der frühen Neuzeit weit verbreitete Ansicht, die sich z. B. auch noch bei Leibniz findet. Doch soll uns das für jetzt nicht beschäftigen[8].

In beiden Auffassungen wird natürlich des weiteren der Macht Gottes insofern Absolutheit zugesprochen, als sie an und für sich, wenn sie wollte, je den geschöpflichen Geist unwiderstehlich zu seinem Heil zwingen könnte – wenn dies auch um der Widerspruchsfreiheit willen innerhalb einer realen Welt freier Wesen bloßer Gedanke ist. – Damit verbunden ist das Moment der absoluten Universalität der Heilsordnung, die grundsätzlich von ihrem Prinzip her betrachtet keinerlei Ausnahme duldet. Was uns hier besonders betrifft, ist dies, daß gerade auch die menschliche Vernunft, sei es als rein theoretische, sei es es als sittlich-praktische, wie schon der vernünftige Wille keineswegs als eine solche Ausnahme zugelassen wird. – Dieser Satz ist durchaus auch der im Sinn einer Vernunftkompatibilität ‚abgemildertsten' Form christlicher Theologie eigen[9], daß die eine, allumfassende Ordnung alles Seienden und Geschehens, alles Seins und Sollens, alles Verstehbaren und zu Vollziehenden und ihr Prinzip letztlich göttlich ist und mit unfehlbarer Sicherheit an das ursprünglich von eben diesem Prinzip gesetzte Ziel gelangen wird.

3. Weiterer Vergleich charakteristischer Strukturen

a) Glaube als Aktstruktur

Zurück zu unserem Befund der Nicht-Falsifizierbarkeit auf der Ebene der Subjektivität, nunmehr von einem ihr immanenten Aspekt aus betrachtet. Das einschlägige Prinzip läßt sich als das *Sola-fides-Prinzip* bezeichnen, insofern nicht nur für den aktualen Vollzug – als existenzial zu leistendes Sein –, sondern auch für seine essenziale, wesenhafte Strukturierung, d. h. seine gnoseologische Motivation keineswegs primär die Vernunft als solche mit ihrem eigentümlichen Instrumentarium, also einem rationalen Reflexionsgang, zuständig ist, vielmehr allein hier der ‚Glaube' als solcher sowohl den Vollzug des Glaubens selbst gründet und setzt als auch die innere Motivationsstruktur bedingt. Daß eine solche überhaupt gegeben sein muß, ist evident, denn etwas in sich selbst völlig Uneinsichtiges läßt sich einfachhin nicht als Motiv ansetzen. Letztlich ist damit aber ein ähnliches Element irrationalistischer Letztfundierung an den sachlichen Anfang existenzieller Aneignung gesetzt, wie dies auch im Falle der Marxschen systematischen Motivation von Praxis gegeben war; wobei wiederum die Inhalte in ihrer tiefen Verschiedenheit hier zunächst nicht entscheidend sind: Das methodisch-systematische Gefüge einer Praxis um der Praxis willen, die Theorie ausdrücklich (mit Bezug auf sich selbst) als zweitrangig einstuft, aber dann doch zugleich unausdrücklich wiederum eben diese Theorie für ihre eigene Erst- (oder Letzt-)Begründung in Anspruch nimmt: – eben diese formale, d. h. in ihrem Funktionszusammenhang charakteristische Figur ist es, die in beiden Fällen in Erscheinung tritt. – Die Argumentation ist demnach in ihrem das Interesse bestimmenden Motiv nicht eigentlich rational, sondern eher *‚strategisch'*, anders gesagt: Sie kommt nicht auf eine gemeinsame Ebene der Vernunfteinsicht zurück, sondern versteht sich als Kampfmaßnahme mit dem Ziel der Uebermächtigung der anderen Ansicht, wobei die Mittel freilich allesamt dem Arsenal vernünftigen Argumentierens, wenn auch nicht in einem sachlich vorgezeichneten Zusammenhang, entnommen werden.

Es braucht dann nicht mehr als nur einiger Hinweise, um die Affinität der formalen Strukturen in der Funktion, das Gesamtsystem von einem schlechthin objektiven Punkt aus unangreifbar, d. h. nicht-falsifizierbar, zu machen, herauszustellen. Dem schlechthin geistigen Prinzip von Allem, dem transzendenten, spiritualitisch konzipierten Absoluten hier entspricht letztendlich die Materie als solche dort. Die Unterschiede – Transzendenz, statische Ewigkeit hier, Weltimmanenz, zeitbezogene Dynamik und Prozessualität dort – lassen sich auf einer dritten, abstrakteren und formaleren Ebene dann durchaus als dem gleichen Schema gehorchend darstellen; dies ist gerade in der Prinzipienfunktion beschlossen. Materie als letztbegründendes Prinzip muß Grund für die dynamische Prozessualität des Weltganzen sein, als solcher aber ist sie – funktional – dem Einzelgeschehen gegenüber transzendent. Dies macht sich typisch bemerkbar z. B. im Verhältnis des allgemeinen Prozesses, etwa der Geschichte, gegenüber dem Einzelnen, der einzelnen Persönlichkeit; diese hat grundsätzlich kein Appellationsrecht ihm gegenüber. – Umgekehrt gilt dies in der strengen Fassung eines primär voluntaristischen Gottes-Begriffs ja auch für das soeben skizzierte Verhältnis des Menschen zu Gott. Aber andererseits wirkt auch Gott nach diesem Konzept in die Geschichte, auf den Menschen, ja bestimmt ihn letztlich absolut und ungefragt zu seinem Heil oder zu seinem Unheil; dies jedenfalls ist die Konsequenz dieses besonderen Gottesbegriffs, wie auch immer man sich theologiegeschichtlich bemüht haben mag, ihr zu entrinnen.[10] – Funktional also wirkt *beide Male* ein Absolutes und verfügt über den Menschen hinsichtlich seiner letztgeltenden Sinndimension. Beide Male gibt es für den menschlichen Einzelnen vom Prinzip her keine Möglichkeit, hiergegen sich durchzusetzen, ja auch nur im Grundsatz berechtigtermaßen, *legitimerweise* also, sich bei sich selbst anders zu entscheiden.

Das zweite Moment der Nicht-Falsifizierbarkeit hat seinen systematischen Ort innerhalb der Subjektivität und ihrem Vollzug. Die schärfste, extreme Position zeigt sich wiederum, insofern man die radikalen Konsequenzen zu ziehen sich nicht gescheut hat, in einem Querschnitt bestimmter Thesen, wie schon angedeutet, eines reformatorischen *Glaubensbegriffs*. Der Glaube als die unabdingbare und zugleich, sofern praktisch getätigt bzw. vollzogen, hinreichende Voraussetzung für die faktische Erreichung des Heils lebt von der Gnade Gottes, d. h. von dem soeben skizzierten Heilswirken Gottes. Dies geht nach der These jedem möglichen Eigenvollzug des Einzelnen sachlich voran. Er vermag lediglich anzunehmen oder abzulehnen und entscheidet damit – aber wiederum: nicht ohne entsprechende Mitwirkung Gottes[11] – über sich, wobei dies aber doch eine Entscheidung abgeleiteter Art ist: Sie vollzieht sich schon von vornherein in einem Rahmen von Autorität und Gehorsam als dem Guten, der Durchsetzung des Eignen als des Schlechten. Und weiterhin, die Differenz zur marxistischen Konzeption, die sich aufzutun scheint, insofern nun doch auch formal gesehen, auf der einen Seite ein personales (Gott), auf der anderen Seite aber ein apersonales Prinzip (Materie) zu wirken scheint, ist insofern hinfällig, als einmal ein derart wirkender Gott der Willkür im eigentlichen und wahren Sinn nicht Person genannt zu werden verdient: Dies deshalb nicht, weil es zum vollen Begriff der Person gehört, von ihrem Letztgrund her vernünftig, d. h. letztlich auch vernünftig mitteilbar, *verste*h-

bar, zu sein. Prinzipielle und absolute Nicht-Verstehbarkeit besagt dann prinzipielle Unvernünftigkeit. Dies gilt für alle möglichen, und nicht bloß für die je wirklichen Vernunftvollzüge. – Zum anderen geschieht die Vermittlung eben dieses göttlichen Heilswillens ja nicht abstrakt, sondern indem sie sich bestimmter geschichtlich artikulierter Formen und Gestalten bedient: Dies ist grundsätzlich die Kirche oder Gemeinde, des näheren dann die Partizipation an heiligen Texten oder heiligen Ritualen. – Wählt man hier einmal eine etwas radikalere protestantische Version etwa des Sola-Scriptura-Grundsatzes, so ergibt sich wiederum eine gewisse Parallele zur Exegese der autoritativen Texte innerhalb des (orthodoxen) Marxismus. Es ist das Kompendium dieser Texte allein, was schließlich und letztlich den Bereich der Wahrheit in Theorie und Praxis absteckt. Je nach der besonderen Spielart ist weiter nicht jeder Beliebige in der Lage, derartige Texte richtig zu verstehen, sondern es bedarf dazu einer besonderen Gruppe.

b) Idealtypische Elitestrukturen

Auf der anderen Seite entspricht, wie dem ‚Volk Gottes' das ‚Proletariat', so der eigentlichen *‚Kirche'* als der gesellschaftlich artikulierten, d. h. amtlichen, antizipatorischen Gestalt des Reiches Gottes und der Hierarchie als dessen irdischer Ingestalt (Inbegriff) die so wahre und den Weg in die vollkommene Zukunft weisende ‚Partei'[12]; in anderen Zusammenhängen war davon ja schon die Rede. Funktional gibt es – immer im Rahmen des zuvor umschriebenen Gesamtkonzepts – zwischen beiden Phänomenen: kirchliche Hierarchie und Partei, bemerkenswerte Übereinstimmungen und Gemeinsamkeiten. Sie sollen hier nur notiert sein: So der Anspruch auf die alleinige Kompetenz der ‚Heils'-Vermittlung, der Anspruch, den Fundamentalgehalt des ‚Heils' bzw. des allein und ausschöpfend sinnvollen Lebens in dem von ihnen verwalteten Schrifttum zu haben –, der Anspruch, durch die Befolgung bzw. den Vollzug der als dazu verbindlich erklärten Praxis jenes vollkommene Lebensideal bzw. das getätigte Heil dem Einzelnen faktisch, im Raum der konkreten Geschichte des Einzelnen zu vermitteln. Von mehr am Rande liegenden Erscheinungen, wie z. B. gewissen Formen nahezu ‚klösterlicher' Praxis in Einkehr und Selbstkritik (z. B. in den sog. Kaderschulen Mao Tse-tungs) u. ä. sei hier abgesehen, obwohl sich manche Parallelen noch weiter ausziehen ließen. – Für die Theorie bietet sich als ein recht eingängiges Beispiel die Auseinandersetzung zwischen Parteidoktrin und naturwissenschaftlicher Forschung an: Hier scheinen strukturell ähnliche Probleme aufgetreten zu sein – man denke nur an die Lyssenko-Affäre – wie vorher innerhalb der christlichen Theologie im Bereich der sogenannten Entmythologisierung. – Die Exegese der kanonischen Texte bemüht sich in beiden Fällen ähnlich, verschiedene Interpretationsschichten darin aufzuweisen, die je nach Bedarf dann mit der Forschung konfrontiert oder dieser Konfrontation entzogen werden können. Eine Folge solcher Bemühungen scheint z. B. auch die neuerdings besonders von Reformkommunisten oder -marxisten vertretene These des genuinen Humanismus bei Marx zu sein, oder auch die (relative) Absetzung von K. Marx gegenüber F. Engels; was innerhalb der theologischen Exegese in der schon etwas weiter zurückliegenden Diskussion über das Verhältnis von Evangelien und Paulinismus eine problemstrukturelle Parallele haben könnte[13].

Es ist klar, daß hier von beiden Seiten ein *Modell* gegeben wird, das nicht in allen Stücken die so vielfältig verschlungene Wirklichkeit trifft. Doch dürfte eine gewisse Tendenz struktureller Natur (um es einmal so auszudrücken) damit getroffen sein. Das bedeutet dann, daß man zwar gerade von der Seite eines, wie genannt, radikalen Protestanismus her einen dort herrschenden Individualismus gegen die hier geschehene Parallelisierung ins Feld führen könnte. Wollte man demgegenüber den strukturologischen Vergleich auf die Spitze treiben, so müßte man dann auf gewisse anarchokommunistische Strömungen verweisen; doch würde dies für unsere Hauptthese nichts hergeben, wäre außerdem wohl auch methodisch vielleicht bedenklich. Worauf es hier ankommt, ist nun gerade *nicht* der Vergleich zwischen empirischen Gebilden aufgrund von rein empirisch (und sonst überhaupt nicht) verifizierbaren Bestimmungsstücken. Vielmehr geht es hier um einen Vergleich zwischen *fundamentalen Typen*, zwischen den grundlegenden Ideen, aber sofern sie sich als Sein- oder Wirklichkeit-bestimmend erweisen, zweier weltanschaulicher Großgebilde; noch besser: es geht uns hier um den Idealtyp des jeweiligen Gebildes, d. h. um die von einem transempirischen Prinzipienboden aus konstituierte *Idealform*, in welcher sich zugleich der entscheidende *Gehalt* eines derartigen weltanschaulichen Gebildes ausdrückt, ausspricht, manifestiert. Diese Manifestation geschieht allerdings wiederum in allererster Linie durch seine Selbstdarstellung, also durch die Artikulierung, die Ausbestimmung der ihm wesensgemäßen *Struktur* selber. – Bei aller Verschiedenheit im Inhaltlichen, auch in den letztbestimmenden Inhalten selbst, läßt sich dann trotzdem eine Gemeinsamkeit, ja gegebenenfalls sogar eine Gleichheit im systemfunktionalen Zusammenhang, also im Kontext der das ganze System konstituierenden Funktionen nach ihrem formalen Gehalt feststellen: das allerdings dann derart, daß eine Gemeinsamkeit oder Gleichheit sich zu zeigen scheint, die auf das *ganze* Verglichene, auf die *Totalität* des betreffenden Systems, hin bis zu allen *wesentlichen* (d. h. konstitutiven) ‚Teilen', sich erstreckt. In diesem Fall liegt dann keine zufällige Komparation, kein philosophisches Dichtwerk vor, sondern läßt sich methodisch fundiert Einsicht gewinnen[14]. – So gesehen, liegt demnach in beiden Vergleichsobjekten ein Komplex von Elementen und Momenten vor, die ihre innere Beziehung nicht so sehr durch historisch feststellbare empirische Analogien ausnahmslos in allen Stücken haben, die verglichen werden, sondern aufgrund eines *idealtypischen Musters*, das es erlaubt, im Einzelfall sich auch einmal bald bei diesem, bald bei jenem empirischen Phänomenbestand die Grundlage zu suchen. Vorausgesetzt dabei ist freilich noch, daß nicht nur dieses Muster in seiner jeweiligen Bezogenheit auf die eine oder die andere verglichene Weltanschauung in sich konsistent ist, sondern auch die empirisch feststellbaren ‚Abweichungen' von diesem Urtyp von diesem selbst her als mögliche interpretative Variationen erklärt werden können. Genau dies aber sollte ein formales, primär funktional verstandenes System, das wie gesagt als Muster für beide Anwendungsfälle zu dienen hat, leisten können.[15]

c) Weitere methodologische, ideenvergleichende Zwischenbemerkungen

Es sei noch eine Zusatzbemerkung zum ‚Religions-Charakter' des Marxismus erlaubt, der ja für seine Vergleichsmöglichkeit sehr wichtig ist – wie umgekehrt für die soziologische Komponente des Christentums –: *Religion* ist in dieser unserer Untersuchung nicht eine absolute Größe, nicht das letzte Kriterium, das über alles übrige zu befinden hätte. Sie ist vielmehr für uns ein transzendentales (transzendental-anthropologisches) *Apriori,* das als solches für die Konstitution des Menschseins wesentlich ist. So gefaßt muß es aber primär von vergleichsweise formaler Charakteristik sein: *Definieren* ließe es sich dann etwa als die existenziale Bezogenheit des Menschen auf ein Absolutes, das sich zu seiner existenzialen Ebene transzendent verhält. Damit wäre allen Gestalten von sog. Ersatzreligionen wie auch ‚Pseudo-Religionen', die z. B. grundsätzlich geschichtsimmanent konzipiert sind wie der Marxismus, ein systematischer Ort in einer allgemeinen existenzialen Struktur des Menschseins angewiesen.[16] Die Frage schließlich nach der historischen Garantierung des Wahrheitsgehaltes der Lehre schließt insofern noch einmal eine weitere Analogie in sich, als in beiden Fällen neben dem Argument des heiligen Textes und seiner Auslegung auch noch ein Argument Bedeutung besitzt, das man ‚Argument der Väter' nennen könnte. Auch daß es nicht nur K. Marx allein ist, sondern eine ganze Reihe von ihm sachlich und prinzipiell fast Gleichgeordneten – F. Engels, Lenin, Mao Tse-tung, vielleicht auch noch Stalin oder noch andere – und eben diese neben ihrer

theoretischen auch immer zugleich eminent praktische Aufgaben im Rahmen des Systems wahrzunehmen hatten, dies zeigt noch einmal, daß es sich hier nicht nur um einen philosophischen Weltentwurf neben anderen handelt, sondern um eine echte geschichtlich sich entfaltende Bewegung, die einen Vergleich etwa mit den Entstehungszeiten großer religiöser Bewegungen aushalten kann.
Was nun den Vergleichspunkt auf seiten des Christentums betrifft, so ist das besagte Idealbild oder Grundmodell etwas, das sich innerhalb des Christlichen, mehr oder weniger andeutungsweise, in verschiedenen geschichtlichen Verifikationsfällen finden läßt: So wurde daher hier als in unserem Rahmen Nächstliegendes auf einen gewissen Typ radikalisierter reformatorischer Christlichkeit, aber wiederum auch – davon im Prinzip sehr verschieden – auf gnostizistische Bewegungen hingewiesen; insbesondere wäre im Blick auf die gesellschaftliche Organisationsform hier noch auf den Versuch Marcions hinzuweisen.[17]

d) Utopie und Eschatologie

Auf einem letzten Gebiet schließlich läßt sich das Axiom der Nicht-Falsifizierbarkeit als beiden Weltanschauungen gemeinsam aufzeigen: Es betrifft innerhalb des Marxismus das Moment einer eigentlich *utopischen* Praxis bzw. einer Utopie, die durch schon in der Gegenwart anzusetzende Praxis verwirklicht werden soll, und innerhalb des Christentums das Moment einer eschatologisch motivierten und strukturierten Existenz bzw. einer schon in der jeweilig gegenwärtigen existenziellen Situation sich, wenn auch noch eigenartig verborgen, ankündigenden und zugleich mitzuvollziehenden *Eschatologie.* Der innergeschichtliche Punkt des Umschlags bzw. des Übergangs von der gegenwärtigen ‚Vorgeschichte' der Menschheit in ihre endgültige Geschichte bzw. in ihren endgültigen Vollkommenheitszustand wäre dann auf der einen Seite die sog. *Weltrevolution,* und zwar als universal durchgeführte, womit der Kommunismus als Zustand und gesellschaftliche Verfassung jener Vollkommenheit begonnen hätte. Auf der anderen Seite entspräche dem funktional das *Weltgericht*, das als endgültige Bestimmung über jeden Einzelnen im ausdrücklichen Angesicht der Totalität von Seins- und Sollensordnung ebenfalls den Beginn einer menschlichen Wirklichkeit setzt, die wiederum formal – wenn auch natürlich nicht konkret inhaltlich – in mancher Hinsicht Ähnlichkeit mit dem Konzept des utopischen Kommunismus hat:[18] jedenfalls insofern auch hier der Gedanke einer fundamentalen *Gleichheit*, die zugleich unmittelbar mit der Auszeugung jeglicher möglichen individuellen Kreativität verbunden ist, seine Wirklichkeit gewinnen soll. Es ist klar, das eine Mal hat die Idee der Gleichheit ihren systematischen Bezugspunkt in der geordneten Einheit der Materie als des Letzt-Prinzips der Wechsel-Wirklichkeit und operativen Wechselbezüglichkeit von Natur und Mensch – wobei, wie ausgeführt, beide Pole sich je schon prinzipiell wechselseitig in ihrer Essenz bestimmen –, so daß dann die vollkommene Gesellschaft ihrer idealen Struktur nach sowohl den Zusammenfall des Einzelnen mit der menschlichen Gesamtheit und Totalität als auch den Zusammenfall des Menschen mit der Natur insgesamt darstellen würde. Im anderen Fall hat der Gedanke der Gleichheit seinen Bezugspunkt in der Geistigkeit und Voluntarietät Gottes. Gegenüber jenem Immanenzentwurf fungiert hier somit ein streng transzendentes Konzept als systematisch bestimmend. Einen ‚Gegensatz' zur Immanenz des Weltlichen besagt dies Konzept aber dann vor allem und funktional mehr oder weniger auch ausdrücklich in den Konzeptionen gerade eines auf einen Dualismus hin radikalisierten Christentums.

Die Ideen einer grundsätzlichen Gleichheit des Einzelnen als solchen einerseits vor dem Recht – wie immer man dies fundieren mag – und andererseits vor einer absoluten, mächtigen, begnadigungsfähigen Instanz, im Christentum also Gottes, berühren sich darin, daß sie im Prinzip als ohne Ausnahme für alle gültig konzipiert sind. Dagegen gilt im Gnostizismus wie auch im Marxismus der die Menschheit als solche prinzipiell spaltende Grundsatz, daß es auf das *Ganze* des Subjekts ‚Menschheit' gesehen eben (wenigstens) letztendlich zwei Klassen gebe, die – als Klassencharakteristik – über den Sinnvollzug oder die totale Sinn- und Existenzvernichtung des Einzelnen *prädisponieren.* Außerdem aber gibt es *vor* dem endgültigen Ende die Scheidung Führer oder Erleuchtete und die führungs- bzw. erleuchtungsbedürftige Masse.[19] In beiden Fällen läge dann eine entfremdete Fassung der Rolle und Aufgabe des Einzelnen mit seinem ihm allein eigentümlichen und nur von ihm vollzugshaft wahrzunehmenden Existenzsinn vor: Der Bezugspunkt seines letzten Daseins- und Wirkenssinnes ist etwas *außerhalb* seiner, sei es nun als Materie oder auch als schlechthin ‚anderer', gnostischer Gott bestimmt. – Damit stimmt überein, daß gerade auch die Art und Weise des je persönlichen Mitvollzugs, in der dieser Sinn für den je Einzelnen gewonnen wird, in beiden Fällen dieser Entfremdungsstruktur entspricht: Das eine Mal ist es die Arbeit, die von ihrem Begriff her eine für den Einzelnen schlechthin transeunte Tätigkeit besagt; auch die Marxsche Unterstellung, daß der Einzelne sich in ihr wiederfinde, dürfte genau gesehen eine gleichsam auf die Sache ‚imperative' Interpretation sein; denn in der Arbeit selber, sofern sie eben ausschließlich ökonomisch betrachtet und gewertet wird, bleibt dem Arbeitenden – im Gegensatz etwa zur künstlerischen Tätigkeit u. ä. – gerade nichts als eben nur ein ‚*Äquivalent*', aber nicht die Tätigkeit formal als solche. – Im anderen Fall ist es der getätigte *Glaube*, der letztlich aber wiederum allein auf ein ihm ‚Äußeres', Anderes, Fremdes hingerichtet wäre: eben seine Erfüllung in einem ungeschuldeten Jenseits. Als getätigter Vollzug aber hat ja auch der Glaube gerade in sich selbst nicht die ihm – objektiv anzurechnende: von der transzendentalen Instanz nämlich – eignende Gewißheit, die der (objektive) Grund seiner Zielerreichung selbst ist; und er darf sie ja auch nicht haben. Es entsteht somit hier ebenfalls die unmittelbare Möglichkeit der Idee eines proportionalen Äquivalents; darauf wird noch zurückzukommen sein. – Dieser Gedanke dürfte wenigstens mittelbar auch von M. Weber gemeint sein, wenn er einen Zusammenhang zwischen dem Geist christlicher, d. h. insbesondere kalvinistischer bzw. sektiererischer Askese und rationaler Lebensführung auf der Grundlage der Berufsidee, besser: des modernen *Berufs* als fundamentaler Existenzform, herstellt. Denn Arbeit wie getätigter Glaube weisen aufgrund der stets fortbestehenden Insuffizienz des tatsächlichen, gegenüber dem als ideal geforderten Vollzug, sofern nur diese Forderung selbst als unumstößliches Prinzip der Lebensführung beibehalten wird, auf die proportional kontinuierliche Umformung des gesamten zur Verfügung stehenden ‚Lebens-' oder ‚Existenzpotenzials' als einzigen Ausweg hin. Darin sähe sich dann zumindest implizit die Hoffnung wirksam, wenigstens in der Bilanzierung der Totalität der Lebensleistung, so oder so, über den Status einer bloßen Äquivalenzgewährung (statt des Genuinen, Echten) hinauszukommen.[20]

Nicht-falsifizierbar aber wird diese Konzeption in beiden Fällen durch die besondere Struktur, gemäß der ein einerseits erst *Zukünftiges* und als solches noch zu Erwirkendes *als Begründung für Gegenwärtiges* angesetzt wird und zugleich andererseits eben dies Zukünftige, das ja als solches letztbegründend fungiert, doch durch einen je gegenwärtigen Vollzug *heraufgeführt*, gesetzt wird. Utopie und Eschatologie finden so ihre Entsprechung innerhalb des Bereichs der subjektiven Vollzugsinstanzen einerseits im Begriff des ‚großen Führers', andererseits im Prophetentum[21]. Beides durchdringt sich im übrigen in beiden Konzeptionen. – Noch einmal anders betrachtet scheint somit ein Zirkel vorzuliegen, doch ließe er sich zunächst noch einmal ‚systemimmanent' entschärfen: Unter der Voraussetzung nämlich, daß es sich um ein grundsätzlich ‚imperativisches' System handelt, wird man den logischen Zirkel nicht unmittelbar feststellen können; denn wenn z. B. eines der stillschweigend geltenden Axiome etwa lauten würde, daß das Sollen einen Primat vor dem Sein habe, oder auch: daß das Werden einen Primat vor Bestehendem habe u. ä. – so wird man erst in einer Diskussion derartiger verborgener, d. h. aus der Gesamtanlage des

Systems zu explizierender Grundsätze die logische Unzuträglichkeit ans Licht bringen können. – Konkreter gesprochen entzieht sich das entsprechende System ja nun nicht schlechthin einer Beweisführung, es verlagert sie nur auf das Feld der Praxis. Der wegweisende Führer oder der Prophet argumentiert nach der Figur: Wenn ihr A tut (oder nicht tut), so *wird* B eintreten (nicht eintreten); dabei kann A oder B sowohl negativen – z. B. Strafgerichte Gottes oder Untergang durch Revolution – als auch positiven – wie zuvor skizziert: beispielsweise das jeweilige Endziel – Charakter annehmen. Geschlossen ist die Argumentation immer (erst) dann, wenn B Wirklichkeit wird. Die kommende Geschichte selbst erhält so gleichsam ‚wissenschaftlichen' Argumentationswert, sei es als christliche Heilsgeschichte, sei es als Utopie vorwegnehmende Interpretation von Politik.

4. Zusammenfassung: Vergleichende Prinzipienreflexion

Der eigentliche Widerspruch aber wird, wie angedeutet, dann erst in einer Reflexion auf die Fähigkeit zutage kommen, ob nun der Komplex oberster und letztbestimmender Grundsätze schlechthin in einer totalen *Selbstapplikation* in genau der gleichen, d. h. in formal identischer Weise gilt, wie auch in bezug auf andere, d. h. also von ihm selber abgeleitete Sachverhalte und Zusammenhänge. Erst wenn an dieser Stelle ein Widerspruch auftritt, läßt sich das ganze System nicht halten. Genau dies aber ist nun in beiden Entwürfen, die hier verglichen werden, der Fall: Von der entsprechenden Prinzipienkonstellation des Marxismus war zuvor schon die Rede[22]. Das Christentum in der hier ins Auge gefaßten besonderen Perspektive verfällt aber in ähnlicher Weise dem Verdikt logischer Widersprüchlichkeit, wenn und insofern es als eine auf eine zukünftige Praxis hin angelegte Lehre angesehen wird, deren Wahrheitsgehalt – nach Voraussetzung (!) – als Funktion eben dieser Praxis sich darstellt: Praxis ist das eigentliche Verifikationskriterium der (an sich theoretisch als gültig angesehenen) Wahrheit. Es liegt also beiden Auffassungen, der immanenz- wie der transzendenzorientierten, ein *Wahrheitsbegriff* zugrunde, der seine geschichtlichen Wurzeln in einem nominalistisch fundierten Voluntarismus haben dürfte: Logisch betrachtet liegt das für alle Wahrheit konstitutive Moment der Übereinstimmung von Gegenstand und Erkenntnis nach seiner besonderen Struktur hier vor: in der *Übereinstimmung* eines *Imperativs* – der freilich selber schon subjekt-objektlich differenziert ist, was dieser Auffassung Schwierigkeiten macht – *mit* dem gerade von ihm Gesollten, Geforderten, zu Schaffenden, zukünftig gesetzt *Werdenden.* – Nur als Anmerkung sei erwähnt, daß sich diese Struktur innerhalb des Christentums bes. deutlich im Schwärmertum, innerhalb des Sozialismus aber wohl im Anarchismus lokalisieren läßt.[23]

V. Totalitäre Christlichkeit im systemgeschichtlichen Vergleich: Calvinismus und Kapitalismus

1. *'Transzendentale' Fragestellung des geschichtlichen Bezugs*

Im Anschluß an das zuletzt Auseinandergelegte muß nunmehr noch auf die besondere Affinität einer bestimmten, radikalen Spielart des Christlichen zum Grundmuster des Marxismus eingegangen werden. Die besondere, spezifische Vergleichsebene wird dabei das Wirtschaftsleben selber, genauer die ihm zugrunde liegende Mentalität und Moral sein. Anzuknüpfen sein wird dabei vor allem an die Ideen von M. Weber. Der Gedankengang erfährt nun dadurch eine gewisse 'Brechung' der Vergleichsintention, da eine dritte Vergleichsgröße erscheint: der *'Kapitalismus'*, und zwar in einer bestimmten Perspektive, die seine mentalitätsmäßige Innenstruktur, gleichsam sein 'Wesen' sich zum Fragegegenstand gewählt hat. Genauer gesagt geht es der Weberschen Fragestellung ja *nicht* um historisch kausale Forschung, wie auf dem Feld empirisch beobachtbarer Tatsachen sich die eine Reihe solcher Tatsachen ursächlich aus einer anderen Reihe von solchen entwickelt hat usw. Das tatsächliche, faktische Bestehen eines wohlbestimmten Zusammenhanges zwischen der grundlegenden Denkungsart des modernen Kapitalismus und bestimmten Formen protestantischer Mentalität wird von ihm bekanntlich vorausgesetzt. Worum es geht, ist vielmehr die Erklärung, *wie* es zu einem solchen Konnex *kommen konnte* und wieso, weshalb zu *ihm eher* als zu vergleichsweise auch möglichen anderen.[1] – M. a. W., was hier methodologisch betrachtet ins Werk gesetzt wurde, war eine besondere Verbindung von historischer Forschung und (man möchte es formulieren): transzendentaler Hermeneutik: Die

Aufdeckung der *Gründe* und *Bedingungen* für die *Möglichkeit* eines solchen – nun tatsächlich historisch gegebenen – Phänomens war das Thema, und zwar primär aufgrund von Konstellationen bzw. Strukturen, die *aus dem* eigentlichen *,Wesen' der Sache* – hier also der beiden in Beziehung Gesetzten: Kapitalismus, (kalvinistischer) Protestantismus – heraus folgen. M. a. W. die Bedingungen und Gründe für die Möglichkeit des (faktisch) gegebenen Phänomens sind, wenn auch der Fragestellung gemäß innerhalb eines allgemein geschichtlichen Rahmens, *a priori* konzipiert. Apriorität bedeutet dabei dann nicht eine an sich geltende, von Natur aus un- oder überzeitliche Ordnung von Bestimmungen, sondern sie hat ihren Ort durchaus innerhalb der Geschichte, nur nicht auf dem Niveau, wie gesagt, rein empirischer Faktizitäten, die sich dann – auf der Ebene eines Zusammenhanges ,an sich' – rein kausaleffizient zueinander verhalten, sondern auf der Ebene von Strukturzusammenhängen, die je für sich gegenüber besagten kausal-effizienten Komplexen als sachlich vorausgehende, diese allererst ermöglichende Prädispositionen fungieren und die dann auch als geschichtliche Einflußgröße gegenüber dem Fluß der ,Tagesgeschichte' eine vergleichsweise erheblich höhere, und zwar nicht zufällige, vielmehr substanziell fundierte, Stabilität haben; als solche können sie weiter dann auch als *epochenkonstitutiv* angesehen werden.[2]

Für unser Thema bedeutet diese ,Brechung' des Vergleichsbezugs, daß beide hier bisher verglichenen Größen, Marxismus und ein bestimmtes radikalisiertes Christentum, somit jeweils im Licht, aus der Sicht dieses Dritten mit zu sehen sind. Es wird dabei darauf ankommen, hier bisher noch nicht oder zu wenig in den Blick gekommene Gesichtspunkte gerade an den beiden ursprünglich Verglichenen zu finden. Auf diese geht darum nach wie vor das Hauptinteresse, das dritte Element hat ihnen gegenüber methodologisch gesehen letztlich eine rein instrumentelle Aufgabe. ,Kapitalismus' ist also für uns in diesem ganzen Kontext nicht eine mit jenen beiden anderen Phänomenen inhaltlich völlig gleichberechtigte Erscheinung, sondern sachlich ihnen unterzuordnen. Als Quasi-,Weltanschauung' vermag der sog. Kapitalismus es nicht mit dem ursprünglichen Entwurf jener beiden anderen aufzunehmen, sondern ist verurteilt, aufgrund seiner inneren Abgeleitetheits-Struktur immer nur eine Rolle als Epiphänomen zu spielen.[3] – Das mag mit daran liegen, daß der mit diesem Begriff umgriffene menschliche Lebens-, Existenz- oder Wirkensbereich eben doch, nimmt man den Begriff nur genau genug, recht beschränkt ist, d. h. auf fast ausschließlich wirtschaftliche Gegebenheiten eingegrenzt ist. Unsere Frage hat es jedoch vordringlich gerade nicht mit spezifisch fachökonomischem Sachverhalten zu tun, sondern, wie gekennzeichnet, mit dem weit vorweg liegenden sachlichen Fundament oder ideellen Kern von philosophischem Belang.

Dies meint weiter aber wiederum nicht eine vollständige Eliminierung des materiellen Interesses, wofür die Ökonomie nur einen Vermittlungsweg neben anderen zur philosophischen Betrachtungsweise darstellt; wie anders könnte sonst auch das Anliegen Webers etwa gewürdigt werden. Vielmehr wird im Mittelpunkt der Erörterung eine Vielheit von Aspekten, Momenten und Komponenten stehen, als da sind z. B. die ökonomische, soziologische, politische, religiöse, und eigentlich philosophische Sichtweise –, die aber dann jeweils vom Bezugspunkt unserer zentralen Frage her artikuliert und miteinander in Beziehung gesetzt werden. Da diese zentrale Frage rein philosophischer Natur ist, erhält demnach auch das philosophische Moment im engeren, eigentlicheren Sinn teils implizit, teils explixit seine insgesamt bestimmende, prinzipiale Rolle.[4]

2. *Die These M. Webers*

Die Hauptthese Webers besteht bekanntlich in der Einander-Zuordnung mehrerer gleicher ,formal' bestimmender Elemente oder Komponenten aus ,inhaltlich' ganz verschiedenen Wirkens- bzw. Funktionalzusammenhängen, in denen sie ihren ursprünglichen realen, historischen Ort haben. Diese Zuordnung erfolgt dann weiter konkret in der Weise eines dynamischen Kräfteverhältnisses derart, daß – bei festgehaltener grundsätzlicher Gleichheit der ‚Komponenten' (wie könnte sonst überhaupt eine spezifische Wechselwirkung eintreten?) – der einen Seite die Rolle eines ursprünglichen bestimmenden ‚Exemplars', der anderen aber die eines ursprünglichen bestimmten ‚Exemplars' zuerteilt wird. D. h. daß die eigentliche ‚kausale' Abhängigkeit wesentlich (in einer älteren Sprache ausgedrückt) exemplarursächlicher Art ist. Diese Ursächlichkeit aber läßt dann durchaus innerhalb ihres formalen Gefüges weitere, eingegrenztere und inhaltlich bestimmtere Wirkenszusammenhänge mannigfachere Art zu. – Das läßt sich am Beispiel wie folgt darstellen: Der zentrale Begriff ist konkreter gesehen bekanntlich derjenige der *innerweltlichen Askese,* die ja sowohl innerhalb einer bestimmten Spielart von Protestantismus als auch hinsichtlich der Entstehung des modernen Kapitalismus eine konstitutive Aufgabe zu erfüllen hatte. Diese Askese ist nach Webers Analyse in beiden verglichenen Systemen praktischer Verhaltensweisen, der protestantisch-gläubigen hier, der kapitalistisch-wirtschaftenden dort, ihrer Struktur nach nahezu formal-identisch, also die gleiche. Ihr Gegenstand oder ihr ‚Material', dasjenige, worauf sie sich je konkret im Vollzug bezieht, ebenso wie die besondere vostellungsmäßige Konturierung und Bestimmung der inhaltlichen Motivation ist natürlich sehr verschieden, wenn auch nicht so sehr, daß nicht doch auch hier die besagte formale Gleichheit bestimmte Anknüpfungspunkte, wenn auch mehr impliziter Art, haben könnte. So heißt das im einzelnen in etwas vereinfachender Darstellung: Der protestantische Gläubige wird hier thematisiert als in einer Spielart des Protestantismus befindlich, in der die Gesichtspunkte des *Auserwähltseins* bzw. des Erwähltsein-Müssens durch eine höhere Macht, verbunden mit einer Praxis, die diesem Existenzstand gerecht zu werden bemüht ist, und endlich noch eine bleibende fundamentale Ungewißheit (wenn auch eingeschränkter Natur), die Struktur einer jeden sich darauf gründenden Existenz elementar bestimmen. Der Aspekt des Minderheitenstatus der Auserwählten folgt dann zwar nicht sachnotwendig, sondern stützt sich auf gewisse geschichtlich bedingte Bewußtseinsverformungen[5], paßt aber zu dem soeben Skizzierten als verstärkendes Moment ausgezeichnet hinzu.

Das Dilemma, wie man denn einem durch die unendliche Macht Gottes hervorgerufenen Zustand mit dem darin enthaltenen unendlichen Anspruch als endliches Geschöpf gerecht werden könne, stellte sich allem Anschein nach in der Praxis nicht, da mit der Bestimmtheit zum Ziel auch eine grundsätzlich proportionale Bestimmtheit des Mittels und Weges angenommen wurde. Freilich wurde dies letztere dann doch insofern eingeschränkt gedacht, als hier kein willensunabhängiger Mechanismus der göttlichen Bestimmung – wie etwa in fatalistisch motivierten Libertinagen mancher gnostischer Sekten[6] stattfindet, sondern das geschöpfliche Subjekt immerhin einen eigenen, sei es in den Augen der absoluten Macht Gottes auch nur mehr oder weniger symbolischen, Beitrag durch den eigenen Vollzug zu leisten hat. – Ein weiteres Element kommt noch hinzu: Der soeben genannte Anspruch ergeht zwar an jeden Einzelnen und erlangt seine existenzielle Verifikation auch unmittelbar, unter Umgehen aller irgendwie institutionell gearteten substanziierten Vermittlungsinstanzen, – wie es z. B. nach dieser Auffassung in der römischen Kirche das Amt oder die Sakramente darstellen. Aber zugleich weiß und erfährt sich dieser Einzelne doch stets als in einer Gemeinschaft von Gleichen, Gleichgesinnten stehend, die wiederum nicht irgendeine substanziierte Vermittlungsrolle zu übernehmen hat, die jedoch für den individuellen existenziellen Glaubensstatus die nicht zu ersetzende Funktion der Vergewisserung, der Gewiss-Setzung des allgemeinen göttlichen Planes und der allgemeinen göttlichen ‚Weltregierung' erfüllt: *Wenn* ein solcher Heilsplan existiert, so muß er sich in einem gewissen Mindestmaß auch konkret manifestieren. Die Gruppe der Auserwählten, wie auch immer sie sich empirisch konkret selbst begreifen mag – als ‚Erweckte', moralisch für Andere Mitverantwortliche, Bibelkundige usw. – hat hier somit ihren Erfahrung fundierenden Boden.

3. *Der Verifikationsaspekt von Praxis, seine prinzipielle Mehrdeutigkeit*

Zugleich rückt damit aber die Übertragungsmöglichkeit auf ein profanes Applikationsfeld in die Nähe: Eine derartige Manifestation muß sich irgendwie auch ganz konkret, so die Überlegung, *verifizieren* lassen. Das geeignetste, ja allein zulässige Verifikationskriterium ist aber nach den Grundsätzen des betreffenden ‚Systems' ein sittlich, moralisch einwandfreies, ja womöglich herausragendes und vorbildliches Leben. *Askese* erhält somit in dieser Gesamtkonzeption als ein die richtige Einordnung des Subjekts in das betreffende Ganze konkret verifizierendes Kriterium einen zentralen Platz. Sie ist diejenige Praxis, die faktisch die Wirklich-Setzung des Endzieles, im Sinn einer Beseitigung von Hindernissen wie auch im Sinn einer höheren Würdig-Machung von seiten der menschlichen Subjekte, herbeiführt und *eben dadurch* zugleich die Theorie als durch Praxis überhaupt bewahrheitet und als zutreffend ausweist.[7] Nicht-Falsifizierbarkeit des Gesamtsystems und Verifikation eben dieses Ganzen durch die besagte Praxis, wenn auch hier noch kontingent, also teil- und abschnittsweise, entsprechen sich so innerlich.
Diese Praxis enthält im übrigen noch einmal, methodologisch betrachtet, insofern in sich einen Zirkel, als sie zugleich Bedingung und auch Resultat sein will, weiter aber – und das verschlimmert die Sache – von sich aus über keinerlei Kriterium verfügt, sei es die Bedingung, sei es das Resultat, sei es das Verhältnis beider der Vernunft einsichtig zu machen, es sei denn letztlich durch den Appell an den Willen und die Tat; was nun die Sphäre der Vernunft als Argumentationsboden verlassen heißt. – Schoeck hat als ein fundamentales Motiv totalitärer weltanschaulicher Systeme den *Neid* herausgestellt: Die logische Unaufgeklärtheit der Vor-

aussetzung und ihrer Funktion im Ganzen des Systems wird von ihm ,inhaltlich' weiterbestimmt und findet ihr Gegenstück im Neid als dem Antrieb von sich ungleich Wissenden, eben diese Ungleichheit, ursprünglich innerhalb der eigenen Subjektivität nämlich, nur durch eine Egalisierung aller und jeder Ungleichheit zu überwinden: Das Subjekt wird sozusagen durch den Kosmos kuriert. – Daß sich darin eine besonders intensive Form der Entfremdung, nämlich die einer kollektiven Neurose, manifestiert, sei hier nur mit dem Hinweis auf früher Gesagtes wiederholt.[8]

Das Übergangsfeld zu einem profanen Anwendungsfall läßt sich dann von einer strukturvergleichenden Analyse relativ leicht entwerfen: Es sind zwei Möglichkeiten hier grundsätzlich denkbar, die eine noch innerhalb eines erklärt religiösen, d. h. hier insbesondere ,christlich-kalvinistischen', Rahmens, und die andere in einer säkularisierten Form desselben. – Zunächst zum Ersten: Gesetzt den Fall, eine nach strengen moralischen Regeln verlaufende Lebensführung habe sich in einer hinreichend umfangreichen Gruppe von Menschen durchgesetzt, so ist damit allein natürlich noch keineswegs der Boden naturnotwendig für irgendeinen ,Kapitalismus' bereitet: Sofern noch weitere inhaltliche Grundsätze als verbindlich hinzukommen, z. B. eine Verurteilung allen Sinnengenusses, ist allenfalls damit ein gesellschaftlicher Puritanismus gesetzt.[9] Aber damit soll sich unsere Überlegung jetzt nicht befassen, sondern für unsere Zweifel sollen einmal alle erforderlichen zusätzlichen Bedingungen und Voraussetzungen erfüllt, damit aber ein ganz spezifisches Leistungsethos für eine derartige Gruppe gesetzt sein, dessen Struktur im Vollzug dann einerseits eine transzendenzbezogene Letzt-Motivation aufweist und andererseits eine praktische Verhaltensweise zeitigt, die der Anreicherung materiellen Wohlstandes ausgesprochen förderlich ist. Das Entscheidende ist dabei bekanntlich aber nicht dieser Wohlstand als solcher, für sich und isoliert betrachtet, sondern als Manifestation des geistig-weltlichen, genauer: des profan-spirituellen Charakters seines Trägers. M. a. W. Wohlstand dient

als manifeste Garantie für die allgemein *menschliche Zuverlässigkeit,* insbesondere dann aber auch der Kreditwürdigkeit im weitesten Sinne.[10]
Von hier aus ist nur noch ein Schritt hin zur spezifisch sozio-kulturellen konstitutiven Mentalität des modernen Kapitalismus im eigentlichen Sinne. Es bedarf dazu nur einer grundlegenden Säkularisierung des letztbestimmenden Motivs, d. h. seiner Auswechslung durch ein weltimmanentes, allgemein mundanes von gleicher moralischer Effizienz. Ein solches ist bezeichnenderweise – und hierin zeichnet sich eine wesentliche strukturelle Affinität zum Marxschen Sozialismus ab, wie im folgenden noch klarer werden wird – *nicht* private Geldgier, Habsucht, Verschwendungsdrang u. ä., sondern die charakteristische innerweltliche Askese *bleibt* funktional voll gültig. – Das säkularisierte Motiv läßt sich im übrigen dann weiter relativ leicht beispielsweise als *‚Dienst am Fortschritt'*, und zwar auf dem Wege der Industrialisierung, diagnostizieren. Es erscheint reizvoll, vor dem Hintergrund einer nunmehr geänderten Konstellation die wesentlichen Strukturelemente des ‚zuvor' gültig gewesenen Ethos wiederzuentdecken: Das Pathos der Auserwähltheit, der ihr entsprechenden Verpflichtung, der kleinen Zahl, der Manifestation des inneren Wertes in äußerlich faßbaren Dimensionen (wie z. B. dem beruflich geschäftlichen Erfolg), schließlich sogar der elitären Brüderschaft u. ä.[11] – Man sieht sofort, daß hier der ‚Kapitalismus' als Wirtschaftssystem eine nur noch relativ zentrale Stellung einnimmt, der tragende weltanschauliche Horizont jedoch durch einen recht allgemein gehaltenen Fortschrittsglauben charakterisiert, – in moderner Sprache, die ein Moment der Manipulierbarkeit unterstellt – ‚besetzt' ist. Dieser Fortschrittsglaube trägt nun seinerseits viele der für die marxistische Weltanschauung bezeichnenden Züge an sich, wenn auch eher in dem Sinn, daß er sich als eine noch nicht zu ihren letztmöglichen Konsequenzen gelangte Vorstufe von jener deuten läßt.[12]
Damit kein Mißverständnis auftritt, mit diesem Gedankengang soll nun nicht etwa eine weltanschauliche Genealogie im

Sinne einer inhaltlichen Bewertung der hier zur Sprache gekommenen Phänomene nahegelegt werden, schon gar nicht etwa eine effizient-kausale Abhängigkeitslinie, sondern analog zu Weber ging es hier allein darum, strukturale Gemeinsamkeiten kurz aufzuzeigen und dann freilich auch auf der Ebene des strukturalen Kontextes selbst Einflußmöglichkeiten exemplarursächlicher Art, im Horizont transzendentalmethodischer Aufschließung des ‚Materials' zu erweisen.

4. Totalitarismus innerhalb des Christentums

Die Betrachtung des Christlichen in diesem gesamten Kontext erfordert aber die Erörterung eines weiteren Gesichtspunktes, durch den seine sozio-kulturelle Tiefenstruktur noch von einer ganz anderen, bisher noch vernachlässigten Seite erhellt werden kann. – Dieser Gesichtspunkt ergibt sich aus einem wiederum mehr unmittelbaren Vergleich des Christlichen mit dem Marxismus, genauer mit der *totalitären* Eigenart seiner ideologisch fundierten politischen Praxis[13] – Anknüpfungspunkt könnte im übrigen nicht nur diese oder jene repräsentative Gestalt des Christentums in seiner Orthodoxie sein, sondern um zuvor Erörtertes noch einmal kurz aufzunehmen, durchaus auch noch gewisse Spielarten *gnostischer* Systeme; denn auch dort lassen sich Ansätze zu einer totalitären Ideologie bzw. einer dadurch bestimmten Praxis gelegentlich finden. So ist der sprichwörtliche ‚Hochmut' der Gnostiker auf den höheren Stufen der Erleuchtung, auch wenn man gewisse polemische Tendenzen in der älteren Berichterstattung durch großkirchliche Schriftsteller mit in Rechnung stellt, vielleicht ein Indiz in dieser Richtung: Man weiß nicht, was eingetreten wäre, wenn es einer gnostischen Gruppe von genügender sozialer Gefestigtheit gelungen wäre, in einem größeren Staatswesen die absolute Macht zu erringen; die Voraussetzung dazu wäre freilich die Etablierung einer solchen gnostischen ‚Kirche' gewesen. Der Dualismus, der aber seinen eigentlichen Zweck in der Begründung eines

ethischen und sodann eines *aufgrund* ethischen Verhaltens wiederum sich stabilierenden End-Dualismus ontologischer Natur gehabt hätte[14], läßt jedenfalls die Vermutung zu, daß der zugleich damit gegebene Rigorismus auch soziopolitische Auswirkungen gehabt hätte. Sporadische Anhaltspunkte in der tatsächlichen Geschichte deuten ebenfalls darauf hin[15]
Die soll hier jedoch nicht weiter verfolgt werden. Unser Interesse gilt dem Christlichen in seiner ihm eigentümlichen, mit dem Anspruch der Orthodoxie, der Rechtgläubigkeit auftretenden Form. Wenn hier überhaupt eine gewisse Vergleichbarkeit – jedenfalls von gewissen Gestaltungen – mit dem Totalitarismus marxistischer Prägung behauptet wird, so ist davon wiederum unter methodologischer Rücksicht nicht unmittelbar die jeweilige faktische Geschichte in ihren Einzelzügen betroffen und anvisiert, sondern es geht, wie schon zuvor angemerkt wurde, um wohlbestimmte grundlegende, geschichtlich artikulierte Strukturen einer seiner möglichen Ausgestaltungen; solche sind zugleich Epochen indizierend und (kleinere, untergeordnete) Epochen überdauernd. Als Beispiel sei davon hier, worauf ja schon weiter oben hingedeutet, der *kirchliche Absolutismus* der frühen bzw. hohen Neuzeit, also vor allem des 17. und 18. Jahrhunderts gewählt, mit gewissen Nachwirkungen im 19. und sogar noch bis ins 20. Jahrhundert hinein. Genauer noch wird Gegenstand der folgenden Erörterungen die Totalität einer bestimmten weltanschaulichen Gesamtkonzeption sein, verbunden mit der ihr entsprechenden Mentalität in den sich dazu bekennenden Subjekten, als zugleich bestimmender Faktor für die allgemeine kulturelle, d. h. insbesondere die soziale, politische, aber auch ökonomische Prägung eines Zeitalters, einer aus mehreren Völkern und Nationen bestehenden Großgesellschaft, mitsamt den wesentlichen Institutionen des geschriebenen und ungeschriebenen Rechts usw.[16]

5. *Formen des Katholizismus als Totalitarismus*

Wir wenden unser Interesse nunmehr aber gerade im Blick auf die zuletzt aufgeworfene Problematik insbesondere der katholischen Form des Christlichen zu, d. h. dem, was man – auch erst ungefähr seit dem soeben skizzierten Zeitraum – spezifisch als ‚*Katholizismus*' bezeichnen kann. – Es sei zwar nun sofort die grundsätzliche Differenz zwischen katholischer Kirche und Katholizismus im eigentlichen Sinne zugestanden: Katholizismus ist immer als Anwendungsfall der in der katholischen Kirche – freilich je gemäß ihrer geschichtlichen Gestalt selber – geltenden Religiosität (als Theorie und Praxis, Theologie und ‚Frömmigkeit') auf die zeitbedingte Sphäre des tatsächlichen empirisch gelebten Lebens ihrer Mitglieder zu verstehen. Er ist somit auch als die Erscheinungsform jener Grundgehalte im Feld empirischer Sozialität, Gesellschaftlichkeit zu begreifen. Die wesentlichsten Wandlungen von den Anfängen bis zur Gegenwart sind bekannt: dem rein religiösen ‚Katholizismus' vor der Konstantinischen Wende folgte, nach einem Übergangszeitraum von einigen Jahrhunderten, die Integration kultureller, sozialer, politischer, auch spezifisch wissenschaftlicher Bereiche, nicht ohne dabei in z. T. äußerst komplizierte ideologische, aber auch politikgeschichtliche Wechselbezüge zur Staatsmacht, zur Gesellschaft, zur Philosophie, kurz zur ‚weltlichen Gewalt' und dem ‚Reich der freien Vernunft' zu geraten.[17] – Uns interessiert nun, wiederum in einer wie oben skizzierten strukturologischen Vereinfachung, insbesondere der Praxisbezug, oder besser der *systemfunktionale Ort* der *faktischen* kirchlichen bzw. der *kirchlich bestimmten sozio-politischen*, aber auch der damit verbundenen *ökonomischen Praxis*.[18] Genau an dieser Stelle soll uns die Frage des Totalitarismus-Verdachts beschäftigen.

Es sei dann eine weitere Einschränkung gemacht: Selbstverständlich ist nicht an eine in allen wesentlichen Stücken unmittelbare Vergleichung: als strukturale vollständige Gleichsetzung bestimmter Arten des Katholizismus mit modernen, also heute vor allem marxistischen politischen totalitären Systemen, gedacht. Im Vergleich zu den heutigen Formen war trotz aller historisch bezeugten Grausamkeiten, auch von solchen kollektiver oder institutioneller Art – wie z. B. der Inquisition und ihrer politischen Folgeerscheinungen –, der grundlegende Entwurf, demgemäß die Gesellschaft als solche ganze lebte, faktisch nicht in der gleichen Weise macht-monistisch, wie dies heute entsprechend der Fall ist. Es bestand eine prinzipiell dualistisch konzipierte Gesellschaft, wenn auch durchaus mit mannigfachen Überschneidungen, Abmilderungen der dualistischen Tendenz u. ä.[19] Und auch wenn der Begriff der Macht selber gelegentlich monistisch im Sinn einer Grundlegung für ein theoretisch-praktisches, d. h. also dann ideologisch-politisches Monopol entworfen worden sein mag, so bestand doch auch stets *innerhalb* eben dieses selben Systems ein gewisser Freiraum der Diskussion, demzufolge dann auch in der gelehrten, wissenschaftlichen Praxis zu jenem konkurrierende Entwürfe eine relative Chance hatten und auch tatsächlich ausgearbeitet worden sind.[20] – Gleichwohl aber wird sich auch vor einem solcherart abgemilderten Horizont ein gewisses totalitäres Syndrom in seiner prinzipiellen Struktur wie dann auch in seiner geschichtlichen Verflochtenheit bzw. auch seinem strukturologischen Isomorphismus aufzeigen lassen. *Eine* sehr wesentliche, sehr wichtige dieser Beziehungen scheint nun die auf anologe moderne Totalitarismen zu sein, auch wenn man mit gewissen Kautelen zugesteht, daß mit relevanten modernen Machtgebilden etwas Neues in der Menschheitsgeschichte überhaupt auf den Plan getreten ist.[21]

6. Exkurs A: Zum Begriff des Katholizismus

Wenn hier der Begriff ‚totalitäres Christentum' verwendet wird, und dies oft, wenn auch nicht ausschließlich und nicht ausschöpfend, bedeutungsgleich mit einer bestimmten Art von ‚Katholizismus', so ist doch noch einiges zum begrifflichen

Verständnis im Kontext dieser Arbeit nachzutragen. Systemgeschichtlich wird hier allgemein unter Katholizismus, eine sozio-kulturelle Ausprägung des Gesamts christlicher Glaubensgehalte, und dies wiederum unter Vermittlung der Theologie, verstanden. Es ist klar, daß damit verschiedene Arten oder Formen von ‚Katholizismus' geschichtlich gegeben sind. Als Bedeutungskern des alle umfassenden Oberbegriffs kann dann ein Analogon angenommen werden zu gewissen anderen sozio-kulturellen Begriffen, so z. B. zu dem des ‚Hinduismus' oder auch des ‚Hellenismus'. – Das allen drei genannten Begriffen Gemeinsame ist dann eine gewisse, mehr oder weniger lockere Einheit von allgemein kulturellen, sozialen, politischen und religiösen Prägekräften, als deren Ergebnis ein Gesamtgebilde uns vor Augen tritt, das im einen Fall zeitlich und kulturell zum Universalbegriff (im Hinduismus) geworden ist, in den beiden anderen Fällen aber zeitlich (im Hellenismus) oder ‚sachlich' (im späteren Katholizismus) im Verhältnis zur Gesamtkultur nur mehr oder weniger ‚partielle' Funktionen und Strukturen übernommen hat. Dabei spielt vielleicht schon der weltanschauliche Ansatz eine gewisse Rolle: Der ‚Hellenismus' hat sich unserem Bewußtsein als eine bloße Übergangsepoche eingeprägt; an sich aber hätte er, wenn nicht in seinem eigenen Inneren ein so stark auf sozio-kulturelle Differenzierung radikaler Natur drängendes Element wie das junge Christentum (und vielleicht schwächer: das Judentum) aufgetreten wäre, sachlich (und wohl auch ‚terminologisch') eine ähnliche Aufgabe übernehmen können, wie in der Nachbarkultur der ‚Hinduismus'. – Der Katholizismus befindet sich in einer von vornherein partiellen Ausgangsposition. Seine zeitliche Kontinuität wird geradezu erkauft mit dieser seiner Partikularität. Dem Anspruch nach allerdings ist in ihm durchaus von den Anfängen an bis hin zur Gegenwart jenes Element in Erscheinung getreten, das in den beiden anderen Fällen die kulturelle Großprägung, und sei es auch nur vorübergehend, ermöglicht hat: Der Anspruch, die Grundlage einer Gesamtkultur unter ausdrücklicher Einbeziehung, ja sogar Erstplazierung auf Prinzipienebene, des Religiösen zu bieten. Allein aus dieser Tradition und ihren strukturellen Implikationen wird wohl auch erst die ganze hartnäckige Kraft erklärlich, mit der sich das reaktionäre, restaurative Element innerhalb des Katholizismus verschiedener Zeitalter, hält und seinen Einfluß geltend macht.

VI. Das Theorie-Praxis-Problem und der autoritäre Katholizismus

1. Allgemeine Vorüberlegungen

Um nun in eine konkretere Erörterung einzutreten, seien die in Betracht kommenden systemkonstitutiven Analogien zu den bereits behandelten Strukturen noch einmal in einer neuen Perspektive kurz skizziert. – So finden wir beispielsweise *auch in diesem Bereich* orthodoxer Kirchlichkeit die in der Theologie tiefsinnig erörterte, aber gleichzeitig äußerst intensiv in die gelebte Religiosität heineinwirkende Ansicht von der *beschränkten Zahl* der *Auserwählten* wieder, also von einem wenigstens de facto eingeschränkten Heilswillen Gottes, Folge einer Spätwirkung der Theologie des späten Augustin. Die außerordentliche missionarische Anstrengung ebenso wie die Blüte der (subjektbezogenen) Mystik des Barock hat darin eine ihrer wesentlichsten, wenn auch oft gleichsam dialektisch wirkenden Voraussetzungen.[1] – Die Schwierigkeiten, vor diesem Hintergrund religiöser Tradition und Praxis zu einem gleichwohl in sich systematisch stabilisierten, harmonischen *Gottesbild* – und folgerichtig dann auch einem entsprechenden Menschenbild – zu kommen, haben die Hauptkraft der barocken theologischen, aber auch zu nicht geringen Teilen der philosophischen Spekulation in Anspruch genommen und aufgebraucht. Lösungen sind auf diesem Problemfeld bis heute ein Desiderat.[2] – Die eigentliche Problematik in unserer Perspektive greift jedoch weiter: Alles bisher Erörterte ist nun gewissermaßen in einen Gesamtrahmen einzuordnen. Dabei ist freilich der besondere Standpunkt für die Beurteilung dieses Ganzen schon durch die besondere Sicht, die sich in den erwähnten Teilstücken aussprach, charakterisiert. – Wie schon gesagt, geht es hier in erster Linie keineswegs um eine historische Darstellung, auch nicht um eine ideengeschichtliche Komparatistik mehr oder weniger partikulärer Lehrstücke bzw. partikulärer Praktiken: Vielmehr geht es um die Analyse eines geistesgeschichtlich sehr komplexen Phänomens, das gerade in seinem vergleichsweise mehr formalen Strukturgehalt aufgeschlossen werden soll. – Daß dies Phänomen überdies selbstverständlich auch einen geschichtlichen Ort mit einer Vielzahl von geschichtlichen Bezugslinien hat, wird vorausgesetzt; gleichwohl hat dieser Aspekt in einer *Wesensanalyse*, wie hier angezielt, nur einen peripheren Stellenwert. Es geht also, wie schon gelegentlich erörtert, um eine weitere Art von Idealtypus[3].

Nun wird man gewiß einwenden, daß gerade eine solche ‚Typisierung' an manchem Positiven, auch Vorhandenen, auch Gegebenen notwendig vorbeisehen müsse, daß notwendigerweise eine Verzerrung, Vereinseitigung stattfinden müsse, ja daß durch das Absehen gerade von der geschichtlichen Vielfalt hier letztlich eine abstrakte Konstruktion zum Gegenstand der Analyse gemacht werde, die somit in ihren Ergebnissen höchst fragwürdig werde. Demgegenüber muß darauf hingewiesen werden, daß der geschichtstheoretische Empirismus bzw. Positivismus einfachhin nicht haltbar ist, daß hingegen auch im Lauf der Geschichte sich durchaus formende, sich durch die verschiedenartigsten Umstände und Verhältnisse durchhaltende *Strukturgebilde* als wirksam feststellen lassen.[4] Dies soll vorläufig nach Art einer Arbeitsthese gelten, die Verifikation wird sich dann einmal vermittels der durchgeführten Analyse, und zum anderen noch durch kurze grundsätzliche Überlegung geben lassen: Abgesehen davon, daß mit der empiristischen bzw. positivistischen These über die formenden Kräfte in der Geschichte zugleich die These einer entweder sehr weitgehenden prinzipiellen *Unerkennbarkeit* oder aber, im Gegenteil, einer grundsätzlichen *Berechenbarkeit* von Geschichtlichem gesetzt wäre – was das eine Mal eine Bankrotterklärung der menschlichen Vernunft, das andere Mal eine Hypertrophie des kalkulatorischen Verstandes wäre – so liegt kein Grund vor, daß nicht in der Geschichte, entsprechend wie in allen anderen Bereichen der Wirklichkeit, es auch so etwas wie ‚Wesensstrukturen', *Formprinzipien* im eigentlichen und strengen Sinn als wirksam geben sollte. D. h. wenn einmal überhaupt eine Gesamtkonzeption der Wirklichkeit akzeptiert ist, die nach derartigen Gesichtspunkten entworfen ist, so ist nicht einzusehen, warum nun gerade in der Geschichte die wesentlichen systematischen Prinzipien außer Kraft gesetzt und nicht vielmehr umgekehrt entsprechend wirksam sein sollten. Nicht also um die Frage des ‚Ob-überhaupt' geht es somit, sondern allein noch um diejenige des ‚Wie' mehr im einzelnen.[5] – In diesem Sinn erscheint es dann angebracht, auch ein solches Gebilde wie soeben skizziert (römischer Katholizismus) mit den gegebenen methodologischen ‚Vorsichtsmaßnahmen' zum Gegenstand der Reflexion zu machen.

2. *Geschichtlicher Anknüpfungspunkt; strukturelle Charakteristik im allgemeinen*

Mit den gegebenen Einschränkungen läßt sich sodann im genannten Phänomen durchaus ein Komplex *struktureller Konstanz* feststellen, der sich im besagten Zeitraum als in die konkrete Geschichte hinein wirksam erweist. – Unter Katholizismus wurde ja in einem etwas weiteren Sinne allgemein die katholische Kirche eines Zeitalters verstanden, sofern sie einerseits vom allgemeinen ‚Geist' dieses Zeitalters geprägt erscheint – sei es in Anpassung, sei es in Opposition – und umgekehrt auch, sofern und soweit sie ihrerseits in das Zeitalter, auf allen ihr möglichen Wegen, prägend einwirkt. ‚Katholische Kirche' besagt in dieser Fassung also ein Gebilde, das durchaus vom Ansatz her als zeit- bzw. geschichtsbezogen gedacht wird, das also vom Fundament dieses Ansatzes aus auch für das, was man etwa die ‚Negativität' eines Zeitalters nennen könnte – in weltanschaulicher, ethischer, politologischer, kultureller Hinsicht –, offen und anfällig

ist.[6] –Der Bezug auf besagte Negativität ist nun im Blick auf den gesamten Vergleich mit dem Marxismus keineswegs unwichtig oder gar zufällig. Der Leitgedanke solcher Negativität wird denn auch unseren vergleichenden Gedankengang weiterhin in erster Linie methodisch bestimmen; womit natürlich in keiner Weise die außerordentliche kulturelle Leistung etwa des katholischen Barock, gelegentlich auch einer Art von katholischer Aufklärung – z. B. wie angeführt, in der Rechts- und Staatsphilosophie – bestritten werden soll. Entsprechendes müßte man, wenn auch weit mehr eingeschränkt, vom 19. und 20. Jahrhundert sagen.[7] Aber der weltanschauliche moderne Kontrahent auf der einen Seite und der solchen geschichtlichen Ausformungen der Kirchlichkeit zugrunde liegende ‚Kern' des Christlichen als von derartiger Relativität distanziert auf der anderen Seite lassen als das ‚Formalobjekt' oder als den Interessenschwerpunkt der Analyse eben jenes ‚Negative' nun einmal in den Vordergrund treten.
Als wesentliche Kennzeichen des Katholizismus in der umschriebenen Perspektive zeichnen sich nun vor allem drei ab: Man kann sie mit den Begriffen des ‚*Rechtsabsolutismus*', eines exekutorischen ‚*Zentralismus*' und eines tiefgreifenden ‚*Monismus*' der ideellen Intention nach umschreiben. Diese Charakteristika bestimmen sich dabei gegenseitig, sind voneinander abhängig und bedingen wiederum einander. Es sei kurz dazu bemerkt, daß natürlich vom 17. bis Mitte des 20. Jahrhunderts auch unter diesen drei Aspekten eine Entwicklung stattgefunden hat, die in sich keineswegs so geradlinig verlaufen ist, wie es dem kurzen Rückblick heute scheinen mag; doch soll uns, wie schon ausführlicher dargetan, der historische Aspekt nur am Rande interessieren. Auch daß heute das nun zu skizzierende weltanschaulich-machtmäßige Gebilde schon fast vollständig historisch geworden ist oder nur in gewissen Residuen ein teils passives, teils in aufbäumender Agonie militantes Dasein fristet, ist für uns zunächst von keinem Belang. Insgesamt schließlich ließe sich das anvisierte Phänomen vorweg, gleichsam titelmäßig, als

tridentinischer (von der Sache her; historisch wäre er natürlich nachtridentinisch) *Katholizismus* kennzeichnen.
Um in die nähere Erörterung einzutreten: Der genannte Monismus läßt sich darstellen als Monopolanspruch der Hierarchie auf das Entscheidungsrecht in allen Fragen und Belangen, die das essenzielle und existenzielle Interesse der Kirche selbst betreffen.[8] Dieses Interesse deckt sich aber nun seinerseits wiederum – so die Interpretation – mit dem wohlverstandenen Interesse aller Mitglieder, und zwar auch all derer, die selber keineswegs an eben diesem Entscheidungsmonopol maßgeblich teilhaben, also vor allem auch der großen Masse des sog. ‚Kirchenvolkes'. Anders gesagt, es ist in diesem ‚System' die Kleruskirche, die hier nicht nur den äußeren Status ihrer untergebenen Mitglieder, sondern durchaus ganz zentrale Fragen des Glaubens, der Moral, der Einstellung zur Politik, Gesellschaft, Kultur usw. regelt. Allgemein gesagt, bestimmt sie somit das Gesamt der existenzialen Entscheidungen in theoretischer wie praktischer Hinsicht ihrer Mitglieder prinzipell, d. h. unter Maßgabe des Fundaments wie auch der wesentlichen Modalitäten in der Durchführung. Diese Modalitäten sind allerdings sehr umfassend: So reichen sie, je nach Zeitalter und sozio-kulturellem Milieu verschieden, ihrer Tendenz nach beispielsweise durchaus in den Raum der konkreten, praktischen Politik hinein, – man denke etwa an die schon erwähnte spanische oder römische Inquisition; wobei man freilich angesichts der sehr ineinander verfilzten Beziehungen von weltlicher und geistlicher Gewalt sich gezwungen sah, entsprechende Zusatz- oder auch Abwehrtheorien zu entwickeln.[9] Das Einzelgewissen ist zwar faktisch auch im angegebenen Zeitraum grundsätzlich, d. h. in der Praxis zeitweise allerdings wohl hauptsächlich verbal, als letzte Instanz anerkannt worden; die durchschnittliche und vom Ansatz dieses Konzepts aber geförderte Praxis hat demgegenüber den Einzelnen, sofern er nicht in irgendeiner Weise am besagten Privileg der ‚Herrschenden' teilhatte – etwa durch höhere Bildung, politische Macht u. ä. – weitgehend entmündigt. Wie gesagt, daß es

konkret auch immer das Gegenteil oder die Ausnahme davon gegeben hat, besagt nichts gegen die Grundstruktur, die sich weitgehend durchgesetzt hat.[10] – Auch wenn an dieser Stelle noch nicht vordergründig etwa eine Parallelisierung eines in dieser Weise das Ganze des eigenen Sozialorganismus beherrschenden Klerus mit dem Gebilde der Kaderpartei Leninschen Stils erfolgen soll, so sieht man doch, unter Hinzunahme des zuvor Auseinandergelegten, wie sich in dieser Struktur Ansätze für einen Totalitarismus ganz spezifischer Art finden.

3. Weitere Prinzipienanalyse der katholischen (katholizistischen) Herrschaftsstruktur

a) Antinomie von Gewissen und Totalitätsanspruch einer ‚Heilsinstitution'

Das Besondere und mit dem Blick auf die verborgene antinomische Prinzipienstruktur des Marxismus Interessante liegt dann auf dem Felde der *prinzipienlogischen Voraussetzungen* dieser ganzen Konzeption. Denn entgegen der Tendenz, die man historisch etwa mit den Schlagwörtern ‚Integralismus', ‚Triumphalismus', oder auch in etwas anderer Rücksicht ‚Kurialismus' benennen könnte[11], ist das prinzipientheoretische Fundament dieser ganzen Konzeption keineswegs in sich so einheitlich (oder gar ‚monolithisch'), wie es die genannten Richtungen glauben machen möchten. Im Gegenteil, von der Basis eben dieses Konzepts aus gesehen kranken die geschichtlich bemühten Prinzipien an einer eigenartigen Antinomik, um nicht zu sagen: Aporetik. Denn wie schon angedeutet, findet sich in diesem ganzen Zeitraum aufs Ganze gesehen immer auch die andere Auffassung, daß letztlich die entscheidende Instanz für den Menschen und sein Handeln, damit über seine gesamte Existenz und deren ewigen Sinn, ganz allein das Gewissen sei. Dies geht bekanntlich so weit, daß auch das objektiv irrige Gewissen als

unbedingte Richtschnur zu gelten habe[12]. M. a. W. liegt hier ein Primat des Praktischen, also der ethischen Perspektive vor: Auch im Falle eines gänzlich oder nur unverhältnismäßig schwer überwindbaren Irrtums auf dem Gebiet der theoretischen Grundlagen gilt das *Gewissen*, d. h. (um zugleich damit eine Definition zu geben) der jeweils auf die aktuelle Wirklichkeit sich hin erstreckende, aber zugleich von den letzten Bestimmungsgründen her sich im Horizont des Absoluten, Unbedingten verhaltende sittliche Selbstvollzug der konkreten Person. Die theoretische Komponente innerhalb dieser Entscheidung bzw. innerhalb des Ganzen aller Lebensentscheidungen ist somit zwar irrtumsanfällig, damit erscheint jedoch die existenziale Sinndimension nur eingeschränkt, nicht schon grundlegend zerstört oder unerreichbar. – Man mag hierin, wenn dies in einer Abschweifung zwischenhinein zu sagen erlaubt ist, den Hinweis auf eines der besten, tiefsten und auch heute noch zukunftsträchtigsten Stücke innerhalb des katholischen Gedankenguts erblicken, was im übrigen durchaus auch mit sehr zentral zum neuzeitlichen Geist gehörigen Ideenkomplexen und -bewegungen verwandt sein kann.[13]
Die Spannung dieses letztgenannten Phänomens zum zuvor erörterten Komplex des Katholischen ergab sich sachlich und historisch dadurch, daß dessen, wenn auch für sich in der zuvor gegebenen Struktur übersteigertes, Verhältnis zum schlechthin Absoluten grundsätzlich auch hier noch beibehalten wurde. Der grundlegende und sehr tief reichende *Fehler jenes Katholizismus* wurde hier freilich nicht mitvollzogen, nämlich das eigene In-Anspruch-Genommen-Sein vom Absoluten als eine Art subtiler prinzipienhafter Mit-Bestimmung mit eben diesem Absoluten zu interpretieren, und zwar gerade in der Form, daß die Art und Weise der (Weiter-) *Vermittlung* der Intentionen dieses Absoluten *sozusagen*, wenigstens de facto, *monopolartig* in die Hand gerade dieser menschlichen gesellschaftlichen Organisationsform (der Kirche) gelegt erscheint. Anders gesagt, wurde somit in dem rigoristischen oder auch besser: weltanschaulich monopolisti-

schen Selbstverständnis des Amts-Christlichen mitsamt seinen darin begründeten totalitären Implikationen das Betroffen-Sein durch das Absolute an sich selbst gewissermaßen hypostasiert. Unter Einschalten eines Hilfsaxioms: daß eben Gott heilsgeschichtlich empirisch nur ein einziges Mal, punktuell also, direkt wirksam geworden und die daran sich konsequent anschließende weitere Wirksamkeit, als die Verbreitung des ersten göttlichen Anstoßes auf die gesamte Menschheit, ganz und gar der Kompetenz des betreffenden handelnden geschichtlichen Subjekts unterstellt ist, wurde eben dies also hypostasiert: Es war die katholische Kirche unter ihrem *katholizistischen* Aspekt, wie schon beschrieben.[14]

b) Die geschichtliche und sachliche Ungelöstheit des Problems

Man sieht ein weiteres Mal unmittelbar die in der konstitutiven Struktur liegende innere sozialmorphologische Ähnlichkeit zwischen einem derart zur Entartung geratenen Christentum und modernen Formen von ideologisch-politischem Totalitarismus, insbesondere des Marxismus. – Die in dieser verzwickten Sachlage liegenden sachlichen Konsequenzen sind bis heute nicht gezogen. Das Versagen des theologischen Bewußtseins angesichts dieser Problemlage, wie es innerhalb der späteren Barockscholastik, aber auch der gleichzeitigen durchaus ideologisch bestimmten Kirchenpolitik[15] zu beobachten ist – einzig der frühe Molinismus scheint hier den Ansatz einer Ausnahme zu bilden –, dies Versagen hat dann dazu geführt: nicht nur, daß sich die neuzeitliche Aufklärung endgültig wesentlich antitheologisch zu verstehen lernte und sich als solche durchsetzte, sondern, was auf längere Sicht wohl noch schwerwiegender war, daß die ganze Problematik langsam, aber sicher aus dem Gesichtsfeld, dem Bewußtsein neuzeitlichen Denkens überhaupt entschwand. Das vielbehandelte Gnadenproblem zeigt beispielsweise in seiner Geschichte Niedergang bzw. Sterilisation inbegriffartig an.[16] Auf diese Weise wurde dann das solcherart frei werdende Fragepotential mitsamt dem in den Tiefenstrukturen formal sich weitgehend gleich bleibenden Prädispositionshorizont für das Entstehen inhaltlich neuer, aber mit dem gleichen Absolutheitsanspruch formaler Art auftretenden Problematiken – nämlich gerade *aufgrund* eben dieses Sachverhalts – vorbereitet. Wie schon zuvor auseinandergelegt, läßt sich somit gerade im Blick auf die Ausprägung des Christlichen in Gestalt des neuzeitlichen absolutistischen Katholizismus eine gewisse formelle Kontinuität bis hin zum Marxismus und verwandten weltanschaulichen Gestaltungen feststellen[17].

4. Antinomie von Pluralität des Subjekts und ‚objektivistischem' Herrschaftsmonismus

Die Voraussetzungen dieses Katholizismus sind noch unter einer anderen Rücksicht, die noch einen Schritt weiter führt, in sich antinomisch; und somit auch mit der in sich antinomischen methodologischen und systemtheoretischen Fundierung des Marxismus vergleichbar. Das Verhältnis zwischen grundsätzlich plural konzipierter, und wenigstens partikulär auch akzeptierter, Prinzipiensphäre auf der einen und monopolartig sich artikulierender, zum Rechtsabsolutismus als der gemäßesten Wirkensform drängender und entsprechend sich zentralistisch, ‚hierarchistisch' (möchte man sagen) selbst gestaltender Gesellschaftlichkeit monistischen Stils auf der anderen Seite: Dies Verhältnis wurde nun gerade innerhalb des totalitären Wesens dieses Katholizismus nicht theoretisch, reflektorisch voll thematisiert und überhaupt zur Frage gestellt, sondern selbst im Lauf einer geschichtlichen Entwicklung, die sich bis heute noch nicht als abgeschlossen versteht, dem Offenbarungsgut zugerechnet, wenn auch vielleicht theologisch betrachtet als Komplex zweiter Ordnung.[18] Letzte Instanz ist im übrigen nicht der reine Theoretiker, sondern wer ‚in Vollmacht' bestimmt. Diese Vollmacht aber konkretisiert sich in den ‚Amtsträgern' bzw. den unangefochten die Macht Ausübenden. In dieser Hinsicht ist der philosophisch, modern gesagt, eher ‚unterdurchschnittliche' ‚Funktionär' z. B. in etwa vergleichbar mit gewissen theologisch nicht übermäßig problembewußten Kirchenfürsten der ferneren und näheren Gegenwart.

Die oben genannte Hypostasierung einer Offenbarung zu einem konsequenterweise durchaus auch von menschlicher Subjektivität traktierbaren Neutrum zielte allerdings, bewußt oder unbewußt, aufgrund des Schwergewichts der Sache in diese Richtung. Personalität im eigentlichen Sinn gerät hier aus dem Blick, wird zur macht-affizierten Subjektivität denaturiert. Wohlgemerkt: dies sind nicht Aussagen über einzelne historische Persönlichkeiten, auch nicht einmal solche über Personen überhaupt und deren persönliche, moralische Verantwortlichkeit. Vielmehr zeichnet sich in allem bisher Auseinandergelegten eine anloge Figuration dessen ab, was seit Hegel treffend *‚objektiver Geist‘* genannt wird. Es kann somit persönliche Integrität durchaus mit der Affektion durch diesen Geist Hand in Hand gehen; wofür die Geschichte ja Beispiele zeigt.[19] Diese Konzeption, dies System verfängt sich aber dann folgerichtig bei genauerer Betrachtung in analogen fehlerhaften Zirkeln, wie sie auch für die ideelle Basis des Marxismus diagnostiziert worden sind: Daß Praxis von Theorie zwar (wenigstens: mit-)begründet sein solle, ihrerseits aber Theorie allererst begründet; daß beides sich als Prinzipienbereich ursprünglich (und den jeweils anderen Bereich) ermöglichen können soll; daß die Theorie in ihrer je gegenwärtigen Gestalt, was ihre letzten Grundsätze betrifft, nicht-falsifizierbar ist, als durch Praxis innerlich bestimmte aber ihrerseits die Verifikation wesentlich in die Zukunft verlegt, – die aber wiederum nur durch Praxis hervorzubringen ist und mit praktischen Mitteln, – welche Mittel ihrerseits wiederum gleichsam geschichtslos, aus einer absoluten Sphäre heraus verstanden und angewandt werden; so daß hier, noch einmal aus anderer Sicht, eine der Wurzeln des modernen Terrors liegen dürften.[20]

Ein letzter Aspekt schließlich soll sich auf die Betrachtung der *menschlichen Würde* konzentrieren. Wie schon oben einmal angedeutet, besteht der Kernsatz über die Menschenwürde in beiden Anschauungen – und man könnte hier den Fortschrittsglauben der Neuzeit noch hinzunehmen – formal gesehen darin, daß der Mensch unter seinesgleichen grundsätzlich als *gleich* betrachtet wird, und zwar aufgrund eines Bezugs, den ein jeder zu einem absoluten Maßstab hat. Dieser ist inhaltlich bekanntlich sehr unterschiedlich gedacht, das eine Mal ist es der unmittelbare Bezug auf den transzendenten Gott, das andere Mal der Bezug auf die absolute Gesellschaft der Zukunft. – Das Kriterium ist so, abgekürzt gesagt, einmal eschatologisch, das andere Mal utopisch; wohlgemerkt: der ‚eschatologische' Bezug eignet dem Menschen durchaus auch im Rahmen dieses totalitär orientierten Katholizismus. Der Unterschied zwischen ihm und einem nicht entarteten Christentum liegt nicht einfach im Bestehen oder Nichtbestehen dieses Bezugs, sondern allein in der Art und Weise, wie dieser Bezug gefaßt ist.[21] ‚Transzendenz' nicht inhaltlich, sondern rein *formal,* als Struktur menschlicher Existenz und ihrer Bezogenheit auf ein Absolutes hin verstanden, ist dann aber ein *beiden* Systemen gemeinsames Merkmal. Die einzige Ungleichheit fundamentalster Art, nämlich zwischen dem Menschsein als dem erscheinenden Ort des (an sich) Guten oder Bösen, tritt in beiden Systemen strukturähnlich auf: Das Gericht entscheidet zwischen beiden Menschheitsarten endgültig, definitiv; danach gibt es keine Versöhnung mehr. Was im einen Fall weltjenseitig abläuft, ist im anderen Fall als geschichtsimmanent gedacht. Es ist nicht zuviel behauptet, daß so dem Endgericht in gewisser Weise die durchgeführte Weltrevolution entspricht[22]. Das handelnde prinzipiale Absolute ist das eine Mal Gott, das andere Mal die vollkommene Gesellschaft oder die sich darin selbst erfassende und vollziehende Menschheit. Auf die besondere Art des dahin führenden Vermittlungsprozesses und seines besonderen Trägers wurde schon weiter oben hingewiesen; immerhin sei die Isomorphie hier vervollständigt: Dem Proletariat entspricht das Reich Gottes, also jeweils die neue Menschheit, die den kommenden Äon, die eigentliche, wahre und volle Geschichte der Menschheit umfassend bestimmt. Der ‚Partei' entspricht, wie gesagt, die ‚Kirche' als Gründer und sozial verfaßte Formkraft dieses Vollkommenheitsreichs in der Geschichte.

5. *Der Elitenaspekt im ideellen und strukturellen Vergleich*

a) Systematischer Aspekt

Die funktionale Parallelisierung könnte fortgeführt werden, indem man den Parteikadern den Klerus entsprechen ließe als die bestimmende Macht, von der aus alle Initiativen ausgehen und allein auszugehen haben. Dem Messias schließlich als dem inkarnierten Willen des Absoluten entspräche hier, worauf schon einmal hingewiesen wurde, der große und weise Prophet und sozusagen übermenschliche Führer; wobei diese Begriffe in sich ein Fortleben, eine Weiter-Inkarnation gleichsam zweiten Grades dieses Führer- oder Messiastums in das von ihm gestiftete, ins Leben gerufene soziale Gebilde und vermittels dieses Gebildes in die Menschheit hinein implizieren.[23] – Um diese Parallelisierung einigermaßen legitim erscheinen zu lassen, müssen in Weiterführung von weiter oben schon Erörtertem noch einige zusätzliche Überlegungen zu einer *Differenz zweiter Ordnung*, d. h. zur sog. *Elitenfrage* angestellt werden. Zweiter Ordnung ist diese Differenz, nämlich zwischen Masse und Geführten, im Vergleich zum soeben erörterten anthropologisch-geschichtlichen Grundhiat. – Es handelt sich in beiden Systemen näher betrachtet um die je besondere, letztkonkrete Form der Machtausübung, und zwar auch der Macht in Gestalt theoretischer Gehalte und Überzeugungen, bzw. der grundlegenden, verpflichtenden Imperative. Gemäß dem allgemeinen Konstruktionsprinzip kann in der Praxis eine über derartige Macht verfügende Instanz dann nicht anders denn als Macht monopolisierende Elite gedacht werden. – Derartige Eliten sind im übrigen in sich selber wiederum keineswegs völlig einheitlich, sondern bieten dem Betrachter ein differenziertes Bild. Was im einzelnen im Lauf der bisherigen Erörterungen dazu erkannt worden ist, braucht hier nicht wiederholt zu werden; doch wird man in der hier maßgebenden Sicht gewisse Analogien struktureller, d. h. systemstabilisierender und funktionaler Natur zwischen dem schon behandelten militanten Irrationalismus auf seiten des Marxismus und auf seiten dieser Art von Katholizismus entdecken können. Der Irrationalismus dieses letzteren hat in Hinsicht auf das grundlegende Axiom der wesentlichen Gleichheit – hier: Gleichheit vor Gott, d. h. vor göttlichem Gesetz bzw. vor dem göttlichen Allherrn, der als oberster Souverän natürlich auch das Recht der Begnadigung innehat[24] – einen der marxistischen Konstellation analogen schwerwiegenden Mangel auf Prinzipienebene: Besagte Gleichheit wird ja im Rahmen dieses ‚Systems', also der theoretisch-praktischen Gesamtordnung, in der Anwendung auf die geschichtliche Wirklichkeit des konkreten menschlichen Lebens ‚stillschweigend' – aber in Wahrheit, wie dargelegt, aufgrund bestimmter, wenn auch nicht eben häufig explizit formulierter Zusatzaxiome – umgedeutet zu einer *Ungleichheit* der (systemimmanent wohlverstanden) vollkommenen Vorsorge für den wahren Lebens- und Daseinssinn des Einzelnen: Über den eben dann gerade dieses Elite im Grunde besser ‚Bescheid weiß', den sie besser ab- und in den konkreten Verhältnissen einzuschätzen weiß als das einzelne Individuum selbst[25].

Genau die gleiche Konstellation läßt sich auch innerhalb der kommunistischen Wirklichkeit diagnostizieren: Auch dort wird grundsätzlich im Namen der Gleichheit, die als zukünftig voll zu verifizierendes Ideal maßgebend sein und bleiben soll, in der Praxis fundamentale *Ungleichheit* vollzogen. Die verschiedenen Zusatztheoreme, die zur Rechtfertigung dieses anscheinend faktisch unvermeidlichen Tatbestandes ersonnen worden sind, brauchen hier nicht zu interessieren. Wichtiger scheint jedoch, daß diese Ungleichheit der Praxis gerade nicht bloß faktisch, sondern systemimmanent notwendig ist. Dies gilt wiederum in der entsprechenden strukturanalogen Umformung für beide ‚Systeme', den Marxismus wie diese besondere Art von Katholizismus. Der wahre Grund liegt aber für beide darin, daß sie theoretisch-praktische Bewältigungsversuche eines stets und ständig in Gang befindlichen *Prozesses* selbst sind, der freilich letztendlich nicht dem Menschen gleichsam ‚von außen' auferlegt ist, sondern von ihm selbst als Gemeinschaftswesen in eigener Verantwortung geführt wird. Für den marxistischen Kommunismus ist das klar, aber auch für besagten Katholizismus kann dies gelten, insofern jene in der Gegenposition explizit und universal fungierende Rolle menschlicher Freiheit zwar auch hier noch grundlegendes Prinzip ist, jedoch ins Zwielicht einer stillschweigenden Einschränkung oder *Partikularisierung* eben dieses Freiheits- und Verantwortungsstatus auf nur einen Teil der Menschheit bzw. in der Konsequenz auf eine Elite gerät,[26] die stellvertretend für das Ganze entscheidet.

b) Ideengeschichtlicher Aspekt

Ideengeschichtlich gesehen entspricht so einem mehr oder weniger eingeschränkten Heilswillen Gottes eine Einschränkung der *Heilsfähigkeit* des Menschen, und dieser wieder eine Einschränkung der Vollzugseigenschaften auf seiten einer solchen partikularisierten Menschheit: Das Heils-Vorsorge-Monopol der bestimmenden Kaste verhält sich zu diesen Folgeeigenschaften letztlich ganz konsequent. Einem partikularisierten Gott entspricht eine partikularisierte Menschheit, diesem Gesamtbezug aber entspricht eine Partikularisierung des menschlichen Handelns, also letztlich auch des handelnden und *legitim* allein handeln dürfenden menschheitlichen Subjekts. – Innerhalb der marxistischen Konzeption gilt dann aber, da nun nach allen Analysen die Analogie zu ziehen erlaubt sein dürfte, entsprechend das gleiche: Einer vom Ansatz her in ihrer existenziellen und sozialen Sinndimension *partikulär* konzipierten Menschheit – hier zeigt sich eben das Verhängnisvolle des schon von mancher Seite kritisierten Dualismus im Ansatz[27] – entspricht eine partikularisierte Erfüllung des Menschheitssinnes, und zwar nicht nur rein sachlich hinsichtlich der Beschränkung auf die politische Ökonomie, sondern ebensosehr hinsichtlich der utopischen Zukunft der vollkommenen Gesellschaft. Dieser entspricht folgerichtig eine partikularisierte Durchsetzungs- und Vermittlungsinstanz: der Klassenschematismus mit der ‚Endklasse' des Proletariats (vor jenem Vollkommenheitsstatus); diesem die partikularisierte Konkretion dieses Durchsetzungspotenzials in Gestalt der aktiv wirkenden Partei. Nochmals aus etwas anderer Sicht erscheint auch hier im Namen des menschheits- und geschichtsimmanent postulierten utopischen Egalitarismus praktisch eine fundamentale Ungleichheit als notwendige Konsequenz der fundamentalen Prozeßstruktur *des Ganzen* unausweichlich, mit allen Implikationen: Wirtschaftlich bedeutet das die innere Unausweichlichkeit des sog. Staats-*Kapitalismus;* dies würde sogar in einer Überflußgesellschaft gelten, nur würden dort die ökonomischen Aktivitäten anders gelagert sein. Sozial bedeutet das die Klassengesellschaft, wenn auch – wie dies ja für das Ganze zutrifft — im Namen ihres in die Zukunft verlagerten und durch Glauben gegenwärtig gesetzten, gegenwärtig vorausvollzogenen, Gegenteils. Politisch bedeutet das grundsätzlichen Kampf, Militanz mit allen Mitteln, wobei gerade die nicht-militärischen wichtig sind, – und natürlich auch hier das gleiche Gesetz der strategisch-taktischen ‚Dialektik' herrscht, wie soeben erwähnt.

So gesehen wirkt die Tatsache, daß in der sozio-politischen und -ökonomischen Wirklichkeit der kommunistischen heutigen Wirklichkeit der Kapitalismus eben nur in einer ‚Superform' staatlicher Omnipotenz und damit verbundener bürokratischer Anonymität weiterlebt, keineswegs zufällig: Desgleichen erscheint das Phänomen innerlich nur konsequent, daß im Bereich der von westeuropäischen kulturellen Einflüssen grundlegend geprägten Nationen die neue kommunistische Gesellschaft zusammen mit der Industrialisierung durchaus Verhältnisse ausbildet, die dem westeuropäischen Frühkapitalismus entsprechen. Demgegenüber beruht der gleichzeitig erhobene Anspruch auf eine im Zeichen dieses Sozialismus humanere Gesellschaftsform auf einer Bewußtseinstäuschung, deren Motiv mit größter Wahrscheinlichkeit in der Überwindung eines Minderwertigkeitskomplexes bestehen dürfte: Es geht darum, daß die ‚arme' Gesellschaft die ‚reiche' bzw. der arme Gesellschaftsteil den reichen einholt, ihm gleich wird. Der ideologische Egalitarismus aber muß dazu die Rechtfertigung für das arme, unterdrückte Subjekt *schon im voraus*, gewissermaßen a priori, geben[28]. Es liegt demnach hier so etwas wie eine entwicklungsgeschichtliche Schwäche, als Ort von Neid, Haß, Militanz, aber auch von Arbeit, Leistung, praktischer Initiative vor.[29] – Bei der sogenannten ‚Neuen Linken' hingegen scheint nicht selten die entsprechende Schwäche einfach in einem Versagen gegenüber den gegenwärtigen Anforderungen einer höchst komplexen saturierten Gesellschaft und ihrer sozialen, ökonomischen und sonstigen Technologie zu bestehen. Der Ausweg in der radikalen Negation des Bestehenden zugunsten eines utopischen radikal ‚Anderen' pervertiert dann eine Reaktionsform, die beispielsweise in archaischen Gesellschaften mehr oder minder legitim, jedenfalls gewöhnlich und insofern ‚normal' sein mochte, zu einem kollektiv-neurotischen Handlungsmuster.[30]

6. Die weltanschaulich-religiöse Tiefenstruktur von ‚Katholizismus' und Marxismus im weiteren Vergleich

Mit all dem Gesagten läßt sich nunmehr noch einmal die Frage nach der ‚Religions-Struktur' des Marxismus wie auch nach der Sozial-Struktur des behandelten Katholizismus stellen. Man wird sagen können, daß mit dem Marxismus im Blick auf die Gesamtheit sozio-religiöser Gebilde, wie sie uns heute die Geschichtswissenschaft erschlossen hat, eine neue Art von Quasi-Weltreligion auf den Plan getreten ist. In ihr sind zwar durchaus viele und wesentliche Eigenschaften, die bisher im traditionellen Verständnis des Begriffs für ‚Weltreligion' charakteristisch waren, verifizierbar; und dies auch, insofern man mit einbezieht, daß in der Analogie zum

spätantiken Gnostizismus hier *keine ursprüngliche,* sondern eine abgeleitete, genauer sogar: eine in gewisser Weise *parasitäre* Form solcher ‚Religiosität' vorliegt: Es wäre somit eine parasitäre Gestalt einer Weltreligion.[31] Das will noch nichts über die wirkungsgeschichtlichen Chancen besagen, doch scheint eine gewisse Einschränkung des vielerorts zu beobachtenden Optimismus (oder auch Pessimismus) auf längere Sicht wohl angebracht. — Das Neue aber ist nun gerade die Immanenz, wie schon oft hier betont: Eine Weltanschauung mit wesentlichen Strukturen einer Religion, die aber zu ihrem Grund und Gegenstand, zu ihrem Absoluten allein den *Menschen* macht. Darin entspricht diese Bewegung freilich durchaus dem gesamten ‚Geist' unseres Zeitalters, für den der Titel ‚Emanzipation' wohl ein wenn auch oft mißbrauchter Schlüsselbegriff ist. Die Faszination und Wirkung aber dieser Bewegung resultiert wohl aus der faktischen Vereinigung der Komponenten: Konzentrierung auf das ‚Menschliche', in der Praxis wie in der Theorie; Religiosität als Hin-Vollzug auf ein Absolutes, aber gerade in der Synthese von beidem als welt-, geschichts-, menschheitsimmanent; und wenigstens symbolisch durch den je einzelnen Lebenseinsatz konkretisiert, grundsätzlich in die Hand jedes Einzelnen gegeben: die Realisierung durch die Zukunft schaffende Tat.[32]
Mit dem Katholizismus aber in der Skizzierung, wie hier geschehen, steht ein Gebilde vor uns, das sowohl strukturell und sachlich wie auch historisch, d. h. struktur-geschichtlich, teils direkt, mehr und tiefer jedoch indirekt, gleichsam dialektisch, zur Entstehung des soeben umrissenen neuen Weltanschauungs-Komplexes mit beigetragen hat. Dies ist die schon oben vertretene These. Damit ist natürlich nichts gegen die sonstige vielfältige ideengeschichtliche Genealogie des Marxismus gesagt; im Gegenteil kann sogar der direkte, effizient-kausale, historisch als solcher feststellbare Einfluß des Katholizismus als recht gering angesetzt werden. Viel eher handelt es sich wohl in aller Indirektheit, um die schon zuvor geschehene Erörterung der These wieder aufzunehmen, um eine gleichsam exemplar-ursächliche, also durch formale,

morphologisch bestimmte Kausalität erfolgte Beeinflussung innerhalb eines für derartige Kausalitäten struktureller Art empfänglichen, ja für sie in gewisser Weise wohl den Ermöglichungshorizont bildenden Zeitgeistes.[33] – Der solcherweise wechselseitig wirkende, zugleich jedoch auch mit einer bestimmten, einsinnig verlaufenden Tendenz ausgestattete Komplex der besprochenen Phänomene – nämlich (stichwortartig gesagt) ‚Protestantismus', ‚Kapitalismus', ‚Katholizismus', ‚Marxismus' – kann als eine Art von ‚Humus' oder ‚Mutterboden', besser gesagt: als Artikulationspotenzial wesentlicher tragender Bewegungen der Selbstverwirklichung modernen Geistes angesehen werden: Wesentliche Entscheidungen geistesgeschichtlicher Art, hier vor allem der ‚mittleren' und späten Neuzeit, vollziehen sich innerhalb des Wirkenshorizontes der genannten Mächte. Wie oben auch schon angedeutet, scheinen im sich vielfältig überschneidenden Kräftespiel dann in einer gewissen Vereinfachung sich sachlich zwei Kraftlinien herauszukristallisieren, denen unter anderer Rücksicht eine geschichtliche Entwicklung des Nacheinander im Großen einigermaßen zu korrespondieren bzw. auch sich damit zu kreuzen scheint: Wenn so einerseits sich Katholizismus und Marxismus einander als die inhaltlich weltanschaulichen Extreme von zugleich näherer formaler Verwandtschaft entsprechen, so scheinen andererseits Kapitalismus und Sozialismus – beide ebenfalls in gewisser Vereinfachung genommen – aufeinander zu folgen; wobei dies allerdings auch wiederum nur relativ zu nehmen ist[34]. – Das Ergebnis dieser Untersuchungen kann dann zusammenfassend in einer Zwischenbilanz so formuliert werden: Wesentliche formende Kräfte des neuzeitlichen und modernen europäischen Geistes sind in ihrer Tiefenstruktur in einem formalen Sinne *‚religiös'* bestimmt, als solche charakterisierbar[35]. – Sie finden ihr inneres, der Natur der Sache entspringendes, Gegenstück in der gleich intensiven Bemühung um die *genuine Authentizität* des Menschen als solchen. Diese Bemühung machte selber einen Teil der in jenem verschränkten Wirkensfeld des Geistes tätigen Kräfte aus; wie dies innerhalb des

Katholizismus die Diskussionen um den Molinismus gezeigt haben und innerhalb des Marxismus das zeitgenössische Bemühen um seine Humanismusstruktur auf andere Weise noch zeigt. Diese Bemühung hat aber ihrer geistesgeschichtlichen Herkunft wie ihrer sachlichen Motivation nach, was freilich sich wechselseitig bedingt, durchaus *Absolutheitscharakter.*

Zweiter Teil

Teleologische Prinzipienlehre der Grundformen und -bereiche des Verhältnisses von Theorie und Praxis

VII. Das Theorie-Praxis-Problem im Horizont menschlicher Vernunft

Damit ist dieser Gedankengang zu einem neuen, dritten Themenkreis vorgestoßen. – Wenn im Vorigen soeben als wesentliches Charakteristikum des modernen, des heutigen menschlichen Bewußtseins die Bemühung um die ‚Authentizität' des Menschen in seiner Menschhaftigkeit genannt wurde, und zugleich damit als weiteres Charakeristikum eine ‚formale' Religiosität, so widerspricht sich dies nur scheinbar. Religiosität in dieser Bedeutung meint ja zunächst einmal nichts anderes als den unbedingten Einsatz oder die unbedingte Hingabe der Existenz an ein Absolutes und in den Dienst eines Absoluten; sie ist also u. a. auch eine besondere Ausprägung von Weltanschauung. Wie schon erörtert, muß dies Absolute keineswegs etwas Geschichts- und Zeitjenseitiges, gar etwas ontologisch Transzendentes sein. Es kann durchaus geschichtsimmanent konzipiert werden, ohne seinen formalen Charakter als Absolutes gegenüber menschlicher Existenz zu verlieren.[1] Die Selbstbehauptung und -bestimmung des Menschen in seinem Menschsein läßt sich natürlich im Blick auf einen derartigen Begriff von Absolutheit – was ja nicht sofort schon irgendeine konkrete Religion meint – ohne weiteres dann als ‚religiös' bezeichnen. Es ist dabei freilich mitgemeint, daß diese Selbstbehauptung und -bestimmung des Menschen an sich und für sich selbst etwas ist, das die Kraft, die existenziale Reichweite des isolierten Individuums wesentlich übersteigt. Erwirkt scheint dies folgerichtig dann nur von der gesamten Menschheit in concreto als solcher werden zu können. Das Absolute erweist sich so als die vollkommene Menschheit, genauer diejenige Vollkommenheit der Menschheit, die nicht mehr verloren werden, vielmehr nur gleichsam qualitativ intensiviert werden kann, und die in ihrer vollkommenen Wesensbeschaffenheit einem grundsätzlichen ‚Mehr' oder ‚Anders' an wünschbaren Zuständen und Existenzweisen keine Möglichkeit mehr läßt.[2]

1. Vernunft als Vermittlungsinstanz von ‚Religion' und Politik

Ein solches Programm trägt sein Zentrum und sein Fundament nun letztlich ganz und gar in der Grundidee des *Menschen:* seines *Seins, Sinns* und *Sollens* selbst. Freilich wird hier das Wesen des Menschen und der Menschheit nicht sozusagen ‚exklusiv', d. h. von einer Polemik zwischen Immanenz und Transzendenz, ‚Diesseits- und Jenseitsbestimmung' charakterisiert begriffen,[3] deren Übersetzung in systematische Reflexion höchstens unabschließbare Dialektiken zur Folge haben könnte. Umgekehrt – und dies ist eine weitere These, die hier schon vorwegnehmend einmal formuliert werden kann – ist der Mensch gerade als ein geschichtsimmanentes, ‚diesseitiges' Wesen viel zu groß und zu tief in seiner Wesenheit, als daß er allein von solchen Bestimmungsdimensionen (wie Diesseits, Immanenz, exklusiv verstanden) sich bestimmt sein lassen, sich verstehen könnte.[4] Mit Bezug auf das bisher Erörterte läßt sich dann weiter feststellen: Ein jedes Handeln, das sich im soeben gekennzeichneten Sinn auf die Selbstverwirklichung des Menschen, der Menschheit im Ganzen wie aller Einzelnen in ihrem Menschsein, richtet, wird letztlich einerseits nicht umhin können, sich an diesem Maßstab messen zu müssen, gewollt oder ungewollt, bewußt oder unbewußt: an einem wie skizziert als absolut zu bezeichnenden Sinn- und Wirkenshorizont. Es wird somit in irgendeiner Weise einen inneren, konstitutiven Bezug zur zuvor genannten *‚Religiosität'* – als einem Apriori menschlicher Existenzweise – haben; es sei denn, man entscheide sich für eine primär stets skeptisch und überkritisch sich verhaltende Gesellschaftsweise und nimmt die Unfruchtbarkeit für die Bewältigung von Zukunft, die darin liegt, verzweifelt in Kauf. – Andererseits wird sich ein jedes derartiges Handeln, wenn es sich der Sphäre privater Unverbindlichkeit entschlägt, als *politisches* Handeln zu verstehen haben.

Es ist nun wohl die in einer allzu direkten, allzu unkontrollierten Verbindung beider Sphären liegende Gefahr genügend deutlich geworden, so daß die Hinlenkung des Interesses gerade auf eine hier *vermittelnde*, die Autorität der Sacherfordernisse in Konstruktion und Kritik gegenüber beiden Bereichen vertretende und artikulierende *Instanz* einleuchtet. Die einzige derartige, freilich auch völlig ausreichende Instanz ist uns aber gegeben in der menschlichen *Vernunft*, als einem theoretischen wie praktischen ‚Organ' des Menschen, das ihn in seinem Selbstvollzug leitet. Genauer noch sind es Vernunft und Freiheit in wechselseitiger konstitutiver Zuordnung und Bestimmung, die hier in der Prüfung oder *Kritik* je an sich selbst wie auch an allem Anderen, von ihr Differenten, aber ebenso im *Entwurf* immer neuer Möglichkeiten, wiederum: ihrer Selbstgestaltung (der Vernunftsphäre als des Zentrums des Menschlichen) wie auch der Formung der gesamten Lebenswelt (im umfassendsten Sinn) den Selbstvollzug des Menschen *als* menschlichen, d. h. als seiner ursprünglichen Würde entsprechend gewährleisten. *Freiheit* ist integratives Moment dieser Garantie-Instanz menschlicher Würde, oder anders gesagt: des menschlichen Wesens, insofern in ihr gerade das konstruktive, entwerfende, aber darin nicht irgendwie ‚von außen' festgelegte Moment von Vernunft thematisiert erscheint. Die wechselseitige produktive Bedingtheit beider erweist sich als ‚menschlich' im eigentlichen Sinn, d. h. als für das tiefste Wesen des Menschseins spezifisch, im gesamten menschlichen Handeln, sei es nun reflektiv oder praktisch-spontan, erstrecke es sich auf Planung oder Abenteuer.[5]

2. *Die Philosophie als ,Organ' der vermittelnden Vernunft*

Die Art und Weise aber, wie eben diese freie Vernunft, ihrer selbst sich bewußt, dem Gesetz ihres eigenen, eigentlichen und spezifischen Wirkens gemäß, sich sachlich ausartikuliert und geschichtlich erwirkt hat, ist nun nichts anderes als die *Philosophie* selbst, in der ganzen Breite und Spannung ihrer sogenannten sachlich-systematischen und geschichtlich-institutionalen Thematik. Philosophie kann somit als die geschichtlich in der Kritik wie in ihrem Projektions- und Konstruktionscharakter Gestalt gewordene, aber in dieser Gestaltwerdung selber noch einmal unmittelbar sich auf sich selbst beziehende und vollziehende Vernunft angesehen werden. Anders gesagt, ist es genau die Weise dieser sich selbst methodisch gegenwärtigen Reflexion, die hier als Philosophie bezeichnet wird.[6] – Angesichts der bisher behandelten Thematik ergeben sich nun allerdings sofort zwei sehr schwerwiegende Problemfelder. Sie betreffen den Bezug der sich philosophisch artikulierenden Vernunft zu eben jenen beiden Kräften bzw. Wirkenskomplexen, die soeben noch einmal zusammenfassend als ,Religiosität' und Politik bezeichnet worden sind und die in je besonderer Verschränkung bei der Konstitution solcher Phänomene wie des erörterten ,Katholizismus' und des Marxismus maßgeblich beteiligt waren.

a) Dogmatische Subjektivität als Abweichmöglichkeit, ihre Herrschaft als Idee

Was den ersten Kräftekomplex angeht, so scheint sich eine Schwierigkeit in Hinsicht auf den Autonomiecharakter der menschlichen Vernunft und Freiheit zu ergeben. Zumindest vom Hintergrund der genannten Phänomene, nämlich Katholizismus und Marxismus, aber auch Protestantismus und Kapitalismus, so wie sie hier behandelt worden sind, scheint wie schon gesagt diese Autonomie eben nur ,exklusiv' verstanden werden zu können. Die Voraussetzung allerdings dafür ist, wie mittlerweile klargeworden sein dürfte, eine unerkannt zugrunde liegende Konzeption des Subjekts und der Subjektivität, die notwendigerweise Einseitigkeiten in sich begreift; dabei spielt es letztlich keine Rolle, ob als der Prototyp des Subjekts und von Subjektivität schlechthin nun der Mensch oder Gott angenommen wird. In jedem Fall ist die letzte, alles andere fundierende Wesensbestimmung von Subjektivität in ihrem Grundvollzug überhaupt die einer *absoluten Machtausübung*, auf andere Subjekte angewandt: von *Herrschaft über* diese, und dies so, daß dies gerade die ursprüngliche und grundlegende Weise von ‚Mitteilung' oder ‚Äußerung' auf andere Subjekte hin ist. ‚Liebe' oder eine Mitteilungsweise von gleich zu gleich ist für diese Konzeption von Subjektivität etwas Sekundäres. Dort, wo sie vorkommt, zeigt sie an bestimmten neuralgischen Punkten des Verhältnisses zu anderen Subjekten dann auch eine ‚Liebe', die insgeheim oder besser: implizit doch von besagter Herrschaft bzw. dem absoluten Machtanspruch des eigenen Seinsvollzugs bestimmt ist, zumindest den Verdacht dazu wecken muß. Dies trifft in gewisser Weise sowohl für bestimmte radikale Formen des Protestantismus zu – man erinnere sich an die ideengeschichtlichen Implikationen des Prädestinationsproblems in der Darstellung M. Webers[7] – als auch für die hier in Frage stehende Form von Katholizismus – man denke an die Lehre von der ‚allein seligmachenden Kirche' und ihre religionssoziologischen Implikationen wie Inquisition u. ä.[8] – als auch für die besondere Gestalt innerweltlicher Krypto- oder Quasireligiosität, wie sie der Marxismus darstellt – man vergegenwärtige sich die grundsätzliche kollektivistisch-utopische Ausprägung des sogenannten marxistischen Humanismus.[9]

Um Mißverständnissen vorzubeugen: Vor dem Hintergrund des bisher über die sogenannte formale Religiosität als (formales) Apriori menschlicher Existenz Auseinandergelegten ist die im soeben Gesagten liegende Relativierung von menschlicher und sogenannter ‚göttlicher' Subjektivität weniger schwerwiegend, als es zunächst vielleicht den Anschein hat. Es verschlägt freilich auch letztlich nichts, ob man ein transzendentes Subjekt entwirft, in welchem man sich den absoluten Sinn des Menschseins personifiziert denkt derart, daß im Mitvollzug seines Lebens der einzelne Mensch wie die ganze Menschheit ihre letztgültige Vollendung findet, – oder ob man eben diesen Sinn in den Selbstvollzug dieser Menschheit verlegt, und zwar so, daß im wechselseitigen, aber letztlich auf das ermöglichende und vermittelnde Fundament materieller Natur bezogen bleibenden, interindividuellen Vollzug der Einzelnen unter dem Titel der vollendeten Verwirklichung des Gattungswesens der absolute Selbstbesitz des Menschlichen gewährleistet ist. Formell oder besser: strukturell ähneln sich die Sinnvollzüge und ihre Gestalt in beiden Fällen; wobei man für jetzt der Einfachheit halber die besondere Differenz zwischen radikalem Protestantismus und autoritärem Katholizismus, jedenfalls, was die eschatologische Sinnthematik betrifft, vernachlässigen kann.[10] In jedem Fall, wie man gesehen hat, zeigt sich als Wesenszug der solcherart konzipierten urbildlichen Figuration von Subjektivität ein autoritäres, um nicht zu sagen, ein totalitäres Element: sei es auch das eine Mal in einem ‚Jenseits', das andere Mal in einem ‚Diesseits' objektiviert. – Die besondere Pointe ergibt sich dabei für den strukturologischen Vergleich zwischen einem totalitären Christentum und dem Marxismus, daß auf der einen Seite auch in einer milderen Form, und wiederum nur auf der Ebene der Theorie, z. B. in der katholischen Barockscholastik wiederum in Gestalt des ungelöst bleibenden sogenannten ‚Gnadenproblems' zwar grundsätzlich eine Art von metaphysischer Kooperation zwischen menschlichem und göttlichem Subjekt, wenigstens in einem Punkt, explizit geworden, aber dann doch eben im Ansatz steckengeblieben ist; daß aber andererseits auch für die gänzlich durch Kooperation bestimmte marxistische Endwirklichkeit des Menschlichen schließlich die Gattungswesenheit, wenn auch auf eine letztlich unbestimmt bleibende Weise, in die Rolle einer gleichsam – in ihrer funktionalen Leistung – ‚göttlichen' Subjektivität hineinwächst.[11]

b) Herrschaft im Medium der Politik

Umgekehrt wiederum zeigt sich anhand der Geschichte, daß dem Integrationsanspruch von seiten derartiger totalitärer oder krypto-totalitärer gesellschaftlicher bzw. religiöser oder weltanschaulicher Systeme an die philosophische Reflexion auf der Ebene der theoretischen Rechtfertigung, also der ‚reinen Theorie', ein in manchem durchaus konkreter und massiv-praktischer Anspruch auf der Ebene der Politik entspricht. Dabei ist natürlich zugestanden, daß hier die Art der Politik ein relativ breites Spektrum konkreter Ausprägungen zuläßt – dogmenpolitische, ideenpolitische, richtungspolitische, gruppenpolitische, usw., oder von der direkten Gewalt über vielfältige Zwischenformen bis hin zur ‚bloßen Diplomatie' –, und dies wiederum in abgestufter Form teils innerhalb der Politik einer explizit und primär religiösen Gesellschaft, die aber in der Praxis durchaus profane Interessen mitvertritt, teils innerhalb einer explizit und primär profanen oder militant antireligiösen Gesellschaft, die aber in ihrer Hintergrundstruktur quasi-religiöse Züge aufweist, wie gezeigt. Anhand dieser Problematik zeigt sich noch sehr viel deutlicher und vordergründiger als am zuvor behandelten Komplex die für die philosophische Reflexion sich ergebende Schwierigkeit, sofern und sobald es darum geht, nun auch außerhalb der Sphäre theoretischer Reflexion – und zwar in der Vollzugsweise primär theoretisch: sowohl in ihrer sachlichen Fundierung wie in ihrer Motivierung – Einfluß auf die Welt der konkreten Wirklichkeit zu nehmen. – Eigentlich schon von Beginn der Philosophie an, seit den Versuchen *Platons* also, war der mögliche Standpunkt des Philosophen in dieser Frage ja eigentümlich ambivalent. Entweder entschied er sich für das Engagement im Konkreten mit allen Risiken des Mißverstanden-, Verfälscht-, ja Ausgebeutetwerdens durch die autochthonen Mächte der Politik, d. h. des Konkreten[12], oder aber man entschied sich für eine grundsätzlich von politisch-praktischen Interessen gereinigte Philosophie als Wissenschaft; jedenfalls was die systematische

Motivation philosophischer Reflexion als solcher anging. Erst mit *K. Marx* hat sich dies ja grundlegend geändert.[13] – Beide Male jedoch erwies sich die Philosophie in ihrem Verhalten gegenüber eben diesen faktischen Mächten des Konkreten, und d. h. gegenüber der letztlich alle anderen Mächte bestimmenden empirischen Gewalt, der politischen (sofern man diese einmal etwas weiter faßt als gewöhnlich), von Zufälligkeiten bestimmt. Keinesfalls war es die Philosophie, die als solche – etwa darin der Theologie oder der Wirkung bestimmter Ideologien vergleichbar – von sich aus unmittelbar und bestimmend auf die konkrete Praxis eingewirkt hätte.

3. Der stets nur indirekte Praxisbezug der Philosophie, die besondere Schwierigkeit ihres Theorie-Praxis-Verhältnisses

Und in einem gewissen Sinn entspricht dies selbstverständlich auch der Natur der Sache selbst: Philosophie also solche ist nicht unmittelbare Handlungsanweisung für den Bereich des Konkreten, sondern sie ist dies nur mittelbar. – Damit ist noch einmal neu, von einer anderen Seite aus, ihr Verhältnis zur Praxis, zur Lebenswirklichkeit, zur Welt des Konkreten anvisiert; wobei noch einmal zu erinnern ist, daß sie in diesem ihrem Praxisbezug stets zugleich auch sich in der Spannung zu den beiden sachlichen Extremen befindet, die zuvor als Macht des Religiösen und als politische Macht skizziert worden sind. Ihre Selbstbehauptung wird sich denn auch nach beiden Richtungen hin recht unterschiedlich artikulieren. Auf dem nunmehr erreichten Stand dieser Untersuchung soll aber – dies als methodische Zwischenbemerkung – nun nicht in erster Linie der geschichtliche Verlauf solcher Selbstbehauptungsstrategien verfolgt und nachvollzogen werden. Vielmehr liegt jetzt der Hauptakzent auf dem, was unter den heute gegebenen Umständen und Bedingungen möglich und erforderlich ist. Alles Folgende ist demnach als *Hypothese* zu werten, die zwar auch in gewissem Maße dem Verständnis, dem Begriff der Vergangenheit dienen kann, die jedoch vor allem zur theoretischen Bewältigung des in Gestalt von Zukünftigem noch ‚vor uns' Liegenden, d. h. der konkreten Zukunft selbst dienen will. In diesem Sinn wird sich auch nicht ohne weiteres aus der heute verfügbaren Welt des Vergangenen und ihren Daten die notwendige Verifikation oder Falsifikation für zukunftsorientiertes Denken oder Handeln ableiten lassen. Als deren Möglichkeit bietet sich allein einmal die Widerspruchsfreiheit und systematische Stimmigkeit des Gedankens in sich selbst an und andererseits die Bewährung am sich vollziehenden und ereignenden Leben selbst. – Es sei in diesem Zusammenhang weiter auch zugestanden, daß dieser *Gedanke* selbst, und zumal in dieser seiner Absicht, als Moment und *Element von Praxis* zu nehmen ist, zumindest in einer modifizierten Form, nämlich derart, daß wie schon ein jeder philosophische Entwurf, der sich auf Probleme in ihrer Gestalt als Zukunftsereignisse (in klassischer Sprache: contingentia futura) richtet, in entfernter Weise von praktischer Relevanz ist: so gilt dies erst recht von Entwürfen, die ihrer ganzen Struktur nach sich auf Problemkomplexe der Zukunft als präzise solcher formell und konkret zukünftiger richten.[14]

Die grundlegende Situation, in der sich Philosophie demnach angesichts konkreter Zeitmächte und deren Praxis befindet, scheint die Philosophie in eine *praktische Aporie* zu treiben: Einerseits muß sie darauf bedacht sein, ihren reinen und eigentümlichen Wissenschaftscharakter zu wahren mit der Folge, entweder keinen Einfluß auf die Praxis zu haben oder aber von den Mächten eben dieser Praxis heteronom bestimmt zu werden. Andererseits kann sie nicht umhin, gerade als die Wissenschaft des Ganzen und der Totalität, somit auch der konkreten Praxis unter ihrem Zukunftsaspekt, sich auf diese zu beziehen, und zwar, sofern sie gerade deren Eigentümliches in den Griff zu bekommen bestrebt ist, das letztunmittelbare Wechselverhältnis solcher Praxis und ihrer eigenen Praxisbezüglichkeit selbst zu thematisieren. Das meint Philosophie als Wissenschaftstheorie, jedoch unter Einschluß ihres transzendentaltheoretischen Kernstücks. Anders gewendet läßt sich die Schwierigkeit auch formulieren als die These, daß die Wahrheit und das Gute, auch und gerade in ihrem reflektierten Wissenschaftsvollzug als Philosophie, sich schon von selbst durchsetzen werden. – Dem steht dann die Gegenthese gegenüber, daß dies immer nur durch erklärten, bewußten Einsatz der Träger solcher Reflexionen in der Praxis selbst möglich ist. Dies führt freilich schon auf die theoretische Klärung des Wahrheits- und Wertbegriffs selbst hin, womit denn klar wäre, daß Philosophie immer schon zu ihrem Beginn durch eine *Option* der *Philosophierenden* mitbestimmt ist. Oft genug hat sich ja im übrigen diese Schwierigkeit für die Philosophie in ihrer ‚Konkretion', in ihrem zeitgebundenen Vollzug, als fast unüberwindlich erwiesen.

4. Ein autochthoner Weg zur Lösung: Doppelfunktion transzendentaler Vernunft

Man würde sich nun den Weg zu einer Lösung von vornherein verbauen, wenn man die Funktion philosophischer Reflexion in diesem Kontext vorrangig von den heteronomen Elementen und deren Einflußstrukturen bestimmt sein ließe. So wird man eine Konzeption wie die einer Dienstrolle der Philosophie im Rahmen einer philosophie-transzendenten Macht, sei diese nun selber für sich transzendent und sakral oder profan bestimmt, als von vornherein der Rolle der Philosophie nicht angemessen beurteilen müssen; auch wenn faktisch und historisch eine solche Konzeption nicht selten eher wie ein allgemeiner Titel gemeint gewesen ist, ‚hinter' dem dann durchaus auch so etwas wie eine implizit ihrer Autonomie gerecht werdende Figur von Philosophie sich ausgebildet haben mag.[15] – Andererseits wird man erst recht nicht in die vordergründige Absurdität verfallen, etwa die Vertreter von Philosophie als gesellschaftliche Sondergruppe zu etablieren oder ihnen eine gesellschaftliche Sonderfunktion zuzuweisen, derzufolge sie dann auch soziologisch zu einer Partikularität ohne Gewicht verkümmern würden. Die Philosophie als solche geriete darüber ganz aus dem Blickfeld. Die Wahrheit ist demgegenüber weniger durchsichtig, aber zugleich auch wirkungsmächtiger, als es vielleicht den Anschein hat.

Man wird nicht fehlgehen, die Wirkungsweise der Philosophie, so wie sie hier in diesem Entwurf gedacht ist, in Analogie zu setzen mit der Wirkungsweise ihres zentralen ‚Gegenstandes': Er wurde schon als Vernunft gekennzeichnet, genauer noch ist es die *transzendentale Vernunft*, die hier in den Blick zu nehmen ist. Diese ist in ihrer Funktionsweise charakterisiert durch ein Doppeltes: Einerseits ist sie ein Prinzip bzw. eine Prinzipiensphäre, die selbst gänzlich *‚für sich'*, nur in der Reflexion reiner Theorie dem Denken zugänglich, fungiert, d. h. in ihrem Vollzug gänzlich autonom ist im strengen Sinn. Zugleich aber und ohne daß das soeben Gesagte aufgehoben würde, ist sie auch ein Prinzip bzw. eine ganze Sphäre von solchen, die in ihrem Vollzug *auf Anderes*, als es die transzendentale Vernunft selbst ist, hingeordnet sind. Die Vernunft ist somit in ihrer prinzipialen Wirkensweise ‚immanent' und ‚transzendent' oder besser: ‚transeunt' zugleich. Dies läßt sich beispielsweise verifizieren anhand der Geltungsweise der ersten, ursprünglichen und absoluten Prinzipien alles Denkens, Geltens oder Seins, wie sie transzendentale Reflexion im strengen Sinne thematisiert.[16] Allgemein resultiert aus diesem systematischen Sachverhalt sodann der Grundsatz, daß in einer bestimmten systematischen Ordnung das jeweils höhere Prinzip in seiner Funktion den strukturellen Rahmen für die Operations- oder Wirkensweise des je nächst niederen Prinzips abgibt, und zwar derart, daß alle Gesetzmäßigkeiten der je höheren Ordnung für die nächstniedere Geltung haben (nur) vermittels des für diese spezifische, d. h. die höhere Ordnung einschränkenden, spezifizierenden Prinzips. Dies aber bedeutet umgekehrt, daß eben die Prinzipien der je nächstniederen Ordnung insofern nicht nur im Widerspruch stehen zur Wirkensweise auf nächsthöherer Ebene, sondern auch selbst in ihrem eigenen Strukturgefüge von Prinzipien der nächsthöheren Ordnung bestimmt sind, jedoch so, daß zugleich auch noch Bestimmungen (oder wenigstens eine) aus anderen Ordnungen bzw. Ordnungssphären in sie miteingehen.[17] – Für unseren analogen Fall bedeutet dies, daß zwischen philosophischer Reflexion und der religiösen bzw. politischen Praxis der Lebenswelt und ihren Machtgefügen, was das Moment der Philosophie angeht, grundsätzlich ein ähnliches Verhältnis waltet, wobei der philosophischen Reflexion an sich der höhere Rang zukommt.

a) Minimalbedingung von Vernünftigkeit

Es ist dabei allerdings vorausgesetzt, daß einmal die praktische Wirklichkeit insgesamt, wenigstens unter gewissen fundamentalen Umständen oder Gesichtspunkten, als durchweg ‚vernunftgemäß' besser: vernunftbezogen angesehen werden kann. Dies gilt in einem Mindestmaß: D. h. es bedeutet nicht, daß alles auf optimale oder auch nur durchschnittliche Weise ‚vernünftig' sei, sondern nur, daß für alles *wenigstens auch* ein (einziger) Gesichtspunkt beigebracht werden kann, unter dem es als *‚vernunftgemäß'* angesehen werden muß. Über den Stellenwert eines solchen Gesichtspunkts innerhalb eines zusammengehörigen übergeordneten Ganzen und den darin liegenden, weiterreichenden Vernünftigkeitsanspruch ist damit freilich noch nichts entschieden; dies kann nur unter jeweils besonderen Aspekten geschehen.[18] Wenn nunmehr eine Applikation auf unseren Fall getroffen wird, bedeutet das also, daß es nichts innerhalb der besagten Praxis gibt, das nicht wenigstens unter irgendeinem Gesichtspunkt zu Recht Gegenstand philosophischer Reflexion wäre, so daß folgerichtig und entsprechend dann auch die Philosophie in gewisser Weise darüber ‚befindet', d. h. über ihn Aussagen macht, Festsetzungen trifft, Bezüge zu anderem stiftet usw. – Es gibt also *keinen* prinzipiellen Hiat, keine absolut unüberbrückbare Kluft zwischen Theorie und Praxis, insonderheit aber gerade nicht zwischen philosophischer Theoretisation und der besagten Praxis. – Indessen liegt aber damit doch zugleich auch ein (wenigstens relativer) Primat eben der philosophischen Reflexion gegenüber dieser Praxis vor. Die philosophische Reflexion fungierte in diesem Kontext, d. h. im funktionalen Vergleich, als das je Höhere, besagte Praxis als das ‚Nächstniedere'. – Immerhin meint das nun keineswegs reinen Intellektualismus, Rationalismus oder Ähnliches; denn der Primat der Vernunft, wie er hier reklamiert wurde, schließt ja auch eine ganz ursprüngliche ‚Praktizität', d. h. ‚Wirklichkeit'[19] der Vernunft selbst mit ein: Dies zeigt sich einmal sofort schon in der Ethik und ihrer Grundlage, aber dann auch in der allgemeineren Reflexion auf die existenziale Wirklichkeit, ja sogar auf die Grundlagen des Ästhetischen u. ä.

b) ‚Theorie' als eigentümliche Praxis von Philosophie

Zum anderen erscheint damit gesetzt, daß die Philosophie innerhalb des Bereichs der Theorie im allgemeinen, also innerhalb der Wissenschaften, als Fundamental- oder auch Gesamtwissenschaft zu fungieren die Aufgabe hat; beispielsweise als kritischer Entwurf einer allgemeinen Systemtheorie, die dann eigentlich und im strengen Sinn darin ‚philosophisch' wäre, daß sie die Fragen von Systemkonstruktion, -vergleich und -kritik auf der Ebene letztmöglicher Fragbarkeit thematisiert. Philosophie ist also *‚praktisch'* schon auf der ureigenen Ebene der *Wissenschaftlichkeit* selber, sofern sie einen letzten Boden für die Konstitution von je spezifischer Wissenschaftlichkeit abgibt.[20] Darüber hinaus jedoch, und dies ist im jetzigen Zusammenhang erheblich relevanter, vermag auch ein noch unmittelbarerer Praxisbezug der Philosophie Geltung zu haben; insofern sie nämlich, wie schon kurz skizziert, als ihren Gegenstandsbereich das unerschöpfliche Feld der Beziehungen innerhalb der Lebenswelt selbst wählt, und hier insbesondere wieder aus dem Reich von

Religiosität oder auch Politik auswählt. – Das Besondere aber nun dieser unserer Konzeption besteht dann darin, daß Philosophie diesen Gegenstandsbereich nicht nur im allgemeinen, wie sie es schon immer getan hat, zu ihrem Thema macht[21], sondern daß philosophische Reflexion als solche unmittelbar und erklärtermaßen *zukunftskonstitutiv* zu werden vermag. Dies aber wiederum vor allem hinsichtlich *der* Dimensionen von Wirklichkeit, wie sie vornehmlich ins Auge gefaßt worden sind: Religiosität und Politik. Man sieht sofort die Folgerung: Es fiele daher in die Zuständigkeit der Philosophie, das wesentliche Wort konstruktiv und kritisch zu sprechen, nicht nur hinsichtlich des Reiches der bestehenden religiösen oder politischen Wirklichkeiten, sondern darüber hinaus auch hinsichtlich der *noch nicht* bestehenden derartigen Wirklichkeiten. Philosophie als solche ist demnach im ursprünglichen Sinn schöpferisch. Sie rückt damit als Erbin der klassischen Metaphysik in die funktionale Stelle ein, die in den alten Konzeptionen dem göttlichen Intellekt, der absoluten, das zunkünftige Sein voraus entwerfenden und zur Kreabilität bestimmenden Vernunft Gottes, zuerteilt worden ist, nur mit der Maßgabe, daß nunmehr das Selbstwerden des Menschen und der Menschheit in ihrem gesamten Menschsein Thema ist.

c) Zeitbestimmtheit der Philosophie

Bevor diese Konzeption weiter in ‚inhaltlicher' Richtung entwickelt wird, muß zuvor jedoch noch eine Bedingung aufgeführt werden, von der die Philosophie bei dieser ihrer Bestimmung abhängt: Sie ist dabei nicht zu jedem Zeitpunkt ihres Fungierens gleichsam absolut, von allen Umständen und Voraussetzungen völlig frei, sondern vollzieht sich jeweils auch schon *innerhalb* eines vorweg bestimmten, geprägten Raumes von Wirklichkeit, m. a. W. von Praxis, der auf sie selbst rückwirkt. – Diese Rückwirkung enthüllt noch ein weiteres Mal die komplizierte Sachlage, welche das Moment der Philosophie in dem Spannungsfeld von Philosophie und

Praxis insgesamt charakterisiert: Philosophie ist gewiß keineswegs so etwas wie ein sekundärer ‚Überbau' auf einem dem tragenden Element von Philosophie, dem reflektorischen Denken, ursprünglich fern oder jedenfalls distanziert gegenüberstehenden Fundament; vielmehr steht *reflektorisches Denken* schon immer, vom allerersten Anbeginn seines Vollzugs in einem unmittelbaren Verhältnis zur anderen Wirklichkeitsdimension der Vernunft, zur *Freiheit* der letztverantwortlichen konkreten *Tat;*[22] und dies in der doppelten Weise des Beeinflussens wie des Beeinflußtwerdens. Es ergibt sich also ein wechselseitiges Gefüge einerseits der *Neben*-Ordnung beider Aspekte von Vernunft, andererseits aber der *Über- und Unter*ordnung, wobei hier wiederum einmal das Moment der reinen Theorie sich in seiner Funktions- und Einwirkungsweise als primär zum Moment der freien Tat verhält: Es ist Bedingung der Möglichkeit (innere Bedingung) von jener, insofern es jener gegenstandskonstitutiv ursprünglich ihr Wirkensfeld vorgibt. Zum anderen verhält sich jedoch das Moment der freien Tat als ursprünglichste ‚Praxis' wiederum primär zum Moment der Reflexion: Es ist auch seinerseits Bedingung der Möglichkeit für jene, insofern es als Grundvollzug des konkreten Menschenwesens überhaupt, der keinerlei andere Aktualität (spezifischen Menschseins) vorausgeht, selbst zum Träger nicht nur für alle möglichen einzelnen Akte, sondern auch noch für die allgemeinere, jenen Einzelakten vorausgehende Potenzialität wird. Es liegt also eine Stufung und Verschränkung von Aktualität oder Aktsein vor, insofern der Vielheit der konkreten Einzelvollzüge vermittels der diese mitermöglichenden Potenz ein Fundamentalakt vorgeordnet werden muß, der dann seinerseits auch die betreffende Potenzialität mit ermöglicht. Daß dieser Grundakt noch einmal sich derart differenziert erweist, ist im übrigen nur ein Index dafür, daß er nicht der schlechthin absolute Akt an sich selbst ist, sondern ein Vollzug, dem unter bestimmter Rücksicht zwar ‚Absolutheit zukommt', der aber nicht als solcher schlechthin absolut ‚ist'.[23]

Noch weiter komplex wird schließlich dies Verhältnis dadurch, daß beide Grundmomente der Vernunft, Freiheit und reflektorisches Denken, in ihrem Kern in vergleichsweise ‚inhaltlicher' Perspektive zusätzliche Bezugsstrukturen implizieren: allgemein gesprochen von Autonomie und ‚Heteronomie'. Genauer: sie schließen in sich zugleich das Prinzipiengefüge für das Verhältnis des Menschen als eines menschlichen Wesens, also der freien und vernünftigen Personalität, sowohl zu seinesgleichen und damit zur Totalität seines Wesens im Gesamt der Geschichte von ihrem Anfang bis zu ihrem Ende in sich als auch eine Ordnung zur absoluten Subjektivität hin schlechtweg, die traditionellerweise im eigentlichen Sinn ‚göttlich' genannt werden kann.[24] Wäre der Begriff nicht mittlerweile schon so abgegriffen, so könnte man die besondere Form dieser letztgenannten Verhältnisse beide als ‚dialogisch' bezeichnen; entschließt man sich trotzdem dazu, so muß allerdings der besondere, in dieser Untersuchung herrschende Problem- und Methodenhorizont berücksichtigt werden: Es kann sich nur um eine ‚Dialogik' handeln, die ‚spekulativ' ist in dem Sinn, daß der gesamte Bereich transzendentaler Prinzipienreflexion mit allen seinen formallogischen, erkenntnis- und wissenschaftstheoretischen Implikationen mit einbegriffen ist, zugleich aber auch den Gesichtspunkt einer möglichen Ontologie und Metaphysik, der damit gesetzt ist, individual- und sozialtheoretisch mitberücksichtigt und schließlich als Ergänzung und Erfüllung des soeben Genannten die existenziale Dimension mit beachtet.[25]

5. Der Zukunftsbezug von philosophischer Reflexion

Wenden wir uns zur zukunftskonstitutiven Rolle von Philosophie zurück, wie sie zuvor angedeutet wurde. Es wird danach mit zu ihrer vornehmsten, wiewohl auch schwierigsten Aufgabe gehören, die beiden umfassendsten und zugleich zentralsten Thematiken menschlichen Seins und Wesens spezifisch unter dem Gesichtspunkt ihres noch *grundsätzlich* nicht gemeisterten, nicht bewältigten, nicht gelösten Anteils anzugehen. Wie schon gesagt, betrifft dies somit gerade denjenigen Blickwinkel zukünftiger Wirklichkeit, insbesondere von Religion und Politik, der sich aus der Natur der Sache heraus nicht allein durch eine erneute, verbesserte Analyse des im weitesten Sinne schon Bestehenden erschließen lassen. Diese ‚Sache' ist dann aber genau das *Sein* dieses Zukünftigen mitsamt der in ihm *als* spezifisch zukünftigem implizierten Wesen. Anders gesagt und mit bezug auf die konkrete Thematik, die uns hier von Anfang unserer Untersuchung an beschäftigt hat, es ist sowohl die erst noch heraufzuführende Existenz einer neuen Religiosität wie auch Politik, als auch die notwendig damit verbundene Wesensstruktur von beiden, die sich als vorzügliches Arbeitsfeld philosophischen Denkens, wie aber auch eines durch die Prinzipien, die von jenem in kritischen Entwürfen geschaffen und gesichert sind, bestimmten Handelns herauskristallisiert. – Damit erhebt sich freilich ein neuer Fragenkreis, nämlich nach dem Verhältnis von (religiöser oder auch politischer) Praxis zum reflektorischen Denken der Philosophie, insofern diese *Praxis selbst* sich als humane und freivernünftige versteht, und zwar, sofern gerade dies Verhältnis vom Boden eben dieser Praxis aus und *ihrem* je eigenen Selbstverständnis thematisiert wird; dies würde jedoch für jetzt von unserem eigentlichen Thema zu weit abführen und kann daher nicht weiter behandelt werden.[26] – In concreto läßt sich die konstitutive Struktur dieses Schaffens von menschlicher Zukunft in Gestalt des Unterwerfens von noch nicht gegebener humaner Wirklichkeit (als Religiosität und Politik) dann so bestimmen, daß von seiten der Philosophie aus das *Primäre* die projektive Konstitution des Wesens derartiger Wirklichkeiten, d. h. noch genauer: ihres *Wesensbegriffs* ist. Die Etablierung solcher Wesensbegriffe vermittels kritischer Konstruktivität bzw. konstruktiver Kritik, wie es zuvor kurz umrissen wurde, *ist* aber dann auch die Etablierung *humaner Rationalität* als der Grundlage und zugleich als Gesamtrahmen des Unternehmens, das die ursprüngliche Hervorbringung menschlichen Zukunftsseins darstellt.

6. Methodologische Zwischenerörterung zur Argumentationsstruktur

Das gesamte Unternehmen könnte damit in eine gewisse strukturelle Ähnlichkeit etwa zum *Konklusionsgefüge* rükken, wie es beispielsweise in den verschiedenen Gestaltungen des sog. ‚*ontologischen Arguments*' vorzuliegen scheint. Auch dort ist es ja bekanntlich der Begriff als solcher, der als Bedingung seiner für das Gesamt der betreffenden gedanklichen Operation beanspruchten Gültigkeit das Moment der Wirklichkeit des begrifflichen Gehalts in sich enthält, freilich so, daß es für sich selbst zu Beginn derselben noch gänzlich implizit, und der eigentlich gedankliche Gehalt sich nur insofern zu ihm in einem allgemein positiv bestimmten Verhältnis befindet, als ihm gerade ein Moment des noch-nicht-Abgeschlossenseins, des noch-nicht-geschlossenerweise-Fungierens eignet, wodurch dann die Möglichkeit (auch) einer Explikation auf ontologische Gültigkeit hin gegeben ist.[27] Der Unterschied unseres Falles zu jenem ist freilich beträchtlich und betrifft gerade das Moment des notwendigen Übergangs, wie einleuchtet: Man wird zwar in einem gewissen Maß durchaus von einer relativen Notwendigkeit gewisser Ereignisse im Lauf der Geschichte sprechen können und durchaus auch mit Bezug auf Ereignisse innerhalb des eigentlichen Bewußtseinslebens der Menschheit, von Epochen, von Wissenschaften, Schulrichtungen u. ä. In der konkreten Konstellation des Einzelfalles jedoch gilt diese Notwendigkeit im strengen Sinn nicht mehr, sondern hängt letztlich von den Einzelnen ab, für welche jene allgemeineren Umstände und Voraussetzungen auch in ihrer vom Wesen her notwendigerweise zu einem Resultat drängenden ‚Tendenz' nur Randbedingungen einer Entscheidungssituation sind. – Umgekehrt ist es natürlich auch nicht so, als ob nun diese Einzelnen, wie schon angedeutet, völlig frei, gleichsam ‚aus dem Nichts' heraus ihre Entscheidung fällen, sondern sie stehen durchaus innerhalb von (allgemein gesehen) auf notwendige Resultierung hin angelegten Prozessen bzw. von Strukturgefügen, die von sich aus derartige Prozesse bedingen.[28] Notwendig-

keit ist also, obzwar nur im umschriebenen Sinne relativ, so doch grundsätzlich als Faktum gesetzt. Man könnte das damit Gemeinte allerdings terminologisch besser und treffender vielleicht mit dem Begriff einer wesensmäßigen *Strukturtendenz* fassen, die den bestimmenden Horizont für die Entscheidungssituation der Einzelnen darstellt, in welchen ja im eigentlichen Sinn menschliche Zukunft ‚erschaffen' wird.
Es liegt sodann an der mitbedingten Vielheit der Strukturelemente und von ganzen derartigen strukturellen Komplexen sowie an der Begrenztheit des Fassungshorizonts der Einzelnen, daß solche Entscheidungen dann, vorweg zum Wirklichkeit setzenden Vollzug in absoluter Bedeutung wie er etwa exemplarisch in ethischen Vollzügen uns vor Augen tritt, in ihrer So-Beschaffenheit niemals schlechthin eine absolute und schlechthin endgültige ‚Lösung' darstellen, sondern sich stets nur in einem gewissen Spektrum verschiedenartiger, aber positiv miteinander *vergleichbarer* Konzeptionen manifestieren. Es wird also niemals die absolute, sondern stets überhaupt nur eine *optimale* Lösung des jeweils anstehenden Problems geben können. Dies gilt – das soll ausdrücklich in diesem Zusammenhang gesagt werden – auch für die anvisierten Wirklichkeitsbereiche von Religiosität und Politik. – Der Grund dieser konstruktiven *Pluralität* ist aber letztlich in der unübersehbar vielfältigen, d. h. für eine wesentlich endliche Intelligenz prinzipiell unbegrenzten Ausdehnung des Materiellen im weitesten Sinn, also des Raumzeitkontinuums mitsamt des ihm komplementären Energie- bzw. Kräftekomplexes zu sehen. Einmal angenommen, daß derart das ursprüngliche Maß der materiellen Welt für uns grundsätzlich unendlich ist[29], und zugestanden, daß überhaupt schon der Lebensablauf der menschlichen Gattung insgesamt hinsichtlich ihrer biologisch-physischen Beschaffenheit durch besagtes materielles Weltkontinuum wesentlich mitbedingt ist, so leuchtet schwer ein, daß auf einem solchen Hintergrund dann die Dimension der menschlichen Geschichte vorrangig etwa als ein in sich auf Zukunft hin von einem bestimmten inhaltlichen Standpunkt aus – z. B. dem Marxismus – nur *ge-*

schlossenes System denkbar wäre. Das Gegenteil wird in diesem Kontext a priori die größere Evidenz für sich beanspruchen können. Dabei darf man freilich, worauf schon öfter hingewiesen, wiederum nicht in den Fehler des Positivismus verfallen, die hier zu fordernde ‚Offenheit' mit ‚spekulativer' Strukturlosigkeit oder pragmatisch bestimmter Nicht-Systematik oder gar Zufälligkeit zu verwechseln. Die Tatsache, daß man Zukünftiges nicht im vorhinein im strengen Sinn ‚berechnen' kann, daß es sich überhaupt einer mathematisch vergleichbaren Verifikation entzieht, bedeutet noch nicht, daß damit auch schon jeder mögliche Zugriff und Vorgriff darauf hinfällig, unmöglich würde. Das eine zugeben heißt nicht das andere leugnen.

Die grundsätzliche Offenheit, die zu fordern ist als Freiraum für die immer möglich sein müssende menschliche Entscheidung der Einzelnen, kann, ja muß sogar als zugleich prinzipiell von systematischer Natur und Relevanz konzipiert werden. Das bedeutet aber in der Konsequenz von schon zuvor oder früher Dargelegtem[30], daß eine derartige Systematik keineswegs primär als notwendiges Gefüge irgendwelcher besonderen Inhalte, also irgendwelcher besonderen Lehren u. ä. gelten kann, sondern als allgemeinstes formales Gefüge menschlicher Wesenheit angesehen werden muß, sofern diese sich *prozessual* entfaltet, d. h. in dem stets geschichtlich sich ereignenden Mitteilungsprozeß ihrer eigentlichen Träger, der Einzelpersonen, sich artikuliert und vollzieht. Das hindert weiterhin nicht, daß auch dieser fundamentale und alles übrige tragende Vorgang selber noch einmal zum Thema eben dieses Mitteilungs- und Selbstvollzugsprozesses wird: nämlich gerade in Gestalt philosophischer Reflexion. Daß dann schließlich als Ergebnis derartiger Prozesse eine solcherart *systematische Formalität* auch konkret formulierbar werden muß, besagt nichts gegen die genannte grundsätzliche Offenheit. Nicht nur ist diese ja nicht eine solche, wie gesagt, der Bestimmungslosigkeit, sondern es liegt durchaus an dem Prinzipiencharakter dieses zentralen systematischen Gehalts, von dem hier die Rede ist, daß Offenheit auf Zukunft hin und systematische Bestimmtheit in ihm eine fundamentale *Einheit* bilden. Darauf ist in diesem Rahmen nicht mehr weiter einzugehen, es sei nur an die Ausführungen über die grundlegende *Relationalität* der ersten Prinzipien von Wissenschaft, von Philosophie, aber auch einer ‚spekulativen' Anthropologie erinnert.[31]

Relationalität als Erst-Charakteristik der hier nun in Frage stehenden Prinzipien läßt es einleuchtend erscheinen, daß die Unabgegrenztheit auf der Ebene der Existenz, des existenzialen ‚In-die-Wirklichkeit-Tretens' sich vereinigen läßt mit einer grundsätzlichen Vor-Bestimmtheit auf der Ebene essenzialer, wesenhafter So-Beschaffenheiten. Das bedingt dann weiter, daß wiederum auf der zuletzt genannten Ebene der sich auf die Konstitution von Zukunft richtenden Intelligenz grundsätzlich eine praktisch unendliche, d. h. nicht eingrenzbar große Zahl von Entwurfsmöglichkeiten gleichsam zur Verfügung steht, und dies zu jedem wichtigen geschichtlichen Zeitpunkt. Es ist klar, daß in der Bestimmung der konkreten Wirklichkeit dann immer nur eine wesentlich kleinere Zahl von derartigen Entwürfen sich realisieren lassen kann, wobei es freilich wesentlich von der *Definition* abhängt, was man unter einer ‚systematischen Entwurfsmöglichkeit' versteht, die in der Praxis zu realisieren wäre. Hier soll ein recht allgemeiner und weiter Begriff genügen, nämlich ein jedes in sich geordnetes Ganze von Begriffen, die sich auf die Setzung oder Bestimmung von noch nicht in seiner Existenz Gegebenem, aber als existent Gesolltem beziehen. – Damit ist natürlich so gut wie alles und jedes, was unter den Titel von ‚Planung', ‚Entwurf', u. ä. zu subsumieren ist, von der Technologie ganz einfacher Lebensabläufe bis hin zu Großkonzeptionen kultur- und gesellschaftsschöpferischer Art, zu einer derartigen ‚Möglichkeit' geworden.

7. *Weitere strukturanalytische Erörterungen; konstruktive und kritische Funktion der Philosophie in Hinsicht auf ihre Geschichte*

Zusammenfassend können somit die beiden konstitutiven Elemente dieser rationalen Praxis, welche die rationale Reflexion der Philosophie als (mit) praxisbezogen voraussetzt und auf ihr weitgehend beruht, als *Konstruktivität* und *Kritik* bezeichnet werden. – In Form einer Zwischenbemerkung sei hier im übrigen der Hinweis gestattet, daß die damit gesetzte Spannungseinheit von *systematischer Geschlossenheit* und *produktiver Offenheit* heute zwar zum Gegenstand wissenschaftstheoretischer und methodologischer Kontroversen geworden ist; insbesondere ist dabei an den Streit zwischen dem Autorenkreis um K. R. Popper, in Deutschland bes. H. Albert, und den Anhängern der sog. Frankfurter Schule der neomarxistischen Soziologie, bes. J. Habermas, zu erinnern.[32] Die gegenseitige Polemik scheint jedoch, wie schon oben bemerkt, unter dem der Sachfrage eigentlich angemessenen Niveau sich abzuspielen. Das zeigt sich z. B. schon in der Vernachlässigung eines sehr breiten Kreises von einschlägigen transzendentaltheoretisch, phänomenologisch, wissenssoziologisch und kulturkritisch orientierten Autoren, wie sie breit etwa bei Theunissen abgehandelt werden. – Zur Sache möchte man nur notieren, daß in beiden Lagern ein zu kurz gegriffener Begriff von ‚Natur' und ihrer ‚Gesetzmäßigkeit' bzw. auch von ‚menschlicher Natur' und ihrer ‚Operativität' am Anfang zu stehen scheint. Beide lassen den Grund hierfür wenigstens implizit in einer letztlich irrationalen Angst (oder Befangenheit) vor der sog. ‚Metaphysik' erkennen – wobei freilich man diesen Begriff oft genug nur in einer Art von Zerrbild sich vorstellt[33].

In der Vorgehensweise wird die betreffende philosophische Reflexion dann im allgemeinen eine Art von *Extrapolation* eines noch nicht Gegebenen aus schon Gegebenem betreiben. Zugespitzt könnte man es auch eine Ausfaltung des Zukünftigen aus Vergangenem bezeichnen. Dazu ist jedoch früher schon Wesentliches gesagt worden[34]; so kann man sich für jetzt auf einige Andeutungen und Hinweise beschränken. Das Entscheidende ist, daß natürlich das Vergangene nicht als schon explizit solches, Vergangenes zu thematisieren ist, sondern gerade nur in dem Punkt und unter der Rücksicht, daß eben *noch etwas Nichterkanntes* in der Sache aus einem als ‚vergangen' zu charakterisierenden Sachverhalt zu explizieren ist. Das wiederum setzt grundsätzlich, wenn auch selbstverständlich keineswegs immer im konkreten Einzelsachverhalt voraus, daß die Gesamtordnung aller Sachverhalte, die mit ihren Strukturen für die Gestaltung des Vergangenen wie des Zukünftigen konstitutiv sind, jedenfalls für ein endliches Intelligenzwesen wie den Menschen prinzipiell uneingrenzbar, also *insgesamt* in eine *unübersehbare Zukunft explikabel* bleiben. Diese Gesamtansicht wäre aber dann gerade die Betrachtungsweise, welche den einschlägigen Sachverhalt oder einen ganzen Komplex von solchen in der Totalität seiner ‚Sach-Relevanz', und d. h. dann *auch* und folgerichtig unter dem Aspekt seiner Zeitbezogenheit, aus Vergangenheit in Zukunft, thematisiert.

Genauer noch enthält diese Extrapolation als Methode nun einerseits zwar durchaus mathematische Bestimmtheiten: So kann man ganz sicher für sehr viele Lebensbereiche auch nicht spezifisch mathematisierbarer Art (jedenfalls was den heutigen Stand der Grundlagenforschung angeht) zumindest u. a. ein Analogon einer universalen Kombinatorik als konstitutiv mitbeteiligt annehmen. Dabei sind die Kombinationsmöglichkeiten natürlich wiederum je nach dem Grad der Komplexität ungeheuer vielfältig, zumal gerade für solche Wirklichkeitsbereiche wie Religiosität und Politik, die ja schon ex definitione Gesamtperspektiven der Lebenswirklichkeit zu sein beanspruchen. Auf einer wesensmäßig höheren Stufe bewegt sich aber nun diejenige Weise von Extrapolation, die hier im Mittelpunkt steht. Man könnte sie mit einem von uns früher verwendeten Ausdruck als eine besondere Art und Weise von *Analektik* bezeichnen. Dies meint dann, daß bestimmte, wohleingegrenzte Strukturkomplexe aus der früheren Geschichte als *Modell* für möglicherweise Zukünftiges aufgefaßt werden. Dabei ist es selbstverständlich legitim, auch mehrere derartige Modellkomplexe auf nur ein einziges Zukunftsphänomen von entsprechender Komplexität zu beziehen. Entscheidend ist bei dieser Methodik allerdings, daß die jeweiligen Analogate nicht als etwas primär Statisches, sondern als Bestimmungsstücke in einem grundlegend dynamischen Zusammenhang, somit in ihrem *funktionalen* Gefüge begriffen werden. So wird man beispielsweise nicht in erster Linie ein bestimmtes geschichtliches Ereignis gleichsam als festes, vergleichbares Resultat in eine analektische Beziehung setzen, sondern viel eher Gesetzmäßigkeiten von Wirkenszusammenhängen selbst. M. a. W. die Bedingungen der Ermöglichung von jenen (resultativen Phänomenen), sofern die Möglichkeitsbedingung in ihrer Prinzipienstruktur selbst grundgelegt ist – wobei es hier natürlich um ‚konkrete' Prinzipien ‚konkreter' Folgen geht –, sie sind es, die hier zum Vergleichspunkt als Modell für geschichtlich (bisher) noch nicht Vorfindbares genommen werden. – Mit dieser Methode ist es dann möglich, im Gegensatz zur eher quantifizierenden vorgenannten Betrachtungsweise den Bereich des rein und bloß Geschichtlichen zu übersteigen, nämlich auf eine Synthesis von solcherart geschichtlichem ‚Stoff' und einem Wissen, das im Vergleich zu diesem als primär und wesentlich *sachbezogen* oder auch *systematisch* zu charakterisieren ist. Nur so, unter Einbeziehung dieser zweiten, geschichtstranszendenten Dimension kann unser projektives bzw. prospektives Wissen in Wahrheit mit dem Blick auf die zukünftige Wirklichkeit *als* Wirklichkeit schöpferisch sein.[35]

Für unser Thema genügt es freilich, in diesem Kontext schöpferischer Prozesse die grundsätzliche Unerschließbarkeit von außen eines freien Willens festzustellen. Es folgt unmittelbar, daß menschliches Handeln als eigentlich und im fundamentalsten Sinne menschliches, also nicht nur als rein technisch, ökonomisch usw. bestimmtes, absolut nicht vorausberechenbar im Sinn einer eindeutigen Notwendigkeit der Ursache-Wirkung-Verknüpfung ist. Wiederum heißt das natürlich nicht, daß damit dem Irrationalismus Tür und Tor geöffnet wäre; es heißt nur, daß man hier mit *Wahrscheinlichkeiten* rechnen kann, und dies letztlich in der Weise, daß das moralisch Gute wie das moralisch Schlechte prinzipiell gleich möglich sind. Lediglich im Einzelfall läßt sich selbstverständlich aufgrund eines schon vorliegenden Datenmaterials eine gewisse, graduell durchaus zu steigernde, positive Wahrscheinlichkeit für eine gleichbleibende Verhaltens- und Handlungsweise annehmen. – Aus zwei Quellen fließt somit ein Moment von *Aposteriorität,* wie man es auch nennen könnte: aus der Materialität bzw. Materiebezogenheit wie auch aus der Intelligibilität als Freiheit menschlicher Existenz, menschlichen Wesens- und Daseinsvollzugs; und dies sowohl was den Einzelnen als auch was die Gesamtheit aller Existenzen betrifft.[36]

VIII. Die inhaltliche Perspektive: Gesichtspunkte sozio-kultureller Geschichtlichkeit

1. Vorüberlegungen: Prinzipieller Pluralismus der Entwicklung

Diese Überlegungen sind damit einen Schritt näher zum Punkt angelangt, nunmehr auch konkret, gleichsam ‚inhaltlich', die Rolle, die Aufgabe und menschheitliche Funktion (wenn dieser Ausdruck einmal erlaubt ist) sozialer Gesamtentscheidungen zu bestimmen. – Immer noch freilich befinden wir uns damit in dem *hypothetischen* Gedankengefüge, als welches sich philosophische Reflexion überhaupt nur auf Zukunft erstrecken, sich mit ihr befassen kann. Es entspricht dabei im übrigen nur der Grundposition dieses Entwurfs, wenn die relevanten Gesetzmäßigkeiten nicht im Sinn einer einsinnigen, keine wesentlichen Varianten zulassenden Alternative konzipiert werden. Vielmehr wird man mit dem Blick auf die Spannung zwischen den sog. Strukturtendenzen einer Gesellschaft, einer Kultur, eines Zeitalters und der dadurch bestimmten allgemeinen Charakteristik des individuellen Lebens auf der einen Seite und der in ihrer sittlichen Freiheit fundierten prinzipiellen Autonomie der Einzelperson auf der anderen Seite hier von vornherein nicht nur eine Vielzahl miteinander konkurrierender Entwurfsmöglichkeiten im Sinn einer nur *positiven* Lösung ein und desselben Problems annehmen müssen,[1] wobei es durchaus so sein kann, daß sogar für streng ein und dieselbe Problematik *mehrere* grundsätzlich *gleich* gute Lösungen verwirklicht werden können. Man wird konsequenterweise in diese Vielzahl realen Sich-Engagierens immer und grundsätzlich auch sogar *negative* Varianten, d. h. auch unzureichende, defektive, ja sogar ausgesprochen falsche, menschlich gefährliche und unheilvolle Lösungskonzeptionen der Möglichkeit nach mit einbeziehen müssen. Es gibt grundsätzlich keinerlei ‚Erfolgszwang' in der Geschichte, der sich magisch durchsetzen und auswirken müßte. – Umgekehrt bedeutet dies, daß auch eine gelungene Lösung eines geschichtlichen Problems im Felde gesellschaftlicher, kultureller Tätigkeit niemals sozusagen allein und sogar primär aufgrund ihrer eigenen Strukturgesetzlichkeit die praktisch unbeschränkte Garantie des Wirkens, also des Bestimmendseins, des ‚Einflusses' hätte: Die letztlich allein zureichende Garantie dafür ist immer nur der Wille der einzelnen Glieder, d. h. der einzelnen Personen als der konstitutiven Träger solcher gesellschaftlicher und kultureller Formen.

Es ist natürlich klar, daß damit eine gewisse Ambivalenz in die Grundlagen solcher Gebilde Eingang findet, die jedoch eher als ein Zeichen von Leben und Gesundheit zu bewerten ist. So wird man beispielsweise auch im Falle einer optimalen Lösung niemals ganz die fernere Möglichkeit eines Absinkens der sozio-kulturellen Leistung insgesamt ausschließen können, ebensowenig, wie man umgekehrt auch im Falle eines ausgeprägten sozio-kulturellen Leistungstiefstandes die Möglichkeit einer Wende zum Besseren niemals völlig ausschließen kann. – Auch wenn man einwendet, dies seien doch eigentlich Binsenwahrheiten, die in der Geschichte doch immer ihre Geltung dokumentiert hätten, so ist es doch nicht abwegig, ihre Gegründetheit in einer ganz bestimmten Anthropologie, die ja heute keineswegs (auch in der Praxis nicht) mehr unangefochten gilt, hinzuweisen. – Es ist weiter darin die Konsequenz eingeschlossen, daß es im Ablauf auch der kommenden Geschichte schlechterdings nicht möglich ist, irgendeinen Fixpunkt auszumachen, der nun innergeschichtlich die unübertreffbar höchstmögliche Form von Menschlichkeit darstellen könnte – nach ‚Qualität': dem sittlichen freiheitlichen Fundament nach, wie auch nach ‚Qualität': als umfassende, die ganze Breite des Materiellen mitsamt dem Komplex von Wirtschaft, Technik usw. integrierende Zivilisation. Diese Vollkommenheit, die das Wesen des Menschseins als einer leiblich-geistigen Einheit (einmal abgekürzt gesagt) in der Dimension seiner Gesellschaftlichkeit oder seiner pluralen Personalität zu seiner vollen, nichts Wichtiges auslassenden Entfaltung und Wechselwirkung bringen soll, wird *grundsätzlich innergeschichtlich relativ* gesehen werden müssen: Auch das goldenste Zeitalter der Zukunft wird immer nur für je ein jetzt-haftes Zeitbewußtsein ein solches sein. Die ganz praktische Möglichkeit einer Änderung, einer wesenhaften Anders-Konzipierung in dem Sinn, daß eben auch das Positive, ohne an Positivität zu verlieren, von Grund auf einmal anders entworfen und gesetzt werden könnte, diese Realmöglichkeit wird immer aufgrund der Natur der Sache gegeben sein.

2. *Rhapsodie über Prinzipien geschichtlicher Entwicklung von Kultur*

Damit sind wir jedoch in den eigentlichen Kern der Frage vorgestoßen: Nimmt man einmal an, daß für einen jeden in sich zureichend abgeschlossenen und eigengeprägten soziokulturellen Komplex[2] sich ein bestimmter Grund- oder *Zentralwert* feststellen läßt, um den herum als Kern gleichsam sich die gesamte übrige Masse der geschichtlichen Erscheinungen anlagert, so wird man bei der Durchmusterung der Geschichte eine ganze Reihe solcher Zentralwerte finden, die denn auch im Blick der nachfolgenden historischen Forschung einer solchen Epoche des Menschseins im Wechselbezug mit der ihn umgebenden Natur- und Lebenswelt jeweils sogar ihren Namen, jedenfalls gewisse klassifizierende Gattungsbezeichnungen gegeben haben. Als Beispiele seien hier nur der Begriff der Arbeit, genauer noch: der Industriearbeit, oder auch der Begriff kultischer Tätigkeit u. ä. genannt. Genauer noch sind damit die bekannten Einteilungen der sozio-kulturell und zivilisatorisch spezifizierenden Tätigkeit des Menschen in seiner Auseinandersetzung mit der ihn umgebenden Natur gemeint: Es sind, um nur einiges zu nennen, die Charakteristiken des Sammlers und Wildbeuters, des Jägers, des

Viehzüchters, des Ackerbauern, des Kriegers, und schließlich des Industriearbeiters. – Nun liegt es gewiß nicht im Rahmen dieser Untersuchungen, eine ausführliche Soziologie oder Theorie des zivilisatorischen Fortschritts u. ä. auszuarbeiten. Wie schon zu Beginn gesagt, kommt es hier lediglich darauf an, einige, wenngleich doch wesentliche Gedanken zum Thema der kulturellen und gesellschaftlichen Selbstgestaltung des Menschen aus der Sicht des Philosophen, auf der Ebene philosophischer Reflexion beizutragen. So werden denn auch die folgenden Erörterungen mehr noch als das zuvor Behandelte das Merkmal eines Versuchs, eines Konzepts, an sich tragen, dem es vor allem um die Herausarbeitung gewisser Grundzüge geht. Jedoch scheint der Charakter des Fragmentarischen, der fachwissenschaftlich vielleicht einem solchen Versuch zuerkannt würde, auch den Vorzug zu haben, die tragenden Linien einer Konzeption klarer und deutlicher hervortreten zu lassen.[3] – Es ist nichts Neues, wenn nun gesagt wird, daß die menschliche Gesellschaft, und zwar auch in ihren einfacheren, d. h. vornehmlich in ihren sog. ‚prähistorischen' oder ‚primitiven' Gestaltungen[4] immer dann als solche konstituiert ist, wenn in einer hinreichenden Anzahl von Individuen eine ursprüngliche *Funktionsteilung* des allgemeinen Lebensvollzugs, ihn in seiner Totalität genommen, stattgefunden hat. Entscheidend ist dabei, daß dieser Lebensvollzug schon in seinem ersten, ursprünglichen Charakter *sowohl* individuell *als auch* sachlich zugleich damit als ‚sozial' anzusehen ist. Das ‚Für-mich' ist uranfänglich immer schon funktional verbunden mit dem ‚Für-Andere', und dies wiederum nicht nur in der engeren Weise der Familie (im eingeschränkten Sinn), sondern auch in ganzen Verbänden von Familien.[5]

Sieht man einmal von ideologischen Verzerrungen oder Einschränkungen ab, so lassen sich folgende allerwichtigste Aspekte einer solchen funktionalen Leistungsteilung feststellen, die im übrigen – dies sei schon vorweg festgestellt – sich in einer bestimmten geordneten Weise zueinander verhalten, ja sogar in einer gewissen *Vielfalt* für das Zustandekommen von

Gesellschaft überhaupt *konstitutiv* sind. Die Formen der Auseindersetzung mit der Umwelt zum Zweck der Lebenserhaltung und Verbesserung (Nahrung, Wohnung usw.) reichen von der einfachsten Sammlertätigkeit über eigentliche Arbeit – als Anfertigung und Ausbesserung des Instrumentariums für die Lebensfristung – zum Kampf mit der Tierwelt, also zur Jagd, und zur Tierzüchtung, teils noch im untergeordneten Sinn (als Jagdhilfe), teils als Hauptverdienst; im letzteren Fall haben wir eigentliches Nomadentum vor uns. Schließlich wird mit dem Ackerbau, funktional gesehen, eine entscheidende Stufe menschlicher Sozialität erreicht, die *Seßhaftigkeit*. Ohne sie ist auf die Dauer auch das Zustandekommen einer eigentlichen Stadtkultur nicht möglich.[6] Es bedarf dann einer schon weiter fortgeschrittenen Differenzierung der verschiedenen gesellschaftlichen Leistungen, insbesondere der Arbeitsteilung in Bauern im eigentlichen Sinne und Handwerker, Händler und Krieger, um die *Stadt* als solche zu ermöglichen. Das auslösende Moment freilich wird dabei von anderswoher als von den ausschließlich wirtschaftlichen Faktoren kommen; diese haben im Gegenteil nicht selten eine nur dienende Rolle, soweit z. B. geopolitische Besonderheiten in Betracht kommen[7].

Auslösendes Moment ist nicht nur, historisch feststellbar, gewöhnlich der Wille eines Einzelnen, nicht selten aus der Gruppe der Krieger, der sich dann allerdings wohl gewisse im näheren oder ferneren Horizont der Neugründung liegende günstige Umstände dienstbar und nutzbar macht. Wesentlicher erscheint vielmehr, daß bei der Entstehung der eigentlichen Stadtkultur die entscheidenden Faktoren wohl immer primär ‚*politisch*' waren, wenn man unter diesem Begriff einmal die Gesamtheit aller öffentlichen Lebensvollzüge einer Gemeinschaft versteht, sofern darin eine bestimmte Ordnung gesehen bzw. durchgesetzt wird. Sie konnten aus der Natur der Sache, d. h. hier der Funktionen, der Lebens- und Leistungsabläufe der Gesellschaft, auch kaum anders geartet sein. Die Stadt ist als solche ein gänzlich neues gesellschaftliches Artikulationszentrum, das es erlaubt, die Vorteile der Seßhaftigkeit mit denen der übrigen ‚niederen' oder älteren Lebensweisen *zu verbinden:* Vermittlungsglied ist dabei z. B. der Handel in seinen spezialisierteren, über die täglichen Lebensbedürfnisse hinausreichenden Formen. Gleichzeitig resultiert damit ein höheres Kulturbedürfnis in der Art und Weise, in der sich solche normativen Lebensvollzüge, wie die des Festes, des Kultes, der Rechtsverfahren u. ä. gestalten.

Es wird hier somit die These vertreten, daß in einem nicht nur zeitlichen, sondern auch sachlichen ‚Zugleich' sowohl größere und differenziertere materielle Werte samt ihren Maßstäben (z. B. im Geldverkehr) als auch größere geistige Werte und Werteinstellungen hervorgebracht worden sind. Die Wechselwirkung wäre dann grundsätzlich nicht dialektisch im Sinne eines metempirisch fundierten Antagonismus zu begreifen, sondern im Sinne einer *ursprünglichen* Korrespondenz und *Korrelativität.* Der auf Vernichtung des Gegners ausgehende Antagonismus wäre dann vielleicht sachlich gesehen eine Sekundärform. – Darüber hinaus erwächst im Raum der städtischen Lebensform das Bedürfnis nach Ausdehnung der Sphäre des Festes und der Feier auch in einem weniger in übergeordnete Gesamtzusammenhänge integrierten Verständnis, d. h. z. B. nach den Gesetzen des freien Spiels. Gewiß wird man dies Element auch in primitiveren Gesellschaftsformen schon finden; hier jedoch findet es vielleicht erstmalig einen Raum, in dem es sich zu einer gewissen Eigenständigkeit entfalten kann.[8] Allgemein wird man sagen können: Eine Neuerung von umfassendem kulturellem Belang, sei sie nun – von uns aus gesehen – mehr ‚sozialer', ‚ökonomischer' oder ‚technischer' Natur, wird dabei immer zu ihrem eigentlichen Ermöglichungshorizont die Gesamtheit oder besser: die *Totalität* des Weltverhältnisses mit den darin eingeschlossenen Bezügen zur Transzendenz, einer bestimmten Gesellschaft und keineswegs etwa nur solche isoliert ökonomischer oder technischer Art haben.[9]

3. *Fortsetzung: Wechselseitigkeit und funktionale Ganzheit kultureller Leistung*

Mit diesen Aspekten ist natürlich der soziale Organismus sowohl der sachlich und seitlich vorausgehenden und zugrunde liegenden Gesellschaftsformen als auch der städtischen Kultur keineswegs in seinen konstitutiven Faktoren voll gesichert. Es gehört schon z. B. von Anfang an, wie gestreift, weiter zu einem jeden sozialen Gebilde der ‚Beruf' des Kriegers dazu, der zu seiner Funktion bzw. Aufgabe die Konfliktregelung nach außen hin, zu fremden Sozialkörpern hat. In den urtümlichen Gesellschaften fällt er gewöhnlich in einer Art von archaischer ‚Personalunion' mit dem Beruf des Jägers, des Ackerbauern, des Viehzüchters zusammen. Eine eigene Berufsklasse wird er gewöhnlich erst innerhalb eines städtischen Organismus, einer städtischen Kultur. Hand in Hand damit gehen dann auch die Artikulierung sowohl der führenden Schicht als auch der Figur der obersten Führungsinstanz selbst. Wiederum erscheint erst innerhalb der Stadt mit ihrer durchgreifenden gesellschaftlichen Leistungsteilung Politik als Beruf möglich, auch wenn man zugeben kann, daß es auf diesem Feld durchaus zunächst archaische Formen des sog. ‚Berufspolitikers', in persönlichen Eigenschaften – eines Häuptlings, Heerführers u. ä. – begründet geben kann (und natürlich historisch gegeben hat). Die gesellschaftliche Leistungsteilung vollzieht sich im übrigen durchaus nicht allein in beruflicher Hinsicht; wesentlicher, grundlegender oder auch wohl zeitlich mit der beruflichen Arbeitsteilung mindestens zusammengehend ist die weitergehende eigentlich soziale, aber auch kulturelle Funktionsteilung, als deren Ergebnisse in den urtümlicheren Gesellschaften teils Schamanentum, teils die Figur des ‚Sängers' und ‚Erzählers', in den entwickelteren Formen der Stadtkultur dann aber die Wirkensbereiche des Priestertums, des ‚Dichters', des Arztes, in einer noch entwickelteren Form die des Rechts- und Schriftkundigen, eben des ‚Lehrers' (im Gegensatz zu den soeben Genannten), u. ä. auftreten. Damit werden ‚infrastrukturelle' Aufgaben einer entfalteteren Kultur gesetzt. Gleichzeitig aber werden die älteren Formen ebendieser gleichen Lebensvollzüge zu einer ebenfalls spezialisierteren Gestalt gewandelt[10]. Es sei besonders darauf hingewiesen, daß auch hier sehr früh, ja schon in den eigentlich urtümlichen Gesellschaftsformen, eine gewisse *Polarität* zwischen der politischen einerseits, der religiös-kultischen Stellvertreterfunktion und den entsprechenden Führungsinstanzen andererseits sich etabliert und weiter entwickelt hat. Diese Polarität hat sich von den allerersten Anfängen unter den mannigfaltigsten Ausgestaltungen durchgehalten bis in die entsprechenden großen Bewegungen der jüngsten Gegenwart. – Nur am Rande sei angemerkt, daß schon früher in ähnlichen Zusammenhängen auf die pseudoreligiöse Form und Funktion des modernen Ideologie-Phänomens hingewiesen worden ist.[11]

Es mag nun so sein, daß ein jeder soziale Organismus zu seinem vollentwickelten Leben erstens einmal die Ausgestaltung *aller* hier angeführten Grundfunktionen benötigt, also nicht nur eigentlich berufsmäßige Untergliederung, sondern auch die im engeren und eigentümlichen Sinn ‚gesellschaftlichen' Funktionen, die sich mit den positiven und negativen Auswirkungen menschlicher Sozialität, diese strukturell für sich selbst betrachtet und methodisch isoliert von der unmittelbaren Auseinandersetzung des Menschen mit der Natur gesehen, befassen. Hier ergibt sich die Ursprungssphäre des *Rechts* als des Normenbereichs, wodurch das Zusammenleben vieler menschlicher Individuen mitsamt ihren Bedürfnissen und Wirkensmöglichkeiten ‚auf andere hin' sich regelt, sowie der *Religion* als des Existenzbereichs, in welchem das Verhältnis des Menschen, allerdings hier wohl ursprünglich und primär als Gemeinschaftswesen begriffen, zu dem gesamten Komplex dessen sich regelt, den man das ‚Übergreifende', das Numinose usw. genannt hat, kurz also dessen, was man als urtümliche Religiosität bezeichnen kann.[12] – Wichtig ist jedoch für unsere Problematik, hier wieder festzustellen, daß der Lebensbereich der Religiosität auch hier, im Gegensatz zu unserer heutigen Gestalt oder auch zu früheren Hochfor-

men derselben, eine ursprünglich gänzlich auf den geist-leiblich integrierten, ganzheitlichen Lebensvollzug des Menschen, d. h. auf seinen ursprünglichen Existenzakt hingeordnete Bedeutsamkeit hat: Religiosität ist auch hier schon die Weise, wie sich der Mensch im Gesamtzusammenhang seines Lebens zum Bereich des diesen *Gesamt*zusammenhang Überschreitenden, Transzendierenden verhält. Es ist klar, daß somit mit der wechselnden Auffassung dieses Überschreitenden oder Transzendierenden dann je proportional sich auch besagter Existenzvollzug ändert. Dies gilt auch noch, und sogar erst recht, unter den Bedingungen der neuzeitlichen und modernen Bewußtseinsänderung: Bei der größtmöglichen denkbaren Änderung der Inhalte bleibt die strukturelle Funktion dieses Existenzaprioris, der Religiosität, sich weitgehend gleich. Ein kosmisch vorgestelltes Göttliches erscheint somit in ähnlicher Weise eine *Variable* wie eine säkularisierte moderne Erlösungshoffnung; die Konstante ist in ihrer Apriorität in beiden Fällen gleich.[13]
Zurück jedoch zum Phänomen der Polarität von Politik und Religion. Der Grund für das Faktum dieser Polarität ist eigentlich nicht einmal so schwierig zu begreifen; denn beide Bereiche haben das Gesamt des menschlichen Lebens, wenn auch unter je anderem Blickwinkel, zu ihrem Objekt, beide erheben ebenfalls einen wiederum formal verschiedenen Totalitätsanspruch auf die menschlichen Lebensvollzüge, auch wenn dies wiederum keineswegs sofort zu totalitären Ausdrucksformen führen muß. – Eine Gesellschaft ist nun in ihrer Struktur um so vollkommener, je mehr dem Gedanken des *freien Wechselspiels* bei solchen Bezügen und Verhältnissen Raum gewährt wird. Man sieht also, die Strukturidee des *Spiels* in einem eigentümlichen und noch näher zu bestimmenden Sinn ist es, was das eigentliche Leben eines sozialen Organismus in seine Zukunft hinein als in einen Bereich lebendiger Möglichkeiten grundlegt.[14] Insofern ist es durchaus in der Natur der Sache selbst begründet, wenn in dieser ganzen Erörterung die Bereiche von Religion, genauer: von Religiosität, und Politik zueinander ins Verhältnis gesetzt werden.

Freilich besteht für unser heutiges Bewußtsein zwischen beiden Gestaltungen menschlichen Seins, menschlicher Existenzialität, ein tiefer und anscheinend unüberbrückbarer Graben, insofern gerade der eine Pol, die ‚Religon' sich nur mehr in einer vergangenen, überlebten Form darzustellen und zu vollziehen vermag, gleichgültig, um welche Religion auch immer es sich im Einzelfall handeln mag. Die große Schwierigkeit, tiefer noch: die tödliche Krankheit, die alle heute noch lebenden Religionen, das Christentum in seinen verschiedenen Ausprägungen eingeschlossen, befallen zu haben scheint, ist ja gerade dies, daß sie eine Weise des Bewußtseins darstellen, die dur chden modernen Selbstbegriff der Menschheit außer Kraft gesetzt worden ist; dies weniger durch die Entwicklung der Naturwissenschaften und der Technik – dies sind rein äußere, empirische Symptome von tiefer liegenden Ursachen –, sondern gerade durch die zentrale, fundamentale Artikulierung des modernen Menschheitsbewußtseins, wie es in der philosophischen Reflexion selbst unhintergreifbar, unaufhebbar, seinen Ausdruck gefunden hat. Man kann weiter hierzu in diesem Kontext ruhig sagen, daß auch die verschiedenen Ausprägungen, die verschiedene Spezialisierung des neuzeitlichen philosophischen Gedankens in teils mehr empiristische, teils mehr rationalistische, teil mehr materialistische und teils mehr idealistische Bewegungen des Selbstbegriffs, der Selbstdeutung und der praktischen Selbstbehauptung und Selbstbefreiung ihre innere sachliche Mitte hat in dieser Selbst-Werdung des Menschen und der damit in Gang gesetzten Bewegung einer Immanent-Setzung der Totalität des Kosmos des Seienden und Geltenden im menschlichen ‚Geist' – diesen Begriff einmal in seiner weitesten, das Gesamt der Einzelnen wie des Menschseins der ganzen Menschheit umgreifenden Bedeutung genommen. – Wie schon gezeigt, ist freilich die existenziale Verhaltensweise a priori zu einer formalen Transzendenz, wie auch immer diese inhaltlich aussehen mag, nicht betroffen; nur seine Objektrichtung hat sich geändert. Allerdings ist das moderne Bewußtsein gegenüber diesen ‚Tatsachen des Bewußtseins' oft noch recht naiv.[15]

IX. Analyse menschlicher Gesellschaftlichkeit vor dem Hintergrund der modernen Kulturkrise

1. Das europäische Paradigma

Mit dem Blick auf unser gegenwärtiges Problem sei nunmehr sehr gerafft zur neuzeitlichen und modernen Entwicklung der Gesellschaft unter der genannten Perspektive des besagten Grundverhältnisses (von Religion und Politik) Stellung genommen. – Es wurde schon gesagt, daß eine Zivilisation bzw. Kultur strukturell um so vollkommener sei, je mehr Stufen und Arten der je untergeordneten ‚Kulturen' sie als soziokulturelle Strukturkomponenten in sich selbst vereinigt, und zwar in einer Integration, die ein gewisses natürliches, jedenfalls in der Geschichte im Ganzen sich manifestierendes und bewährtes Schema der Übereinanderschichtung der verschiedenen Kulturformen bedeutet: Also beispielsweise so, daß klar wird: Die z. Z. höchste erreichte Form soziokultureller Großprägung menschlicher Gesellschaftlichkeit, unsere industrielle Zivilisation, hat ihr besonderes, in seiner Wirkmächtigkeit mit keinen (bisher uns zugänglichen) anderen Kulturen vergleichbares Leben gerade dadurch gewonnen, daß in ihr gleichsam lückenlos, ohne Sprünge, die verschiedenen im Lauf der Geschichte nacheinander ausgeformten Strukturen von rein agrarischer, agrarisch-feudaler, agrarisch-städtisch-gemischter, feudal-bürgerlich-gemischter, rein bürgerlicher, industriell-bürgerlicher und vorwiegend industrieller Lebens-, Wirtschafts- und Gesellschaftsform wie ein quasi-organisches Ganzes sich auseinander ursprünglich entwickelt und miteinander zu einem hochkomplexen Ganzen vereinigt haben, das seine Kraft gerade aus dieser einzigartigen Verbindung der gesamten wesentlichen Vergangenheit in einen ständig

sich erneuernden und ausbreitenden Lebensimpuls, d.h. in sich je gegenwärtig entwerfende Zukünftigkeit, bezieht. Diese gewissermaßen *organische Integration* eines außerordentlich breiten Entwicklungsspektrums ehemals schöpferischer Möglichkeiten zu einem Gemeinwesen, das in seiner letzten und wesentlichen Motivierung immer noch von dieser Hingabe an Zukünftigkeit lebt – ehemals in ontologisch transzendentem nunmehr in geschichtlich intramundanem Verständnis –, *unterscheidet* wohl am tiefsten die *‚abendländisch'-europäische* Kultur von allen übrigen. Höchstleistungen freilich der Wissenschaft wie der sozialen Technik gab und gibt es auch anderswo, doch fehlt dann gewöhnlich entweder die organische Geschichtseinheit eines Kulturkörpers über die Epochen hinweg, oder aber es fehlt gerade die spezifische Motivation durch Zukünftigkeit.[1]
Dabei sei in diesem Rahmen von den ungeheuer vielfältigen Besonderheiten der Entwicklung im einzelnen einmal abgesehen; für unsere Zwecke genügt auch eine sich auf die Linie der Entwicklung im Großen konzentrierende Betrachtungsweise vollständig.

2. *Vorgängige Bedingungen der Ausbildung des europäischen Paradigmas: der christliche Personbegriff*

Es ist eine bis heute in ihrer besonderen Deutungsweise umstrittene Frage, inwiefern vielleicht zusätzlich zu diesem vergleichsweise ‚organisch' sich entwickelnden Geschichtsablauf oder aber als dessen innerstes Vollzugs- und infolgedessen auch Wachstumsgesetz: inwiefern dann gerade die Spannung zwischen der spezifischen, diesen soziokulturellen Großkomplex prägenden Religiosität und der besonderen Eigenstruktur dieser Gesellschaft in ihren vieleinheitlich sich differenzierenden Ausgestaltungen es gewesen ist, was diese unvergleichliche Lebens-, Wirkens- und Ausbreitungskraft der abendländischen Kultur und Zivilisation begründet hat[2].

Christentum und ‚Christenheit' dürften hier jenseits der Detailfragen der heutigen Säkularisierungsdiskussion denn doch wenigstens in ebendieser ihrer typologisch einzigartigen Struktur insofern das Lebensgesetz dieser Menschheitsgruppierung bestimmt haben, als vorgängig zur besonderen Inhaltlichkeit überhaupt (als christlich in dieser oder jener Form bzw. in der je besonderen Gestalt der Opposition dazu) am zeitlichen und mehr noch sachlichen Ausgang das Schema einer *Dialogik* zwischen der letzten, alles bestimmenden Instanz eines personalen *Absoluten* und dem *Menschen,* der konkreten Menschheit selbst gestanden hat. Worauf schon öfter hingewiesen[3], – nicht in erster Linie diese spezifische Inhaltlichkeit als solche, sondern deren *funktionaler Sinngehalt* für den Grundentwurf von Existenz überhaupt ist es, was hier bestimmend gewesen sein mag für die Grundlegung und Ausbildung des neuzeitlichen und modernen abendländischen (vorwiegend ‚westeuropäischen') Bewußtseins. Es sei zugestanden, daß das Anfangsstadium dieses Prozesses sich zu dem mit der Renaissance einsetzenden Explikations- und Beschleunigungsvorgang verhält wie etwa der Embryo zum Neugeborenen; ebenso aber sei behauptet, daß eine derartige Frage nicht in den Bereich der eigentlichen Fachhistorie, sondern eben der Geschichtsphilosophie fällt.[4]
Die mit diesem Begriff von Personalität gegebene *grundsätzliche Distanzierungsfähigkeit* gegenüber der Totalität von Welt überhaupt, mit Einschluß nicht nur des Gegebenen oder als vergangen Vorliegenden, sondern des zukünftig zu Erwartenden, und ebenso mit Einschluß der menschlichen Natur selbst als etwas, das letztlich der Möglichkeit nach in der Macht des Menschen zu stehen vermöchte – in Analogie zur göttlichen Einheit von Existenz und Wesen –: Dies war es doch existenz-typologisch gesehen wohl mit aller Wahrscheinlichkeit, was also die abendländische vor der ganzen übrigen Menschheit auszeichnete.
Die gesellschaftlich-geschichtliche Art dieser Organizität steht dabei mit dieser letztlich auf eine besondere Idee von Person gegründeten Auffassung des Menschen nicht im Wider-

spruch; denn die Grundlage gerade dieser vergleichsweise organischen Entwicklung und Anreicherung der Grundgestalten menschlicher Sozialität zur je lebendigen, als ganze schöpferisch bleibenden Einheit ist eben – dies ist unsere These (die sich freilich durchaus auch systematisch in ihrem sachlichen Gehalt absichern läßt[5]) – von Anfang an, d. h. nach der gelungenen Übernahme des Christentums, ein besonderes *Personalitätsverständnis* gewesen, das *sowohl* die Individualität als solche als auch zugleich mit ihr die *Sozialität* als konstitutive Elemente in sich vereinigt hatte. Es bedurfte freilich geschichtlich gleichsam einer langen ‚Inkubationszeit', bis die möglichen, aber innerlich in der Natur der Sache angelegten Konsequenzen sich auch konkret zu manifestieren begannen.[6]

3. Spiel-Struktur als soziokulturelles Lebensprinzip

a) Ihre Charakteristik: Kooperative Ganzheit

Für unser gegenwärtiges Problem bedeutet dies einen weiteren Aspekt, demgemäß es gerade der Natur unseres Themas entspricht, wenn hier Religiosität in der zuvor bestimmten Form (als formales Apriori) und die sozialontologisch bedingte Geschichtlichkeit des Menschen und der Menschheit in ihrer gegenwärtigen Problematik zueinander in Beziehung gesetzt werden. Es ergibt sich somit die Frage nach der *Richtung,* in welche sich unsere Kultur ihrem inneren Gesetz nach entwickelt. Wie schon zuvor angedeutet, wird diese Richtung, wenn sie den eigensten Intentionen der gesamten bisherigen Geschichte treu sein will, aller Voraussicht nach auf eine Kultur und Gesellschaftlichkeit hinzielen, die der Idee des *Spiels* im weitesten Sinn entscheidend und in ursprünglicher Bestimmtheit verpflichtet ist. Dafür gibt es verschiedene empirische Anhaltspunkte und Hinweise; zuvor jedoch noch eine kurze grundsätzlichere Erwägung dazu. Nimmt man einmal die Konzeption einer nicht bloß spiritualistisch oder materialistisch, einer nicht bloß theologisch und weltanschaulich sowie einer nicht bloß ökonomisch und technologisch bestimmten Menschheitsentfaltung in ihrer Geschichte an, der zufolge das eigentliche *letztbestimmende Gesetz* allein die jeweilige wechselseitige Durchdringung, die konstitutive Wechselbestimmung (jedenfalls relativ) schon von den Prinzipien her aller genannten Faktoren und Momente ist, so resultiert daraus zweierlei: *Einmal* wird man jenes Gesetz, in den Raum des konkreten gesellschaftlichen Miteinanders übertragen, als universale und grundsätzliche *Kooperation* der verschiedenen Komponenten der Gesamtgesellschaft und -kultur interpretieren können. Jedenfalls gilt dies für alle ihre irgendwie konstitutiven Bestandteile. Es gilt auch noch ferner unter dem Gesichtspunkt, daß für eine jede hinreichend (d.h. relativ) in sich abgeschlossene Entwicklungsphase *ein* solches Moment oder Element sozusagen Repräsentationswert für alle übrigen erhält, so daß man von einer durch ein einziges Merkmal geprägten Kultur oder Zivilisation[7]) vereinfachend sprechen kann: Der feudalen, bürgerlichen, industriellen oder arbeitermäßigen Gesellschaft und ihrer Kultur schlösse sich unter dieser Rücksicht dann eine Gesellschaft und Kultur des Sports und Spiels in der Weise an, daß auch diese neue Gestalt die vorausgegangenen integrativ in sich enthalten und als konstitutive Momente weiterverwerten würde. – Der möglichst umfassenden schöpferischen Fruchtbarkeit ihres soziokulturellen Lebens wäre es natürlich förderlich – dies sei nur am Rande bemerkt –, wenn auch die übrigen, vielleicht mehr peripher wirkenden gesellschaftlichen Funktionen, wie sie archetypisch in der primitiven Kultur und Gesellschaft aufscheinen und im Lauf der Geschichte einen äußerst mannigfaltigen Umformungsprozeß durchgemacht haben, dann in einer entsprechenden Weise sich integriert zeigten; so ist etwa gedacht an solche Partikularitäten wie etwa Kunst, ‚Freizeit und Vergnügen' u.ä.[8]

Diese Idee der Kooperation ist jedenfalls die grundlegende, konstitutive Idee für das Ganze, in seinem sachlichen Aufbau wie in seinem geschichtlichen Prozeß. Dem widerspricht wiederum nicht, daß wie in allen bisherigen sozio-kulturellen Großgebilden, so auch hier und in Zukunft antagonistische Abläufe auftreten können, anders gesagt, daß also auch Konflikte prinzipiell und sodann auch in konkret geschichtlich mehr oder minder großem Ausmaß *möglich* sind. Entsprechend aber der dieser soziokulturellen Totalität zugrunde liegenden Idee wird dann auch die Art und Weise der Konfliktbewältigung verlaufen. Die Grundform des Konflikts, die bisher immer noch gleichsam archetypisch bestimmend gewesen ist, nämlich diejenige des *Krieges*[9], würde dann abgelöst etwa durch die Form eines erneuerten *Agons*, des ,Wettkampfs'. D.h. es würde damit der Begriff des Kampfes auf Leben und Tod, der entschieden wird durch die physische Vernichtung des einen der beiden Kontrahenten, ersetzt durch die Idee des Kampfes als Spiel, als Wettkampf, in welchem gerade maßgebend ist die freie, nach Gesetzen und Regeln ablaufende Bewegung, die von mehreren Subjekten getragen und kooperativ sogar noch im Konfliktfall vollzogen wird, freilich mit dem Ziel, eben *durch* diesen Ablauf den Primat eines Beteiligten bzw. eine verbindliche Rangordnung festzustellen.[10]

b) Dynamische Kreativität

Diesem Gesichtspunkt der konstitutiven Integration des bisherigen soziokulturellen Strukturelementes in den Totalentwurf der von einer je neuen Idee geformten Gesellschaft und Kultur (und Zivilisation) stellt sich ein zweiter Gesichtspunkt an die Seite: der der *schöpferischen Verwandlung* aller vorgegebenen Strukturelemente in und durch ebendiese neue Idee. Grundsätzlich wird damit ,methodisch' nichts Neues gesetzt; bei allen bisher feststellbaren epochalen Übergängen im Raum der Gesellschaften ist so etwas erfolgt.[11] Neu jedoch könnte heute wohl das damit verbundene Begleitbewußtsein sein, daß ein solcher Vorgang nämlich nicht mehr gleichsam gänzlich dem Zufall überlassen bleiben dürfe, sondern seinerseits ein ganz spezifisches, proportionales Handeln und Steuern von seiten des Menschen, d. h. der Menschheit erfordere. Damit stehen wir thematisch wieder im Kontext des neuzeitlichen Emanzipationsprogramms, das sich von der neuzeitlichen (west-)europäischen Menschheit, wenn auch mit mannigfachen Veränderungen, ja Verfälschungen, Verzerrungen und Simplifizierungen global ausgebreitet hat. Das Neue ist nun also in seinem Ursprung gewiß nicht so ‚neu'; es wurde schon mehrfach darauf hingewiesen, daß es eigentlich nichts anderes ist als eine bestimmte Möglichkeit, die schon von Anbeginn an im Kräftepotential einer bestimmten geschichtlichen Großgruppierung gelegen hat und erst nach einer langen Reihe erfüllter Vorbedingungen in seiner eigentlichen und wahren Gestalt vollgültig in das Licht der Geschichte tritt. Um es nochmals aufzunehmen[12], es wurde ja schon auf die Dialogik ganz eigener Prägung hingewiesen, die ihrem intersubjektiven Wirken nach potential auf ein besonderes, geschichtlich einmaliges Verhältnis des Menschen zum Absoluten abzielte. Gerade dies Verhältnis aber ist es nun wiederum, das – wie auch immer im einzelnen seine ‚inhaltliche' Füllung aussehen mag – in einer auf die Idee des Spielhaften gegründeten Gesellschaft und Menschheitskultur sowohl eine neue Akzentuierung ergibt als auch letztlich dieser Konzeption die im Bewußtsein zwar teils verborgene, aber nichtsdestoweniger wirksame Letztfundierung verleiht und gerade dadurch einer derartigen Gestalt soziokultureller Menschlichkeit ein neues Gewicht geben mag.[13] – Doch dazu muß noch kurz einiges über die Mit-Fundierung dieses neuen Menschseins in der Transzendenz vermöge der Idee des Spielhaften gesagt werden.[14]

4. Spiel in existenzialer Polarität zum Nicht-Spielhaften

Ein Doppeltes ist hier nun von Wichtigkeit, und zwar einmal die Frage nach dem letzten und schlechthin umfassenden Horizont oder Rahmen, von dem her ursprünglich ermöglicht allein eine solche Idee ihren menschheitlichen Sinn zu entfalten vermag. Hier wird auf den Begriff des ‚Ernstes' und seine Konkretisierung einzugehen sein. – Und weiter wird dann aber gerade das Moment des ‚Spielhaften' auf dies absolute Verhältnis selbst angewendet werden müssen, insofern allein dadurch gewisse Bestimmungen von existenzialer Relevanz sich eruieren lassen.

a) Der Begriff des Ernstes

Der Begriff des *Ernstes* also soll hier im Gegensatz zu anderen, den Begriff des Spieles eingrenzenden Begriffen, wie ‚Arbeit', ‚Mühe', ‚Sorge'[15], eine gewisse Vorzugsstellung erhalten, insofern er es durchaus erlaubt, das Verhältnis des Menschen bzw. der Menschheit gerade zum Absoluten noch adäquat, und zwar im Wechselbezug zum Begriff des Spiels, zu erfassen. Es bereitet keine große begriffliche Anstrengung, das Verhältnis des Menschen zu einem schlechthin transzendenten Absoluten von personaler Wesenheit, also zu Gott, wie wir uns ausdrücken, als unter dem Aspekt des Ernstes stehend zu sehen. Denn Absolutheit einer existenzialen Beziehung bedeutet ‚Ernst'. Der Ernst als Kennzeichen eines derartigen Verhältnisses schließt die Tatsache ein, daß das Ziel des Existenzvollzugs des einen der beiden Partner in einer Weise der Selbsterfüllung und des Selbstvollzugs gelegen ist, die ihre vollkommene Form auch nur unter Mitwirkung des anderen Partners erreichen kann. Dies tut im übrigen der Autonomie des Menschen als eines freien Wesens insofern keinen Eintrag, als eine solche Zielverwirklichung ja auch schon innerhalb der individuellen Sinnverwirklichung des Menschen stattfindet: Auch hier ist der Einzelne auf Andere grundsätzlich und konstitutiv angewiesen, um seinen existenzialen Sinn zu realisieren. Freilich jenes Verhältnis zum transzendenten Absoluten ist durch eine besondere Letztheit gekennzeichnet, die es in dieser Form sonst nicht gibt.

b) Der Begriff der Einmaligkeit

Weiter ist im Ernst dieses Verhältnisses seine *Einmaligkeit* impliziert: Dies nicht nur in der Art und Weise, wie auch einem innermenschlichen Bezugsverhältnis Einmaligkeit zukommen kann, etwa zwischen Liebenden, sondern darüber hinaus noch dadurch, daß es sich hier genau um die vom Sinnvollzug her höchstmögliche Partnerschaft handelt. Freilich nicht so, als ob etwa wiederum eine innermenschliche Partnerschaft nicht auch qualitativ einmalig sein könnte. – Mit dieser Einmaligkeit ist jedoch auf einer tieferen, wesentlicheren Ebene nur das Grundgesetz dieser ganzen Konzeption selber noch einmal an einem besonders markanten Punkt in den Blick gekommen: Solche Einmaligkeit begreift in sich gerade die substantielle Einzigkeit einer jeden konkreten Personalität, einer jeden *Person* also, die ‚an und für sich' (mit Hegel zu sprechen) sowohl Unabhängigkeit gegenüber der Totalität des gesamten übrigen Weltbereichs des Seienden besagt als auch einen damit unmittelbar verbundenen, entsprechend absoluten Sinnanspruch hinsichtlich ihres wesensausschöpfenden und -umfangenden Selbstvollzugs.[16] Ebendiese Einmaligkeit also bringt ebendiese substantielle Grundverfassung nur unter einer anderen Rücksicht konsequent zum Ausdruck; dies aber dann auf zweierlei Weise: einmal hinsichtlich der Bezogenheit auf alle anderen von gleicher Wesenheit, und zum zweiten – was hier für jetzt zunächst interessieren soll– hinsichtlich des absoluten Kooperations-Subjekts, also Gottes.

c) Rückblick auf den Begriff der Arbeit

In diesem, jetzt erreichten Kontext stellt sich die innere Struktur von Arbeit dann noch einmal neu dar: *Arbeit* läßt sich nunmehr in der Abhebung einerseits gegen den Lebensvollzug als ‚spielhaft' und andererseits gegen die Lebensvollzüge eines letzten existenzialen Ernstes, der durchaus von sich her offen ist für eine, im einzelnen wie auch immer geartete, Transzendenz, dann bestimmen als ein Prozeß, durch welchen Werte neu geschaffen werden, aber dies so, daß einerseits von seiten des handelnden, tätigen Subjekts, d. h. des *Arbeitenden* eine streng einsinnig gerichtete *Intention* diese Tätigkeit bestimmt, nämlich sein Interesse, sie in Gestalt ihres Resultats oder endgültigen Produkts ebenso endgültig hinter sich zu lassen, ja im eigentlichen Sinn sie (die Arbeit) als sie selbst und als solche post factum zu *verneinen* und nur noch ihre Wirkung gelten zu lassen. – In einer etwas umgeformten Weise bestimmt dies auch noch das Verhalten z. B. des *Verbrauchers* in unserer industriellen Leistungsgesellschaft, insofern nur noch mit den Wirkungen, den Produkten von Arbeit umgegangen wird, allerdings derart, daß dieser ‚Umgang' selbst in seinem Interesse noch einmal auch alle anderen, z. B. künstlerische, wissenschaftliche u. ä. Produkte als ‚erarbeitete' wertet und entsprechend – anders als z. B. in den Zeiten des Feudalismus das Mäzenatentum – nunmehr auf einer quasi-analogen Ebene behandelt sowie sich als Subjekt einer solchen Tätigkeit einstellt. Der Mensch ist so zwar nicht unmittelbar nur Arbeiter im strengsten Sinn, wohl aber als Verbraucher auf Arbeit bezogener Nutznießer – nicht jedoch z. B. ein primär auf den Genuß selbst hin orientierter Lebenskünstler u. ä. Andererseits aber wird von seiten der Materie selbst ein Prozeß dabei vollzogen, der in ein und demselben Ablauf zwar *Werte schafft*, aber zugleich als unentrinnbare Bedingung dafür auch *Werte vernichtet.* Dies gilt weniger für eine völlige Annihilation als vielmehr für eine Änderung der ursprünglichen und wesentlichen Seinsgestalten. So wird z. B. auf einer ganz elementaren Ebene Energie verbraucht, Rohstoff, Natur usw. der ursprünglichen Form entrissen und in einen Veränderungsprozeß eingebracht, der eine neue Form und damit neue Werte – die dann primär menschbezogen sind[17] – hervorbringt, aber nur ‚auf Kosten' eben jener vorher bestehenden Werte. Wesentlich aber ist dabei, daß auch hier das Verhältnis zwischen neugeschaffenen und zugrunde gehenden, vorausgehenden Werten wiederum einsinnig ist: Die einmal verlorene Form oder Gestalt, der vernichtete Wert kehrt von sich aus nicht mehr zurück, ist

für immer verloren. – Als äußerster Fall dieser Struktur ist auf der einen Seite das Gesetz, das sich in der allgemeinen Entropie ausdrückt, anzugehen, auf der anderen Seite – wenn auch in sehr vermittelter und daher nicht mehr völlig stringenter, da durch menschliche Initiative umkehrbarer, Form – etwa die Vernichtung der Biosphäre, oder auch des kulturellen Erbes der Vergangenheit.
In beiden Sichtweiten also, von der Seite des tätigen, arbeitenden Subjekts und von derjenigen des ihm zur Verfügung gebrachten Materials, ergibt sich als wesentliche Struktur von Arbeit, daß ein an sich nicht umkehrbarer, *irreversibler* Prozeß von Werteschaffung vermittels (anderer) Wertevernichtung sich ereignet. Diese Prozessualität eignet sich, wie die Geschichte gezeigt hat, durchaus dazu, sich auf alle Lebensabläufe einer Gesellschaft auszudehnen und somit deren typisches Gesicht zu bestimmen; dies so sehr, daß andere Ablaufgesetze geradezu als Oasen empfunden werden. Hier hat die moderne Freizeit-, Erholungs- und Vergnügungs-Industrie ihren eigentlichen Boden, von welchem sie sich aber im ganzen keineswegs frei machen kann, sondern höchstens dem Einzelnen, und dies aufgrund von ‚außen' dazutretender, gleichsam zufälliger Faktoren, die Gelegenheit verschafft, sich vom allgemeinen Zwang der Arbeitswelt für eine Zeitlang zu befreien.[18]

d) Die existenziale Teleologie von Spiel

Somit sind – dies wäre zusammenfassend das dritte Moment – Ernst und Einmaligkeit die Richtungs- oder Orientierungskoordinaten für die eigentliche Absolutheit des Menschen, schlechthin betrachtet. Es sei nur im Vorbeigehen an früher Gesagtes erinnert, daß natürlich die eigentliche aktuale Einheit, die in einer derartigen Kooperation oder einem solchen Miteinanderwirken als Zielgrund impliziert ist, für sich betrachtet keineswegs irgendeine Art von substantialer Zwei-Einheit eines göttlichen Subjekts auf der einen und menschlicher Subjektivität auf der anderen Seite besagt.[19] Vielmehr ist diese Einheit zwar einerseits durchaus rein aktualer Natur, sie besteht in der *formalen* Identität des Vollzugs zweier Subjekte *als* eines formal (!) einzigen – ist aber nicht ein einziges Subjekt oder eine einzige Subjektivität (des Handelns). Andererseits liegt natürlich in einer solchen Aktual-Einheit durchaus das letzte Sinnziel menschlicher Personalität als vollzogen beschlossen, so daß man immerhin von einer teleologischen Quasi-Subsistenz sprechen könnte: In dem letztausschöpfenden Selbst- als Sinnvollzug (und umgekehrt) hat menschliche Subjektivität, auch und gerade als in sich und für sich subsistent gesehen, ihre Mitte und ihr Vollzugsfundament, aber so, daß schon von vornherein im Grundentwurf daraufhin (anders gesagt, in der ontologischen Potentialität) ebendieser Letztvollzug so vor-strukturiert ist, daß er gerade nicht als vereinzelt und singulär, sondern mit Einschluß seiner Einmaligkeit und Einzigartigkeit – aufgrund der je verschiedenen Potenz-Akt-Spanne nämlich – sich vollzieht als einigend *mit* Anderen. Eben dies aber ist nur in der Formalidentität des reinen Vollzugs selbst möglich. Noch anders gesagt, wäre damit nur das ausgesprochen, was man auch *Liebe* im vollen und höchsten Sinn nennen könnte.

5. Spiel als existenziale Positivität von intersubjektiver Freiheit und Notwendigkeit

Der andere Aspekt, der zuvor angedeutet wurde, besteht dann in einer Explikation des im Begriff des Spiels auf dieser Ebene der Reflexion Einbeschlossenen. Das meint: Jenes Miteinander aktualen Personlebens in der sich gleichsam überkreuzenden Ordnung des Miteinanders von göttlicher und menschlicher Subjektivität einerseits, von menschlicher Interpersonalität im Vollzug andererseits[20] ereignet und vollzieht sich ja nicht nach dem Modell strenger, von vornherein konkret festgelegter oder gleichsam mechanisch – oder auch dialektisch – wirkender Regeln, die keine Ausnahme zulassen. Dies würde zutiefst verkennen, was eigentlich Personalität und personale Beziehung von ihrem Wesensbegriff her besagt.

Vielmehr ist hier gerade das Moment der *Freiheit* von außerordentlicher Wichtigkeit und Bedeutung, insofern die letztunmittelbar wirkliche, d. h. also konkrete Vollzugs*weise* von nichts vorgeformt oder vorgenormt ist als von den Entscheidungszentren (letzter Instanz) der miteinander wirkenden, handelnden, sich vollziehenden Partner, d. h. in traditioneller Sprache: von ihren (vielen) freien *Willen*. Alles übrige erhält damit letztlich eine Funktion des Bedingungshaften, von Umständen, der Auch-mit-Beteiligung; obwohl natürlich – dies sei keineswegs bestritten – für die konkrete Manifestation auch diese Umstände unabdingbar sind. Hier jedoch geht es um die existenziale Zentralsphäre, wo andere Prinzipien entscheidend sind. – Damit ist gesagt, daß absolut betrachtet es wiederum für den Ablauf sowohl der unendlich vielen ‚Einzelgeschichten' der je individuellen Existenzen, also ihres *Sinn*lebens als je eines Ganzen, als auch der Menschheit insgesamt, als einer sinnaktualen Ganzheit, letztlich gleichgültig ist, wie nun auf der empirisch-faktischen Ebene das äußere Geschick menschlicher Subjektivität und Personalität verläuft. Entscheidend ist hier allein die Sinndimension selbst, die sich in ihrer Unmittelbarkeit dem Blick von der Ebene empirischer Faktizität entzieht.

Aber folgerichtig ergibt sich einmal die faktische Unausweichlichkeit und darüber hinaus die wesensgemäße Notwendigkeit eines derartig konkreten Ablaufs, eines Prozesses mit allen seinen Implikationen zugestanden: daß dann auch für die *Gestaltungs*prinzipien eines solchen *Prozesses* das Prinzip der Freiheit fundamental, schlechthin grundlegend wird. Dies gilt für den Einzelnen wie für die Gesamtheit; hier ist es nur um letztere im übrigen zu tun.[21] – Es sei weiter zugestanden, daß der Prozeß im allgemeinen um so vollkommener und damit dem Wesen des Menschen und der Menschheit insgesamt angemessener ist, je mehr Vollzugsarten, ‚Vollzugsgeschichten' möglichen Sinnes dieser Prozeß umfaßt. So betrachtet ist durchaus zu vertreten, daß aufs Ganze gesehen die Geschichte der Menschheit ihrer wesentlichen Tendenz nach, die freilich absolut betrachtet auf der Ebene der Faktizität auch verhindert werden könnte, auf einen (relativ) *optimalen Höhepunkt* sich hinerstreckt, darauf hinstrebt. In diesem Höhepunkt wären dann, wie schon zuvor umrissen, die vielfältigen verschiedenen Lebensbereiche von den vorwiegend materiell bestimmten bis hin zu den höchstintelligiblen zu einer Vollzugseinheit des Ganzen in gleichsam schwebender Aktualität integriert, die stets von neuem durch die gesammelte Existenzleistung aller Träger insgesamt zu erstellen und zu sichern wäre. – Und gerade dieser Gesichtspunkt ist für unsere grundsätzliche Überlegung keineswegs willkürlich; denn die wesentliche existenziale Einheit des Menschseins als eines Vollzugsseienden einmal zugestanden, sind dann *alle* Bereiche, alle Formen, Arten und Spezifizierungen solchen Vollzugseins in die eine fundamentale Grundstruktur aufgenommen und davon umfaßt. Nicht nur also im Einzelfall, bei der je einzelnen Existenz, besteht grundsätzliche Freiheit der Existenzverwirklichung und ihrer Sinngestaltung unter einer Rücksicht, die *beide* Wirkenspartner, hier Gott und Mensch, ursprünglich gleich betrifft, sondern dies gilt in entsprechender Weise dann auch für die Menschheit insgesamt: Sie hat also buchstäblich ihr Schicksal als eine Gattungsgemeinschaft interpersonaler Aktualität in ihrer Hand.[22] Und dies gerade als die *Einheit* der letztentscheidenden Sinnvollzüge mit und in der letztkonkreten Geschichte selber.

6. Weitere Charakteristik des Spielhaften (als existenzialer Kategorie): Abenteuer

Das aber besagt dann nochmals einen neuen Aspekt als grundwesentlich für dies ganze Verhältnis und für die Menschheit als solche insgesamt: Wurde zuvor dies Verhältnis als vollkommene Liebe charakterisiert, so kann man es nun von der Modalität des Existenzverhaltens her auch als *Abenteuer* in des Begriffs wahrer und vollkommener Bedeutung bezeichnen. Es ist damit gesagt, daß dies Verhältnis ein *Wagnis* wesentlich einschließt, und dies sogar gewissermaßen von beiden

Seiten. Der Ausgang ist ungewiß, jedoch nicht aus Gründen mangelnder Beherrschung irgendwelcher nicht-personaler, naturhafter Techniken, sondern primär und ursprünglich wegen der Unerschöpflichkeit personalen Lebens und der in ihm gelegenen Vollzugs- und Sinnfülle überhaupt. Insofern aber hier nun nicht der Vollzug innerhalb des schlechthin absoluten Subjekts, innerhalb der Personalität Gottes für sich, in Frage steht, sondern gerade das Miteinander menschlicher und göttlicher Personalität, ist gerade damit der Charakter des Wagnisses und des Ungewissen gegeben: Dies gilt für die menschliche Seite auf der Ebene sowohl des Wissens wie der Willenssetzung (des Vollzugs) selbst. Für den göttlichen Partner gilt es gewiß nicht, was das Wissen betrifft, es gilt aber durchaus hinsichtlich seiner Willenssetzung, sofern und soweit sie mit der menschlichen Willenssetzung eine aktuale Einheit konstituiert.[23] Dies aber, und das ist nun die hier vorgelegte These, gilt eben nicht nur für den Einzelnen, wie gesagt, sondern eminenterweise gerade für die konkrete Geschichte der Menschheit als solcher insgesamt, und zwar hinsichtlich ihrer sinnausschöpfenden Letztenscheidung[24] – Freiheit ist somit dasjenige, was ein Moment der Beliebigkeit, der Variabilität und Flexibilität, des Auswechsel- und Vergleichbaren in dies Verhältnis mit hineinbringt. Das aber verleiht dem Ganzen dann ein wahres Moment des Spielhaften, wie es zuvor definiert wurde[25], mit Einschluß des ‚Abenteuers'.

7. Der Spielbegriff als Kategorie des Geschichtsablaufs

Und dies ist die weitere Konsequenz: Ebendiese Form des Spielhaften gilt dann auch notwendigerweise *innergeschichtlich* als ‚Gesetz' des Gesamtablaufs *menschlicher* Geschichte. So wichtig und entscheidend, ja auf einer Wesenstendenz beruhend die Entwicklung zur allseitigen und möglichst ausschöpfenden Vollkommenheit menschlicher Sozialität als dem Lebensraum höchster Personalität individuell und intersubjektiv ist, so wenig ist diese Entwicklung doch gleichsam durch eine den personalen Initiativen der Einzelnen insgesamt (d. h. ihrem Willen als einem viel-einheitlichen) übergeordnete Instanz mit – diesen Willen gegenüber – absoluter Notwendigkeit bestimmbar oder durchzusetzen. – Es herrscht somit bildlich gesprochen die Freiheit und die Notwendigkeit einer Schlacht, d. h. der einzelne Soldat, Offizier und auch der Feldherr sind in der höchsten unter äußersten Sachzwängen stehenden Entscheidung doch jeweils letztlich frei. Sie sind alle keine Marionetten, sondern Willen, die sich im gleichen Handeln aus einer sehr großen Vielheit heraus zur Einheit ebendieses (und nur dieses) Handelns zusammenfinden, wobei jeder diese Einheit findet und vollzieht, indem er gerade seine je eigene Besonderheit auf den letzten Sinn hinordnet, den in der relativ vollkommensten Weise allerdings nur der Feldherr übersehen mag. – Dies ist keineswegs eine martialische Anspielung, sondern bei dieser für jetzt hier anvisierten Thematik geht es ja gerade zwar um das Moment des Spielhaften, aber doch im Rahmen, im Horizont seiner letzten Ermöglichung, also im Rahmen des letzten äußersten Ernstes, der zweifellos auch innerhalb der Menschheitsgeschichte Geltung hat: Der Wert, um den es hier geht, ist ja nichts Geringeres als wiederum die *Humanität* selbst, an sich, als solche, nur eben nicht im Verhältnis zum ontologisch transzendenten absoluten Subjekt, sondern im Verhältnis der Menschheit unter einem letzten Sinnaspekt zu sich selbst. So gesehen aber ist die Geschichte der Menschheit in erster Linie der *Kampf* um das Wesen *wahrer* Humanität, d. h. darum, diesem ihrem wahren Wesen die entsprechende wahre *Erscheinungs-* und Ausdrucks*form* zu verleihen. – Diese Metapher in ideologischer Manier, etwa von einem blinden, weder auf seine Grundlagen noch auf seine letzten Folgen hin durchreflektierten Pazifismus her, nicht ernst zu nehmen, würde gerade ein Indiz dafür sein, daß eine solche Stellungnahme letztlich gerade nicht mit dem allein der Sache angemessenen ‚Ernst' sich zur Sache der Menschlichkeit und Humanität zu verhalten vermag.[26] Es würden ihr denn wohl auch die entsprechenden menschlichen Tugenden im Grunde abgehen.

X. Ein neuer Begriff des Humanismus

1. Formaler Absolutheitscharakter des Humanismusbegriffs

Es ergibt sich als Nächstes die Frage nach der geschichtlich sich ausprägenden Grundform als Frage nach der *konkreteren* Gestalt der vollkommenen menschheitlichen Wirklichkeit des Menschseins. Es wurde schon früher in anderen Zusammenhängen darauf hingewiesen, daß diese Wirklichkeit sich nicht als von vergleichsweise substantialem Charakter, sondern primär und wesensurprünglich *als Vollzug* selbst erweisen wird.[1] Dieser Vollzug aber wiederum ist zu denken als der aktuale, d. h. also im Vollzug der vielen Einzelexistenzen in ihrer Sinnbestimmtheit sich ereignende *Zusammenfall* der vielen Einzel-Sinnentwürfe und -Wirklichkeiten im Blick auf einen die Gesamtheit des menschlich Möglichen (qualitativ) ausschöpfenden und exemplarisch artikulierenden existenzialen Sinn von universaler Natur. Zugleich aber dürfte es so sein, daß ebendieser so als Horizont-Grund gleichsam formal- oder auch exemplarursächlich (in einer traditionellen Sprache) wirkende *Gesamtsinn* auch zugleich in anderer Hinsicht zielursächlich auf das konkrete Aktleben selbst sowohl der Gesamtmenschheit als auch der Einzelnen hinwirkt. Noch einmal mehr also, konkret betrachtet, legt sich als der geschichtliche eigentümliche Ort eines derartig strukturierten Zusammenfalls diejenige Sphäre nahe, die man bisher vorwiegend als die der Religion, der *Religiosität* oder auch der weltanschaulichen Engagiertheit schlechthin bezeichnet hat. Aus dem Gesagten ergibt sich aber dann weiter, daß ebendiese Religiosität von dem bisherigen Begriff derselben insofern abweicht, als beispielsweise die Unterscheidung eines inhaltlich transzendenten oder weltimmanenten Absoluten nicht die fundamentale Unterscheidung darstellt wie früher. Das konstitutive Kriterium ist vielmehr in die Vollzugsstruktur des (vollziehenden) Subjekts gleichsam zurückverlegt worden: Es ist damit unter anderer Hinsicht dann auch so etwas wie eine besondere Form von Humanität in ihrer eigentümlichen Manifestationsweise in den Blick genommen, so daß man z. B. mit dem gleichen Recht auch von einer besonderen Art von *Humanismus* sprechen könnte. – Jedoch muß vor einem Mißverständnis gewarnt werden. Es steht mit dieser ‚Religiosität' nicht so, daß sie sich etwa darin manifestieren würde, alle anderen Formen und Gestaltungen menschlichen Lebens oder auch die Vielfalt menschlicher Meinungen und Auffassungen über letzte Horizonte und Perspektiven des menschlichen Seins auf eine einzige ‚Linie' zu reduzieren, einen einzigen inhaltlichen Horizont bzw. eine einzige solche Perspektive als allein verbindlich zu erklären. Dies wäre gerade nach der Weise eines längst überlebten Religionsbegriffs gedacht. ‚Religiosität', wie sie hier verstanden wird, und besagter Humanismus fallen vielmehr zusammen. Von seiten des Begriffs dieser Religiosität besagt dies nichts Unzuträgliches, da ja gerade der hier konstitutive *Formalcharakter* letztlich, anders ausgedrückt, nichts anderes aussagt, als daß eine menschliche Existenz hier an diesem einen Punkt (auf den sie sich mit vernünftiger Überlegung hin orientiert hat) einen letzten unhintergehbaren *Ernst* des Lebens setzt und zu vollziehen sich unterfängt. Dies aber wiederum so, daß – und hier ist dann doch ein gewisser inhaltlicher Unterscheidungsgrund – ebendieser Ernst als Ausgriff auf existenziale Zukunft den Bereich des tatsächlichen, auch des möglichen tatsächlichen Lebens in einem wesentlichen Punkt überschreitet, sei dieser Schritt auch wiederum nur sehr implizit oder aber explizit getan[2]. Das Unterscheidende ist somit letztlich nicht so sehr das reflexe Bewußtsein, sondern die Struktur des betreffenden *Handelns* als *Existieren* selber: Auch ein Mensch, der explizit z. B. von ontologischer Transzendenz nichts weiß, kann in der Struktur seines Entscheidungsgeschehens, sofern er damit seinen

Existenzsinn setzt und bestimmt, für eine eindringendere Analyse durchaus Momente und Formen realisiert haben, die in ihrer Konsequenz jene Transzendenz zum Ziel, ja zu ihrer Möglichkeitsbedingung haben.

2. *Ethische Konsequenzen*

Jener Humanismus aber, so läßt sich umgekehrt sagen, hat ebenfalls ein kritisches Richtmaß in sich, insofern nämlich auch hier die in jener Formalität gelegenen ethischen Maximen relevant werden: Solche sind dann beispielsweise die Toleranz gegenüber allem Denken und Wollen, das sich in der Orientierung auf das je bestehende, konkrete Ganze menschlichen Wertens als gut-willig und vernünftig im eigentlichen Sinne erweist. Dies freilich dann in einer noch konkreteren Form, nämlich so, daß gerade die menschliche *Würde des Einzelnen* in ihrem Prinzip und zugleich ganz und gar konkret geachtet wird; jedoch dies wiederum auch so, daß die Gemeinsamkeit von vielen Personen und die gerade darin sich manifestiernden Charakter ebendieser Würde, sofern sie auch eine solche der Person als vielheitlich bestimmten Wesens ist, mit dem gleichen Ernst wahrgenommen und als verbindlich gesetzt wird. M. a. W. dieser Humanismus unterscheidet sich von allen anderen Humanismen gerade darin, daß er die scheinbare Gegensätzlichkeit von individueller und sozialer Beschaffenheit menschlicher Würde *unverkürzt* annimmt und zur Synthese zu bringen bemüht sein wird. – Wiederum: daß dieser Konstellation letztlich *keine* Aporetik des Menschen zugrunde liegt, sondern hier eine eigentümliche und einzigartige Weise des Seins, d. h. geistigen Seins ‚in' dieser unserer Welt, ist schon anderswo in systematischem Kontext gezeigt worden, so daß man es hier bei diesem Hinweis belassen kann[3]. – Es ist also durchaus berechtigt zu sagen, daß jener Gegensatz nur ein solcher auf der Ebene geschichtlicher Erscheinung, nicht aber auf der des Wesensvollzugs des Menschlichen ist. Seine Synthesis ist daher auch niemals nur ideal konzipierbare und real höchstens asymptotisch annäherbare Aufgabe, sondern immer schon einiges mehr: ein Unternehmen, das ständig schon real am Werke und zu einem Minimum stets schon immer realisiert ist. Umgekehrt gilt dann aber auch, daß damit jenes Humanitätsideal gleichwohl nicht außer Kraft gesetzt sein muß, ja vielmehr gerade auf dem Hintergrund eines zureichenden Mindestmaßes erst seine eigentliche Funktion voll erfüllen kann. – Es ist somit ein Humanismus, der Individuum und Gesellschaft, Individualität und Sozialität, d. h. menschliche Personalität unter ihren beiden wesentlichen, Menschheit aufbauenden und bewahrenden, Prinzipiengesichtspunkten mit der ganzen Fülle der Implikationen als sein ideelles Zentrum gesetzt hat und darin wiederum zugleich die Spanne von je bestehender Realität und je geforderter Idealität in der Arbeitspolarität des zureichenden Mindestmaßes wie des an sich erstrebenswerten vollkommenen Höchstmaßes geschichtlich und konkret zum Austrag und zum Ausgleich zu bringen bestrebt ist.

3. Ausblick auf die Möglichkeit von Geschichte als einem gesamtmenschlichen Prozeß

Es ergibt sich aus dem Gesagten die reale Möglichkeit einer tatsächlich auch einmal geschichtliche Gestalt gewinnenden aktualen *Einheit* der *Menschheit insgesamt,* ohne daß dadurch der fundamentale personale Charakter ebendieses Einheitsgeschehens verlorenginge.

Wie schon gesagt, ist hier die Einheit der Menschheit noch einmal unter der Leitidee des *Ernstes* anvisiert worden. Ebenso aber wird man darin auch jene andere Leitidee des *Spiels,* des Spielhaften, verwirklicht finden können: und dies schon in der durch jene Formalität, die ja in spezifischer Weise sowohl für jene Religiosität als auch für jenen Humanismus gilt, bedingten Vielfältigkeit der inhaltlichen Erscheinungsformen. – Ernst und Spiel oder jene grundlegende Prinzipiensphäre und die Sphäre ihrer Erscheinungsweise in der Geschichte (und als konkrete Geschichte) lassen sich so weiterbestimmen als zwei komplementäre Weisen der Selbstintegration der Menschheit insgesamt in ihrem Weg zu ihrem eigentlichen und wahren Selbstbewußtsein und ihrer Selbstwirklichkeit. Das Besondere ist dabei, daß zwar einerseits die vielfältige Inhaltlichkeit durch jene in sich einheitliche Formalität, das ‚Spielhafte' durch jenen ‚Ernst', die Mannigfaltigkeit der Erscheinung durch die Ganzheit jener Prinzipienstrukturen ermöglicht und bedingt sind, andererseits aber das jeweils zuletzt genannte Element, wie schon zuvor erwähnt, *auch* für das zuerst genannte Glied Bedingung seiner Realisierung, seiner Konkretion ist. Für die reale Geschichte als zukünftige resultiert aus diesem ganzen vielfältigen Strukturgefüge die Unendlichkeit möglicher Konkretisierungsformen des höchsten und vollkommenen Menschseins – unter der Maßgabe der besagten Mindestverbindlichkeit[4] – und der Einheit und Unverrückbarkeit des letzten Rahmens bzw. Horizonts von Humanität überhaupt; wiederum in der Rücksicht der inneren Zuordnung von Religiosität und Humanismus, wie zuvor umschrieben. Daraus ergibt sich für die menschliche Geschichte als der Geschichte des Erscheinens der wahren Humanität das Wachstumsgesetz: Das Ganze ist immer schon als solches wenigstens mittelbar wirksam, das Einzelne, der geschichtliche konkrete Schritt, erwirkt je für sich das je Nächste und das Ganze (zu seinem Teil) zumal. Das Ganze im Verhältnis zum Einzelnen als eine Einheit der vorgängigen Wirkmächtigkeit gefaßt, ist so im Einzelnen stets schon vermittelt gegenwärtig; das Einzelne im Verhältnis zum Ganzen als ganzheitliche Prozeßstufe gefaßt, läßt je immer schon das Ganze konkret zu seiner wahreren Gestalt werden; beides aber jeweils zusammengenommen ergibt das Werden der Menschheit als einer Vieleinheit zu sich: als Werden aus einem Grunde, der sein wahres Sein als zukünftig, als werdend Gewordenes hat.

Die genauere Ausprägung dieses Prozesses dürfte nichts Geringeres als der Verlauf der höheren *Bewußtseinsgeschichte selbst* sein – in der freilich z. B. auch die gesamte Wirtschafts- und Technikgeschichte integriert ist. Dem weiter nachzugehen, ist jedoch für jetzt nicht unsere Aufgabe. – Ein wesentlicher Gesichtspunkt aber muß noch erörtert werden, gerade im Hinblick auf die noch später zu erörternde Rolle der Philosophie als der gleichsam institutionell gewordenen kritischen und konstruktiven konkreten Vernunft: Es ist der Aspekt des allgemeinsten und umfassendsten Rahmens für den soeben skizzierten Prozeß, und zwar nicht unter der Rücksicht, daß irgend etwas an dessen Inhaltlichkeit nun selber angezielt würde. Vielmehr bleibt an produktiver Möglichkeit noch ein Bereich übrig, der sich zu dem genannten Bereich relativ äußerlich, damit aber zugleich auch wiederum ‚formal' verhält. Er ist weiter dadurch einesteils so etwas wie eine äußere Ermöglichungsbedingung jenes Prozesses auf die wahre und vollkommenere Humanität hin, anderenteils aber zugleich auch ein echter, sich aus dem Wesen der Sache ergebender Ausdruck, eine Art von Wesenssymptom oder besser: ein Strukturbild jenes Gehalts. Noch einmal unter veränderter Rücksicht ist der Bereich des *Politischen* gemeint, und zwar, wie es in dieser Untersuchung nicht anders sein kann, vornehmlich unter dem Aspekt des anthropologisch Exemplarischen. Nicht also um politologische Detailforschung oder -erörterung geht es hier, sondern um den philosophischen Stellenwert des Politischen innerhalb des hier vorgelegten Gesamtentwurfs und dessen Prinzipienstrukturen. Das meint aber dann auch, daß das Politische selber unter ganz bestimmten Rücksichten, nach wohlbestimmten Auswahlkriterien ins Auge gefaßt wird.

XI. Die Möglichkeit einer Erneuerung von Politik und Gesellschaft als Problem; ihre Prognostik

1. Zukunftsaussichten der (freiheitlich) demokratischen Konzeption: Konstitutiver Wechselbezug von Vergangenheit und Zukunft als Tradition

Die Idee des ‚Spiels' in dem genannten Bedeutungsgehalt als Leitlinie einer kommenden Menschheitskultur wird somit nicht nur unter der Rücksicht letzter Maßstäbe eines absolutheits-bezogenen Handelns, also der Sittlichkeit, anvisiert, sondern sie wird gerade auch innerhalb der eigentümlichen Weltbezüge selbst Zukunft prognostizieren lassen. Allerdings wird eine solche Prognose – dies läßt sich aus dem bisher Dargelegten klar erinnern – stets und grundsätzlich als ein wesentliches Element die Extrapolation des Gegebenen, d. h. also auch des Vergangenen, sofern dies sich noch als gegenwärtig wirksam erweist, in sich einschließen. Für unsere Zwecke ist weiter selbstverständlich nur ein kleiner Ausschnitt der hier als möglich anstehenden Probleme relevant; es kann sich somit wie im Ganzen, so auch hier nur um eine charakteristische, exemplarische Skizze handeln. – Mit Bezug auf den politischen Bereich in seiner eigentümlicheren und spezifischeren Form läßt sich nun jene Idee am ausgeprägtesten in jenem politischen Strukturenkomplex wiedererkennen, den man als das freiheitlich-*demokratische Modell* (des Staates, der Gesellschaft, der Wirtschaft usw.) kennzeichnen kann. Freilich wird man sogleich verschiedene Unterscheidungen treffen müssen, teils hinsichtlich der gemeinten Sache selbst, teils auch in methodischer Absicht. Um mit dem Letztgenannten zu beginnen, so kann hier natürlich wiederum nur in gleichsam exemplarischer Auswahl ein Inbegriff, besser noch: eine Ingestalt[1] umrissen werden sowohl der wesentlichsten Gestaltungen, in denen Demokratie sich bisher geschichtlich ausgeprägt und ausgewirkt hat, jedoch zugleich immer mit dem Blick auf die uns heute bedrängende Zukunftsproblematik dieser Form des Politischen, als auch der verschiedenen Problembereiche, die gerade unter dem besonderen Blick auf die Zukunft hin sich für eine Bestimmung einer ‚Demokratie-in-Entwicklung', eines sich stetig verwandelnden Demokratiebegriffs ergeben und ausfächern.

Geschichtlich betrachtet ist das demokratische Ideal bekanntlich schon relativ alt: Im europäischen Raum sind Athen, Island und schließlich das englische Parlament dafür die historisch ersten bzw. bedeutendsten Zeugen. Andererseits hat natürlich ebendieses Ideal eine große Zahl von Wandlungen durchgemacht[2]. Auf Einzelheiten braucht nicht eingegangen zu werden; wenn es aber eine gemeinsame Charakteristik der verschiedenen freiheitlichen Demokratieformen – hier zunächst einmal als spezifisch bestimmtes Ordnungssystem staatlicher Gewalt verstanden – gibt, so läßt sie sich einmal als Konzeption der *Gewaltentrennung* oder *-teilung*, und zum anderen als Konzept einer Beteiligung oder Mitwirkung *aller* staatstragenden Bürger beschreiben.[3] Für staatstragend freilich sind zu verschiedenen Zeiten, in verschiedenen Entwürfen und in verschiedenen Verhältnissen jeweils andere Personengruppen gehalten worden. Die Kriterien gerade für diese Eigenschaft menschlicher Personen in ihrem allgemeinen mundanen Wirkens- und Lebenszusammenhang wechseln von Zeitalter zu Zeitalter, oft von Entwurf zu Entwurf der Staatsformen selbst.

Um an dieser Stelle nur diesen einen ideen-historischen Hinweis zu geben, so erscheint es von Wichtigkeit, daß sehr viele, wenn nicht fast alle Demokratieentwürfe, die in die Wirklichkeit übersetzt wurden und sich dort über einen zureichend langen Zeitraum zu bewähren hatten, Elemente sowohl des sogenannten aristokratischen wie auch des sogenannten monarchischen Modells als Momente in sich aufgenommen und sich mehr oder weniger integriert haben; dies nicht nur was die eigentliche Konzeption beispielsweise der besten Staatsform betrifft,[4] sondern sachlich dem vorausliegend schon hinsichtlich der philosophischen und anthropologischen Grundlagen: d. h. hinsichtlich der Bestimmung des politischen Menschseins überhaupt. Hier reicht die Linie der Ungleichheit als Kriterium etwa vom Begriff des von Natur aus Unfreien bei Aristoteles, der allerdings wohl nur die Wirklichkeit seiner politischen Umwelt mit diesem Begriff einzufangen gedachte, über den Unterschied zwischen Stadtbürger und Leibeigenen im Feudalismus und die teils mehr, teils weniger aristokratischen Stadtrepubliken der frühen Neuzeit bis hin zu Gesinnungsgenossen der modernen Revolutionen und deren Gegnern. Wiederum: hier soll nicht eine breitere ideengeschichtliche Analyse des Vergangenen oder Überkommenen getrieben werden – es wäre ein in diesem Rahmen ganz unmögliches Unterfangen – ebensowenig, wie gar auf die sich darin abzeichnenden allgemeineren geistesgeschichtlichen Umwandlungen abgehoben werden kann.[5] Relevant ist für unsere Thematik an dieser Stelle nur, daß Demokratie als solche ihrem wesentlichen Begriff nach, der sich durch historische Fakten bestätigen läßt, durchaus von ambivalenter Natur ist und eine gewisse Offenheit für eine Herrschaftsordnung besagt, in welcher die eigentlichen Träger der Idee und ihrer Realität sich *auch* ausgesprochen herrschaftsausübend, und zwar im einseitigen Sinn, nämlich ohne entsprechende Kontrollmöglichkeit, gegenüber Anderen, Beherrschten verhalten.

2. *Die kulturgeschichtliche Problematik des Gleichheitsstandpunkts*

Damit ist nun eine bestimmte Tendenz gerade im heutigen Demokratieverständnis aufgenommen, die an gewisse Utopien der Renaissance und der Aufklärung anknüpfend einen möglichst ausgedehnten, ja vielleicht sogar totalen *Gleichheits*begriff zum Promoter des politischen Fortschritts gemacht hat.[6] Auf den ersten Blick scheint dies einen Widerspruch zu besagen: Gleichheitsideal und einseitiger Herrschaftsanspruch, sei dieser vielleicht auch nicht theoretisch reflektiert, sondern nur real ausgeübt[7], scheinen eine contradictio in adiecto auszumachen. Bei genauerem Zusehen klärt sich dieser Widerspruch allerdings ziemlich rasch, denn gerade die neuzeitliche Idee der staatsbürgerlichen Gleichheit *ohne Ausnahme* und Einschränkung – es sei denn, daß der Mitbürger ‚bösen Willens' eine solche darstellt – hat zu ihrer Voraussetzung eine ganz bestimmte, im Ablauf der Menschheitsgeschichte wahrscheinlich einzigartige[8] kulturelle Entwicklung, in deren Zuge sich gerade diese besonderen Gleichheitsideale als politisch wirksam mitentwickeln konnten. – Die tiefgreifende Problematik einer Ausweitung demokratischer Institutionen zufolge der neuerdings global in ihrem Anspruch auftretenden Gleichheitsidee auf den weiten Bereich beispielsweise sogenannter unterentwickelter Länder beruht bezeichnenderweise ja gerade im Fehlen eines entsprechenden humanistischen kulturellen Unterbaues, d. h. einer durch fundamentale Europäisierung charakterisierten Basiskultur, die dann das Gesamtbewußtsein einer derartigen, ursprünglich anderen Gesellschaft zu prägen hätte. Dies zeigt sich am krassesten gerade in den ‚farbigen' ehemaligen europäischen Kolonien.[9]

Die sich im Zuge der zivilisatorischen Europäisierung ausbreitende Idee der *Gleichheit* als eines das menschliche Leben auf politischer Ebene, womöglich aber auch in anderer Rücksicht, ordnenden und regelnden gesellschaftlichen Prinzips – mit welchen Einschränkungen auch immer – impliziert nun nicht selten ein *Sendungsbewußtsein* eigener Art, das auf Überwindung und Unterwerfung aller entgegenstehenden Ideenkomplexe mitsamt der von solchen geprägten Institutionen hinausläuft. Der Vorgang einer derartigen Unterwerfung selber vermag übrigens teils ganz naiv, teils mit Gewalt, teils unideologisch, d. h. gleichsam technisch-zivilisatorisch, teils auch ausgesprochen ideologisch geprägt vonstatten zu gehen. – Insofern ist damit, dies möge als kurze Andeutung genügen, auch das von diesem Begriff primär geprägte moderne Demokratie-Ideal in sich selber wiederum zwiespältig: Es enthüllt sich im weltweiten Vergleich als eine letztlich entweder von wirklichkeitsfernem Utopismus oder aber von Machtbestrebungen getragene und motivierte Idee, der zufolge dann ein nach eigenem Verständnis hochentwickelter Teil der Menschheit wenigstens der Idee nach sein eigenes Konzept zur Ordnung des politischen Lebens – aber natürlich damit verbunden auch aller von der politischen Ordnung letztlich betroffenen übrigen Lebensgebiete – teils mit ‚sanfter', teils auch mit direkterer Gewalt übermittelt[10].

Einmal vorausgesetzt, es treffe auch in der partikulären geschichtlichen Wirklichkeit mehr oder weniger zu, was in der idealen Konzeption demokratischer Politik an konstitutiven ‚Spielregeln' der Machtausübung und -kontrolle zugrunde gelegt ist, so wird man mit dem Blick auf die jüngere Kolonialgeschichte dem scheinbaren Altruismus europäischer Ideenübermittlung an die nichteuropäische Welt doch zunächst, wie schon gesagt, als Einwand den oft völlig anders gearteten allgemein kulturellen und zivilisatorischen Rahmen entgegenhalten, der z. B. in den nicht oder nicht hinreichend industrialisierten Ländern oft nicht die bewußtseinsmäßigen Voraussetzungen gegeben sein läßt: Für die Europäer war dies ein *allgemeines dynamisiertes soziales Leistungsbewußtsein,* das dem Einzelnen oder auch ganzen Gruppen aufgrund der eigenen Leistung die legitime soziale Veränderung ermöglicht, zugleich mit dem Bewußtsein einer allgemeinen gesellschaftlichen Arbeits- und Leistungsteilung sowie -kooperation. Erst auf einem solchen Bewußtseinsboden erwächst ja die produktive, die schöpferische Aneignung des reifen, und d. h. des freiheitlichen Demokratieverständnisses, das nicht nur im rein staatlichen Bereich die Frage nach der besten Verfassung sich zu lösen bemüht, sondern darüber hinaus noch einmal im Verhältnis von Staat und Gesellschaft im wesentlichen die gleichen Handlungsstrukturen ansetzt: (wie Loewenstein es jüngst formuliert hat) den kritischen Besitz und die darauf gegründete schöpferische Ausübung der Macht durch die Trennung der politischen Vollzugsbereiche von

Grundentscheidungen in ihrer erstmaligen, ursprünglichen Konstitution – durch Wahlen, Etablierung von Parteien, z. T. entsprechende Gesetzgebung und öffentliche Meinung –, der *Durchführung* solcher Grundentscheidungen – durch Regierung, regierungskonforme Gesetzgebung und öffentliche Meinung – und schließlich der *Kontrolle* dieser Entscheidungen – durch unabhängige Justiz, die parlamentarische und außerparlamentarische Opposition sowie durch die (oppositionelle) öffentliche Meinung.[11] Man sieht übrigens leicht, wie sich hier gewisse Grundgesetzmäßigkeiten des ‚Spielhaften' wiederfinden lassen: So vor allem der eines gewissen ‚Mannschaftsgeistes', d. h. einer gemeinsamen Handelnsebene auch bei verschiedenartiger Auffassung, so daß aus einem ‚Feind', den es sonst zu vernichten gegolten hätte, ein ‚Gegner' wird, dem grundsätzlich die gleiche Chance wie der eigenen Richtung zugebilligt wird. – Es ist klar, daß die proportionale Grundlage davon nur ein Menschenbild zu sein vermag, das prinzipiell den *Primat* des *mitmenschlichen Zusammen*, der Kooperation, *und zwar in Freiheit,* also auch bei verschiedenartiger Auslegung des jeweils besten oder auch nur besseren öffentlichen Wohls als akzeptabel, statuiert hat.[12]
Mit Bezug auf die globale Situation von heute ergibt sich als Konsequenz einer primär abstrakt, unter Absehen von der geschichtlichen Wirklichkeit erfolgten, d. h. rein schematischen Übertragung des gleichsam organisch gewachsenen europäischen Demokratieverständnisses auf einen fremden Boden einerseits ein tiefes Mißtrauen gegenüber dieser europäischen Unternehmung (als bloße Tarnung von Kolonialismus) von seiten der Nichteuropäer. Darüber hinaus scheint sich in weltweitem Maßstab ein weitgehendes Scheitern dieser Übertragung abzuzeichnen, indem man in stets wachsendem Maße auf nicht demokratische, mehr oder weniger autoritäre oder gar totalitäre Praktiken der Politik zurückgreift. Der Grund dieser Entwicklung hat tiefer gesehen allerdings sein Gegenstück auch in den Nationen, die als ihr politisches Ideal bisher die moderne Demokratie vertreten haben: Es ist das relativ plötzliche, *über-proportionale Anwachsen unvorhergesehener*

Aufgaben der Lebensbewältigung für menschheitliche Großgruppen, bzw. für die gesamte Menschheit. Genauer noch überschreitet das Ausmaß dieser sich ankündigenden und sich sogar noch beschleunigenden Probleme alles bisher zum Vergleich Heranziehbare. Was aber zunächst nur von den relativ äußeren Lebensbereichen der Ökologie u. ä. zu gelten schien, scheint nun mehr und mehr auch in seiner mehr ‚inneren', d. h. auf das Bewußtsein und seine Strukturen selbst gerichteten Problematik eine Parallele zu bekommen. Der Begriff der Manipulation, der hier in vielfältiger Bezugnahme verwendet wird, ist nur als Hinweis zu nehmen auf eine erheblich tiefer sich abspielende allgemeine *Instrumentalisierung* des Menschen und der Menschheit, etwas, was Kant bekanntlich für den Tod aller menschlichen Würde gehalten hat.[13] – Hinwiederum, eine *gewisse* ‚Instrumentalisierung' in den menschlichen Existenzabläufen erscheint für das konkrete Weiterleben, und sogar für das eigentümlich humane Weiterleben der Menschheit, unvermeidlich. Aus der Geschichte bietet sich dabei als ältestes Analogon die Praxis der an sich ja ziemlich radikalen römischen Republik an, in besonderen Notsituationen zur zeitlich begrenzten Diktatur zu greifen.

3. Das Problem des Übergangs zu neuen Herrschaftsstrukturen

Was uns heute bewegt, ist daher nicht nur die weltweite Diskrepanz zwischen politisch, kulturell, zivilisatorisch ehemals Herrschenden und ihren Partnern bzw. Gegenspielern, die sich weiterhin, ja überwiegend als der Gegensatz zwischen reichen, wohlhabenden Industrienationen und den sogenannten unterentwickelten Ländern artikuliert hat; vor welchem Hintergrund das demokratische Ideal seine Glaubwürdigkeit verloren hat. Es ist vielmehr wiederum der dieser Spannung zugrunde liegende allgemeinere Problemkreis einer Menschheit, die sich unversehens vor die Gefahr noch nie dagewesener, bis vor kurzem noch für ganz undenkbar gehaltener Katastrophen von globalem Ausmaß gestellt sieht. Angesichts dieser Konstellation erscheint die Frage nach der idealen politischen Grundstruktur geradezu fast als ein ‚Luxus für Reiche', die Demokratie westeuropäischen Musters selbst als ein solcher Luxus. Nicht nur erscheint der autoritäre oder totalitäre Regierungsstil – wenn man einmal sich euphemistisch selbst überzeugt hat, daß gewisse Extremformen ausgenommen sein sollen – schlicht effektiver; auch das hier zugrunde liegende Leitbild des Menschseins insgesamt und als solchen scheint durch den Grundvorgang, den Primärprozeß moderner Gesellschaftlichkeit, die *Vermassung* des Menschen und der Menschheit gestützt, durch sie bedingt und geradezu grundgelegt[14]. – Toqueville war es ja bekanntlich, der als einer der ersten auf genau diesen Zug als charakteristischsten der modernen und kommenden Geschichte hingewiesen hat. Bei ihm findet sich auch einer der frühesten Deutungsversuche ebendieses Phänomens, und zwar mit der für ihn charakteristischen Methode einer auf das Wesen des Phänomens an Hand typischer *Struktur*elemente gehenden Analyse. Konsequenzen für den zukünftigen Verlauf finden sich als bloße Möglichkeiten, ja eher oft nur Mutmaßungen.[15] Ein gewiß entscheidendes Moment ist nun von ihm die Feststellung, daß unser modernes Zeitalter, das sich im Großen in stetiger, oft schubweiser Veränderung befindet, als vielleicht eigentümlichsten Zug innerhalb dieses Veränderungsprozesses die *Auswechslung* der *führenden* gesellschaftlichen Schichten aufweise: Er nennt es die Ersetzung des alten durch einen „neuen Adel", der freilich erst noch im Kommen begriffen sei und sich vom alten grundlegend, d. h. – können wir hinzufügen – durch ein völlig anders geartetes Konzept vom Menschen, von seinem Wesen, seiner Geschichte und seinem Ziel unterscheidet.[16]

Auf die Sache gesehen, läßt sich dieser ‚neue Adel' ganz einfach als neue Klasse, neue Schicht, *neue Gruppe von Herrschenden* bezeichnen, wobei offenbleibt, wie weit oder wie eng die Grenzen der neuen, auch heute noch keineswegs etwa in einem abschließenden Stadium befindlichen Gruppierungen anzusetzen sind. – Sehr weit griffe man, wollte man beispielsweise im angeführten Zusammenhang einfachhin die Industrienationen als die sogenannten ‚Besitzenden', wie gesagt, als solche Herrschaftsgruppe ansehen. Der Sache näher kommt man, faßt man bestimmte, durch ihr ideologisches Konzept hinreichend abgegrenzte soziale Gebilde weltweiter Ausprägung und zugleich streng hierarchischer Organisationsform ins Auge: Gemeint sind ideologisch fundierte Parteiungen von globaler Relevanz.[17]

a) Kulturgeschichtlich vergleichender Rückblick

Entsprechend zuvor Auseinandergelegtem läßt sich die bewußtseinsmäßige Struktur, auf die sowohl jene angedeuteten Gefahren als auch die parallel dazu zu beobachtende Ausformung einer ersten gesellschaftlichen Selbsthilfe in Gestalt autoritärer und totalitärer Machtgruppierungen bzw. solcher, die eine derartige Macht anstreben, als auf ihren Grund bzw. ihre Bedingungen zurückzuführen sind, dann auch durch eine *Analogie* zu erheblich primitiveren Kultur- und Zivilisationsformen und -stufen kennzeichnen. Gemeint ist beispielsweise als Parallelerscheinung etwa der Übergang von der sogenannten Wildbeuter- und Jägerkultur, ja auch noch von der Kultur des viehzüchtenden Nomaden, zu derjenigen des Pflanzers und des Ackerbauern. Der wesentliche Unterschied zwischen beiden Formen menschlicher Auseinandersetzung mit der Natur ist ja der, daß im ersten Fall – einmal grob gesprochen – die Natur ausgebeutet und ihre Regeneration, und zwar natürlich letztlich unter der Rücksicht ihrer späteren Nutzbarmachung wiederum für den Menschen, ihr selbst überlassen wird. Ähnliches gilt auch noch für den primitiven oder entwickelteren Viehzüchter, bei dem immerhin schon ein Einschnitt insofern gegeben ist, als wenigstens zu einem Teil die Natur, nämlich in Gestalt des gezähmten, beherrschten Tieres, aus der gleichsam *linearen Ausbeutungsfunktion* in eine zyklische, in eine Kreislauffunktion hineingezwungen erscheint. Noch sehr viel entscheidender ist dies letztere der Fall beim reinen Ackerbauer, wo das gesamte Verhältnis zur

Natur unter der Ingestalt eines *Kreislaufs* gedacht erscheint. Dies Schema gilt dann sowohl für die einfache Tatsachenreihe von Aussaat, Ernte, Wiederaussaat usw. wie auch für die tiefere mythische Deutung dieser und ähnlicher Zusammenhänge, wo der gesamte Kosmos nach dem Muster eines Kreislaufs von Werden und Vergehen vorgestellt erscheint.[18] Das Neue ist hier, daß der Ackerbauer genau *das* Moment im Verhältnis des Menschen zur Natur, das zuvor in eine amorphe Negativität auszumünden schien, nämlich die ausbeuterische, d. h. *bloß verbrauchende* Nutzung der naturgegebenen Hilfs- und Lebensmittel, durch die Transformierung in eine *regenerative* Weise der Nutzung in Positivität zu verwandeln imstande ist.[19]

b) Anwendung auf die heutige Problematik des Verhältnisses zur Natur

Die Parallele zur *heutigen Situation* liegt ziemlich klar auf der Hand. Auch innerhalb der durch industrielle Produktion getragenen bzw. hervorgebrachten Zivilisation war es bisher üblich, um nicht zu sagen die Norm, daß nach entsprechender Nutzung der Naturgüter (Rohstoffe usw.) das betreffende Stück von Natur sich selbst überlassen wurde. Die Folge ist mit dem zunehmenden Massencharakter moderner Industrialisation der mittlerweile allüberall festzustellende Verlust des ökologischen Gleichgewichts, sodann aber der Verlust gegebenenfalls sogar des primären Lebensraumes (Luft, Wasser u. ä.) überhaupt.[20] – Selbstverständlich liegt hier, um eine *methodologische* Zwischenbemerkung zur herangezogenen Analogie und ihrer Auswertung einzuschieben, eine vereinfachte Darstellung vor, die von sehr vielen ebenfalls wichtigen Gesichtspunkten bewußt um der Verdeutlichung ihres Anliegens willen absieht. Ebenso wird von den z. T. äußerst differenzierten Übergangs- und Mischstadien sowohl innerhalb der alten, ‚primitiveren' Kulturen als auch innerhalb der moderneren, industriebestimmten Zivilisation abgesehen.[21] – Die Nutzanwendung auf den modernen Fall erscheint dann klar und eindeutig zu sein: Es wird, worauf in der Literatur auch von technologischer Seite zunehmend hingewiesen wird, wesentlich darauf ankommen, auch hier das lineare *Ausbeuterschema*, das sich beispielsweise ganz augenfällig und konkret in der ausufernden, wuchernden ‚Nutzlosigkeit' des Industriemülls aller Art dokumentiert, zu durchbrechen und umzuformen zu einem seiner Gesamtstruktur nach zyklischen Schema im vollen und wahren Sinn. Das meint dann ganz entsprechend nicht nur eine einzelhafte, zufällige Wiederverwertung dieses oder jenes Zivilisationsstücks zum Wohle der Ökologie, sondern ein grundsätzlich anderes Verhältnis des zivilisatorischen Gesamtbewußtseins der Menschheit der Natur und ihrer ‚Verwertbarkeit' gegenüber. M. a. W. der Mensch wird sich gerade als *technisches Wesen* in einen *Naturregeneration und Zivilisationserneuerung* umfassenden *kreislauf*förmigen *Prozeß eingeordnet* sehen. Statt vernichtender Ausbeutung wird die Pflege des Gegebenen, statt Raub und bloßen Nutzens wird die auf das dynamische Bestehen des Ganzen hinzielende Vorsorge den neuen ökonomischen Boden der künftigen Kultur abgeben müssen.[22]

Noch anders gewendet, wird man endlich eine ähnliche Änderung unseres gesamten sozioökonomischen und damit verbunden des kulturellen Bewußtseins zu gewärtigen haben, wie sie schon einmal beim Übergang von der Sammler- und Jägerstufe zur Viehzucht im großen Stil und zum Ackerbau stattgefunden hat. Diese Analogie dürfte freilich weitgehende Konsequenzen für die Zukunft in sich enthalten. So dürfte etwa, ähnlich wie die Stadt erst auf der Grundlage einer geregelten Agrarwirtschaft (und des darauf fußenden Handels usw.) möglich wurde, so auch in der Zukunft – als Analogon – etwa ein Weltstaat erst möglich werden auf der Grundlage einer sich durch eine fundamentale *Zyklusstruktur* auszeichnenden Weltzivilisation und -kultur.

4. *Bewußtseinsänderung: Vom Antagonismus zur Kooperation als Universalhorizont menschlichen Handelns*

Noch entscheidender jedoch wird die mit einer solchen Einstellungsänderung verbundene *Bewußtseinsänderung* der Menschheit dem Ganzen der Welt gegenüber sein. – Hier sollen wiederum nur einige kurze skizzenartige Überlegungen zu diesem Punkt genügen. Wenn man mit Fug und Recht den Bewußtseinsmodus der primär ausbeutenden Zivilisation den Naturgütern gegenüber als im wesentlichen *antagonistisch* bestimmen kann, wobei dieser Antagonismus freilich im Ganzen vergleichsweise ungeordnet, gleichsam singulär, nach Art eines Freibeuters verfahrend sich ausnimmt – wobei das Neue von K. Marx eigentlich nur dies war, daraus die letzten Konsequenzen für das proportionale Kollektiv als Ermöglichungsboden von jenem, d. h. auf der gleichen Ebene der Strukturen zu ziehen: Wenn dies so ist, dann wird man den gänzlich anders gearteten Bewußtseinsmodus der ‚Pflege' und Vorsorge eben diesen Naturgütern, aber damit selbstverständlich ebensosehr auch entsprechend allen auf sie bezüglichen zivilisatorischen und kulturellen Leistungen gegenüber wiederum als *kooperativ*, zusammenwirkend, kurz: als vergleichsweise *partnerschaftlich* (in einem letzten allgemeinen, prinzipiellen Sinn) bezeichnen können. Diese Partnerschaft und Kooperativität aber erstreckt sich dann folgerichtig nicht nur auf das Ganze der uns zur Verfügung stehenden Natur und ihrer Dienstfähigkeit für menschliche Kultur, sondern ebenso auch, ja noch mehr auf das Gesamt, auf die Totalität aller diesbezüglichen *menschlichen Leistungen* mitsamt allen darin implizierten Folgen für die Artikulation der Gesellschaft im Ganzen. – Genau nun an dieser Stelle aber ergibt sich dann der systematische Ort einer Konsequenz aus sehr viel weiter zurückliegenden, (scheinbar) sehr viel abstrakteren Strukturen: Kooperation, Intersozialität und weiter Interindividualität und Interpersonalität lassen sich dann als reduktiv-deduktive Stufenordnung eines ersten *Grundverhältnisses des Menschen zu sich* und *zum Absoluten* überhaupt und schlechthin verstehen, als dessen zentrale und konstitutive Maxime sich dann der Satz ergäbe, daß vollkommenes Menschsein z. B. in nichts anderem bestünde als darin: göttlich zu sein in endlicher Gestalt.[23] D. h. also, daß gerade der Absolutheitscharakter des Menschen als solcher hier seine genaue intramundane Ausformung erreicht, bis in die letzten Konsequenzen.

Es wäre somit, noch einmal mit dem Blick auf die obengenannte Analogie, durchaus auch heute so, daß eine derartige Bewußtseinsänderung dem Ganzen unserer erfahrbaren Lebenswelt gegenüber, soll sie ihre letzten inneren Konsequenzen erreichen, eine Neueinstellung dem *Ganzen des Seienden* und des – transzendentalen wie transzendenten – Seins (in traditioneller Sprache gesprochen) gegenüber einschließt.[24] – Der alte Mythos, daß der Kreislauf des Lebens als dem Menschen und zu seinem Nutz und Frommen dienstbar göttlichen Ursprungs gewesen ist, erhielt hier ein Analogon, freilich hinsichtlich seiner bewußtseinsmäßigen Fundierung in einer unvergleichlichen Weise transformiert: Gerade die bis in die letzte Folgerung durchgeführte Autonomie des Menschseins weist auf seine Bezüglichkeit zu einem Absoluten hin; und allerdings wäre das nunmehr zu fordernde Gesamtbewußtsein mit seinen Dimensionen *positiver Sozialität* letztgegründet allein in einer Personalitätsstruktur, die das Göttliche in spezifischer Weise als menschliches Wesen zu erweisen vermöchte.[25] Die schon zuvor genannte Ansicht, daß alle wahrhaften und umwälzenden Neugestaltungen ihrem positiven Aspekt nach eben nicht letztlich auf empirische Nützlichkeitserwägungen zurückgehen, sondern ihren Ermöglichungsraum an Gründen und Bedingungen in einem vergleichsweise ‚reinen Interesse' an der Sache haben, würde im übrigen auch hier bestätigt, insofern das auf das Absolute und des Menschen Verhältnis zu ihm hingerichtete Interesse in unserem Fall das Erste und Umfassende ist. Diese Auffassung wird jedoch auch wiederum in gewissem Maße korrigiert, insofern eben dies Interesse in seiner Zielrichtung auf Göttliches *und* Weltliches gerade aktual ein einziges ist.

5. *Geschichte als ‚Ausgleichsfeld' von Idee und Realität optimaler (demokratischer) Herrschaft*

Es ergibt sich im Anschluß an das Auseinandergelegte und speziell an das mehr zu Anfang und im ersten Drittel dieses Kapitels Gesagte aber nunmehr die Frage, ob nicht doch ein tiefer Widerspruch diese ganze Konzeption noch einmal zum Scheitern verurteile, nämlich der Widerspruch schlicht zwischen der *Idealität* der hier in Frage stehenden Strukturen, die sich philosophischer Reflexion erschließen, und der gerade in den kurz zuvor abgehandelten, jedenfalls dem Anschein nach dort implizierten *Realität* der geschichtlichen Situation im Ganzen wie im Einzelnen. Denn gerade diese Realität, der ja die zuletzt durchgeführten Überlegungen mehr gewidmet waren, scheint den idealen Entwurf politischer Verhältnisse zu einer Enklave idyllischer Theorie am Rande der rauhen Tageswirklichkeit der Geschichte zusammenschrumpfen zu lassen. – Der Widerspruch kann als lösbar gedacht werden, wenn man diese Diskrepanz nicht in gewissen geschichtlichen Konstellationen von unüberwindlicher, gleichsam statischer Gültigkeit begründet sein läßt, so als ob in der Ordnung des Gewesenen nun auch das Wesen der Geschichte seinen ersten und ursprünglichen Ort habe. Vielmehr läßt sich eine solche Widersprüchlichkeit begreifen als unvollkommene *Vorform* einer künftigen *vollkommeneren Form.* Anders gesagt wäre heute von der künftigen Lösung sozusagen nur die Problematik (der status quaestionis) gegeben. Das Verbindende aber wäre dann *der Prozeß* menschheitlicher Geschichte vom gegenwärtigen unvollkommenen Zustand und seinen durchaus noch unvollkommenen Extrapolationen für die nähere Zukunft hin zu dem hier anvisierten ferneren vollkommeneren Zustand. In eine solche Konzeption ordnen sich die verschiedenen, dem Anschein nach widersprüchlichen oder jedenfalls entgegengesetzten Elemente der modernen Geschichte ohne Schwierigkeit ein.

Zunächst einmal muß jedoch der Begriff des *Egalitarismus* noch weiter geklärt werden: Soll damit nichts weiter gesagt werden, als daß ein jeder Mensch seiner intelligiblen Natur nach grundsätzlich unmittelbar zum absoluten Wert und Sinn des Menschseins sich verhält und um dessentwillen, wie Kant sich ausdrückt, niemals eine Person als Mittel, sondern „jederzeit nur als Zweck“ gelten kann[26], so wird man der Idee der Gleichheit gerne zustimmen. Es wäre damit nur die in der westeuropäischen Aufklärung grundgelegte Idee des *Menschen* und seiner *Würde* im politischen Raum in einer dem heutigen Stande der Interkommunikation entsprechenden Weise aktualisiert.[27] – Das funktional wechselseitige Gesamt von damit gesetzten Rechten und Pflichten erscheint aber verlassen, wenn die Idee der Gleichheit ideologisiert und vordergründig auf einen Primat von Rechtsforderungen zugespitzt wird, das Verhältnis von Rechten und Pflichten dadurch seines grundsätzlich synthetischen Charakters entkleidet und dafür ein Antagonismus zwischen beiden gesetzt wird, dem zufolge dann weiter auch die Träger von Rechten und Pflichten sich folgerecht antagonistisch zu verhalten haben: eine Rollenanweisung, für die in den geschichtsphilosophischen Konzeptionen der verschiedenen neuzeitlichen Ideologien, seien sie nun rassistischer, klassenkämpferischer oder technizistischer Art, die Legitimationsbasis mitgeliefert wird.

K. Marx ordnet sich dann folgerichtig mit seinem Entwurf des Klassenkampfs in die Perspektive der Entwicklung der gesamtmenschlichen Gesellschaft zu einem Massengebilde ein, was aber zugleich die Entwicklung einer neuen Herrschaftsschicht einbegreift. Der Prozeß der Bildung eines „Neuen Adels“, von dem Toqueville sprach, wurde von ihm sowohl hinsichtlich des wirtschaftlichen Erzeugungsprozesses und seiner eigentümlichen Struktur – als Klassen-Antagonismus –, wie auch hinsichtlich des geschichtlichen Zieles – als klassenlose Gesellschaft vermittels der Diktatur des Proletariats[28] – mißverstanden. In Wahrheit zielt zwar der geschichtliche Prozeß wohl mit allergrößter Wahrscheinlichkeit auf die Herausbildung besagter *neuer Herrschaftsstrukturen* ab. Und es bedarf keiner sehr tiefgreifenden Überlegung, um zu erkennen, daß entgegen dem modernen Ideologismus der Egalität

Herrschaft im eigentümlichen und strengen Sinn von ihrem Begriff her, d. h. ihrem Wesen nach, durchaus ursprünglich human, der vollkommeneren Ausbildung menschlichen Wesens dienlich und förderlich ist. Gerade wegen der kooperativen Gemeinsamkeit sowie der Leistungsteiligkeit menschlichen Zusammenlebens ist es nicht nur möglich, sondern auch notwendig, daß übergeordnete Aufgaben von besonderer Machtrelevanz von dafür Geeigneten wahrgenommen werden. Allein an der Auswahl und der ständigen, grundsätzlichen Rückbezüglichkeit auf das allgemeine Wohl eben der Herrschenden, anders ausgedrückt, an der Kontrolle ihrer Herrschaftsfunktionen, ist alles gelegen. – Deshalb bedeutet es nochmals mit dem Blick auf schon Auseinandergelegtes[29] eine Verfälschung des eigentlichen und wahren Kerngedankens der *Demokratie*, wenn als ihr Zentralgehalt die Idee einer, wie beschrieben, totalitären Gleichheit unterschoben wird. Im Gegenteil wird auch und gerade die je vollkommenere Ausformung dieser Staats- und Gesellschaftsstruktur eine jeweils umfassendere, aber auch sublimere Ausformung von *Machtstrukturen* mit sich bringen, ganz einfach deshalb, weil damit grundsätzlich Herrschaftsstrukturen gesetzt sind. Das Besondere aber ist, daß in der entwickelteren und vollkommeneren Gestalt eben dieser Form des Politischen wie in keiner für das Heute vergleichbaren sonst eben diese Herrschaftsstrukturen zugleich, ohne ihren Herrschaftscharakter zu verlieren, als Strukturen reifer Verantwortlichkeit und damit als der *wechselseitigen Legitimation* der verschiedenen Herrschaftsfunktionen durch den gemeinsamen Akt aller Staatsbürger fungieren.[30] Gerade damit aber erscheint nun wiederum etwas, was weiter oben als sehr wesentlich für die ‚spielhafte' Charakteristik dieser Struktur aufgezeigt worden ist.

Nicht nur also, daß der ‚Spiel-Charakter' im Sinn eines verantwortungsvollen, in seiner Zielsetzung durchaus auf Höchstets abzielenden Spieles gewahrt ist. Gerade in der Variabilität des sonst in anderen Herrschaftskonzeptionen invariablen Funktionsgefüges zeigt sich etwas Wesentliches vom Spielhaften, da hier Freiheit und Ersetzbarkeit innerhalb eines gleichen Vollzugsgefüges gesetzt sind. Und so enthält gerade dieser Spiel-Charakter der neuen, künftigen Gesellschaft und ihrer Staatlichkeit ein bisher ungekanntes Höchstmaß an Herrschaftsstruktur in positiver Rücksicht.[31] – Ein neuer Herrschaftsträger aber ist sodann stets unter mehrfacher Rücksicht zu bestimmen: allgemein gesellschaftlich, allgemein kulturell, allgemein, d. h. weltgeschichtlich, politisch. Das Erstgenannte läßt heute nur so viel an Voraussage zu, daß es die *langfristig* dem *allgemeinen Wohl am meisten Dienenden* sein dürften, die hier schließlich auf die Dauer die Rolle der Herrschenden einnehmen werden[32]. – Das Zweitgenannte umschließt die Thematik der *Herrschafts-* oder besser: *Machtverteilung* im Gesamt der staatlichen und gesellschaftlichen Beziehungen, so daß es z. B. durchaus vielfältige Bereiche zu geben vermag, die im unmittelbaren politischen Sinn zwar herrschaftsfrei, wohl aber im Sinne moralischer, ästhetischer u. ä. Ordnungsgefüge „hierarchische" Systeme hervorzubringen vermögen[33]. – Das Drittgenannte endlich faßt die eigentlich *weltgeschichtlichen Machtfragen* ins Auge, so in erster Linie z. B. die Frage nach den kommenden bestimmenden „Mächten ersten Ranges" einer globalen Politik und da z. B. auch die Frage, ob eines konkreten Tages etwa eine einzige konkrete politische Macht die verantwortliche Sachwalterin der Menschheitsgeschichte im Ganzen sein wird[34].

XII. Die freiheitliche Demokratie als Idealgestalt angesichts der Realität

1. Nochmals: Das Problem des Egalitarismus und die Gleichheit des Rechts

Mit dem Gesagten erscheint aber eine schon öfters angedeutete Widersprüchlichkeit nun in voller Schärfe: der Widerspruch, der zumindest gerade heute und unter den jetzigen Verhältnissen zwischen der *idealen Form* von Demokratie, jedenfalls hinsichtlich ihrer Grundsätze als einer *egalitären* Gesellschaft auf der einen Seite und den Erfordernissen eines auf *Macht* gegründeten Gemeinwesens, das ja auch eine nach den Grundsätzen der Demokratie eingerichtete Gesellschaft mitsamt ihrer Staatlichkeit ist, nämlich einer funktionalen *Ungleichheit* auf der anderen Seite zu bestehen scheint. Dabei kann die konkrete Gestalt des demokratischen Lebens in der politischen Tageswirklichkeit durchaus vielfältiger Art sein, ohne daß das egalitäre Prinzip schon aufgehoben wäre. Auf der anderen Seite wird diese Ungleichheit in einem Mindestmaß sich niemals beseitigen lassen; sei es als die Differenz von Regierenden und Regierten, sei es als diejenige von Repräsentierenden und Repräsentierten: – sie gehört zur Fundamentalstruktur jeder Gesellschaft unausweichlich dazu.

Insgesamt läßt sich sagen, daß diejenige Form wohl die relativ idealste sein dürfte, gemäß der sowohl auf staatlicher wie auch auf gesellschaftlicher Ebene *gleichzeitig* ein Höchstmaß an Eigenständigkeit (Autonomie) im Sinn der Rechts- und Pflichtenverantwortlichkeit auf Handlungsebenen statuiert wird, die ihren Sinn und ihre Berechtigung primär durch den Bezug auf die handelnden Personen selbst erlangen – also z. B. im Gegensatz zu Kollektiven oder auch zu allzu substanziierten Institutionen – *und* ein Höchstmaß an kooperativer Flexibilität solcher Gruppengebilde einschließen. Letzteres aber wird wiederum durch die Verlagerung des kooperativen Vollzugs und seiner Formierung primär in die Verantwortung der handelnden Personen selbst erreicht. – Damit erweist sich das hier vorgelegte Konzept, das in diesem Punkt der großen Tradition der europäischen Aufklärung verpflichtet ist, wie schon gelegentlich erwähnt wurde, als im Grunde optimistisch, den Menschen in seinem Menschsein trotz allem positiv wertend, im Gegensatz zum Grundansatz des Kollektivismus, der gerade in der Frage der Rangordnung innerhalb der Prinzipien dem Menschen, wie er ist, negativ, pessimistisch, mißtrauisch gegenübersteht. – Das bedeutet dann von der Konzeption her praktisch gesellschaftlichen Pluralismus und staatlichen Föderalismus, eben eine Vielzahl staatlicher und gesellschaftlicher ‚Organe' und ganzer ‚Organbereiche', die ihr Gemeinsames weder in der toten Einheit einer anonymen Bürokratie noch im Zwang einer aufoktroyierten Überzeugung haben, sondern genau in der gemeinschaftlichen Freiheit vieler Einzelner. Daß damit im übrigen die staatliche Einheit und Gemeinschaftlichkeit ebensowenig wie die gesellschaftliche aufgehoben oder auch nur gefährdet ist, geht aus dem hier vertretenen Begriff von Freiheit zur Genüge hervor, der ja dann – von der Sache her (nicht zeitlich) – in einem sekundären Schritt für eben diese Gemeinsamkeiten gemäß ihrer Wichtigkeit auch Institutionen als Garantie des elementaren Lebensablaufs eben dieser Gemeinschaften zur Folge hat. – Der Begriff der Macht ist hierbei im übrigen keineswegs von vornherein als negativ, moralisch schlecht oder gar als Ursprung alles Bösen gefaßt, wie dies in manchen modernen kryptognostischen Überzeugungen der Fall zu sein scheint, sondern in ihrer wesentlichen Struktur zunächst einmal gänzlich wertneutral. Es bedeutet dazu keinen Widerspruch, daß Macht ihrer Natur nach konkret immer sofort schon wertbestimmte Macht ist und sein wird; denn hier wurde nur die ursprüngliche Mitkonstitution einer jeden nur denkbaren menschlichen Gesellschaft durch Macht, und zwar nicht nur durch ideelle, sondern auch physische Macht behauptet. – Es ist nichts Neues, daß mit einer jeden endlichen Macht zugleich die Möglichkeit ihres Mißbrauchs gegeben ist, ebensowenig wie damit ihr ursprünglich richtiger und sachentsprechender Gebrauchscharakter aufgehoben wird.[1] Jener oben genannte *Widerspruch* aber zwischen einer in der egalitären Sozialstruktur ihr vermeintliches konkretes Ideal findenden Demokratie und der naturgegebenen Ungleichheit überall dort, wo es sich um Fragen und Strukturen von Macht handelt, ist mit dem Hinweis auf die endgültig und grundsätzlich erst in der Zukunft stattfindende Synthesis bzw. Aufhebung des einen Teils oder Pols dieser Gegensätzlichkeit in der Präponderanz bzw. in der reinen Ausformung allein des einen Teils oder des einen Pols im eigentlichen Sinn nicht beantwortet, da außer der Versicherung einer kommenden Lösung, die man glauben kann oder nicht, nur der auf Zukunft hin sich abwickelnde Prozeß der soziopolitischen Veränderung der Menschheit sich anbietet, der aber gerade durch seine in die Zukunft selbst verlegte mögliche Verifikation einer Nachprüfung und Kritik in der Gegenwart entzogen wird. Die Sachfrage selbst erscheint mit einer solchen Problemstrategie wiederum ganz auf die Ebene einer konkreten, letzten Endes dann wohl immer politischen Praxis der Machterringung verschoben.[2]

Der Widerspruch ist allerdings nur scheinbar, insofern die These von der vollkommensten Form menschlicher Sozialität als egalitärer Gesellschaft letztlich keine sachbezogene, sondern unter dem Schein von Sachlichkeit eine eigentliche, jedoch im Zuge einer erkannten oder unerkannten Strategie oft sogar den Akteuren selbst mehr oder weniger unbewußte Interessen-Intention ausdrückt. Richtig und vollkommen verstanden werden kann der ganze Komplex des Egalitarismus nur von dieser Einstufung aus; dazu wurde schon zuvor einiges Wesentliche auseinandergelegt, das hier nicht wiederholt zu werden braucht. Positiv jedoch ist zu erinnern, daß die für die gesamte Menschheit und jedes ihrer Glieder zu reklamierende unaufgebbare Gleichheit, die *Gleichheit des Rechts* auf fundamentale Menschlichkeit ist. Darin ist zugleich ein Rückbezug auf einen absoluten Horizont alles Menschlichen eingeschlossen, der jede rein innergeschichtliche Rechtskonstellation von vornherein und wesensgemäß übersteigt.[3] Dieses Recht hat zu seinem konstitutiven Prinzip folgerichtig auch keinerlei innergeschichtliche, primär pragmatische Instanz, sei sie nun gesellschaftlicher oder rein individueller oder institutionaler Natur oder wie immer. – Es ist ein Teil dieses für alle Menschen gleichen Rechtes auf *Menschlichkeit*, daß dann weiter auch im funktionalen Gefüge innergesellschaftlicher und innergeschichtlicher Bezüge und Verhältnisse eine jede einzelne Person grundsätzlich das Recht auf eine möglichst weit tragende und umfassende, freie Entfaltung ihrer Persönlichkeit (um es einmal mit diesem heute schon fast archaisch anmutenden Wort zu sagen) hat. Zugleich damit ist natürlich nach der klassischen Gesellschafts- und Staatstheorie der englischen und französischen Aufklärung[4] das Recht auf Wahrung der gemeinschaftlichen Belange im weitesten Sinn gesetzt – und dies sogar derart, daß im Konfliktfall durchaus nicht immer der Vorrang *aller* Einzelrechte gewahrt bleiben muß, es sei denn, das Recht auf die grundlegende, unabdingbare Menschlichkeit selber. –

Im einzelnen lassen sich die Menschenrechte dann bestimmen als das bekannte *Freiheitsrecht* des Glaubens bzw. der weltanschaulichen Überzeugung und des wissenschaftlichen Interesses sowie der Meinung und der Meinungsäußerung und endlich der physischen Freizügigkeit. Aus diesem Komplex soll im folgenden nur noch ein Thema kurz behandelt werden: Es ist eine Folge des soeben skizzierten Sachverhalts, daß damit auch die *Gleichheit der Chancen* (um es mit einem heute sehr modern anmutenden Wort auszudrücken) als Möglichkeit und Freiheitsraum gemeint ist, bei angemessener Leistung gleiche berufliche und soziale Resultate usw. zu erzielen, und zwar hinsichtlich ihres existenzialen Wertes für den je Einzelnen. Subjektiv mag hier ein unendlicher Spielraum und eine unendliche Verschiedenartigkeit gegeben sein, objektiv steht jede Erfüllung dieses Spielraums durch die sozio-existenziale Rolle unter dem Gesetz der funktionalen Gleichheit einer möglichen Leistung, die bei Gesetztsein der dazu notwendigen Fähigkeiten sowie der proportionalen Realisierungsmöglichkeiten unterschiedslos von Allen subjektiv erwartet werden kann. – Damit kein Mißverständnis entsteht: Der Maßstab ist nicht die mehr oder weniger gleiche Ausgangsbasis einer abstrakten, noch nicht verifizierten (oder falsifizierten) gesollten Leistung und ihres Resultates: als die leere Möglichkeit der Hoffnung und Erwartung (oder der gesellschaftlichen Forderung), mit der geheimen Maßgabe, daß gleichsam nach einem mechanischen Muster dann die erforderten einzelnen Leistungen und Wirkungen noch in ihrer Struktur die gleiche abstrakte Leere oder Auswechselbarkeit und Gleichgültigkeit der Potenzialität des Ausgangspunktes abspiegeln würden. Vielmehr ist es gerade die unendliche auf die jeweilige Persönlichkeit bezogene, unbegrenzt vielfältige Leistungscharakteristik in der grundlegenden *Verbindung* mit ihrer Normier- und Bewertbarkeit durch gesellschaftlich allgemeine Maßstäbe zumal, was hier das letzte Kriterium abgibt. Der entscheidende Maßstab ist also einer der letztbestimmten Aktualität, ein Kriterium, das obwohl allgemein, doch zugleich stets einen unmittelbaren Bezug zum Konkreten der geschichtlichen Jeweiligkeit (mit ihren Problemen und Lösungsansprüchen) in sich schließt.

2. *Relative Ungleichheit als notwendiges Implikat einer funktionalen Leistungsgesellschaft*

Anders betrachtet, heißt dies aber dann wiederum, daß gerade mit der Wahrnehmung jenes Rechts auf funktionale Höchstleistung möglicherweise für einen jeden zugleich fundamental *funktionale Ungleichheit* im Verhältnis zum Ganzen gegeben ist. Und nicht nur entspricht dies der menschlichen Natur eines jeden Einzelnen und ihrer Gemeinsamkeit als einer Gemeinschaft von unterschiedenen Einzelnen, sondern es entspricht darüber hinaus der menschlichen Gesellschaftlichkeit als solcher, d. h. der menschlichen Sozialität, sofern sie einen ursprünglichen Selbst- und Letztwert darstellt.[5] Der Zusammenhang zwischen beiden, dem gleichen Recht eines jeden auf Entfaltung seiner selbst innerhalb seines geschichtlich konkreten Gemeinwesens, und der sich als Resultat dieses Rechts artikulierenden Ungleichheit der Leistungen – was das auch immer im einzelnen sein mag – ist aber (und dies ist wichtig, um vor Fehlinterpretationen zu schützen) *funktionaler Natur*. D. h. es herrscht nicht ein statisches, durch den prinzipialen Rückbezug auf irgendeine gleichsam jenseits der Geschichte stehende Ordnung begründetes und garantiertes Strukturgesetz. Was sachlich primär bestimmend ist, ist vielmehr die *Totalität* der unendlich vielfachen wechselseitigen allgemeineren und individuellen, potenzialen und konkreten Bezüge zwischen den Personen: dies wiederum so, daß sie als Personen sowohl in ihrem Absolutheitswert, d. h. als je dieser einmalig unersetzbare Einzelne, wie auch in ihrem Wechselbezug aufeinander als geschichtliche Wesen, und zwar beides in formeller Identität, die Träger wie auch das Ziel eben dieser Totalität sind. Darin zeigt sich schließlich die Subsistenz des geschichtlichen Selbstvollzugs der konkreten Menschheit als einer auf ihre jeweilige konkrete Zukunft hin sich beziehende, setzende und bestimmende Wesenheit. – Besagte Ungleichheit also hat zwar einerseits rein materielle, z. B. biologische u. ä. Bedingungen, sie ist andererseits aber eine in der Natur der Sache liegende, nämlich aus der notwendigen Verbindung *endlicher* und damit in sich *differenzierter Macht* als dem Medium und Instrument der Verwirklichung ideeller Strukturen und der unendlichen Vielfalt menschlicher Individualität resultierende Grundform menschlichen Soziallebens überhaupt. Ohne sie würde es überhaupt gar keine menschliche Sozialität als solche im Vollzug, als Wirklichkeit geben.[6]

3. Der Egalitarismus in historisch-genetischer Perspektive

a) Wechsel von Herrschaftsformen als Sachmotiv in der Geschichte

Mit dem Blick also auf die gegenwärtige ideelle Konjunktur eines gewissen Egalitarismus und anknüpfend an schon zuvor Gesagtes kann man dann dessen eigentliche Motivationen in einer eigenartig gebrochenen Bewußtseinslage erblicken, die sich wohl mehr unbewußt als klar reflektiert als Teil einer weltweiten Veränderung begreift, die in der Französischen Revolution ihren sichtbaren weltgeschichtlichen Ausdruck gefunden, aber ihr Ende noch keineswegs erreicht hat: einer Veränderung, die wie schon oben erörtert, als Wechsel der Herrschaftsverhältnisse angesprochen werden muß. Ausgewechselt werden dabei die verschiedenen zeitbedingten je besonderen Herrschaftsformen: so würde also der alte Adel ersetzt z. B. durch den Spezialisten oder durch den Funktionär. Wesentlich gleich aber blieben sich dabei, wie gesagt, die eigentlichen tragenden Machtstrukturen an sich selbst: d. h. also, es wird nur der „Träger“ des „Adels“ ausgewechselt, die *allgemein formale Funktion* des „Adels“ jedoch, als einer unmittelbar die Macht in ihren zentralen Bereichen besitzenden und ausübenden gesellschaftlichen Elitegruppe, ist weithin intakt geblieben.[7] M. a. W. die menschliche Gesellschaft befindet sich in einem Umbruch, aber genau zu einer anderen konkreten Gesellschaft im strengen Sinne hin, keineswegs auf irgendeine Utopie zu. – Diesen Sachverhalt erkennt der überzeugte Marxist, wie überhaupt der utopische Totalitarist, in seinem Wesen nicht an. Er ist, wie gesagt, gegenüber der eigenen Utopie im letzten naiv und dafür um so praktisch-kritischer gegenüber der Wirklichkeit. So vermag er dann genau nach dem Muster des beschriebenen Umbruchs sich zu verhalten und zu handeln und zugleich jedoch seiner utopischen Überzeugung treu zu bleiben, indem er Hilfstheoreme, Ersatz- und Abwehrtheoreme entwirft. Im Auffinden und der Praktizierung dieses Handelnssyndroms liegt denn auch z. B. die Bedeutung eines Lenin und Mao Tse-tung.[8] –

Das Verhängnisvolle ist, daß auf diese Weise tatsächlich ein zutiefst gespaltenes, sich und der Wirklichkeit entfremdetes Bewußtsein künstlich hervorgerufen wird – und zugleich auch diese Wirklichkeit sich entfremdet wird –, ohne daß doch wegen des Glaubensvorbehalts irgendeine Möglichkeit der Befreiung aus diesem Zwiespalt durch Vernunft übrigbliebe. Es bleibt dann allem Anschein nach letztlich nichts anderes übrig als die eigentliche praktische Auseinandersetzung bis hin zum physischen Kampf.

b) Freiheitliche Demokratie als Herrschaftssystem

Die eigentliche Frage der Zukunft ist also nicht die nach der Konstruktion einer egalitären Gesellschaft, sondern die nach der Konstruktion einer Gesellschaft, die sowohl dem allgemeinen Charakter jeder Gesellschaft als durch *Eliten* bestimmt wie auch *zugleich* der Forderung einer demokratischen *Rechtsgleichheit* im Sinn der westeuropäischen Aufklärung des 18. Jahrhunderts, wie schließlich auch dem Erfordernis einer gewissen Wehrhaftigkeit oder sogar *Militanz* gerecht wird. – Hier soll nun keine weitere staatsphilosophische Erörterung über das Wesen und die Wirklichkeit einer demokratischen Staatlichkeit bzw. der entsprechenden Gesellschaftlichkeit angestellt werden, sondern allein das zuletzt angesprochene Problem noch kurz erörtert werden. Man kann es in der heutigen Situation auch formulieren als Frage nach der notwendigen *Umbildung des demokratischen Ideals* auf dem Hintergrund der Krise, die durch das Aufkommen des Totalitarismus gekennzeichnet und die, wie hier zuvor zu zeigen versucht wurde, tief in der abendländischen Geschichte verwurzelt ist.[9] – Ziel einer solchen Umbildung wird natürlich die größere „Überlebensfähigkeit“ eben dieses Ideals und seine größere Kreativität in Hinsicht auf die zukünftige Wirklichkeit sein. Die demokratische Idee wird somit nicht nur krisenfester werden müssen dort, wo sie sich bisher geschichtlich durchsetzen konnte, sondern darüber hinaus wird sie sich auch dort, wo die politische Wirklichkeit grundsätzlich anders strukturiert ist – wie auch immer diese dann im einzelnen beschaffen sein mag – als die sowohl menschlichste, menschenwürdigste wie auch zugleich damit als die effektivste, technisch-zivilisatorisch wirksamste und produktivste Form sozio-politischer Großstrukturen darbieten müssen.

Man kann somit auch von einem *Defensiv-* und einem *Offensivaspekt* des demokratischen Ideals sprechen. Im Wettkampf der Systeme, der heute global stattfindet, wird sich dies daher auf einer zweifachen Ebene zu artikulieren haben: Ideell gesehen wird das Verhältnis von Gesellschaft und Staatlichkeit, und in beiden wiederum von Einzelinteresse und dem allgemeinen Wohl sowie von Rechts- und Sittlichkeitssphäre, von Freiheit und Gemeinsamkeit sowie von Rechten und Pflichten hinsichtlich beider neu und tiefer zu klären sein in Begründung und systematischer Durchführung der anthropologischen Ansätze.[10] Weiter wird vor allem der Punkt eines sog. „*Krisen-Managements*" (um einen modernen Terminus aufzunehmen) zu entwickeln sein, und dies wiederum im globalen und im einzelstaatlichen, politischen, aber auch im allgemein kulturell-zivilisatorischen Bereich. – Die römische Republik kannte die Einrichtung der zeitlich begrenzten Diktatorialgewalt. Die heutige Tendenz scheint dagegen, mit einer gewissen Vereinfachung gesagt, daraufhin abzuzielen, die mögliche Krisenfunktion einer Diktatur teils ganz auszuschalten, weil angeblich solche Krisen ein für alle Mal überwunden sein würden, teils aber andererseits sie auch sozusagen als primär konstitutiven Bestandteil einer Gesellschaft und ihrer Politik zu erklären, da die Gesellschaft sich in einer fortgesetzten Krise befinde, der anders gar nicht beizukommen sei. Diese Überlegungen sind hier ganz allgemein und formal, noch nicht auf bestimmte inhaltliche derartige Systeme hinbezogen.

4. Die ‚innere' Problematik: Demokratische Herrschaft als Ausgleich von Elite und Masse

Angesichts der technischen Revolution scheint natürlich eine ‚demokratisch' legitimierte Diktatur, die in etwa von ferne der alten römischen in ihrer Funktion vergleichbar wäre, unter mancher Rücksicht gar nicht mehr erforderlich, denn die technisch-praktische Zusammenfassung der Kräfte, von der Information angefangen bis hin zu den physischen Machtmitteln gesellschaftlicher und staatlicher Ordnungsgewalt nach innen wie nach außen, die damals durch den einzigen Oberbefehl einigermaßen garantiert wurde, ist heute nach ihrer technischen Seite weithin vom Medium her, in dem wir als Industriegesellschaft leben, bewältigt. Die Schwierigkeiten sind heute selbstverständlich anderer, nämlich gesellschaftlicher Natur, werden also durch die Sozialität des Menschseins als solche hervorgebracht. Ihnen muß deshalb auch auf entsprechender Ebene begegnet werden. – Ohne hier auf Einzelheiten weiter einzugehen, wird man vor allem auf die Reform des funktionalen Grundgefüges demokratischer Staatlichkeit und der ihr zugrunde liegenden, sie praktisch ermöglichenden und tragenden Gesellschaftlichkeit dringen müssen. Die Wege einer solchen *Reform* werden hauptsächlich folgende sein: Die Anfälligkeit der demokratischen Struktur gegenüber dem eigentümlichen *Massencharakter*, d. h. gegenüber der Affektion, um nicht zu sagen, dem nicht selten fast epidemisch anmutenden Auftreten von typischen Massenreaktionen, die gerade nicht auf Vernunft beruhen, sondern irrationalen Ursprungs sind – diese Anfälligkeit müßte strukturell, d. h. dann natürlich auch institutionell eingeschränkt, um nicht zu sagen, möglichst ganz beseitigt werden. Das bedeutet eine einschneidende Straffung der Zuständigkeiten oder Entscheidungskompetenzen hinsichtlich des öffentlichen Lebens im Sinne einer Konzentrierung[11] der wichtigen Entscheidungen auf die dazu in der Tat Befähigten. M. a. W.: Es könnte sich eine Entwicklung ergeben, die in der, auch von der größeren Allgemeinheit anerkannten, *Privilegierung* oder politischen Heraushebung der die Herrschaft – in irgendeiner Form, wie auch immer – Ausübenden gipfelt. Solche Privilege gibt es ja durchaus schon heute: man schaue auf die Rolle der Parteien, politischer Berufsgruppen u. ä., die jedenfalls in der indirekten, nicht plebiszitären Demokratie – die wohl für Massengesellschaften die je bessere Möglichkeit darstellen dürfte – unüberspringbare Zwischenstationen in der politischen Willensbildung der Bürgerschaft sind. Was sich hier und anderswo andeutet, insbesondere in dem immer größer werdenden Einfluß sog. Sachverständigengremien, wird seiner eigentlichen Zieltendenz nach zu institutionalisieren sein. Zugleich damit wäre aber gerade an diesem Punkt die Rolle der Vielfalt, einer *pluralen* Struktur also, auf dieser Ebene zu stärken.

Das eigentliche Spiel der demokratischen Willensbildung wäre demnach von der Basis der Massen in seinem Schwergewicht fortzuverlagern in einem Bereich von freilich sehr weit gesteckter, allgemein sachbezogener und allgemein politischer *Fachverständigkeit.* Diese Fachverständigkeit unterschiede sich freilich von dem heute noch üblichen Modus einer solchen durch die sehr viel unmittelbarere und engere Bezogenheit auf allgemein politische Interessen, d. h. auf die Belange des öffentlichen Wohls. Diese größere Nähe oder Unmittelbarkeit wäre dann weiter zu ergänzen durch ein sehr viel breiter gefächertes Spektrum von mit einer Problematik befaßten Interessen und ihrer Gruppierungen; es wäre also eine sehr viel pluralere Fachverständigkeit, die sich politisch zu artikulieren hätte. – Es wäre weiter auch nicht so, als ob nun hier eine neue statische, in sich abgeschlossene ‚Aristokratie' etabliert werden sollte. Vielmehr wird im Zuge der *Leistung* als des allgemein gesellschaftlich artikulierenden und bestimmenden Prinzips gerade hier eine große Offenheit auf das konkrete Gemeinwesen hin wesentlich sein müssen, und dies so, daß auch die nicht derart fachverständige Öffentlichkeit von der zentralen Ebene der politischen Entscheidungsprozesse her gesehen, gleichsam als deren Verlängerung oder auch Quasi-Materialprinzip fungiert. Als solches wird die betreffende

Öffentlichkeit freilich nicht rein passives Reservoir für den Nachwuchs der politisch Führenden sein, sondern durchaus ebenfalls selbst an der politischen Willensbildung beteiligt sein müssen. Andernfalls wäre ja gerade der Standpunkt der Rechtsgleichheit, der für die Demokratie typisch ist, nicht gewahrt. Gleichwohl aber dürften sich hier nicht unwesentliche Unterschiede im Ausmaß der Ein- und Mitwirkungsmöglichkeit etablieren, so daß man aufs Ganze gesehen vielleicht doch von so etwas wie einer, in Hinsicht auf das Ganze und das Zentrum der Politik, ersten, erstrangigen und einer ‚zweiten', zweitrangigen Gruppe sprechen kann.

5. Freiheitliche Demokratie als globale Thematik

Der Gedanke, der freilich hier nur in den allergröbsten Umrissen skizziert werden konnte, wäre unvollständig und müßte wiederum zu Mißverständnissen Anlaß geben, wenn man nicht ein weiteres sehr wesentliches Element mit heranzöge: nämlich das der *Weltstaalichkeit* (wie auch immer das im einzelnen konkret aussehen mag). – Beide genannten Konstitutionselemente einer reformierten Demokratie mitsamt der zugrunde liegenden sozialen Struktur, nämlich das Element einer herausgehobenen Gruppe politisch die Grundentscheidungen Fällender[12] und das Element einer breiten Pluralität innerhalb eben dieser Gruppe, kann überhaupt nur voll in seiner Bedeutung erfaßt werden, wenn man es im Zusammenhang nicht nur eines einzigen geopolitisch eingegrenzten und eingeschränkten Staatswesens oder einer Gruppe von solchen, sondern im Kontext *aller* Staaten betrachtet mitsamt der dazu gehörigen gesellschaftlichen Wirklichkeit. Die genannte Reform kann also ihre wahre Bedeutung erst im Rahmen einer *Weltdemokratie* entfalten. – Diese allerdings wird in ihrer Struktur im Vergleich zu den uns bisher bekannten Formen demokratischer Strukturen von Staat und Gesellschaft – selbstverständlich hier immer im freiheitlichen Sinne verstanden – erheblich anders konstruiert sein.

Dazu an dieser Stelle nur einige Hinweise: Die ins Auge gefaßte herrschende Schicht dürfte im übrigen bei einer Weltbevölkerung von ungefähr vier Milliarden mit höchstens rund 200 Millionen angesetzt werden; dabei ist freilich an die Gesamtheit aller für die politische Willensbildung konstitutiven Gruppen gedacht, also keineswegs an die Berufspolitiker allein, sondern – und dies ist gerade innerhalb des demokratischen Entwurfs sehr wesentlich – ebensosehr an die führenden Kreise in Wirtschaft (gleichgültig von welcher Provenienz), Wissenschaft und Künsten, religiösen Bewegungen, dem Kommunikationswesen (im weitesten Sinn), u. ä. Man sieht sofort, daß hier jeweils das sog. oppositionelle Element, zumindest seiner praktischen Wirkensmöglichkeit nach, immer schon als solcher konstitutiver Faktor miteinbegriffen ist: Und dies entspricht ja gerade der zuvor umrissenen Idealstruktur demokratischer Verhaltensweisen, insofern hier ‚Kampf auf Leben und Tod' zum partnerschaftlichen *Agon* transformiert wird.[13] – Etwas sehr Entscheidendes für die demokratische Grundstruktur, nämlich die Erstellung einer die Herrschaft ausübenden Gewalt im Staat, d. h. einer handlungsfähigen Regierung, *innerhalb* dieses Rahmens agonaler Spielregeln, wird freilich eine solche Weltdemokratie in verstärktem Maße aufweisen müssen. Dies entspricht nur dem Gesetz der Reziprozität von je größerer Sanktionsfähigkeit der je größeren Rahmengewalt im Vergleich zur je geringeren inhaltlichen Konkretion als dem Kompetenzbereich eben dieser Gewalt (im Vergleich zur je geringeren, eingeschränkteren Gewalt). Dies ist im übrigen nichts anderes als nur eine andere Formulierung des sog. *Subsidiaritäts-* oder *Substitutions*prinzips.[14]

6. Autorität als funktionales Element in der freien Demokratie

M. a. W. ist Demokratie als freiheitlichste und humanste Gesellschaftsform ihrem Grundansatz nach durchaus eben dadurch auch echte *Staatsform,* d. h. tritt ihrer Natur nach mit

Autorität auf. Der Unterschied zu allen übrigen nichtdemokratischen Staatsformen liegt allein in der Art und Weise der Kontrolle dieser Autorität. Diese liegt hier grundsätzlich in der Hand aller Bürger, in unserem weiterentwickelten Modell allerdings in gestufter Weise, so daß es eine unspezifischere, und darum auch weniger wirksame (wenn auch keineswegs ganz unwirksame) Kontrolle von seiten der großen Masse, und daß es eine spezifiziertere, und darum effektivere Weise auf dem Niveau der die Herrschaft konstituierenden Gruppierung gibt. – Diese Autorität wird sich bei einer Weltdemokratie in ihrem vollendeteren Zustand dann auf globale Machtrealitäten stützen müssen und wohl auch können, und dies wiederum in mehr physischer – den wirtschaftlichen, militärischen, polizeilichen, technologischen Hilfsmitteln der Machtausübung – und in mehr ideeller Hinsicht – dem Rechtswesen, der allgemeinen Moral, der Informiertheit, u. ä. Freilich wird dies, wie gesagt, erst in einer relativ fernen Zukunft sich einigermaßen der Realität annähern können. Autorität wird freilich auch dann eine Wesensstruktur von Staatlichkeit mit ausmachen, nur die Art und Weise ihrer Ausübung wie auch ihrer Fundierung wird sich wandeln. So bedarf es keiner Erörterung, daß in diesem Stadium selbstverständlich diese Autorität weiterhin dazu dienen muß, sich gegen totalitäre Angriffe von innen – ein ‚Außen' gibt es ja dann nicht mehr – zu verteidigen. – Für die unmittelbar bevorstehende Zukunft aber muß dieser Autorität noch eine weitere Funktion zugesprochen werden, allerdings muß sie dazu etwas erweitert und in gewissen Grenzen sogar umdefiniert werden: Nämlich die Funktion der *Durchsetzung ihres* eigenen *Ideals* gegenüber anderen konkurrierenden, aber weniger humanen Entwürfen menschlicher Sozialität, und dies sogar u. U. – dies ist allerdings eine Ermessensfrage je nach der augenblicklichen zeitgeschichtlichen Situation – in einer Art von offensivem Vorgehen. Freilich bedürfte es dazu im einzelnen noch einiger die Dringlichkeit einer solchen Verfahrensweise rechtfertigender zusätzlicher Gründe. Darauf braucht hier nicht näher eingegangen zu werden.[15] Charakteristisch wird jedenfalls gerade für das Entstehen einer derartigen demokratischen Weltordnung sein die im Grundzug durchaus nicht gewaltfreie, in der Ausübung der verfügbaren Macht bestehende Mitteilung der demokratischen Grundordnung auf das Gesamt der Staatenwelt (mit den damit verbundenen sozio-kulturellen Implikationen), *insofern* dadurch jene inhumaneren Entwürfe in ihrem Einfluß ausgeschaltet werden.

a) Der Offensivaspekt der Demokratie in der geschichtlichen Wirklichkeit: Macht und Pädagogik

Damit ist zweierlei gesetzt: Einmal darf man nicht vergessen, daß geschichtlich gerade die Entstehung der Demokratie de facto niemals gewaltlos vor sich gegangen ist, weder im Altertum noch in der frühen und späteren Neuzeit – man denke nur an Cromwell oder die Französische Revolution – und weiter, daß idealiter, jedenfalls für unser heutiges Bewußtsein, die Einführung und Durchsetzung des demokratischen Ideals niemals mit Mitteln geschehen dürfte, die dieses Ideals nicht würdig wären, zu ihm im formellen Widerspruch stünden. – Zum erstgenannten Punkt wäre noch einmal zu erinnern, daß im Felde der Geschichte *alle* Bewegungen, seien sie mehr ideeller oder mehr materieller Art, durch Macht sich entwickeln, sich in Machtprozessen geschichtlich manifestieren[16]. Auch die ‚Gewaltlosigkeit' selber versteht sich ja als ein Moment und Element *innerhalb* eines solchen Machtprozeßfeldes, nur daß hier eben der Wirkensansatz auf eine andere Ebene, nämlich die rein moralische, verschoben wird. *Dauerhaftes* nun wird, und sei es zum Zwecke der höchsten menschlichen Ideale, niemals ohne ein Mindestmaß auch an Institutionalität auskommen können. Das aber bedeutet wiederum: nicht ohne ein Mindestmaß auch an Machtausübung als bleibender, in Objektivität bestehender Struktur, an durchgeführter Herrschaft. Daß im übrigen ‚Herrschaft' als solche vom Begriff her nichts Negatives in sich schließen muß, wurde schon weiter oben erörtert.[17] – Im Kontext mit dem zweitgenannten Punkt ergibt sich dann freilich eine Reihe von

Problemen, die von Bedeutung für den Grundbestand und den grundsätzlichen Anspruch des demokratischen Modells selbst sind. Es ist richtig: hier wurde behauptet, daß eine demokratische Weltordnung gegenüber dem von ihr noch nicht bestimmten Teil der Staatenwelt sich in einer quasimissionarischen Rolle befindet bzw. befinden werde. D. h., daß sie gegenüber diesem Teil der Staaten, aber damit auch der Weltbevölkerung, sich in gewisser Weise ideell, ‚offensiv' verhalten würde. Damit soll nun nicht gesagt sein, daß in möglichst kurzer Zeit ein möglichst großer Teil derartiger Staaten notfalls mit Gewalt zu dieser Ordnung bekehrt werden müßte. Vielmehr schließt diese sogenannte Offensivität gerade ein allgemeines *pädagogisches* Motiv mit ein, welchem gemäß diese Einführung oder Durchführung sich gerade nach dem Gesetz des praktisch Möglichen richten wird. Anders gesagt, umfaßt somit die langfristige Strategie der Einführung und Durchsetzung einer demokratischen Weltordnung als der zuhöchst möglichen praktikablen soziopolitischen Gesamtordnung neben nicht wenigen anderen auch eine Perspektive der ‚Erziehung des Menschengeschlechts', wonach nur gerade dasjenige Maß an Verwirklichung dieser an sich idealen Ordnung einem bestimmten konkreten Mitglied der menschlichen Gesamtgemeinschaft zugemutet werden kann, das für es erträglich ist, für das es reif ist. So kann es dann z. B. durchaus sinnvoller sein, für eine gewisse Zeit eine eher autoritativ sehr stark konstruierte, ja sogar eher autoritäre Herrschaftsform zuzugestehen, wenn nur sowohl für die langfristige Entwicklung des betreffenden Teils der menschlichen Gemeinschaft als auch für die größere, übergreifende Staatenwelt und ihre Gesellschaften die Möglichkeit einer Entwicklung hin zum demokratischen Entwurf gewährleistet bleibt.[18]

Besagte *Strategie* enthält also ein Element sozio-politischer Pädagogik in sich. Es ist klar, daß es, wie eine jede vernünftige Pädagogik, darin keine restlos autoritätsfreien Räume geben wird. Freilich wird man darauf dringen müssen, den Primat des Vertrauens, den die allgemeine Pädagogik behauptet, auch in diesem Falle möglichst konkret aufrechtzuerhalten. – Um es allgemeiner zu sagen: Macht wird also von einer solchen Gesellschaftsordnung, die von Ansätzen aus, sich zu einer vollkommeneren Weltordnung hin bewegt, hinsichtlich ihrer Ausübung in verschiedene Richtungen hin wirken; und sie wird grundlegend erforderlich sein, wenn dieser Versuch, dieses Unternehmen überhaupt erfolgreich sein soll. Neben der Pädagogik – die im übrigen wohl auch eine internationale politische Didaktik in sich schließen müßte[19] – aber besteht die viel härtere, und in ihrer Relevanz nicht weniger bedeutsame Praxis der Machtausübung in der Abwehr von wie auch im Angriff auf totalitäre Entwürfe und verwandte sozio-politische Gebilde, gerade dann, wenn diese selber missionarische Aktivität entfalten. Die Schwierigkeiten, die sich hier für eine nicht-totalitäre Staats- und Gesellschaftsordnung auftun, sind hinreichend bekannt: Es ist für ein demokratisches Staatswesen immer schwerer, gegenüber einem totalitären Gegner mit genau der gleichen Effizienz und Schnelligkeit sowie einem Mindestmaß an technischen Fehlern kurzfristig aufzutreten, ganz einfach deshalb, weil die Basis, auf der die Grundentscheidungen gefällt werden, sehr viel breiter und komplexer ist. – Aber andererseits besteht gerade in der Effizienzsteigerung hinsichtlich möglicher Krisenkonstellationen durchaus noch ein weites Feld sowohl an technischer wie an sozialer, wie an staats- und gesellschaftspolitscher möglicher Vervollkommnung. Darauf braucht hier im einzelnen ebenfalls nicht eingegangen zu werden. – Weiter bedeutet es nun zwar gerade die ‚technische' Schwierigkeit, aber zugleich auch die *human-politische Chance* allererster Ordnung, wenn auch in der Durchführung einer *solchen* Auseinandersetzung die demokratische Machtkonstellation zu manifestieren weiß, daß sich der energische Einsatz ideeller Macht, deren Basis allemal das sachliche Argument ist, wie auch im Falle einer stufenweisen Ausweitung des *Konflikts* der Einsatz jeweils entsprechender physischer Machtmittel *immer* und *grundsätzlich* dem Ideal der Menschenwürde verpflichtet zeigt, die das ideale Zentrum eben dieser demokratischen Ordnung selbst ist. Glaubwüdigkeit und Selbstbestätigung fallen hier in der umfassenden, durch die Theorie im voraus gerechtfertigten Praxis der Selbstdarstellung wie der darin wesensmäßig einbeschlossenen Strukturausdehnung (auf den Rest der Welt) zusammen. – Dies impliziert aber wiederum die Perspektive eines Weltstaates, wenn auch gerade die Gefahr, daß eine solche Weltstaatlichkeit totalitärer Art sein könnte, an diesem Punkt nicht auszuschließen ist. Gerade aber mit dem Blick auf die möglichen tragenden Mächte derartiger Weltstaatlichkeit muß es die Aufgabe sein, außerhalb wie innerhalb solcher Machtgebilde und ihrer Konstitution den *Kampf um die Humanisierung* von Gesellschaft und Politik zu führen.[20]

b) Der moralische Impetus als Letztmotiv

Von einem noch anderen Gesichtspunkt aus nimmt es dann nicht wunder, daß die eigentliche Anstrengung in einem solchen Konzept nicht die technologisch-praktische, nicht die zivilisatorisch-utilitäre, und auch nicht einmal die sozio-psychologisch aufklärerische Ebene betrifft, erst recht nicht die rein militärische oder rein pragmatisch-politische. Die eigentliche Anstrengung wird eine sich solchermaßen als demokratisch verstehende Gesellschaft auf *moralischer* Ebene zu bestehen haben, freilich auch wiederum nicht auf dem Niveau einer gleichsam von aller Realität abgelösten oder ihr voraufgehenden Sittlichkeit, sondern einer solchen, die sowohl ihren metempirischen Gründungsboden als auch ihre in der Praxis sich ergebende Anwendung als innere Einheit ernst zu nehmen gewillt ist. Es dürfte klargeworden sein, daß die hier geforderte Moral weder mit einer primär utilitären noch mit einer rein transzendenz-orientierten noch mit irgendwelchen Mischformen aus beiden gleichzusetzen ist. An dieser Stelle sei als These gesetzt, daß auf die Dauer und angesichts der Gesamtheit der sich hier abzeichnenden Probleme die allein zureichende Ethik eine solche sein dürfte, die ihr Fundament innerhalb derjenigen Basispositionen hat, welche die Philosophiegeschichte vor allem mit den Namen von Aristoteles, Kant, in gewissem Maße auch des Deutschen Idealismus verknüpft; dies ist an anderer Stelle ausführlicher dargetan worden, so daß hier nur darauf hingewiesen werden kann.[21] Gerade hier aber hat dann wiederum die Philosophie innerhalb des ganzen umrissenen Feldes der Auseinandersetzung einen hervorragenden Platz. Damit wäre die Überlegung nach einem scheinbaren langen Umweg wieder zu ihrem zentralen Thema zurückgekommen, der Frage nach der Wirksamkeit der Philosophie im Spannungsfeld des Prozesses der sich zwischen den Polen von Politik und Glauben, Vernunft und Ideologie, Humanität und Unmenschlichkeit entwickelnden menschlichen Gesellschaft insgesamt.

7. Die Selbstapplikation der Prinzipien in der freien Demokratie: subsidiäre Autonomie

Ein letzter Gedanke soll diesen Abschnitt beschließen, indem ein weiteres Element der demokratischen Ordnung als Freiheitsgarantie thematisiert wird: Es ist die Idee dessen, was staatsrechtlich ziemlich nüchtern als föderatives Prinzip oder auch als Grundsatz der *Selbstverwaltung* bezeichnet wird. Recht verstanden kann man es auch den Grundsatz oder das Prinzip der *Autonomie* der verschiedenen *Vollzugsebenen* menschlich *gesellschaftlichen* Lebens nennen. Dies Prinzip besagt wiederum nichts anderes – und darin geht es weiter als der Grundsatz bloß der bürokratischen Selbst-‚Verwaltung' –, daß die grundlegende, alle anderen Elemente und Momente tragende Struktur menschlicher Sozietät diejenige einer umfassenden, in sich geordneten *Pluralität* ist, innerhalb der ihre konstitutiven Bestandteile sich wesentlich komplementär oder korrelativ, m. a. W. partnerschaftlich verhalten. Im Vergleich zu ihr sind also dann alle Antagonismen, wie stark sie in der sozialen Empirie auch in Erscheinung treten mögen, sekundär, zweitrangig. – Damit ist selbstverständlich keinerlei Chaotik oder Willkür oder ähnliches behauptet. Behaup-

tet ist vielmehr eine besondere Art von Einheit eines Ganzen, in welcher die einzelnen konstitutiven Bestandteile – die im übrigen sich keineswegs wie in der Statik einer Maschine zueinander, sondern vielmehr wie in der *Dynamik* eines *Lebensprozesses* (mit Lernprozessen usw.) verhalten – gerade insofern *einheitlich* fungieren, als sie sich *selbst* vollziehen. Der schlichte Grund für die Möglichkeit von so etwas aber besteht dann darin, daß hier letztlich nicht mehr das Grundprinzip ‚Materie' anzusetzen ist, sondern das Prinzip *‚Geist': d.* h. hier als *sozialer Geist.* Geist besagt Identität von Identität und Nichtidentität, um Hegels Ausdrucksweise aufzunehmen.[22] Er besagt von seiner Begriffsstruktur her Einheit als Identität des Vielen *in* Einem und sogar *als* eines Einen. Dies ist ebenfalls in anderen Zusammenhängen ausführlicher und fundierter auseinandergelegt worden, so mag denn hier die Idee des Geistes sozusagen thetisch ihre systematische Funktion erfüllen. Es ist damit eine Wesensstruktur des Menschseins überhaupt und als solchen in den Blick genommen.[23]
Für unsere konkrete Problematik besagt dies, daß menschliche Gesellschaftlichkeit grundsätzlich dem Einzelnen als Person zu dienen hat, daß somit auch innerhalb ihrer vollzugsspezifischen komplexeren Lebensbereiche, wie sie das Wirtschaftsleben, die Wissenschaftlichkeit, Religiosität, das Kunstleben und die sogenannte Freizeitbeschäftigung sowie schließlich die Politik selber darstellen, hinsichtlich der betroffenen Subjekte und ihres Gemeinschaftscharakters zunächst einmal diejenige Vollzugsstruktur, Vollzugsform prinzipiell Vorrang hat, die näher ist dem Einzelnen selbst und seinen Belangen. Wiederum: damit soll keine Idylle gesetzt sein – und dies dürfte wohl aus allen Erörterungen bisher selbst klargeworden sein, daß diese Gefahr im eigentlichen Sinne nicht besteht –, sondern es soll darin nur das richtige Ordnungsverhältnis im sachlichen Prozeß der Ausweitung des Menschseins von der einzelnen Person zur Menschheit insgesamt hin angezeigt und gewahrt sein.

8. Freiheitliche Demokratie und Totalitarismus

Die freiheitliche Demokratie in ihrer rechtsstaatlichen Verfaßtheit in einem weltstaatlichen Rahmen: Dies als das durchaus erreichbare Ideal einer unmittelbar zukünftigen Menschheit, wenn auch durch mannigfache Widerstände hindurch, bedeutet schließlich eine ungeheure *Herausforderung*, ihrer Idee nach, für alle tatsächlichen und alle möglichen Totalitarismen. Es ist somit nicht zuviel gesagt, wenn man sie, d. h. diejenigen Formen der Demokratie, die diesem Ideal z. Z. relativ am nächsten kommen, mitsamt ihren Trägern als in einem echten *Kriegszustand* befindlich diagnostiziert. Freilich ist dies kein gewöhnlicher Krieg, sondern einerseits ein solcher, der vorwiegend auf dem Feld der Ideen ausgetragen wird, wenn allerdings auch die physischen Machtmittel im Sinn dieser Ideen jeweils eingesetzt werden, – und andererseits ein solcher, der weniger sein Vorbild und Modell im offenen Kampf der gewissermaßen berufsmäßig für den Kampf Bestimmten, sondern viel eher in einer bestimmten Bürgerkriegskonstellation, ja im *Bürgerkrieg* überhaupt hat. Damit ist natürlich der Boden für die *gesamte* Führung dieses Kampfes, wenigstens von seiten der totalitären Kräfte, charakterisiert, nicht aber der an gewisse Minimalbedingungen ‚bürgerlicher' Ethizität gebundene Streit um letztlich partiellen Ziele, der sich an Regeln, z. B. allgemeiner Menschenrechte oder überhaupt an eine den Altruismus einschließenden Moral, hält. Dieser Kampf zielt vielmehr auf die totale Überwindung, d. h. Beseitigung des Gegners ab. D. h. für unseren Fall, auf die Überwindung seines gesellschaftlichen und politischen Gesamtwesens mitsamt allen prinzipialen Strukturen des Bewußtseins, von dem aus die konkrete Wirklichkeit her ermöglicht und fundiert erscheint. – Über diesen allgemeinen Rahmen scheint sich die heutige freie Demokratie allerdings noch keineswegs völlig im klaren zu sein. Es mag freilich in gewisser Weise tragisch erscheinen, daß ausgerechnet die freiheitlichste und am meisten auf den inneren und äußeren Frieden hingeordnete Staatsform und Gesellschaftsordnung – jedenfalls sofern sie ihrem reinen, idealen

Gehalt nach gesehen werden, wird man dies bejahen können –, daß die solcherart sich formende und organisierende Menschheit mit oder gegen ihren Willen in eine weltweite Kriegssituation mit verdeckter Kampfführung hineingezwungen worden ist, die sie, wenn sie ihrem Ideal und seiner Lebensstruktur überhaupt treu bleiben will, annehmen und bemeistern muß. – Nun ist es, wie schon angedeutet, freilich keineswegs so, als ob die freie Demokratie, ihre gesellschaftliche und staatliche Ordnung, gegenüber jenen anderen Kräften von vornherein und auf die Dauer im Nachteil wäre. Dies ist nur scheinbar so; denn das bei weitem überzeugendere, deshalb in einem gesicherten Freiheitsraum auf die Dauer mit weit größerer Wahrscheinlichkeit sich durchsetzende Ideal: die humane Gestaltung von Staat und Gesellschaft im Geist einer tiefgreifenden Harmonisierung von Einzelnem und Allgemeinem, von Person und Institution, hat sie gewiß auf ihrer Seite. Sofern die freiheitliche Gesellschaft also nur begreift, in welcher Situation sie sich befindet und was dementsprechend zu tun ist, dürfte die freie demokratische Ordnung und ihre Macht a priori allen möglichen Totalitarismen letztendlich überlegen sein. Der *Befreiung* der z. Z. durchaus in provinziellen Partikularitäten befangenen demokratischen Mächte, seien sie nun mehr staatlicher oder mehr gesellschaftlicher Art, *zur weltweiten Sicht* der heute anstehenden Thematik wird deshalb das vordringlichste Interesse von seiten derer zu gelten haben, die sich diesem Ideal verpflichtet finden. – Damit kein Mißverständnis entsteht: Mit dem soeben Gesagten wird *nicht* auf die derzeitige weltpolitische Tagessituation angespielt. Die Fronten verlaufen vielmehr im allgemeinen quer durch die verschiedenen politischen Kräftekonstellationen, wenn man auch ein allgemeines Gefälle oder eine allgemeine Differenz zwischen Demokratien ‚westlicher' Prägung und den Diktaturen marxistischen oder auch faschistischen Musters auf empirischer Ebene feststellen kann. Aber die eigentliche Auseinandersetzung findet in *allen* Bereichen, in allen Herrschaftssphären statt, mögen sie sich geopolitisch, soziologisch oder ideologisch artikulieren.[24]

Dies ist dadurch bedingt, daß diese Auseinandersetzung in erster Linie eine ideenbestimmte ist, die sich jeweils verschiedener politischer oder auch gesellschaftlicher Ordnungen oder Kräftegruppierungen bedient. Nicht selten besteht dabei auch ein mehr oder weniger großer Unterschied zwischen an sich für das Ganze einer Nation oder ganzer Völkerfamilien bzw. gesellschaftlich-politischer Großkörper (politischer ‚Blocks') verbindlichen gesellschaftlichen oder staatlichen Grundordnungen und bestimmten davon abweichenden oder sogar ‚resistenten' Formulierungen innerhalb der Gesellschaft: So erscheinen innerhalb der freiheitlichen Demokratien des Westens totalitäre Gruppierungen in mehr oder auch weniger eingeschränkter Aktivität, umgekehrt gibt es in totalitären Systemen auch eine innere Opposition, die am Ideal demokratischer Humanität orientiert ist.[25]
Die Mittel, die die Seite der Freiheit in diesem Kampf einzusetzen hat, sind ihrem Wirksamkeitsrang nach also primär die Ideen der englischen, amerikanischen und französischen Revolutionen, sofern sich darin eine innere Einheit vom Boden der gemeinten Sache aus finden läßt: So wird man die Idee der *Freiheit der Person* in allen ihren wesentlichen Belangen als den unantastbaren Grund ansehen müssen, auf dem alles andere aufgebaut werden kann. Das schließt natürlich sofort die Gestalt dieser Idee ein, wie sie sich bis heute in einem vielfachen theoretischen und praktischen Dialog fortentwikkelt hat. – Ihr beigesellen wird sich die *Idee der Solidarität* müssen, die für die heutige Thematik über den Begriff einer egalitären abstrakten ‚Brüderlichkeit' hinaus zu einer auf die menschliche Realität anwendbaren, differenzierten Gemeinsamkeit des je konkreten Menschseins fortzubestimmen sein wird. – *Gleichheit* aber als Idee wird nicht anders denn primär als Gleichheit des von jedem letztlich unmittelbar mitzuverantwortenden Verhältnisses von Rechten und Pflichten, d. h. als deren konkret zu verantwortende integrative Einheit aufzufassen sein. – Die zuletzt genannte Idee gründet sich in dieser Weise unmittelbar auf die Idee der *Gerechtigkeit,* die freilich als solche sich in keiner Weise als Mittel eines

betont antagonistischen Interesses an Geschichte benutzen läßt; der Begriff ist denn auch heute bezeichnenderweise in der Diskussion bestimmter Kreise von relativ untergeordneter Bedeutung, wenn man ihn etwa vergleicht mit Begriffen wie Gleichheit, Emanzipation u. ä. – Es sei nur der Vollständigkeit halber angefügt, daß weiterhin das Recht auf *Privateigentum*, das historisch ja bekanntlich recht alt ist, sachlich als ein von den genannten abgeleitetes Recht bestimmt werden muß; denn sein Sinn dürfte in erster Linie in der Konstitution einer rechtlichen Schutzsphäre bestehen, innerhalb deren erst jene anderen, sachlich vorausgehenden Rechte ihre reale Wirkenschance in der geschichtlichen je konkreten Situation haben. Damit ist zugleich auch schon die Reichweite dieses letzten Rechtes positiv und negativ angegeben.[26]

Wenn auch damit eigentlich das unüberwindliche und letztlich alle totalitären Ideologien zu besiegen fähige Kernstück umrissen ist, so enthebt diese ideelle Position doch nicht die freiheitlichen Kräfte einer *Vielzahl von Strategien*, die im Kampf gegen die teils heimlichere, teils offenere, teils larvierte, teils brutale Unmenschlichkeit auf allen Lebensgebieten auszubilden sind. Die besondere Schwierigkeit wird dann darin liegen, um es noch einmal zu erinnern, in diesem Kampf Methoden zu entwickeln, die sowohl einem letztlich skrupellosen und gnadenlosen Gegner gewachsen sind, als auch zugleich damit doch keinen Verrat an den eigenen Prinzipien der Humanität bedeuten. – Diese scheinbar ausweglose Situation vermag dennoch gelöst zu werden, wenn man sich nur erinnert, daß es z. B. in der Geschichte der neuzeitlichen Moral gerade hinsichtlich derartiger Fragen noch keineswegs völlig ausgeschöpfte Quellen und Arbeitsgebiete gibt. Man müßte sich freilich nur entschließen, den Begriff der Aufklärung in seiner klassischen Epoche wie auch in der Gegenwart *weiter* zu fassen als bisher allgemein üblich: So wäre etwa, um nur ein markantes Beispiel anzuführen, auch das gesamte Feld der neuzeitlichen Naturrechtsdiskussion innerhalb der Barockscholastik mitsamt etwa der Thematik des Widerstandes gegen einen ‚nicht tragbaren' Herrscher mit einzubeziehen.[27]

XIII. Vertiefende Idealtypik einer künftigen vollkommeneren Gesellschaft

1. Nochmals: Die Idee des ‚Spiels' als Leitstruktur

Der Blickwinkel des ‚Spielhaften', wie es bisher hier auseinandergelegt worden ist, muß freilich, soll er seine ganze dynamische Potenz entfalten können, auf seine letztmöglichen, auch impliziten Konsequenzen hin bedacht werden.[1] Dies kann in mehrerlei Richtung geschehen: So müßte, um die in den zuletzt angestellten Überlegungen aufgenommene Linie der Reflexionen noch etwas fortzusetzen, der allgemeine, aber zugleich auch besondere Charakter der erstrebbaren Zukunftsgesellschaft konkreter in seiner Struktur betrachtet werden. Eine solche Erörterung wird allgemein sein, insofern sie Strukturen herausarbeitet, die über die einzelnen geschichtlich gewordenen Schranken hinweg den *globalen* Zug dieser künftigen Gesellschaft ins Auge faßt. Das zugleich Besondere darin aber liegt in dem Unterscheidungsmerkmal eben dieser Gesellschaft bzw. Kultur von allen übrigen, jedenfalls allen früher dagewesenen. Zunächst ist ein Mißverständnis auszuräumen. Wenn zuvor gesagt wurde, daß die Form der zukünftigen Gesellschaft und ihrer Kultur durch die Idee des Spiels bzw. des Spielhaften primär bestimmt sein würde, so ist damit, wie aus den Erörterungen hervorgeht, natürlich *keineswegs* gemeint, daß etwa das letzte Ziel, der Lebens- und Daseinszweck eben dieser Gesellschaft und eben dieser Kulturgemeinschaft als solcher *lediglich ‚Spiel'* sei: So als ob beispielsweise die *Arbeit,* der zum äußersten engagierte *Kampf* (etwa gegen die Negativität der menschlichen und nichtmenschlichen ‚Natur'), kurz, der in der Tiefe des Diesseits bzw. des In-Seins-in-Welt gelegene *Ernst* außer Kraft gesetzt, er gar in seiner Dasein schaffenden, erhaltenden und verbessernden Funktion aufgehoben würde. Im Gegenteil, der Leistungsbereich gerade der Arbeit wird sogar in noch kaum geahnter Weise ausgedehnt werden müssen, wenn überhaupt ein zivilisatorisch-kultureller Fortschritt zum Vollkommeneren, der diesen Namen verdient, stattfinden können soll. – Es wäre somit falsch, langfristig oder überhaupt ein Verschwinden von ‚Arbeit' als solcher vorauszusagen. Auch der heute zu beobachtende Rückgang einer gesellschaftlich verbindlichen – nämlich für ökonomisch konstitutive bzw. repräsentative Gruppen unter Aufsicht und Billigung des Staates (so im freiheitlich demokratischen Modell westlicher Prägung) – *Arbeitszeit* bedeutet ja vielfach nur eine Umschichtung von öffentlich unter Verpflichtung stehender Arbeit fort und hin zu primär privater Arbeitsleistung unter intendiertem Ausschluß einer Staatsaufsicht, die als solche durch gesellschaftlich ökonomische Gruppeninteressen korrumpiert und daher nicht vertrauenswürdig erscheint.[2]

Was sich vielmehr geändert haben dürfte bzw. was zu ändern sein wird, ist die Art und *Weise, wie* sich solche Arbeit in das sozio-kulturelle Ganze einordnet, welchen gleichsam systematisch konstitutiven Stellenwert sie und alle ihre Implikationen hat. Da nun zeichnet sich eine tiefgreifende Wandlung ab. Um es in Gestalt einer bündigen These zu bringen, so wird man es eine Transformierung, eine Umformung der gesamtgesellschaftlichen *Selbst-Reproduktion* sowohl nach dem Niveau des sich selbst reproduzierenden Prozesses als auch nach der Weise, wie er ablaufen dürfte, nennen können: Beides freilich letztlich immer mit dem Blick auf die Gesamtmenschheit, auf ihre globale Gestaltung als dem umfassendsten konkreten Horizont ihrer geschichtlichen *Selbstwerdung*. Der eigentliche Sinn und das dementsprechend zugrunde liegende, sich in die konkrete Vielfalt hinein auswirkende Ziel dieser Selbstreproduktion auf diesem Niveau wird dann aber natürlich von dieser *Idee* selbst ursprünglich bestimmt sein, auch wenn sich dies im konkreten geschichtlichen Prozeß einmal mehr explizit, einmal mehr implizit feststellen läßt. Das Ergebnis eines Zusammenwirkens solcher Faktoren wird somit auf der einen Seite alle in der bisherigen Geschichte wirksam gewesenen Kräfte von prinzipialem Rang in sich integrieren; auf der anderen Seite aber verdankt es seine Integrationskraft gerade der je neuen Idee und ihrem Wesensgesetz. Selbstreproduktion aber nun nicht auf dem primären Niveau der Arbeit – oder gar der Jagd (sei es auf Naturdinge oder auf Kulturprodukte oder sogar auf Menschen) – sondern auf dem des *Spielhaften* selbst in der Weise, daß alle bisherigen Arten und Stufen solcher Selbstreproduktion, somit für uns Heutige vornehmlich diejenige vermittels Arbeit, integrierender konstitutiver Mitbestandteil geworden sind: eine derartige Selbstreproduktion der *gesamten Menschheit* wird das wesenhafte Entwicklungs- und Ablaufsgesetz wie auch das gesamte *Erscheinungsbild* dieser menschheitlichen Gesamtgesellschaft bzw. der gesamtmenschheitlichen Kulturgemeinschaft in Zukunft prägen müssen.[3]

2. *Der Begriff des Kunstwerks als Modell für die Gesellschaft in Funktion*

a) Vergleichbarkeit in Ziel und Entstehungsprozeß

Daher wird sowohl das konstitutive Moment des Spieles oder des Sports in diese Zukunftsgestalt der Menschheit eingehen als auch das darin aufgehobene – und somit in vollkommenerer Form ‚bewahrte' – Moment von einsinniger, gleichsam linear ins Unendliche verlorener, nicht spielhaft im Besitz aller seiner Möglichkeiten wieder zu sich zurückkehrender Arbeit.[4] Gerade diese Figur einer die im Vollzugsablauf scheinbar verlorenen Möglichkeiten wieder einholenden je neuen Aktualität, der man im Unterschied zur Arbeit, wie schon gesagt, *Zyklusstruktur* zusprechen könnte, gerade dies ist ja für das *Spielhafte*, wie es hier verstanden wird, wesentlich.[5] Eine also solcherart bestimmte und sich selbst bestimmende Weise der Selbstreproduktion des sozio-kulturellen

Gesamtkörpers, den die Menschheit in diesem Stadium ihrer Geschichte darstellen wird, dürfte dann in mehr als nur zufälliger, d. h. in eigentümlicher Weise Charakteristika und Kennzeichen eines anderen Phänomens aufweisen, das seinerseits eine ganz ähnliche Zweck- bzw. Sinnstruktur sich eigentümlich nennt, nämlich des *Kunstwerks*. Diese auf den ersten Blick vielleicht erstaunliche und seltsame Affinität zeigt sich natürlich nur unter einem ganz bestimmten Gesichtspunkt, der aber doch, wie schon einmal dargelegt, für das Ganze charakteristisch zu sein vermag. – Stellt man sich einmal auf den Boden dieses Vergleichs, so leuchtet zunächst ein, daß hier zwar selbstverständlich die systematische, ganzheitliche Funktion, die jener zyklischen Strukturiertheit zukommt, beim eigentlichen Kunstwerk und bei der menschlichen Gesellschaft gewiß sehr verschieden sind: Das jeweilige Substrat ist aufgrund der Natur der Sache wesensverschieden, zumindest insofern, als auf der einen Seite die Vielfalt schöpferischer Erzeugnisse des Menschen, auf der anderen Seite jedoch gerade die Vielheit von Menschen selbst in ihrem Zusammenleben primär in den Blick genommen wird. Das tertium comparationis, das einen derartigen Vergleich trotzdem zu rechtfertigen vermag, liegt nun aber gerade *nicht* in der besonderen Struktur solcher Substrate, sondern in spezifischen Beschaffenheiten eines *Prozeß-Ganzen,* einer sich vorwiegend oder unter gewisser Rücksicht sogar ausschließlich als ablaufender, sich vorwärts bringender Vollzug artikulierenden Totalität. Diese Totalität dynamischer Natur umgreift zwar wiederum Elemente, die man vergleichsweise als von statischer Natur bezeichnen kann (und somit auch substrathafter Art sein können). Doch besteht gerade hinsichtlich ihrer Letztfundiertheit als Selbstvollzug der Menschheit unmittelbar im Horizont des Absoluten schlechthin eine Art von Quasi-Subsistenz eben dieses Ganzen.[6] Es sei zugestanden, daß nun auf dieser höchsten Ebene des Vollzugs durchaus ein letzter ‚Ernst' wiederum bestimmend ist. Er entzieht sich allerdings der empirischen Analyse, dem empirischen Blick überhaupt; doch berührt dies den hier interessierenden

Punkt gerade nicht. Hier geht es vielmehr um eine eigentümliche Beschaffenheit der *geschichtlich* unmittelbar erfahrbaren Darstellung jenes metempirischen Wesens.
Eben darin liegt nun eine gewisse Strukturverwandtschaft von Kunstwerk und jener Gesellschaft. Diese Verwandtschaft erstreckt sich dabei im übrigen durchaus auf (fast) die ganze Breite des als Kunstwerk Möglichen. So fällt, um nur auf dies Eine zu verweisen, der Unterschied zwischen sog. mehr statischen und mehr dynamischen Künsten und Hervorbringungen[7] weniger ins Gewicht: Der Unterschied setzt die Kunst einerseits in ein statisch in sich bestehendes, und andererseits in ein dynamisch sich vollziehendes Ganzes formaler Gestaltungen, welches Ganze sich aber dann wiederum, sei es in dieser, sei es in jener Betrachtungsweise, in einem Wechselspiel der Integration einander teilweise widerstrebender Kräfte als formale Harmonie konstituiert.[8] Beide Aspekte lassen sich ohne große Mühe auch im Bereich besagter Gesellschaftlichkeit in ihrer formalen Funktion, wenn auch in einem ‚inhaltlich' gänzlich veränderten Kontext, wiederfinden: So könnte man etwa, sofern man diese Vergleichslinie ausziehen will, statische und dynamische Perspektiven auf der Seite des Kunstwerks in gewisser Weise in Parallele setzen mit institutionellen und prozessualen Komponenten auf der Seite der Gesellschaft.

b) Leistung und Herrschaft

Doch muß die Vergleichbarkeit der beiden Sphären, von denen die Rede ist, noch unter anderem Aspekt weiter geklärt werden. Wie schon gesagt, schließt das Moment des Spiels bzw. des sportlichen Daseinsstils als der Grundstruktur des Gemeinschaftslebens die Leistung, wie sie der entprechende Stil der ‚Arbeit' beinhaltet, keineswegs aus; ja man kann mit Recht vermuten, daß die zivilisatorisch und kulturell produktive Leistung sogar außerordentlich gesteigert werden kann, insofern einerseits das eigentlich sklavische oder knechtende Element der Arbeit weitgehend dem Menschen abgenommen

und automatischen Arbeitsgängen übertragen werden kann, andererseits aber das schöpferische Moment auf allen Gebieten, von der tagesökonomischen Tätigkeit angefangen bis hin zu kulturellen Spitzenleistungen, aus der Gesamtstruktur aller menschlichen Lebensläufe her eine neue *Motivation* in Gestalt des *humanen Herrschens* gewinnen dürfte: sei es nun Herrschaft unmittelbar über die Natur und ihre Großökologie, sei es über bzw. innerhalb des Komplexes zivilisatorischer und kultureller Schöpfungen des Menschen, die man auch als objektivierten Geist zu bezeichnen pflegt.
Diese *Herrschaft* erweist sich als ein wesentlicher Selbstvollzug des Menschen und der Menschheit, gerade auch dort, wo – wie z. B. im ganzen zentralen Bereich des Staates – ein Übereinander und Füreinander menschlicher Gruppierungen Resultat solcher Herrschaft ist. Herrschaft besagt hier nichts anderes als entsprechend der Leistungsteilung, von der ja schon die Rede war,[9] eine *Verantwortungsteilung*, wie sie sich aus der überaus komplexen ‚Natur der Sache', die hier zu bewältigen ansteht, notwendig ergibt.

c) Die Gesellschaft als Analogon zum ‚Gesamtkunstwerk'

Die Ähnlichkeit nun jedoch, die unserer These zufolge mit dem Kunstwerk bestehen soll, liegt demnach einmal in den eher dynamischen Aspekten von beiden (Gesellschaft und Kunstwerk), und weiter wird sie jeweils intensiver, sofern man die je übergeordnete, je *höhere* Stufe betrachtet, auf welcher sich besagte Gesellschaft selbst vollzieht und bestimmt. In diesem Sinn sind auch alle institutionalen Charakteristika – wie sie gerade für eine demokratische Grundverfassung von Staat und Gesellschaft kennzeichnend sind – doch letztlich einbeschlossen in der Totalität des geschichtlichen Prozesses, der inbegrifflich ‚geist-leiblich' oder anders gesagt: kulturell, technisch-zivilisatorisch, sozio-ökonomisch und -politisch verläuft. Sie sind nichts anderes als gleichsam Richtpunkte des gesamtgesellschaftlichen Lebensprozesses. – Wenn ferner zuvor eine Kulturgemeinschaft auf der ideellen Grundlage des Spielhaften oder der Sportlichkeit mit einem Kunstwerk verglichen wurde, so ist dies nun dahingehend zu präzisieren, daß ein solches ‚Kunstwerk' am ehesten mit künstlerischen Prozessen, die zu ihrer Konstitution ebenfalls wesentlich die *Zeit* als Bedingung erfordern, in Beziehung gesetzt werden muß, oder schließlich auch wiederum zu einer sportlichen Leistung, sofern sie jenseits der Zweckbedingtheit von Arbeit auf die Sichtbarmachung eines vollkommenen menschlichen Charakters, und zwar gerade innerhalb wirklicher oder möglicher Erfahrung, abzielt. – Solche Leistungen sind in unendlicher Vielfalt denkbar: Es sind nicht nur, um als Modellfall auf den Sport in seiner exemplarischen Gestalt zu verweisen, die sog. olympischen Disziplinen hier gemeint, sondern darüber hinaus z. B. eine jede Bemühung, die auf die zweckfreie Selbstdarstellung des Menschen als eines Teils dieser Welt im Medium ihrer konkreten Raumzeitlichkeit oder Geschichtlichkeit, und zwar *als* in sich geschlossenes, frei wiederholbares Aktgefüge, ausgeht.[10]

Der genauere Vergleichspunkt wäre dann wohl das ‚*Gesamtkunstwerk*'. Wie dort innerhalb der Sphäre der Kunst als einer sinnvoll und zweckfrei harmonisch in sich selber ruhenden Handlungswelt alle Kunstarten und -formen in ihr Ganzes integriert sind, so kann ähnlich auch die sich in vollbestimmter Weise ausformende und in dieser ihrer Ausformung sich selbst ‚regulierende' und zu diesem Zweck dann weiter auch sich selbst regierende Gesellschaft unter der Rücksicht der idealen Struktur dieses ihres Selbstvollzugs als kontinuierlicher Schöpfer bzw. Gestalter und Erhalter oder Neuschöpfer eines Werkes angesehen werden, das in der Harmonie des Grundverhältnisses von Gesellschaft und Staat – und darin dann auch der Gesellschaft zu ihren besonderen Ausgestaltungen ebenso wie des Staates zu seinen je besonderen Artikulationen – sowie in der funktionalen Selbstgenügsamkeit und Eigen-Teleologie ästhetische Züge hat.[11]

Ganz konkret gesehen wurde ja schon zuvor ein sehr wichtiges Beispiel einer strukturellen Umwandlung, fort vom tödlichen Ernst der Auseinandersetzung hin zum *Agonalen*, fort vom Existenzkampf hin zum Wettstreit grundsätzlich Gleicher, dem Recht der Beteiligung, Betätigung und darin: der Chance nach, genannt.[12] Was dort für die historisch gewordenen Formen der heutigen Demokratie festgestellt wurde, muß jedoch in noch weit tieferem und intensiverem Maß für die zuvor skizzierte ‚globale Demokratie' der Zukunft gelten. – Anders gesagt dürfte gerade in einer bis in die letzte Feinheit durchgeführten allgemeinen demokratischen Staatlichkeit und Gesellschaft das Moment des Kunstwerk-haften, der Sportlichkeit, und damit des Spielhaften am meisten in Erscheinung treten. – Nochmals, um nicht mißverstanden zu werden: nicht das letzte und fundamentale Ziel menschlicher Geschichte und menschlicher Gesellschaftlichkeit wird als ‚Spiel', Spielhaftes u. ä. bestimmt. ‚Spielhaft' bzw. sportbestimmt ist vielmehr in allererster Linie die Vollzugs-*Form*, die *Weise*, wie eben dieser Ernst in geschichtlich erscheinende Wirklichkeit umgesetzt wird. Gleichwohl wirkt sich diese Art und Weise aber dann wiederum, gewissermaßen rückwirkend, auf das Gesamt des menschlichen Daseinsvollzugs, als der konkreten geschichtlichen Gemeinschaft, aus.[13]

3. Die künftige Gesellschaft als Richtmaß für die Gegenwart; Moral und Institution

Geistesgeschichtlich befindet sich dieser Entwurf damit in einer gewissen Zwischenstellung zwischen einigen früheren Konzeptionen, die sich zwar gelegentlich zu ihm wie gewisse Extrempositionen verhalten mögen. So erinnert dieses Konzept einerseits gewiß an die Auffassung Schellings, dergemäß der letzte Sinn und Zweck des Staates es ist, eine allgemeine *Kultur* oder Lebensform des Ästhetischen zu ermöglichen und hervorzubringen. Die höchste Form des Staates ist danach der sog. Kulturstaat, der die angemessene Rechtsgestalt einer freien, sich zuhöchst in der Kunst findenden und manifestierenden Menschheit ist. Die Darstellung Schellings ist allerdings mehr grundsätzlicher Art. Es handelt sich bei ihm nicht um eine Utopie, sondern eher um den Entwurf einer Idealgestalt von Staatlichkeit, die ihren Bezugspunkt primär nicht in der realen Geschichte und ihren Gesetzmäßigkeiten hat, sondern in der Konsequenz seiner systematischen Philosophie vom Menschen. – Was nun diesen unseren Entwurf angeht, so unterscheidet er sich funktional sowohl von einer *Utopie* als auch in etwa von einem systematisch-exemplarischen Paradigma für Sozial-Ontologie. Das erste scheidet hier aus, insofern ja schon, wie andernorts ausführlich dargetan, der letzte Sinn des Menschen als Einzelperson wie als deren Gemeinschaft nicht als weltimmanent, sondern als existenzial transzendent bestimmt worden ist. Es genüge, hier darauf gewissermaßen thetisch hinzuweisen: Der existenziale Letzt-Sinn ereignet sich gar nicht, zumindest fundamental, auf der Ebene derjenigen geschichtlichen Wirklichkeit, die hier nun zur Erörterung ansteht.[14] – Weiter aber fungiert gleichwohl die Menschheit in der vollkommenen Form ihres Selbstseins als eine Art von postulatorisch wirkendem *Ideal,* und damit als Richtmaß für konstruktive wie auch kritische Projektionen ihrer selbst. Die sittlich vollkommene Menschheit als Idee und geschichtlicher Inbegriff zugleich ist durchaus von sich aus fähig, aus ihrer Struktur heraus und der darin liegenden Affektion einer jeden faktischen wie möglichen einzelnen Existenz idealtypisch und damit als *moralische* Instanz erster Ordnung auch in die Konkretheit der Geschichte hineinzuwirken: aber dies eben primär, ja sogar allein auf dem Wege einer Vermittlung und Umsetzung durch personales Handeln.

Hier jedoch steht nun eine andere Thematik im Vordergrund, die freilich die moralische Komponente zwar nicht ausschließt, die sie aber auch nicht, als ursprünglich reine personale Moral, zu ihrer Mitte hat. Das hier anstehende Thema war dagegen von Anfang an die Ausarbeitung menschlicher Gemeinschaftlichkeit, d. h. menschlicher Gemeinschaftsformen, die als *solche,* obwohl letztlich in einer vermittelten Weise selbstverständlich von jener intersubjektiven Personalität abhängig und durch sie bedingt, ihrem grundlegenden

Strukturgesetz nach die *Objektivität* menschlicher Multi-Personalität manifestiert:[15] Das aber ist gerade das Feld *geschichtlicher Objektivationen von Sozialität* überhaupt und als solcher, – wovon in diesem Rahmen eine allerdings exemplarische Auswahl geboten worden und die in ihren Konstitutionsgesetzen gerade innerhalb der dynamischen Polarität allgemeinerer Normativität und konkreterer Geschichtsbestimmtheit untersucht worden ist.

4. *Idealität und Pragmatismus als Elemente des Weges zum Ziel*

Wenn daher im vorigen der Kampf um die am meisten der Würde des Menschen und der Menschheit gerecht werdende Lösung neben dem Bild einer Schlacht auch mit dem Kampf etwa des Künstlers um die Hervorbringung seines Werkes verglichen worden ist, so liegt darin wiederum keine Beliebigkeit: Der Kampf geht beide Male für das beteiligte Subjekt um das Zustandekommen einer vollkommeneren Ordnung bzw. um die Vernichtung oder wenigstens Einschränkung einer verfehlten Ordnung. Der Einsatz wird weiter insofern mit höchstem Ernst geführt, als es darin um die Durchsetzung von Humanität gegen Inhumanität geht. – Aufschlußreich aber ist dies zweite Bild dann, weil sich auch in in ihm eine weitere *Stufenstruktur* andeutet. Nicht nur liegt das existenziale Ideal einer ethisch-vollkommenen Menschheit, einer sog. ‚dritten Menschheit', auch in ihrer innergeschichtlichen Gestaltung im Prinzip außerhalb der direkten politischen und kulturellen Wirklichkeit und der sie tragenden und bedingten Kräfte[16], auch der angemessene Ausdruck einer solchen vollkommenen Ethizität auf der Ebene staatlich-gesellschaftlichen und d. h. sozio-kulturellen Lebens kann nur als ein Analogon zu jener sittlichen Wirklichkeit an sich selbst genommen werden. Auch die vollkommene staatlich-gesellschaftliche Selbstdarstellung der Menschheit in einer zukünftigen Geschichte wird, insofern das darstellende und vermittelnde Medium seiner Wesensstruktur nach, wie gesagt, von primär *objektiver* Beschaffenheit ist, deshalb stets im letzten provisorisch, vorläufig, überholbar, und somit auch in Beziehung auf jene Wirklichkeit *relativ* sein.

Es wäre damit geistesgeschichtlich ein anderes staats- und ethiktheoretisches Motiv aufgenommen, nämlich dasjenige von der gewissermaßen stets nur *zweitbesten* Gesellschaft als dem *bestmöglich* Machbaren innerhalb des Bereichs wahrscheinlicher Erfahrung. Die großen Vorfahren dieser Konzeption heißen bekanntlich Aristoteles und, später noch einmal, Thomas von Aquin.[17] Dieses Motiv, das zumindest bei Aristoteles allerdings seinen systematischen Schwerpunkt weniger in der Staatslehre als in der vorausgehenden Ethik selber hatte, ist jedoch auch mit dem Blick, wie hier geschehen, auf Kantische Konzeptionen und die von Kant inaugurierte Transzendentalphilosophie, durchaus legitim und haltbar. Es geht ja hier nicht nur um den bestmöglichen Entwurf des betreffenden *Zieles,* sondern ebensosehr um den bestmöglichen Entwurf des *Weges* zu diesem Ziel. Gerade dieser letztere Entwurf aber wird sich am Kriterium des Gangbaren, Realisierbaren messen lassen müssen. Weniger noch als für das Ziel wird für ihn eine irgendwie utopische Struktur akzeptabel sein können.

XIV. Die konstitutive Funktion der Freiheit für eine jede künftige humane Gesellschaft

So gesehen enthält dann gerade diese unsere Konzeption in ihrer Gesamtheit auch noch einmal mit dem Blick auf die aus dem problematischen Heute in die zu bewältigende Zukunft führenden Wege den Vorzug der *offenen* Realisierbarkeit, *ohne* damit das Niveau einer *Gesamt*schau zu verlassen und sich in eine pragmatische Theorie des ‚Je-nur-Jetzt' zu verlieren, mag dies ‚Jetzt' auch u. U. zeitlich recht ausgedehnt ins Morgen verstanden werden.[1] Das Vermittelnde darin ist nach dem hier vorgetragenen Entwurf aber gerade die These, daß auch innerhalb der Sphäre eines durch Objektivität bestimmten und strukturierten ‚Geistes' das entscheidende Element doch immer und grundsätzlich menschliche Freiheit heißt.

1. Weitere Konsequenzen der These: Gesellschaft als (analoges) Kunstwerk

Unter dieser Rücksicht muß endlich noch ein letztes Vergleichsmerkmal erörtert werden: Es ist der Aspekt einer höchsten *Freiheits*sphäre als mitkonstutiven Moments innerhalb des Kunstwerkes wie auch der besagten Gesellschaft. Was das Kunstwerk betrifft – sofern es sich heute um eine Hervorbringung handelt, die diesen Namen rechtens verdient, d. h. die ihren eigentlichen Daseins- und Wirkenssinn nicht in irgendwelchen heterologen Bereichen wie der Politik, Ökonomie oder Religion hat, sondern innerhalb des Ästhetischen –[2], so zeigt sich die betreffende Freiheitssphäre gerade im Freisein von allen nützlichkeitsbezogenen Zwecken, anders gesehen in der ästhetischen Autonomie seines Soseins, Bestehens und Wirkens, wobei freilich diese *Autonomie* nicht wie diejenige menschlicher Sittlichkeit in einem absoluten, Transzendenz im strengen Sinn einbegreifenden Horizont gilt, sondern sich davon durch die besondere *Endlichkeit* ihrer konstitutiven Strukturen im Verhältnisgefüge der Elemente innerhalb von Raum und Zeit und schließlich innerhalb der Sinnlichkeit unterscheidet; die zuletzt genannten Dimensionen spezifischer Endlichkeit können sich im übrigen wechselseitig miteinander verbinden, müssen dies aber nicht.[3]

In Hinsicht auf die besagte Gesellschaftsordnung bedeutet dies aber, daß nicht nur insgesamt das Prinzip der Freiheit, diese primär und ursprünglich personal verstanden, konstitutiv und durchtragend ist, sondern daß auch in der Rücksicht auf das Ganze und seine ihm *als* Ganzem eigentümliche Struktur dieses Prinzip innerhalb einer solchen Gesellschaft einen besonderen Raum der Freiheit ermöglicht. Das meint nichts anderes, als daß es innerhalb eben dieses Ganzen auch den Freiraum für ein Feld von Lebensbezügen geben muß, die ihrer Form und ihrem Gegenstand nach im wesentlichen auf *keines* der übrigen Felder solcher Vollzüge der gesellschaftlichen Nützlichkeit (im weitesten Sinne) also etwa Politik, Ökonomie, Wissenschaft und Technologie, u. ä. festzulegen ist. M. a. W. der genannte Freiheitsraum wird im Verhältnis zu den übrigen Bereichen privater und öffentlicher Lebensvollzüge autonom sein müssen; ‚Autonomie' wäre also hier noch einmal aus einer neuen, analogen, Sicht deduziert. Er wird darüber hinaus aber als konstitutives Moment dieser seiner Autonomie dann einen Bezug aufweisen, der als solcher funktional letztlich *nicht* in das gesellschaftliche Ganze als ein diesem – in erster Linie und wesentlich – dienender Teil eingeordnet werden kann. Wie immer es unter dieser Rücksicht auch um andere solche Bereiche, z. B. Wissenschaft, bestellt sein mag,[4] der hier relevante Teilbereich ist geradezu dadurch definiert, daß er als Konstitutivum über das Ganze des gesellschaftlich (noch in irgendeiner Weise) *direkt* Relevanten hinausweist, es *transzendiert*, und dies wieder in der Form, daß dieser Transzendenzbezug an sich sinnbestimmt ist: nicht wie innerhalb des Ästhetischen in Gestalt einer grundsätzlich endlichen Rückbezogenheit auf das Ganze der dieses ästhetische Endliche konstituierenden Bestandsstücke, sondern so, daß hier ein an sich schlechthin Unendliches wesenhaft mit-konstitutiv ist. Dies müßte dann so gelten, daß die gewissermaßen ‚schlechte' Unendlichkeit (mit Hegel zu sprechen) einer endlosen Iteration oder auch unbestimmten zeitlichen Fortsetzung der Gegenwart ausgeschlossen und statt dessen vergleichsweise qualitative Prinzipien maßgeblich sind. Das bedeutet in letzter Konsequenz, daß das Ziel dieses Transzendenzbezugs nicht nur als gesellschafts-, sondern auch als geschichtsjenseitig aufgefaßt werden kann, jedenfalls so, daß die jeweils überschaubare und als grundsätzlich machbar oder steuerbar gedachte Geschichte, also auch ihre utopische Dimension überschritten ist. Wird dies Transzendente aber dann doch in seinem Bezug auf Geschichte gedacht, so erhält diese folgerichtig eine eschatologische Perspektive.

2. *Transzendenzbezüglichkeit als Merkmal einer freien Gesellschaft*

Es ist somit klar, daß mit diesem Bereich genau derjenige der Religion, oder besser: der einer allgemeinen *Religiosität* oder weltanschaulichen Engagierfähigkeit deduziert ist. Mit dem Blick auf den modelltheoretischen Vergleich der Gesellschaft (im weitesten Sinne) als ‚Gesamtkunstwerk' wäre dann einerseits hinsichtlich der Gesellschaft und ihrer Strukturation die Integriertheit eben besagter Religiositätssphäre als eines trans-utilitären Bereichs in das Gesamt dieser Gesellschaft als solcher das charakteristische Kennzeichen dafür, daß – eben diese Gesellschaft einmal als Totalität genommen – auch sie selbst integrativ und d. h. mitkonstitutiv ein Moment der Nützlichkeits-Transzendenz aufweist, und darin läge genauer der Grund für ihre Vergleichbarkeit mit der Sphäre des Ästhetischen überhaupt. Andererseits aber wäre hinsichtlich dieses Teilbereichs, für sich genommen, allein schon durch sein Bestehen und durch sein in der Freiheit des Ganzen sich auswirkendes Leben ein *Inbegriff* und eine (sozial relevante) *Ingestalt* jener das Ganze tragenden Freiheit gegeben. Freilich wäre dieser Inbegriff schon jeweils in einer besonderen Weise inhaltlich überhaupt bestimmt gedacht, auch wenn man dabei diese oder jene Einzelheiten ausklammert. – Dies macht z. B. im übrigen gerade den Unterschied zur Lebenssphäre der Philosophie aus, die demgegenüber vergleichsweise formaler und inhaltsfreier konstituiert ist[5]. – Es erscheint aber als für die hier zur Erörterung stehende Gesellschaftsform, welche ja den Boden der Staatlichkeit mitbestimmt, wesentlich, daß innerhalb ihrer überhaupt nicht nur das grundlegende Freiheitsrecht des Einzelnen im Hinblick auf das jeweilige gesellschaftliche Ganze, sondern darüber hinaus in bezug auf das Ganze von Welt überhaupt mitsamt ihrem impliziten Transzendenzbezug – und dies auch, sofern dafür nur die begründete Möglichkeit besteht – gewahrt ist. Dadurch allein ist die unübersteigbare Grenze zu jeder Art von Totalitarismus gesetzt, daß *Freiheit* gerade als Freiheit im *Horizont* eines *Absoluten* selbst, mit Einschluß der Charakteristik eines Geschichtsjenseitigen, verstanden wird. – Anders gewendet heißt das, daß eine Gesellschaft, die von vornherein und gleichsam a priori eben diese zuletzt erörterte Möglichkeit grundsätzlich ausschließt, keine vollkommene Gesellschaft sein kann, daß sie im Gegenteil immer unterhalb der auch unter ganz realen geschichtlichen Umständen möglichen optimalen Form verbleibt. Umgekehrt wird eine geschichtliche vollkommene, optimale Gesellschaft eben diese Möglichkeit naturnotwendig stets offen zu halten haben. Anders gesagt, ist somit religiöse Toleranz als positive Offenheit für einen weltanschaulichen Pluralismus als für diese Gesellschaft wesentlich abgeleitet.

3. *‚Religiosität' als integrative Möglichkeit einer humanen Gesellschaft*

Es ist klar, daß dies natürlich auch für eine so verstandene ‚Religiosität' oder, wie gesagt, für ein derart zu bestimmendes weltanschauliches Engagement ganz bestimmte Konsequenzen nach sich zieht; hinsichtlich ihrer Struktur, ihrer Form als einer im strengen Sinn *humanen* Vollzugsform des Menschseins. Darüber ist andernorts einiges Wenige an Hinweisen gegeben worden. Hier sei nur dies noch einmal erinnert, daß ebenso wie in allen anderen Bereichen menschlichen Lebens die letzte Ursachen und Gründe anzielende rationale *Reflexion,* und damit auch die fundamentalen und indirekt auch konstitutiven Erörterungen in die Zuständigkeit der Philosophie fallen. – Der allgemeine systematische Ort besagter ‚Religiosität' im Ganzen eines sich individual und gesellschaftlich entfaltenden Menschseins bestimmt sich, wie früher gezeigt worden ist, vom Zielwert einer absoluten Ethizität menschlicher Existenz her.[6] Für unsere Thematik entsteht dann hier noch die Frage, wie sich die verschiedenen Vollzugsaspekte auf der Ebene von individualer und sozialer Ethik und Rechtssphäre, von personaler und gesellschaftlicher Existenz, zueinander verhalten und vor allem, wie sie *existenzial* zu einer Einheit sowohl für den Einzelnen als auch in bezug auf das Ganze der jeweiligen Gemeinschaft integriert werden können. – Dazu wird man in aller Kürze sagen können, daß eine gewisse Rangstufung nach Maßgabe des existenzial Vordringlichen und Wichtigen gegeben ist, dergemäß dann der soziale Kosmos insgesamt durch die wechselseitig bedingende, funktional und konstruktiv, aber auch kritisch ineinander greifende Pluralität der Ziele menschlicher Grundvollzüge von gesamtgesellschaftlicher Bedeutsamkeit mitsamt ihren Strukturordnungen bestimmt wird: das sind Arbeit und Wirtschaft, Gemeinwohl und Politik, geistige Kreativität und Wissenschaft bzw. künstlerische Kultur, Transzendenz und ‚Religiosität', und endlich die Summe der spezifischen Privatinteressen und ihr Ausdruck als nicht weiter spezifizierte, jedoch auf das Wohl des Einzelnen abgestellte Öffentlichkeit.[7]

Was dabei die Stellung des im eigentlichen Sinne ‚religiösen' oder primär weltanschaulich affizierten Lebensfeldes angeht, so ist hier wiederum auf schon früher Erarbeitetes zu verweisen. – Die besondere Frage nach dem Verhältnis von allgemeiner und personaler Ethik in ihren unterschiedlichen Bestimmungsstufen zur ‚Religiosität', wie sie hier bestimmt wurde, und dann noch einmal zu den verschiedenen Arten von geschichtlichen Religionen bzw. Ideologien läßt sich kurz dahingehend beantworten, daß der hier, in diesem Kontext maßgebliche Gesichtspunkt vor allem der einer Klärung der Beziehungen zum Bereich der Gesellschaft, insbesondere zu bestimmten geschichtlich faktischen oder auch möglichen Konfigurationen einer globalen Gesamtgesellschaft war.[8] Existenziale Ethik umfaßt ihrerseits, wie andernorts ebenfalls genauer dargestellt, durchaus auch einen Aspekt des Religiösen, jedoch von neuer, anderer Art. Es handelt sich dabei eher um ein transzendentales Apriori menschlicher Existenz, das die Möglichkeit von Religion überhaupt – und dann freilich auch die Möglichkeit bestimmter Religionen – aus der Natur der menschlichen Existenz zu begründen hat. Auf der Basis einer solchen Fragestellung erweist sich sodann eine gewisse fundamentale Stufung gerade dieses existenzialen Aprioris auf die Intensität und Qualität seines Vollzugs hin als durch die Geschichtlichkeit der menschlichen Natur naheliegend. – Aufs Ganze gesehen also liegt in beiden Fällen eher eine verschiedene Wendung des Blickpunktes, ein unterschiedlicher Blickwinkel ein und derselben Sache vor, als daß sozusagen zwei in sich getrennte Sachbereiche von Religion (oder Religiosität) erörtert würden.

4. Freiheit als anthropologisches Fundament

Schärfer allerdings könnte man die im vorigen gestellte Frage formulieren als Frage nach der Einheit von phänomenal faßbarer und transphänomenaler Ebene innerhalb ein und desselben Grundaktes von Existenzialität. Das alte Problem der differenzierten Einheit des Menschen – sei es in Frage gestellt durch die Zweiheit von materiellem und geistigem, oder von sinnlichem und intelligiblem, oder von empirischem und transzendentalem, oder von phänomenalem und absolut gültigem Wesensbereich – erscheint also in einer neuen Form.[9] Der Ansatz einer tragfähigen Lösung dürfte demgegenüber in der Annahme eines ursprünglich und primär durch freien *Willen* charakterisierten Wesenskern oder Grundes des Menschen liegen, insofern mit dieser These allein die Vereinbarkeit eines absoluten und an sich gültigen *Autonomieprinzips*, nämlich hinsichtlich des eigenen Vollzugs und seiner Verantwortlichkeit, mit dem *Prinzip eines Wirkensübergangs* in andere Sphären, z. B. der Materialität, Sinnlichkeit usw., als *vereinbar* zu denken ist. Wie es scheint, bietet allein ein solches Kernprinzip seiner Wesensstruktur nach das Moment sowohl einer *zugleich* unbegrenzten Produktivität – in Hinsicht auf den eigenen Selbstvollzug in einem unmittelbar ihm entsprechenden Vollzugsmedium (d. h. in ihm selbst), wie auch in Hinsicht auf mögliches Anderes; denn für letzteres muß ersteres *unendlich* sein – als auch einer damit unmittelbar gesetzten und verbundenen Bestimmtheit eben dieser Produktivität auf genau umgrenzte Vollzugsstrukturen oder -formen hin, also z. B. in der Polarität von Geist-Leiblichkeit.[10] Die Problematik des Übergangs, an der alle bisherigen Lösungen mehr oder weniger litten, ist hier von vornherein in der Idee der absoluten, in ihrem Kern unendlichen ‚Freiheit im Vollzug' als dem ursprünglichen Selbstwillen gelöst. – Diese Übergangsproblematik verliert also dort ihre Schärfe, wo das zugrunde liegende problemermöglichende Modell beispielsweise nicht von Substraten als seinen modelltheoretisch konstitutiven Grundbegriffen ausgeht, sondern etwa vom Grundbegriff der Hervorbringung, der Produktion, Dynamik selbst. Hier sind dann von vornherein die ‚Grenzen', die in jenem Modellentwurf allererst konstitutiv waren, zu einem Zweiten, Nachfolgenden relativiert.

5. *Die Selbstregulation der Gesellschaft; Wertneutralität und Selbstverteidigung einer freien Demokratie*

Mit dem bisher Auseinandergesetzten ist weiter noch etwas sehr Wichtiges mitgesetzt, das freilich auch schon zuvor in anderen Zusammenhängen gelegentlich kurz zur Sprache gekommen ist: Eine solcherart im Ganzen konzipierte Gesellschaft wäre auf der einen Seite gewiß die ‚wertneutralste' Gesellschaft, die sich als realisierbar denken läßt. Auch die Konstituierung eines eigenen Freiraums hinsichtlich der eigentlich weltanschaulichen oder quasi-religiösen Interessen ändert daran nicht nur nichts, sondern bestätigt dies, mit der einen Bedingung allerdings, daß wie schon gesagt, gerade dieser Bereich prinzipiell und bis in die einzelne konkrete Situation hinein seine innere Norm von der allgemeinen Humanität, der allgemeinen Struktur des ‚*menschlichen* Menschseins' hernimmt. Die Forderungen nach *Garantierung* menschlicher *Würde* (als Person), nach einem angemessenen Vollzugsspielraum eben dieser Person, nach Achtung aller darin beschlossenen *Rechte* und nach der Bereitschaft zu den damit gegebenen wesentlichen *Pflichten,* wovon u. a. hier nur das Beispiel der Toleranz genannt worden ist, diese Forderungen haben – was schon im Begriff der Rechte und Pflichten angeklungen ist – andere Forderungen zu ihrem Gegenstück, die sich dann vor allem auf die sog. ‚sozialen Tugenden', d. h. auf das allgemeine, ethisch motivierbare Gemeinschaftsverhalten beziehen. – Selbstverständlich sind auch in sich theoretisch und praktisch, also in Lehre und Praxis, etablierte Religionen an diesen allgemeinen Kanon des Menschseins gebunden.[11]

Auf der anderen Seite ist, wie ebenfalls schon gesagt, mit dieser relativ sehr großen Wertneutralität einer derartigen Gesellschaft insgesamt doch nicht völlige, absolute Abstinenz eines allgemeinen Wertverhaltens gesetzt. Die Grenze ist genau dort markiert, wo etwa diese Gesamtordnung *als solche* angegriffen und im Extremfall beseitigt werden soll, bzw. wo sie verteidigt und bewahrt werden muß. Gewiß gibt es hier so etwas wie einen abgestuften Kanon von Sanktionen gegen Verstöße gegen diese Grundordnung. – Hier wäre an sich z. B. auch der systematische Ort für die Ableitung eines *Strafrechts* überhaupt, doch kann dem hier nicht weiter nachgegangen werden. Auch hier aber wäre die äußerste Grenze der Sanktion dann erreicht, wenn diese Ordnung sich dem genannten Extremfall gegenübersähe, womöglich einer kombinierten ideologischen und physischen Aggression. Der Möglichkeiten solcher Aggressionen gibt es viele und die Geschichte aller Kulturstaaten liefert viele Beispiele dafür. Neu scheint heute im übrigen allerdings die Strategie und Taktik zu sein, insofern der Angriff gerade im Namen der eigentlich demokratischen Ideale geführt wird – wobei freilich die zugeordnete Praxis diesem Ideal gewöhnlich mehr oder weniger grob widerspricht (die Lüge wird hier als solche zum politischen Kampfmittel)[12] – mit dem Ziel eines wohlkalkulierten Selbstlähmungseffekts gerade auf seiten besagter demokratischer Ordnung. – Das Ideal einer völlig wertfreien oder -neutralen Gesellschaftsordnung als besten Bodens einer freiheitlichen Ordnung ist zum Extrem getrieben selbst wiederum von utopischem Charakter, der sich freilich unter der Tarnung eines gleichsam ‚gleitenden' Pragmatismus innerhalb der westlichen Demokratien zu verstecken pflegt. Der demokratische Bürger, und erst recht derjenige einer vollkommeneren demokratischen Zukunftsgesellschaft von globalem Ausmaß wird somit eine *Option* zu treffen haben. Es ist freilich eine Option, die sich auf Vernunft gründet und Freiheit als die soziale ‚Gesundheit' wählt, jedoch diese ihre Entscheidung niemals als die absolute Vollkommenheit sich selbst restlos zur Verfügung hat, sondern zugleich mit der Zustimmung zum Ideal in ein und demselben Bewußtsein auch immer schon die Begrenztheit des Faktischen mit einbezogen hat, innerhalb dessen besagte Vernunft und Freiheit sich allein verwirklichen können. – Im Vergleich zur Utopie kommt diesem Realismus die größere Klugheit, aber auch die größere *Tapferkeit* zu. Gerade im Angesicht der Widerstände, die nicht subjektivistisch verkleinert werden, sowie im Blick auf die große Schwierigkeit und Komplexheit der Aufgabe, Vergangenes – aber als für die Zukunft Wesentliches – und Zukünftiges – als schon für die Gegenwart relevant – in eine schöpferische Einheit zu bringen, behält eben trotzdem der Mut zur Tat, auch in kleineren Schritten, die Oberhand über die Verzweiflung, sei sie offene Resignation, sei sie als Utopismus getarnt.

6. Das Christentum als möglicher konkreter Anwendungsfall humaner Religion

Unser Problem vom Anfang dieses Hauptabschnitts ist demnach insofern gelöst, als der Bereich der Transzendenz als für eine strukturell vollkommene Gesellschaft, mindestens hinsichtlich seiner geschichtlichen Möglichkeit, als wesentlich erwiesen worden ist. Dies bedingt dann selbstverständlich, wie schon angedeutet, Folgerungen auch ethischer Natur für die Beschaffenheit von Phänomenen, die den Raum des a priori Möglichen innergeschichtlich mit konkreter Wirklichkeit gleichsam ‚besetzen'.[13] Hier kämen natürlich vor allem die bisherigen großen Weltreligionen in Betracht sowie die modernen Ideologien, die an ihre Stelle getreten sind oder noch dabei sind, jene zu ersetzen. Darauf kann allerdings in diesem Rahmen nicht mehr eingegangen werden, da dies unsere Thematik sprengen würde.[14] Allenfalls wäre ein Hinweis angebracht auf diejenige Form von Religiosität, die auch heute in der weltanschaulichen Auseinandersetzung vergleichsweise noch am meisten einesteils von ihrer traditionellen Form in sich bewahrt und wenigstens transformiert zu behalten im Begriffe ist, und die andererseits als der ernsthafteste Konkurrent auch von den neuen, zeitgenössischen Ideologien angesehen wird: das *Christentum.* Freilich muß hier sofort eine Einschränkung getroffen werden, denn keineswegs soll hier eine Art von Bestandsaufnahme oder eine Diskussion aller seiner wesentlichsten geschichtlichen Erscheinungsformen oder auch einer idealen Wesensform gegeben werden. Es ist somit ein *rudimentäres* Christentum, von dem hier die Rede sein wird. Die folgenden Hinweise werden denn auch im vollen Bewußtsein ihrer grundlegenden Unvollständigkeit gegeben, ebenso wie bewußt auf eine weitere Rechtfertigung etwa des Namens ‚Christentum' in diesem Zusammenhang verzichtet wird.[15]

Dritter Teil

Entwürfe humaner Praxis im Spannungsfeld zukünftiger Geschichte

XV. Ein konkreter Neuentwurf von humaner Religiosität: reformiertes Christentum

1. Vorbemerkung

Gleich vorweg muß an dieser Stelle eine methodische Zwischenbemerkung eingeschaltet werden. Mit dem nun folgenden Gedankengang wird die bisher leitend gewesene methodische Maxime einer allgemeinen Strukturtheorie gesellschaftlicher Zusammenhänge aus der Sicht philosophischer Fragestellungen, die aber dann die einschlägigen geschichtlichen Phänomene in erster Linie als Beispiele behandelte, verlassen. Vielmehr wird hier zu *einer* ganz bestimmten inhaltlichen Erscheinung eines der besprochenen Grundkomplexe, nämlich der Religion, ausdrücklich und in einem positiven Sinn Stellung bezogen. – Zwar wird man in Anlehnung an früher Gesagtes auch jetzt noch geltend machen können, es handle sich letztlich hier doch nur um eine andere Art von Exemplifikation, nämlich mit dem Blick auf eine als möglich oder sogar als wünschenswert gedachte Zukunft –, und dann wäre etwa das Christentum *eine* mögliche, vielleicht gemäß dem Wesen des Menschseins die am meisten wahrscheinliche, akzeptable Form, in der das allgemeine Apriori von Religiosität eine geschichtliche Ausfüllung erlangen könnte[1]. Doch wird man sofort auch darauf hinweisen müssen, daß es sich hierbei nicht um irgendein gleichsam beliebiges Beispiel handelt, sondern von der Natur der Sache her gewissermaßen um das ‚Beispiel aller Beispiele', um den inbegrifflichen (oder ingestaltlichen) Fall schlechthin einer in der Zukunft allenfalls möglichen konkreten, sich geschichtlichen im Rahmen der Gesamtmenschheit artikulierenden Religiosität oder auch ‚Religion'. In diesem Sinn wird nun also eine kurze Erörterung über das Christentum angeschlossen.

Um viele Vorfragen zu überspringen und sofort in den Kern der Problematik einzudringen, wird die anthropologische und zugleich existenziale Struktur des eigentlichen Kerns des Christentums hier zu erörtern sein, d. h. die innere Wesensform der *Gestalt* seines geschichtlichen *Stifters.*

2. *Die zentrale Frage nach der Gestalt des Stifters in ihrer anthropologischen Konstitution*

Noch einmal anders wird sich also unsere Thematik an diesem Punkt eingrenzen müssen: Eine weit ausgreifende Kritik der herrschenden Kontroversen soll hier nicht durchgeführt werden; statt dessen soll wiederum in einem Sprung gleichsam die positive Thematik angegangen werden. Sie formuliert sich in der Frage: Als wer und als was ist der *Stifter* der christlichen Religion, Jesus von Nazareth, überhaupt zu denken, wenn er dem ursprünglichen geschichtlichen Selbstzeugnis entsprechend soll ‚begriffen' werden können? Dies schließt allerdings, wie es scheint, nicht zu umgehende weitere Fragen gerade nach dem Charakter solcher geschichtlicher Zeugnisse ein, doch wollen wir uns auch hier an unsere methodische Maxime der äußersten Sparsamkeit halten.[2] – Angesetzt werden soll an dem Doppelanspruch, wahrer Repräsentant der Menschen in ihrem Menschsein und dies vor dem Horizont der gesamten Menschheit, und zugleich ebenso wahrer Repräsentant Gottes, wiederum in seiner unverkürzten Gottheit zu sein. Dies ‚Zugleich' aber ist auf die denkbar engste Weise konzipiert: als in einer und derselben Person. Daran hängt das ganze Christentum.

Die Schwierigkeit aller bisherigen Erklärungsversuche bestand ja vor allem darin, die beiden Komponenten ‚Menschliches' und ‚Göttliches' in unverkürzter Reinheit zu bewahren und diese Reinheit wiederum in ihrer Doppelheit als Einheit zu begreifen: Ein Unterfangen, das die wesentlichen Linien der möglichen Lösungsversuche schon mit dem Abschluß der sogenannten christologischen Streitigkeiten in der Patristik abgesteckt zu haben schien.[3] Die verschiedenen Lösungsversuche liefen bekanntlich alle darauf hinaus, *entweder* die eine oder andere Komponente jeweils dem komplementären Prinzip unterzuordnen (in wechselnden Funktionen), so daß sie als von diesem – in der Konstitution dieser Personalität – bedingt erscheinen konnte: Monophysitismus von seiten der göttlichen Natur, für das Menschliche blieb dann reine Körperlichkeit, oder reine Willenlosigkeit, oder reine Scheinhaftigkeit der Existenz überhaupt übrig; selbstverständlich gab es auch Übergangs- und Mischformen, doch sei davon hier abgesehen.[4] *Oder* aber die menschliche Seite wurde als prinzipial überwiegend gedacht: Das Göttliche wurde dann zum Akzidenz in der geschichtlich erfahrbaren Existenz, oder zu einer nachgeordneten Natur (von Anfang an), die aber dann in ihrer Funktion unklar blieb, oder schließlich als Gabe schon jenseits der erfahrbaren Empirie unserer Geschichte (als rein eschatologische Größe).[5]

a) Statische und dynamische Denkweise als Modellhintergrund

Die gemeinsame Voraussetzung fast aller angedeuteten Lösungsversuche krankt an einer ganz bestimmten Beschaffenheit der implizit und unausdrücklich hinter der Kontroverse stehenden *modelltheoretischen* Konzeption, der die entscheidenden Begriffe, auch in methodischer Hinsicht, entnommen wurden. Im wesentlichen handelte es sich dabei um spätantik philosophisches Ideengut, zu dem in der Substanz auch in der Scholastik nicht viel Neues hinzugekommen ist.[6] *Eine* wesentliche Bestimmung innerhalb jener Modelltheorie war aber die grundsätzlich auf die Statik der Grundvorstellungen antiker Kosmologie und Ontologie zurückgreifende und sie als statisch verstehende Position *aller* jene Problematik konstituierenden Basisbegriffe. Diese *Statik* kann jedenfalls als solche gesichert gelten, sofern sie etwa in Vergleich gesetzt wird mit anderen, neuzeitlichen Konzeptionen von wesentlich ‚dynamischerer' Natur: man denke an Leibniz, Fichte,

Hegel u. a. Für die Patristik käme allenfalls Origenes in Betracht, der allerdings auch noch, wenn auch in anderer Weise, der soeben bemängelten Position verpflichtet geblieben ist.[7] – Die einzige Ausnahme, die aber z. Z. der in Frage stehenden Streitigkeiten schon im Verblassen begriffen gewesen sein muß, war wohl demgegenüber das unmittelbare ursprüngliche *biblische Welt- und Menschenbild* selbst, und dies gerade in bezug auf den Stifter der christlichen Religion. Hier erscheint eine gänzlich andere Vorstellungswelt als grundlegend, eine Dynamik, die ihren Schwerpunkt auf dem existenzialen Felde hat und dies freilich ganz unbekümmert von Anfang an als eine Gott und dem Menschen gemeinsame Ebene angesetzt hat.[8] – Von hier aus, zu welcher Einstellung z. T. manche Entwürfe heutiger Philosophie mehr Affinität haben mögen als die Mehrzahl der maßgeblichen patristischen, vor allem aber der scholastischen Denker, scheint denn auch eine Lösungsmöglichkeit sich aufzutun, die zwar in ihrer Konsequenz sehr radikal zu sein scheint, die aber doch recht besehen allem *Wesentlichen* des Christentums, wie es sich durch seine gesamte Geschichte in seinen verschiedenen Gestalten durchgehalten hat, gerecht wird und ihm Genüge zu tun verspricht.

b) Ein unzureichendes Modell: Die ‚objektivistische' Theorie von Gerechtigkeit und Versöhnung

Bevor unsere These vorgetragen werden soll, muß jedoch ein Vorstellungskomplex, der die gesamte soteriologische christliche Theologie, die katholische wie die reformatorische, außerordentlich geprägt hat, als unzutreffend abgewiesen werden. Es ist der Gedanke der genauen Proportion zwischen *Schuld* und *Sühne* auf der Seite des Menschen, dem auf der Seite des göttlichen Partners Zorn und Versöhnung entsprechen; beide Begriffspaare sind dabei als je unendliche Bestimmung aufgefaßt. Dann folgt aber notwendig, daß eine unendliche Sühne für eine unendliche Schuld – in Anbetracht des unendlich heiligen Subjekts, an dem man sich vergangen hat – geleistet werden muß, was offensichtlich außerhalb menschlicher Macht liegt. Also schickt Gott einen Erlöser, der aus sich selbst zu einer solchen Leistung fähig sein muß. – Man wird hier aber einen impliziten Widerspruch im Gottesbild selbst annehmen können, insofern Gerechtigkeit (und zwar als strafend) und Gnadenzuwendung (als Liebe) einerseits in einer Art von heilsgeschichtlicher Rollenverteilung zwischen dem jenseitigen Vater-Gott und dem hiesig existenten Gottmenschen *im Schicksal* des letzteren ausgetragen werden, und dann schließlich eben dieses Schicksal zum undurchschaubaren Mysterium auch seiner Möglichkeit nach wird: Wie kann Gott (unmittelbar) als Mensch leiden: nämlich als vollziehendes Subjekt selbst und nicht nur indirekt vermittels einer Beziehung zur ‚menschlichen Natur', die ja als solche nicht Subjekt im strengsten Sinn ist, sondern höchstens eine Modifikation desselben. Andererseits aber scheint es in dieser Konzeption, als ob nicht Mensch und Gott, sondern Gott in seiner Strafgewalt und in seiner absoluten Transzendenz selber zuallererst mit sich im Streite läge und vorweg zu aller Heilsgeschichte er in sich selbst zuerst versöhnt werden müßte; damit nämlich gerade jene Heilsgeschichte überhaupt erst in ihrer Dramatik möglich wird. – Es spricht im übrigen gleichwohl für das Niveau dieser Konzeption, daß der genaue Vermittlungspunkt *allein* im Zentrum der *Person* dieses Erlösers angesetzt wurde.[9]

Der große Mangel dieses Entwurfs liegt darin, daß zwischen Sühne und Schuld, Zorn und Versöhnungsbereitschaft eine Art von Mechanismus angesetzt wird, der auch für Gott selbst verbindlich ist und der auf dem Wesen, d. h. der Form des göttlichen Wesens selbst beruht: Es ist also letztlich nicht der göttliche Wille, die Freiheit Gottes, die das Verhältnis zwischen sich und dem Menschen als einer anderen Freiheit *letzt*-bestimmt, sondern die göttliche Wesenheit, in deren Namen eigentlich Gott, überspitzt gesagt, nur frei ist. Es besteht also eine gewisse ontologisch-metaphysische Dominanz über die moralische Handlungs- und Wirkensebene. Man kann auch nicht sagen, daß infolge der vollständigen Identität zwischen

Sein und Wesen, Intellekt und Wille, Freiheit und Vernünftigkeit in Gott die zuletzt aufgezeigte Differenz doch nur scheinbar sei, denn gerade dann ist, um das zuvor Gesagte aufzunehmen, dagegen zu fragen, was denn innerhalb eines solchen Zusammenfalls, einer solchen Koinzidenzstruktur Gottes die letztverbindliche Instanz innerhalb seiner selbst ist dafür, daß überhaupt Verschuldung und Versöhnung ihm gegenüber hinsichtlich einer von ‚außen' geschehenen Tat möglich ist: In Gott muß irgendwas gedacht werden, das in dieser Weise *effizierbar* ist, und zwar ‚echt', nicht nur gemäß einem ‚Trick'. Ist dies – und damit erscheint die Frage doch wieder – primär sein Wesen, das seiner Personalität zugrunde liegend gedacht werden müßte (eine merkwürdige Vorstellung), oder ist es nicht primär seine Personalität, die zwar logisch identisch ist mit seinem Wesen, die aber doch unter der Rücksicht des Wirkens einen Primat innehat?[10] Im ersten Fall jedenfalls wäre Gott noch nach dem Modell einer absoluten *Objektivität*, als deren Inbegriff gedacht. Das aber wäre letztlich weder seiner noch auch des Menschen würdig.

3. Die radikale Konsequenz der These: Gott ist ‚Subjekt'

Die hier vorgetragene These will diese Schwierigkeit vermeiden. Metaphysikgeschichtlich betrachtet könnte man ihr Eigentümliches auch darin sehen, daß hier nun in radikaler Konsequenz versucht werden soll, Gott *als Subjekt* – in der Korrelation zum transzendentalen, aber auch dem fundamental anthropologischen Begriff von Subjektivität – zu Ende zu denken.[11] – Sachlich besteht sie darin, daß zwar einerseits die gesamte Wirklichkeit göttlich-menschlichen Heilswirkens, wie dies ursprünglich und primär in der Schrift des AT und NT dargestellt ist, seinem inneren Sinn nach festgehalten wird. Dabei fallen dann allerdings eine nicht gerade geringe Zahl späterer frömmigkeitsgeschichtlicher, vor allem aber auch dogmatischer Zusätze fort, die ihren Ursprung weniger in der Heilskonzeption der Bibel als vielmehr im spekulativen Denken eines bestimmten Zeitalters hatten, sei es nun patristisch oder scholastisch oder noch anders zu benennen.[12] Zum Festzuhaltenden gehört beispielsweise, um Mißverständnissen vorzubeugen, die Gestalt *Jahwes* als identisch mit Gott als ‚Vater' von Jesus von Nazareth, die innere ‚Strukturiertheit' eben dieses Gottes als drei-eins, d. h. als personal in einem Sinn, der über die bloß tautologische Einheit eines Einzigen hinausgeht. Ferner die heilsgeschichtliche Funktion von Jesus von Nazareth als Schluß- und Erfüllungspunkt der gesamten im AT niedergelegten Heilsgeschichte, mitsamt seiner ihm darin zukommenden Aufgabe, eine in den Fundamenten endgültige und nicht überholbare Einheit zwischen Gott und Menschheit zu stiften.[13] Schließlich die heilsgeschichtliche Konsequenz dieses Ansatzes in die konkret nachfolgende Geschichte hinein: als erneuerte Form der Idee des ‚Volkes Gottes' in Gestalt der gesamten Menschheit als dem Partner Gottes. – Aber, und dies wäre dann der eigentliche Kernpunkt der These, es muß dafür *nicht* eine neue ontologisch-metaphysische Struktur von Personalität eingeführt werden. D. h. Jesus von Nazareth, auf dessen heilsgeschichtlich-anthropologische Konstitution und Funktion sich dann ja alles zuspitzt, ist seiner ontologischen Grundstatur nach zunächst einmal *nicht anders* Mensch als *alle* Menschen *sonst auch*, ihrem Subsistenzpunkt nach. Das ‚Göttliche', das er sein eigen nennt bzw. in dessen Namen er auftritt und wirkt und womit er sich in einer Weise identifiziert, daß auf den ersten Blick nur schwer oder fast gar nicht unterschieden werden kann, wo hier eine Grenze ist zu dem Menschlichen der sonstigen Menschheit – dies Göttliche muß als ihm zu eigen nicht nach dem Modell einer metaphysischen Subsistenzeinheit, wenn dann auch sui generis, gedacht werden, sondern eher in der Weise eines fortdauernden Relationszusammenhangs existenzialer Art.

4. *Die Konsequenz für die Gestalt Jesus von Nazareths in existenzialer Hinsicht*

Dies muß freilich noch genauer erklärt werden. Es besagt eigentlich nichts anderes, als daß die gesamte göttliche Wirksamkeit, die auch prinzipiell nach dem älteren Modell der Subsistenzeinheit ‚von Anfang der Substanzkonstitution an' gegeben ist, nunmehr nicht auf dem Boden einer solchen einheitlichen Subsistenz der Person und somit auf dem Boden einer letztlich ontologischen Statik gedacht wird, sondern auf dem Boden einer *existenzialen Dynamik* aufruht. Das bedeutet, daß die Grundstruktur der Persönlichkeit von Jesus von Nazareth, die dann freilich auch exemplarische Bedeutsamkeit für eine jede, ja sogar für eine jede mögliche menschliche Existenz haben mag[14], nach dem Modell einer *Grundrelation* zu denken ist, die allerdings – und darin unterscheidet sich dieser Entwurf entscheidend von jenem älteren ontologischen Modell und seiner besonderen Relationalität – ihre tragende Sinnmitte im *Existenzvollzug selbst als solchem* hat. Wie schon in früheren Zusammenhängen unter anderer Fragerichtung auseinandergelegt worden ist, schließt das eine sich in transzendentaler Hinsicht als Prinzip erweisende Teleologie existenzialer Sinnbestimmung ein derart, daß man mit Fug und Recht von einer aktualen Sinngebung der Gesamtexistenz von ihrem ‚Ende' her sprechen kann. Ein derartiges Ende freilich ist nur in sekundärer Weise zeitlich aufzufassen; in erster Linie ist es das Zu-Ende-Kommen eines möglichen Totalsinnes der Existenz in ihrer geschichtlichen Konkretheit in einem das Ganze dieser Möglichkeit in sich einvollziehenden Grundvollzugs als Fülle. In dem gleichen Zusammenhang wurde dies schon früher auch die existenziale Grundentscheidung genannt.[15]

Für diesen besonderen Fall nun wäre dies Grundmuster transzendentaler und zugleich existenzialer Konstitution von personaler Existenz bzw. von etistenzialer Personalität, als welche sich die jeweilige geschichtliche Persönlichkeit in ihrer gelebten Totalität begreifen läßt, in besonderer Weise anzuwenden: Die fundamentale und zugleich zentrale Ebene, auf welcher die entscheidende *Konstitution des ganzen Menschen* in seiner Existenz geschieht, und zwar in der Totalität aller Elemente und Momente, die in sie integrativ durch das gelebte und vom Grund-Sinn her vollzogene Dasein eingehen, verhält sich hier ja nicht etwa so, wie sich ein Substrat zu seinen weiteren Bestimmungen, also eine Substanz zu ihren Akzidenzen, verhält, sondern vielmehr so, wie *ein und derselbe Akt* in seinem sachlichen und zeitlichen Anfang wie in seinem alle Möglichkeiten erfüllenden Ende und im Übergang von dem einen zum anderen als selbst konstitutiver und integrativer Prozeß *sich zu sich selbst* verhält. Eben dies ‚Sich-zu-sich-Verhalten' ist aber zugleich sowohl ein strukturales Sich-Bestimmen, als so und so charakterisierbar, als auch ein Sich-Setzen und in beidem ein differenziertes und einheitliches Sich-Vollziehen selbst. Der Mensch ist daher, wie man leicht sieht, in diesem Modell grundlegend und ursprünglich *als Relation* entworfen. Aus den gleichen früheren Darlegungen[16] ergibt sich damit aber weiter auch unmittelbar eine Korrelation zum absoluten Akt, und d. h. letztlich zum Akt göttlicher Sinnsetzung bzw. der entsprechenden Ermöglichung von existenzialem Sinn. – Der allgemeine Synergismus von göttlichem und menschlichem Sinnvollzug als diese je konkrete Existenz ermöglichend und verwirklichend spezifiziert sich dann für unseren Fall näher als eine Korrelation, in welcher die schlechthin äußersten Möglichkeiten einer solchen Struktur als ausgeschöpft erscheinen, und zwar von beiderlei Rücksicht aus, *ohne* daß damit das Sinnzentrum, d. h. also die sich selbst als ihr freies Leben letztverantwortlich entwerfende und vollziehende Existenz (wie in jenem anderen, älteren Modell) durch eine göttliche Aktwirklichkeit sozusagen *ersetzt* würde: als „eine Person" in zwei Naturen (wobei z. B. auch der „Wille" als bloßes partielles Natur-Vermögen verstanden wurde, so im Monotheletismusstreit). Vielmehr verbleibt die menschliche Seite in ihrer Totalität als solche ganz und wesensstrukturell unangetastet. Das göttliche, korrelierende Element verhält sich demgegenüber dann allerdings auch nicht etwa wie eine Art von Akzidenz zu ihrem Substrat, wie es die traditionelle scholastische Gnadentheorie beispielsweise konzipiert hat[17]. Sondern es verhält sich zu diesem Menschlichen wie ein Kon-Prinzip zu seinem anderen Prinzip, wobei freilich die entscheidende Koordinationsebene nicht primär diejenige eines physischen Bestehens oder Zustandekommens ist, sondern die des ursprünglichen und transzendental alles übrige, auch sogar den physischen Aspekt, bedingenden und ermöglichenden Sinn-Vollziehens: *als* diese *sich zu* ihrer Fülle an Sinn existierende Person.

5. Anthropologische Schlußfolgerungen: Relationistische Existenzialität

Das bedeutet somit einen gänzlich anderen, neuen Ansatz. Jesus von Nazareth wäre, anders gesagt, als voller und ganzer, als totaler Mensch begriffen und zugleich als ein Mensch, der in seinem personalen Wesens-Was nichts anderes, von Beginn seiner Existenz an bis zu ihrer existenzialen Erfüllung, als Mensch gewesen ist. Aber zugleich damit wäre gesetzt eine einzigartige Verwirklichung einer prinzipiellen Möglichkeit dieses Menschseins, nämlich die höchstmögliche Vergöttlichung überhaupt und als solche. Wohlgemerkt, es wäre eine ‚Vergöttlichung', nicht eine Vergottung, es wäre also (in traditioneller Sprache) eine ‚Gnade' oder eine Mitteilung von seiten Gottes an diesen Menschen, die das äußerst Mögliche in diesem Feld erreicht bzw. qualitativ ausschöpft. – Mit diesem zuletzt genannten Punkt aber wäre dann genau das erreicht, wozu die ältere – jedoch nicht die ursprüngliche – Theologie die Konzeption einer ontologisch statischen Wirkenseinheit gewissermaßen als Hilfstheorie erfinden mußte mit dem Zentralstück der sog. hypostatischen Union: Nämlich die Konstitution eines geschichtlich sich auswirkenden, die Gesamtheit der Menschen in ihrem fundamentalen Menschsein betreffenden *Heilswirkens,* das aus der anfangsweise gesetzten substanzialen Heilswirklichkeit eben dieser Personalität resultiert. – Das Ergebnis ist deshalb in seiner Relevanz, seinem systematischen (theologischen) Stellenwert und in der Tiefe seiner metaphysischen, moralischen (oder ethischen) und geschichtlich existenziellen Affizierung oder seinem Betreff das gleiche, wie es in jener anderen traditionelleren Theorie der Fall war. Nur ist die innere systematische Ebene, der tragende Grund nunmehr ein prinzipien-ursprüngliches *relationales* Gefüge, das in seinem Wesen, für sich betrachtet, *Korrelationalität* und nichts sonst besagt, somit Bezug, Verhältnis, Vollzug, menschlich-göttliches Setzen und Sich-Hin-Beziehen auf der Ebene *existenzialer Aktualität*, wo früher die Statik einer subsistenten Zwei-Naturen-Einheit angesetzt worden war (auf einer vorexistenzialen Ebene). – Mit dieser Skizze möge es hier sein Bewenden haben.

6. Neuentwurf des Transzendenz-Immanenz-Problems auf der Ebene der Religion

Die Folgerungen sowohl für die Persönlichkeit Jesu als auch für das Verhältnis zwischen Gott und Menschheit wie auch für das Verhältnis zwischen der sich im Heilszusammenhang angesprochen wissenden und (wie auch immer) stehenden Menschheit und demjenigen Teil der Menschheit, der zu diesem Bewußtsein noch nicht vorgedrungen ist, sind erheblich. Sie können natürlich in diesem Rahmen nur angedeutet werden, wobei die Darstellung allerdings noch fragmentarischer und selektiver werden dürfte als bisher.

a) Geschichtsbezogene Partnerschaft von Gott und Mensch

Zunächst einmal zum *ersten: Die* Möglichkeit einer echteren *Partnerschaft* zwischen Gott und Mensch als Subjekten der zentralsten Ebene der Menschheitsgeschichte, d. h. im Felde der ursprünglichsten Freiheitsbestimmung des Menschen, ist eigentlich erst mit diesem Entwurf voll gewahrt bzw. erst voll ausgeschöpft. Denn die ältere Konzeption verstellte jeweils gerade von dem Gesichtspunkt aus, der existenzial wichtig wurde, den Blick: Als Mensch gesehen, war Jesus von Nazareth dies doch gerade nicht unter dem einzig belangvollen Blickwinkel, nämlich der Versöhnungsvollmacht *vom Menschen aus* auf Gott hin. *Als Gott* betrachtet war er dies gerade wieder nicht unter dem Blickwinkel, der hier wiederum der wichtigste war, nämlich als versöhnungsfähiges Subjekt nun leiden und sterben zu können, also voller Mensch zu sein. Gewiß, diese Schwierigkeiten sind alt.[18] Doch hat man zu ihrer Vermeidung bisher im letzten eigentlich nie etwas anderes zu tun vermocht, als schließlich auf das ‚mysterium' hinzuweisen. Nun mag das an irgendeiner Stelle vielleicht notwendig sein, nicht jedoch an einer so grundlegenden, die gesamte Menschheit in ihrer Freiheit und Vernunft betreffenden Angelegenheit und in einem derart fundamentalen Kontext der Sinnermöglichung menschlichen Lebens. Erst recht dürfte z. B. der reformatorischen Theologie die Auskunft, daß es gerade an dieser Stelle zu glauben und zu vertrauen und hier sozusagen eine Existenz aus dem Nichts von zureichender Rationalität zu gewinnen gelte, gerade vor dem Anspruch menschlicher Selbstachtung und Würde aufgrund von Vernunft letztlich schwerfallen. Denn was wäre das für ein Gott, der sozusagen eine Art von willkürlichem Versteckspiel gerade mit seinem sonst für gleich geachteten Partner anstellen würde?!

In dieser neuen Sicht aber bleibt der Mensch Mensch, ohne damit die Möglichkeiten Gottes einzuengen, ja gerade im Gegenteil: Hier wird grundsätzlich mit der Partnerschaft *aller* Menschen insgesamt zum absoluten Subjekt hin Ernst gemacht, wenn auch so, daß diese menschliche Gesamtheit gleichsam nicht ‚unterschiedslos', sozusagen unmittelbar auf der Ebene ihrer physischen Quantität, sondern unter der Rücksicht des existenzial Angemessensten, also auf der Ebene sinnerfüllenden Existenz- und Personvollzugs, ihre partnerschaftliche Funktion zum Absoluten hin auf- und wahrnimmt. Gerade eine solche einmalige und exemplarische exi-

stenziale Vermittlungsstellung aber nimmt die Gestalt Jesus von Nazareths nun ein. Hier ist somit Menschsein in der Weise zu seiner letztmöglichen Selbstverwirklichung im existenzial qualitativen Sinn, wie früher auseinandergelegt[19], gelangt, daß es in der Intention seines Sinnvollzugs selbst unmittelbar *göttlich* genannt werden kann, wenn auch in menschlicher Erscheinungsweise.
Damit wäre im übrigen nicht mehr, aber auch nicht weniger gesetzt als die konsequente Inanspruchnahme genau dessen, was auch im ganzen AT das Wesen des Propheten ausmachte, die *Vertretung* Gottes durch den Menschen, und zwar des göttlichen Anspruchs unmittelbar und insgesamt, total, durch eben diesen konkreten Menschen, der wiederum unmittelbar sich als vom göttlichen Anspruch ergriffen erfährt. In diesem Sinne ließe sich das NT als die letzte radikale Konsequenz des AT begreifen: Damit ein Heilswerk getätigt wird, wie es seinem Kerngehalt der strengsten christlichen Dogmatik (in ihrer Intention) entspricht, ist keineswegs notwendig ein ontologisch unmittelbar göttliches Subjekt, also in traditioneller Sprache der ‚Logos' oder das ‚Verbum Divinum' als der essentia humana individualis hypostastisch uniert. Es genügt eben dazu ein ganz und gar menschliches Subjekt. Das Besondere an der Gestalt Jesus von Nazareths ist freilich, daß hier diese Möglichkeit – daß der Mensch *unmittelbar* als *Sachwalter* Gottes in einem ureigensten *göttlichen Interesse* fungiert, und dies *als* Mensch – zu einem gewissen, aus ihrer eigenen Struktur heraus nicht mehr überbietbaren Abschluß gelangt erscheint.[20]

b) Innergeschichtliche Partnerschaft des Menschseins, im Horizont des Absoluten

Zum *zweiten,* der sich im Heilszusammenhang angesprochen wissenden bzw. erfahrenden Menschheit erscheint wiederum mit diesem Entwurf erst in der vollen und genauen Konsequenz oder Sachfolgerichtigkeit aus der Heilsgeschichte, wie sie im AT niedergelegt ist, auch eine solche *innermenschliche*

Partnerschaft gewährleistet. Das bedeutet insbesondere eine neue Konzeption für die innermenschliche, innergeschichtliche Art und Weise der *Aneignung* der grundsätzlich vermittelten Heilswirklichkeit in Form eines gemeinschaftlichen Zusammenwirkens von Menschen mit Menschen. Konkreter gesprochen geht es hier natürlich vor allem um die Frage der ‚Kirchenhaftigkeit' des Christentums, in allen seinen Gestaltungen. Selbstverständlich kann auch hier nicht mehr als nur ein überaus knapper und unvollständiger Hinweis auf gewisse Möglichkeiten oder Entwicklungslinien gegeben werden, der seine eigentliche Ausarbeitung in einem ganz anderen Rahmen finden müßte.[21]

Ansatzpunkt für die entsprechende Neukonzeption wird nun weniger der Aspekt etwa des ‚Amtes' als der in die Geschichte hinein verlängerten und institutionalisierten ‚Vollmacht' des Stifters sein oder auch umgekehrt der Aspekt der individuellen, eher psychologischen Ergriffenheit vom Geist dieser Religion, wodurch man sich in der Tradition der charismatischen Urgemeinde zu wissen glaubt, oder auch etwa der Aspekt von Sakramentalität, sofern sie primär als die möglichst unveränderte Tradierung eines gleichsam archaischen Stückes ‚Urgeschichte dieser Religion' erscheint. Man sieht sofort, daß damit natürlich außerordentlich vereinfacht gewisse Grundtendenzen oder Schwerpunkte der inneren Bewußtseinsstruktur der drei hauptsächlichen christlichen Konfessionsgruppierungen angesprochen sind.[22] – Die Art und Weise der Vermittlung jener ursprünglichen, vermittels der geschichtlichen Gestalt Jesus von Nazareths in die konkrete Geschichte hineinwirkenden Heilswirklichkeit – die aber ja schon unvergleichlich länger in eben diese Geschichte hinsichtlich ihres ersten Ursprungs zurückgreift – ist ja nun vielmehr genau die Art und Weise, wie sich Menschen als solche konkret existierende, in ihrem jeweiligen geschichtlichen Leben in das *Doppel-Verhältnis:* von Mensch mit Gott und darin von Mensch mit Mensch, hineinfinden. Dies letztere Verhältnis ist dabei jenem ersten keineswegs sachlich und rangmäßig nachgeordnet, sondern hat darin lediglich seine Grundlegung wie auch seine letzte Ausschöpfung: Die Menschheit *als ganze* in Gott ist der Zielpunkt der Heilsgeschichte.

Aber zurück zur Aneignung und Vermittlung: Um wiederum auf früher Dargelegtes zurückzugreifen und hier nur thetisch zu erinnern,[23] das Wesentliche dürfte in der Identifikation des einen entscheidenden existenzialen Grundaktes einer jeden Existenz, d. h. also einer jeden im Horizont des Absoluten verantwortlich existierenden Person, mit der fundamentalen Struktur der entsprechenden Entscheidung jener Personalität liegen, die uns in Jesus von Nazareth geschichtlich entgegentritt. – Für unser Problem bedeutet dies dann aber den prinzipiellen *Vorrang* einer primär in ihrer Struktur auf den *existenzialen Vollzug* bezogenen In-eins-Setzung zwischen dem Stifter und den ‚Gläubigen'. Damit erweist sich alle Institutionalität als von Grund auf sekundär, auch hinsichtlich ihrer moralischen Verpflichtungsfähigkeit gegenüber den Einzelnen. Andererseits aber besteht jener Primat im wesentlichen nicht in einem individualistisch oder gar psychologistisch interpretierten Gesamtzusammenhang, sondern bedingt gerade den Gesamtrahmen einer interpersonalen existenzialen Ordnung, die ihr formendes Strukturgesetz von diesem konstitutiven Wechselbezug zwischen Einzelnen und seinen Anderen her erhält: So daß als Folge dieses strukturellen Wechselverhältnisses im voll ausgeschöpften Menschsein dann allererst der volle Sinn auch der Bestimmung ‚*Brüderlichkeit*' oder ‚Brudertum' offen wird. – Und schließlich hat diese Existenzialität ihr Schwergewicht in der zugreifenden und ursprünglich gestaltenden Kraft der je lebenden, sich je auf die nähere, aber auch auf die endgültige Zukunft hin entwerfenden und vollziehenden Existenz (individuell *und* interpersonal) derart, daß damit das Vergangene allein in seinem Wesenskern sich als schlechthin unvergänglich erweist, nicht aber in irgendeiner seiner geschichtlichen Formen und Gestalten. – Mit Blick auf die traditionelle theologische Begrifflichkeit könnte man auch feststellen, daß beispielsweise die *eigentliche ‚Heilswirklichkeit'* in ihrer Zuwendung (also: als Gnade, Sakrament u. ä. bezeichnet) in ihrem wahren Kern *sich nicht geändert* hat.[24] – Es ist klar, daß mit diesen Perspektiven die Einheit der Christen, aber auch beispielsweise die Einheit von Christen und Juden im weitesten Sinn als Problem aufgeworfen ist. Doch erscheint es gerade von einem solchermaßen einerseits relativierten, andererseits jedoch wiederum auf seinen tieferen unverückbaren Kern zurückgeführten ‚Christentum' aus wohl am ehesten möglich, die tiefen Unterschiede von einem sachlichen Fundament aus zu beheben bzw. in ihrem je eigenen Sinn auf eine ihnen allen implizite Einheit zu führen.[25]

c) Im Christentum erneuerte Religiosität und zukünftige Humanität

Zum dritten, der Rolle eines erneuerten Christentums in der sich abzeichnenden Zukunftsgesellschaft: Die Argumentation wird sich hier vor allem auf zwei Bahnen oder in zwei Richtungen bewegen müssen: Einmal hinsichtlich eines *Mindestanspruchs* an Humanitätsverwirklichung. Hier wird es hauptsächlich den Nachweis zu führen geben, daß die christliche Religion in keinem ihrer wesentlichen Stücke in irgendeinem Widerspruch zu den wesentlichen Forderungen einer ausschöpfenden und reifen Humanität als der Vollverwirklichung des Menschseins steht. – Und zum anderen wird man den *Maximalanspruch* zu klären haben, der aufgrund der ‚Natur der Sache' mit dem Christentum gegeben ist und mit dem es steht und fällt.

Zum ersten Anspruch ist an dieser Stelle nicht mehr viel zu bemerken, da schon zuvor ausführlicher darauf eingegangen worden ist. Um so wichtiger ist somit der zweite Anspruch und seine Klärung. – Hinsichtlich dieses Anspruchs wird ein erneuertes Christentum sich nun mit weltweiten Parallelphänomenen zu messen haben: mit den schon erwähnten heute noch bestehenden großen *Weltreligionen,* von denen bei einer weiteren Entwicklung des Kulturpessimismus u. U. beispielsweise der Buddhismus gewisse Chancen auf globale Ausbreitung haben könnte, aber auch mit den in der Funktion von ‚Ersatzreligionen' auftretenden *Ideologien,* von denen z. Z. der Marxismus eine gewisse globale Konjunktur zu haben scheint. Auch ein gewisser weltweiter Indifferentismus mag im übrigen, worauf ja schon einmal hingedeutet, unter gewissen Umständen, z. B. sofern damit eine gewisse Trotzreaktion gegen ein Übermaß an weltanschaulichem Engagement provoziert erscheinen könnte, ebenfalls selber Züge einer Ideologie annehmen. In diesem Rahmen wird dann die besondere Schwierigkeit für christliche Religiosität darin bestehen, den z. T. völlig verschiedenartigen menschlichen Vervollkommnungsansprüchen von seiten der eben genannten Bewegungen *sachlich zugleich* ein jeweils ebenso tiefgehendes, überzeugendes und womöglich sie noch überbietendes ‚Ideen-Angebot' (einmal populär gesprochen) aufzuweisen; und dies gerade nicht so, als ob nun *ein* Teil dieser Ansprüche sozusagen in der Verlängerung ihrer Konsequenzen positiv aufgenommen und zu einer noch weitergehenden menschlichen Vollkommenheit oder Sinnfülle der Existenz gebracht werden könnte, ein *anderer* Teil aber als in sich negativ einfachhin aufzugeben und durch die Negation, wenn auch in der Gestalt eines sog. kompensierenden Gehalts, zu ‚überwinden' wäre. Vielmehr wäre prinzipiell einem jeden derartigen essenziellen Anspruch auf Sinnerfüllung *auf je* seiner *eigenen* funktionalen oder existenzialen *Ebene* zu begegnen, und erst, wenn und sofern dies geschehen ist, wäre eine jeweils weltanschaulich ‚regional' differenzierte Aufnahme, Umformung und Vertiefung (bzw. ‚Überhöhung', um diesen etwas veralteten Ausdruck einmal anzuwenden) möglich.

d) Konkretere Paradigmen: Die Integration des materialistischen und spiritualistischen Anliegens

Mehr unter spezieller inhaltlicher Rücksicht würde das bedeuten, daß beispielsweise der Anspruch auf Absolutheit, als existenzialer Wert zumindest, der von seiten eines Materialismus der *Materie* zuerteilt wird – wie auch immer diese ihrem Begriff nach gefaßt sein mag –, als Positivum so weit wie nur für einen existenzialen ‚Idealismus'[26] irgend möglich, ernstgenommen wird: Das würde z. B. hinsichtlich der nicht nur ‚räumlichen', sondern auch ‚zeitlichen' Unendlichkeit der Welt, aber auch hinsichtlich des Gesamtentwurfs eines mundanen Kausalgefüges und endlich, um dies hier Wichtigste aus einer Vielzahl möglicher Gesichtspunkte zu erwähnen, hinsichtlich der innermenschlichen Sozialität und ihrer Konstitution von erheblicher Bedeutung sein. Gerade mit Rücksicht auf die gestaltenden Kräfte menschlicher Geschichte, welche die Zukunft der Einzelnen wie der Gattung hervorbringen, wäre dieser Gesichtspunkt von Materialität als einer Wesenskomponente menschlichen Wesens von großer Bedeutung mit Blick auf den menschlichen Selbstvollzug als wesentlich *auch* diesseitigen, ‚hiesigen' und der Notwendigkeit, die ihm immanente Unendlichkeit existenzialer Kraft in eine endliche Form zu konzentrieren.

Ähnliches, wenn auch von ganz anderer Seite aus, wäre weiter beispielsweise von der besonderen *Spiritualität* zu sagen, wie sie dem schon genannten Buddhismus eigen ist; wenngleich unter bestimmter Hinsicht hier auch sogar von einem positiven Nihilismus und deshalb im Sinne der abendländischen Tradition überhaupt nicht von einem eigentlichen Spiritualismus gesprochen werden kann. Gerade aber dieser Nihilismus als auf formale Transzendenz gerichtete, im Blick auf den Selbstvollzug des existierenden Subjekts letztlich positive Konzeption – nämlich in der doppelten Negation, daß das endgültige Nichts, das Verneinung dieser Existenz mit ihren Formen bedeutet, eben nicht ‚sinn-los' ist, sondern im Gegenteil den letztmöglichen Zielpunkt von existenzialem Sinn darstellt –: So gesehen müßte er mit der unendlichen Kraft seiner existenzialen Abstraktion, wenigstens, was deren formale allgemeine Struktur betrifft, von einer solchen erneuerten christlichen Religiosität aufgenommen und verarbeitet werden können. – Mit dem Blick aber auf *beide* genannten Erscheinungen, Materialismus im westlichen und Spiritualismus im östlichen Sinn, obwohl auch hier gerade mit Rücksicht auf neuere Entwicklungen von einer ziemlich großen Mischungs-Breite dieser Grundrichtungen gesprochen werden muß,[27] erscheint es grundsätzlich möglich, sie auf der Ebene existenzialer Vollzugsstrukturen adaptierend zu vergleichen, jedenfalls dann, wenn man spezifisch auf den Übergang einer als *unendlich angesetzten existenzialen Energie* in einen endlichen Ausdruck betrachtet, dem besagte Unendlichkeit dann immanent sein soll. Dabei mag dann das Ziel, der terminus ad quem, das eine Mal positiv mundan-immanent, das andere Mal negativ-transzendent (in Hinsicht auf diesen Übergang als Akt) entworfen sein.

7. Ausblick: Existenziale Sinnstruktur des Christentums

Es soll hier bei diesen beiden extremen Beispielen sein Bewenden haben, wenn natürlich auch gerade aus der Reihe der vermittelnden Konzeptionen eine Vielzahl interessant und für unsere Thematik bedenkenswert wäre. Will man einen Hinweis, in welcher Richtung wohl eine Lösung der weltanschaulichen Einheitsfrage zu suchen wäre, sofern man sich nur an die zuvor gestellte allgemeine Forderung der Methode der weltanschaulichen Begegnung hält, so könnte wiederum noch sehr allgemein und gleichsam ‚formal' gesagt werden, daß der dem Christentum in seiner erneuerten Gestalt zukommende existenziale Wert, seine Bedeutsamkeit auf diesem Felde in der *Integration* der verschiedenen möglichen Felder oder Bereiche existenzialer Sinnerfüllung liegen könnte. Dabei dürften solche Sinnvollzüge durchaus ausschöpfend, was ihre Grundmuster angeht, ins Auge gefaßt werden. Noch etwas konkreter gesagt, hieße dies, daß so extrem verschiedene existenziale Sinnvollziehungen wie sie z. B. im Ideal des gelungenen Lebens bei Aristoteles oder aber auch bei Epikur, und weiter wie sie im Gegensatz dazu im Idealtyp des tragischen Schicksals gemäß der Sophokleischen oder Shakespearischen Tragödie, oder auch wiederum wie sie – unter einer anderen Perspektive – in der extremen Aktivität eines alles umfassenden und in sich integrierenden, ja verschlingenden Politizismus, etwa im Maoismus, vorliegt, oder auch, wie sie wiederum dazu im Gegensatz vielleicht im Idealtyp einer von manchen vermuteten kommenden, primär meditativen Existenz sich artikulieren würde[28]: Es hieße, daß alle solchen, dem Anschein extrem entgegengesetzten Existenztypen auf eine gemeinsame, integrierende *Mitte* sich beziehen lassen müßten, und dies nicht primär aufgrund einer nur abstrakten Theorie, sondern aufgrund des Urbezugs auf eine innermenschliche, in den eigentlichsten Kern seines Wesens zielende *Wirklichkeit.* – Das bedeutet notwendigerweise wiederum eine gewisse *Relativierung* der genannten exemplarischen Fälle in der existenzialen Typik. Sie wird vor allem in der Herausarbeit der *formalen* Struktur, wie gesagt, des Existenzaktes unter allen seinen wesentlichen Rücksichten bestehen. Es bedeutet aber weiter in schon mehr ‚inhaltlicher' Rücksicht die Herausstellung eines existenzialen Wertes als von derart zentraler und grundlegender Funktion für unser gesamtes Menschsein, daß *eine jede* der konkreteren Möglichkeiten, wie genannt, sich zu diesem *zentralen* Wert bzw. dem entsprechenden *Sinn* grundsätzlich *gleichwertig* potenziell, wenn schon nicht gleichgültig, verhält: Dies in der Weise, daß auf der Ebene des gelebten Lebens von Existenz, des aktuierten Aktes oder des vollziehenden Vollzugs, gerade dieser Zentralsinn sich gleichsam inkorporiert oder darleibt bzw. ‚hineinexistiert' *in* eine der genannten Vollzugsformen. Es wäre so der Zusammenfall existenzialer Transzendenz und Immanenz in der Form, daß doch jedes von beiden, zwar ungetrennt vom anderen und selbst durch jenes mitkonstituiert, zugleich sich von ihm auch immer schon (oder noch) unterscheidet, und umgekehrt.[29] – Dies meint dann eine noch weitergehende Relativierung und zugleich damit eine tiefgreifende Umformung dieser zuletzt genannten, ehemals für absolut gehaltenen Vollzugsformen.

XVI. Philosophische Reflexion und ihr praktisches Interesse an der Gesellschaft

Kehren wir nun mit unseren Überlegungen wieder zurück zum Kernthema, der Rolle und Aufgabe von Philosophie in dem gesamten umschriebenen Zusammenhang: Es ist somit die Frage zu stellen nach der unverwechselbaren und eigentümlichen Funktion, welche die Philosophie angesichts des Syndroms einer ständig mit mehr Absolutheitsansprüchen einerseits, ständig bedrängenderen Sachproblemen andererseits angereicherten Gesellschaftsentwicklung einzunehmen hat. – Vorweg sei zur Begriffserklärung festgestellt: *Philosophie* wird hier als das genommen, als was sie bisher in diesen Ausführungen auch schon im wesentlichen aufgetreten ist, nämlich als der Ort einer intensiv und ‚quantitativ' letzte, also unhintergreifbar dringliche und unübertreffbar umfassende Fragen stellenden Reflexion. Auf die besondere Aufgliederung nach Rand- und Kernzonen derartiger Reflexion kann hier verzichtet werden, wenngleich natürlich aus anderen Überlegungen die wichtigere Rolle sog. Zentraldisziplinen einleuchten dürfte. Im übrigen ist der Verf. durchaus der Meinung, die aber hier auch wiederum nicht weiter bewiesen zu werden braucht, daß Philosophie als solche ein Eigenrecht, *genuine Legitimität* als Wissenschaft, und dies durchaus auch in einem Kernbereich spezifischer Fragestellungen hat.[1]

1. Allgemeine Vorfragen

a) Zum Problem der sog. Voraussetzungslosigkeit der Philosophie

Dies einmal also als geklärt vorausgesetzt, stellt sich unsere Frage spezieller zunächst als Frage nach dem *Interessenbezug* von Philosophie überhaupt, d. h. einmal allgemeiner nach ihrer sog. *Voraussetzungslosigkeit* als Wissenschaft überhaupt, und zum anderen in spezifischerer Weise nach ihrem *praktischen* Interesse, seinem Bestehen oder Nicht-Bestehen, seiner Notwendigkeit oder Unmöglichkeit; vor allem das letztere wird uns im folgenden beschäftigen. Trotzdem soll auch zum ersten in Gestalt einiger weniger Thesen ein Hinweis gegeben werden. – Die allgemeine Diskussion über Voraussetzungslosigkeit in der Wissenschaft, die im Zusammenhang der *hermeneutischen* Fragestellung in den letzten Jahrzehnten geführt worden ist, braucht hier nicht wiederholt zu werden. Im allgemeinen kann an ihre Ergebnisse angeknüpft werden, insofern statuiert wird, daß jede wissenschaftliche Betätigung schon immer als im Fluß geschichtlicher Tradierung – sei es auch nur von (z. B. ungelösten) Problemen – begriffen ein Mindestmaß an sog. ‚Standpunktlichkeit' einschließt. Dies ist weiter insofern legitim, als eine derartige Artikulierung der wissenschaftlichen Wissenserweiterung sich gleichwohl stets dem regulativen Ideal verpflichtet weiß, ein Höchstmaß an sog. Objektivität, d. h. sach-gerichtetem Interesse und sachbestimmtem Wissen zu erstreben. Oft genug oder sogar in der Regel wird dies gar nicht anders geschehen können als durch intersubjektive Kooperation in kritischer und konstruktiver Hinsicht.[2] – Dies gilt weiter in besonderer Weise für die Philosophie selbst, insofern hier sich das Problem der Einheit einer allgemeineren, auf ‚Sachgegebenheiten' beruhenden Systematik – wie auch immer dies im einzelnen aussehen mag – und der historischen Vielfalt des Gedankens in ihrem Verhältnis zueinander verschärft stellt; denn die Philosophie wird auch hier die radikale und letzte Zuspitzung von Frage und Lösung zu ihrem Thema haben.[3]

b) Philosophische Reflexion im Horizont der Geschichtlichkeit des Menschen

Dem voraus liegt freilich die grundlegendere und drängendere Frage nach der *Möglichkeit von Geschichte* als dem Zukunftssein des Menschen und der Menschheit überhaupt, worin dann die Frage nach der Funktion alles Vergangenen einbeschlossen ist, und ferner die Frage nach der Rolle oder dem Stellenwert speziell von ‚Philosophie' innerhalb dieses Zusammenhanges. Dabei kann Philosophie hier wiederum verstanden werden entweder als streng *wissenschaftliche* Reflexion im engeren Sinn – und da setzt sie allemal die Unmittelbarkeit und Ursprünglichkeit des gelebten Lebens, der vollzogenen Existenz voraus – oder aber auch als ursprüngliches sich vollziehendes Denken von unmittelbarer Existenzrelevanz – und da ist Philosophie, wenn auch mehr als Kunst und *Weisheit* des Lebens, mitkonstitutiv für das Sein des Menschen. – Wie schon früher ausgeführt, läßt sich auch hierzu kurz als These rekapitulieren:[4] Die Menschheit bildet als solche eine dynamische, d. h. sich selbst vollziehende Einheit, in welcher (vermittels eben dieses Selbstvollzugs) sog. transzendentale und empirische Subjektivität ständig, wenn auch im Hinblick auf ihr ideales Verhältnis asymptotisch, koinzidieren. Insofern nun dieser Vollzug als Selbstverwirklichung der Menschheit in Totalität sich aus der Polarität von intelligibler und materieller Wesensart bedingt und artikuliert, und zwar dies konsequenterweise so, daß letztlich die gesamte Breite der geschichtlichen Erscheinungsformen des Humanum sich als Auszeugung und Resultierung dieser polaren Dynamik darstellen (bzw. verstehen) läßt, – insofern dies so ist, entsteht Geschichte als das komplexe Wirkensgeflecht von Handlungen, darauf gerichteter praktischer und schließlich auch theoretischer Reflexion.[5] – Dies möge in äußerster Knappheit als Hinweis auf den von uns vorgezogenen Weg einer Lösung der besagten Problematik genügen.

2. *Die innere Problematik von Philosophie als (theoretischer) Grundwissenschaft und ihr Anspruch auf gesellschaftlich praktisches Interesse*

Nach einer solchermaßen provisorischen Abklärung dieser systematischen Vorfragen kehrt somit der Gedankengang zur anfangs gestellten Frage nach der *Funktion* der *Philosophie* zurück, und zwar insbesondere in der hier zuallererst interessierenden praktischen, d. h. *gesellschaftlich relevanten* Hinsicht. – Es ist die bekannte Attitüde einer mit absolutem Gültigkeitsanspruch auftretenden Weltanschauung, das Ideal der Voraussetzungslosigkeit in der Wissenschaft als im Grund naiv zu kritisieren. Dies gilt gewiß für jede Spielart eines Marxismus[6], es gilt aber, wenngleich eingeschränkter, auch für gewisse Richtungen einer sog. ‚christlichen' Philosophie[7]. Was besonders die Philosophie dabei betrifft, so ist in dieser Position gewöhnlich die These von ihrer Dienstfunktion für die betreffende Weltanschauung mehr oder weniger implizit mit eingeschlossen. – Für unsere Thematik und unsere These von der Autonomie des ursprünglichen philosophischen Gedankens scheint sich jedoch ein Widerspruch zu ergeben zwischen eben diesem Autonomieanspruch einerseits, der in seiner Reinheit wohl nicht anders denn als nur durch theoretische Selbstreflexion und damit Selbstbegründung, darin aber wiederum wissenssoziologisch gesehen praxisfern zu rechtfertigen wäre, und auf der anderen Seite der hier vertretenen praktischen Relevanz von Philosophie für die Projektion und Konstitution einer zukünftigen Gesellschaft; denn wird nicht gerade im letzteren Fall entweder philosophische Reflexion sich wieder irgendeiner Weltanschauung (und sei es dann auch derjenigen eines neuen ‚Humanismus') mit immanentem Totalitätsanspruch stillschweigend unterordnen oder aber von vornherein ‚Partei ergreifen', damit aber auf ihre Wissenschaftlichkeit letzten Endes verzichten? – Die Frage ist freilich in anderer Form schon älter; denn auch schon in den Theorien des vollkommenen Staates und Gemeinwesens aus dem 17. und 18. Jahrhundert wird zwar Toleranz zum hohen Ideal aufgeklärter rationaler Staatlichkeit und Gesellschaftlichkeit bestimmt, ihre Grenze erreicht diese Toleranz aber sehr bald hinsichtlich der als Gefahr für das System im Ganzen betrachteten Anschauungen, die natürlich dann ihrem Wesen nach unmenschlich, inhuman, menschenverderbend sind.

Das Problem taucht ja bekanntlich erstmals schon in der Welt der griechischen Polis in den Auseinandersetzungen um Empedokles, Anaxagoras, dann um Sokrates auf, und findet seine Fortsetzung im späteren römischen Kaiserreich, wo zunächst und vorübergehend die Juden, dann die Christen als gefahrbringend für Staat und Gesellschaft und damit für die tragenden Stützen menschlicher Humanitas überhaupt erscheinen. Später erscheint dies Argument in *umgekehrter* Richtung, teils gegen die Häretiker, teils gegen die Ungläubigen gewandt, wo dann also die vormals als menschenverderbend angesehene Religion zur letzten und sichersten Garantie gerade humanen Menschseins – wie es dann verstanden wurde – fortgeschritten ist. In jüngster Zeit wird die gleiche Argumentationsfigur, die ja durchaus praktische Relevanz hat, wiederum von verschiedensten Seiten gegen das Christentum verwandt, z. B. von einem sich teils positivistisch, teils auch marxistisch verstehenden ‚Humanismus'.[8]

Auch bei wohlwollender Betrachtungsweise scheint sich so zum Schluß der Verdacht aufzudrängen, daß mit solchen Begriffen wie Humanität u. ä. nur Leerformeln, Leertitel genannt sind, die auf die Länge des bewußtseinsgeschichtlichen Prozesses gesehen mit ganz verschiedenem Inhalt gefüllt erscheinen. Die Philosophie als der jeweils an der Schaltstelle befindliche kritische ‚Konstrukteur' des Neuen aber wäre dann schließlich ihrer Wesensfunktion nach nie anders als relativ zu bewerten und müßte von da aus, überspitzt gesagt, die jeweilige, mehr oder weniger unfreiwillige Indienstnahme geradezu als ihr eigentümliches Schicksal erkennen.

3. *Ein Lösungsvorschlag: Prozeß zunehmender Selbstfindung der Vernunft*

Unsere These ist demgegenüber, daß es in der Geschichte der Menschheit aufs Ganze gesehen eine Entwicklung zu einem Mehr, einem *Zuwachs an Vernunft*, Rationalität, konstruktiver Kritik und selbstkritischer Planung gibt. Dies gilt nicht nur für die relativ kurze Epoche der Schrift- oder Hochkulturen und hier wiederum in einer besonderen Weise innerhalb der abendländischen Kultur, sondern für die Geschichte, sofern sie überhaupt *im Ganzen* gleichsam dynamisch linear und nicht rein zyklisch – in ihrem empirischen Verlauf – bestimmt zu denken ist.[9] Dieser Prozeß des Zuwachses ist nun freilich kein von der Vernunft als einer letztlich noch entscheidungsneutralen Instanz determiniertes Wesenswachstum; sondern bei aller Anerkenntnis, daß es selbstverständlich eine Selbstentwicklung, einen Selbstablauf rationaler Strukturen – als objektiver wie als objektivierter Geist – geben mag, ist dieser Prozeß ursprünglich und in seinen letzthin gestaltenden und tragenden Kräften ein solcher der *Freiheit*, des Einsatzes freier Entscheidungskraft und Verantwortung für das als vernünftig und sinnvoll in Sein und Sollen Erkannte. Daß daher ein solcher Prozeß immer schon aufgrund der Natur seiner Sache ein gefährderter ist, von Rückschlägen bedroht, und sich jede empirisch aufgestellte Gesetzmäßigkeit seines Ablaufs, auch über größere Zeiträume hinweg, letztlich als irrational mitbedingt erweisen kann, – dies liegt unmittelbar an dieser Prozeßstruktur als durch Freiheit bedingt.[10]

Das zunehmende Gewicht, das philosophischer Reflexion in der Ausbildung von Grundstrukturen der modernen Welt zugebilligt werden muß, scheint nun einmal unabhängig von der inhaltlichen Verschiedenheit der jeweiligen Standpunkte als ein Index oder ein Symptom dafür gewertet werden zu müssen, daß zumindest die *Möglichkeit* von zunehmender Vernünftigkeit, Rationalität konkret besteht. – Philosophie freilich wird sich dann nicht mehr als eine Wissenschaft verstehen können, deren Sinn wesentlich in isolierter theoretischer Reflexion besteht. Vielmehr wird sie sich selbst in ihrer Wesenseigentümlichkeit als ein Denkmodus verstehen müssen, der erst in der inneren, seiner ursprünglichen Sachthematik gemäßen Korrelation von theoretischer *und* praktischer, und weiter von (in beiden) allgemeiner *und* konkreter Reflexion – *und* Handlungsanweisung – voll und ganz zu sich selbst gelangt. Daß dies keinen Widerspruch impliziert, hat dann aber letztlich seinen Grund darin, daß eben dieser ihr Gegenstand, ihre Sachthematik, *der Mensch selbst* ist. – In diesem Sinne heißt Philosophie betreiben, schon ständig eine Entscheidung gefällt haben und sich zu ihr bekennen, sie weitertreiben. Philosophie ist somit ein nicht nur weltveränderndes, sondern ein Welt überhaupt erst ständig neugründendes und neuerschaffendes Geschäft.

4. Der ‚Philosoph' als gesellschaftlich mündiger Mensch

Das bedingt Konsequenzen für ihre Träger, für die Vielheit der Philosophierenden. Nur der Deutlichkeit halber sei zwischenbemerkt, daß selbstverständlich die sog. akademische Philosophie oder gar die an Hochschulen und in wissenschaftlichen Gesellschaften institutionalisierte ‚Philosophie' hier an allerletzter Stelle, wenn überhaupt gemeint sein kann. Sie für das hier unter Philosophie Verstandene zu nehmen hieße, bildlich gesprochen, den Sattel für den Reiter halten. In der Konsequenz vielmehr zu schon früher Ausgeführtem[11] ist unter einem *‚Philosophen'* hier eigentlich jeder verstanden, der ‚in der Tat und in Wahrheit' gemäß den hier und früher aufgestellten Einsichten handelt und existiert. – Damit stellt sich dies Konzept in eine gewisse Nähe einerseits des Begriffs vom *‚Gelehrten'*, den Fichte entworfen hatte, wenngleich natürlich das Fundament in einigen Punkten wesentlich verschieden ist. Andererseits zeigt beispielsweise der Begriff des revolutionären Volkes bei Mao Tse-tung in manchen Punkten Ähnliches, wenn und sofern man ihn einmal *weltanschaulich neutralisiert* und einige dann übrig bleibende rein formale Funktionen – Elastizität des Handelns, Mut zum absoluten Ideal, Mut zur daraus folgenden Praxis, Beachtung und Kalkulation einer unbeschränkten Zeitdimension – auf die große Zahl der, wie früher gesagt, um ihrer Freiheit und menschlichen Selbstbestimmung willen Unterdrückten überträgt. Es ist klar, daß solcherart formale Momente mit den hier vorgetragenen spezifischen Inhalten zu vereinigen wären; hier ergeben sich viele weitere Fragen.[12] – Subjekt ist somit nicht eine amorphe manipulierbare Masse, aber auch keine wissens- (gemäß Fichte müßte man eher sagen: reflexions-)soziologische Elite. Vielmehr füllt diese Funktion die große Zahl derer aus, die wie umschrieben freiheitliche und rationale Humanität als nicht nur für das Ganze, sondern auch für jeden Einzelnen für ‚selbstverbindlich' halten. Sie ist durchaus ihrem Potenzial gemäß, wenn man dies einmal in die Zukunft verlängert denkt, von globalem Ausmaß.

Es ist also der Mensch als solcher gemeint, aber in der je konkreten Situation seiner Existenz, der und insofern er darin *sich* als *in* einem *Horizont absoluten Menschseins* vollzieht und damit zugleich die Selbstverwirklichung der Menschheit im Ganzen vollbringt. Das explizite Wissen um diese Zusammenhänge ist freilich in einem allermindesten Maße erforderlich, wie auch inhaltlich die Option für den *methodischen Primat* der *Korrelation* statt exklusiver Dialektik, der *Ko-Operation* statt des Antagonismus, der *Humanisierung* durch *Harmonisierung, Irenik* statt durch Militanz – um nur dies Wenige anzudeuten – entscheidend ist. Gewinnt allerdings diese Typik des Humanen zu seiner konkreten existenzialen Realisation auch noch die Charakteristik des hoch reflektierten Wissens hinzu, so steht dem nicht nur nichts im Wege, sondern es wird sachnotwendig daraus dann auch ein weitergehender Anspruch auf Wegweisung und Führung resultieren. – Anders gewendet ergibt sich somit als das sog. ‚Reservoir' der für die Durchsetzung des hier skizzierten Programms in Frage Kommender die Gesamtheit all der Vielen, die nicht nur guten Willens, sondern darüber hinaus auch von humaner Vernünftigkeit sind.

Dies muß allerdings in zweierlei Hinsicht spezifiziert werden, soll nicht wiederum nur ein Leertitel, für allen Mißbrauch offen, geprägt sein. Es bedeutet, daß dieser gute Wille und diese humane Vernünftigkeit nicht gleichsam rein formal, sondern nun doch (in Fortsetzung des schon zuvor Gestreiften) *inhaltliche* Bestimmungen, wenn auch sehr umfassender Art, benötigen, um praktisch wirksam werden zu können. So wird man als *erstes* auf die Anerkennung einer gewissen *elementaren Menschlichkeit* nicht verzichten können. Dies läßt sich daran exemplifizieren, daß z. B. entgegen der intellektuellen Mode das Interesse für solche allgemeine Güter wie *Gerechtigkeit* nicht nach geschichtlichen oder politischen Zeitverhältnissen geteilt werden dürfte. Oder anders, daß z. B. bei einem Rollenwechsel, etwa wenn aus einem Besiegten ein Sieger, oder aus einem Angeklagten ein Richter wird, auch dann derjenige, der sich dem hier vorgetragenen Ideal von Humanität verpflichtet weiß, daß eben dieser Mensch zuerst nach allgemeinen Grundsätzen der Gerechtigkeit (als einer menschlichen) urteilen und handeln wird, und nicht z. B. nach solchen der Rache oder des Neides – mögen diese Motive im übrigen wie auch immer ‚wissenschaftlich' getarnt sein.[13] Dies möge an Beispielen für den ersten Fall schon genügen. – Als *zweites* wird man, wenn auch nicht als solches bewußt und reflektiert, aber doch der Sache nach die Integration der *allerwesentlichsten Werte humaner Kultur* in einer den Primat des Ethischen beinhaltenden Gesamtlebensanschauung fordern müssen. Dies ist also ein Kriterium, wie jenes für die Gegenwart, so hier für die Geschichte und die Geschichtlichkeit des Einzelnen in seinem Existenzzusammenhang mit der Vergangenheit.

5. Nochmals: Ein neuer Humanismus

Die Frage nach der Voraussetzungslosigkeit bzw. der erklärten Standpunktlichkeit der Philosophie nicht nur in rein theoretischer, sondern auch und darüber hinaus in gesellschaftlich relevanter praktischer Beziehung (dies im weitesten Sinne) erscheint dann rückblickend mit den gegebenen Ausführungen schon beantwortet. *Philosophie* im umschriebenen Sinn bedeutet dann nicht mehr und nicht weniger als diejenige Instanz, die mit dem weitest möglichen grundsätzlich positiven Ausgriff auf das Gesamt der kulturellen Leistung der Menschheit zugleich den allein genau adäquaten und proportionalen Bewertungsmaßstab auf Humanität hin in sich begreift – dies ist nichts als die Konsequenz aus der letzt- und selbstbegründenden Struktur von Philosophie als solcher[14] – und von diesem Horizont aus und auf diesem Boden dann in der Reflexion der menschlichen Zukunft produktiv vollzieht. – Eine besondere strukturelle Aufgabe aber in diesem Zusammenhang wird sein, gerade die wohlunterschiedene Wechselbezüglichkeit, aber darin wiederum auch die wesensnotwendige Differenz zwischen den Bereichen des Weltanschaulich-Religiösen und des Politischen zu statuieren und, wenigstens aus Prinzipien theoretischer, womöglich aber auch praktisch belangvoller Strukturation, zu garantieren. Nur auf diese Weise wird sich das Humanum als solches in Freiheit bewahren und mehren lassen. Nur so wird auch Philosophie ihren Vollzugssinn ganz wahrnehmen können.[15]

XVII. Das Problem des Übergangs von Philosophie in (soziale und politische) Praxis

1. Die Zweck-Mittel-Relation

Es stellt sich zum Schluß die Frage nicht mehr nach dem ‚Ob‘ und ‚Warum‘ auch politikorientierter Praxis, sondern nach der spezifischen *Weise, wie* eine derartige Praxis der Philosophie bzw. den ‚Philosophen‘, wie sie zuvor kurz bestimmt wurden, möglich sein soll. – Zunächst einmal dürfte klar sein, daß eine Praxis, wie sie den sog. ‚Intellektuellen‘ innerhalb totalitärer gesellschaftlicher Gruppierungen aufgedrungen bzw. wie sie von diesen akzeptiert wird, von vornherein auszuschalten ist. Denn selbstverständlich wird man zwischen dem endgültig angestrebten Ziel einer vollkommeneren und humaneren Gesellschaft in allen ihren Gestaltungen und dem Weg dorthin ein unmittelbares formbestimmendes Verhältnis sehen müssen. M. a. W. der Zweck heiligt nicht nur nicht seine Mittel, sondern umgekehrt bestimmt ein jeder *Zweck*, und mit je vollkommenerem Anspruch er auftritt, um so mehr *auch* die innere Struktur oder *Form* seiner *Mittel.* Wiederum bedeutet dies nicht, daß es für wohleingegrenzte Grenzsituationen von hoher Komplexität dann nicht auch entsprechende Mittel geben könne, die durchaus zwar noch vertretbar wären, aber ihrerseits ebenfalls eine Grenzkonstellation des Zweck-Mittel-Verhältnisses selbst bedeuten würden.[1] – Dies Verhältnis umfaßt dann sowohl die moralischen als auch vormoralischen Perspektiven, wie etwa soziologische, gruppenpsychologische, allgemein wissenschaftliche u. ä. Hier wird die Eigenstruktur eines jeden dieser Bereiche mit maßgebend sein müssen; und schon hier gibt sich ein in der Praxis nicht unerheblicher Unterschied zu erkennen zur Art und Weise,

wie sich totalitäre Ideologien derartige Wirkensbereiche zu integrieren pflegen.
Der eigentliche Grund aber liegt in der auf *Pluralität* als *Prinzip* gegründeten und von ihr aus konzipierten Gesamtschau der gesellschaftlichen Welt im weitesten Sinn. Dies braucht hier nur erinnert zu werden[2]. Die Folgerung daraus für die hier anstehende Frage wäre dann, daß auch im Rahmen des, wie gesagt, heute herrschenden, gewöhnlich noch mehr verdeckt als offen geführten Kampfes bzw. angesichts dieser weltweiten, ständig sich weiter auszudehnen scheinenden Kampfsituation doch eine gewisse Mindestpluralität als Freiheitsspielraum auch innerhalb, die für das wohlverstandene Humanum eintritt, unabdingbar ist. Freilich fällt an einigen Stellen die Maske: so z. B. wenn man die gesamte grundsätzliche Programmatik der Totalitären betrachtet, etwa wenn Mord, Erpressung u. ä. ein legitimes Mittel für den Zweck, legitimer Weg zum Ziel sein soll; wird nicht dann auch das Ziel von solch einem Weg unwiderruflich mitbestimmt sein? – Die Forderung einer gewissen Mindestpluralität gilt auch unter der Berücksichtigung der alten Regel, daß eine höchstmögliche Anstrengung der Kräfte im gesellschaftlichen, und erst recht im kriegerischen Bereich deren Zusammenfassung und ihre größtmögliche Straffung voraussetzt.[3]
Jedoch muß hier kein unaufhebbarer Widerspruch bestehen. Die ‚Philosophie' (im kurz zuvor umschriebenen Sinn) wird sich als ein antizipatorisches Abbild der neuen vollkommeneren Gesellschaft zu verstehen haben. Genauer noch wird sie sich als der reflektierte und reflektierende Bewußtseinskern eines solchen Abbildes begreifen müssen, von dem aus in kritischer Konstruktion dies Neue konzipiert, vor-gedacht wird. Als in dieser Weise auf die gesellschaftliche Zukunft hingeordnet, kann sie aber gar nicht anders, als die wesentlichsten Charakteristika dieses Neuen, d. h. seine Wesensstrukturen, schon hier und jetzt in sich selbst exemplarisch darzustellen, jedenfalls soweit dies immer möglich ist. Genau dies aber ist gerade jene auf Pluralität von Personen gründende und durch sie bedingte Freiheit, von der hier schon immer die Rede war.[4]

Dieser Wesenszug aber wird umgekehrt auch wiederum ihre *entscheidende Waffe* sein können im Kampf mit totalitären Strömungen in Theorie und Praxis.

2. *Die grundsätzlichen Mittel der Philosophie in der Wirksamkeit auf Praxis hin*

Es leuchtet bei näherem Zusehen dann sofort ein, daß jener Widerspruch nur scheinbar ist: Denn nichts hindert, daß nicht auch die Seite der für die Humanität sich Einsetzenden, jeweils von Fall zu Fall, auf der Grundlage der Freiwilligkeit nicht ihrerseits zu einer, wie von den Kampfregeln gefordert, einheitlichen Aktivität der Kräfte soll gelangen können. Die Differenz der einheitlichen Schlagkraft der totalitären Seite liegt ja gerade auf der Ebene der Motivation: dort Zwang durch Schrecken und Indoktrination,[5] hier Einsicht und Freiwilligkeit. – Zuerst aber muß besagte Pluralität besonders unter Rücksichten ihrer geschichtlichen Auswirkungen als Gruppenaktivität noch genauer untersucht, betrachtet werden. Es soll dabei mit dem Problem weltanschaulicher Differenzierung überhaupt begonnen und entsprechend dem hier verfolgten allgemeinen Thema dann auf die spezifisch politische Diversifikation gruppenbildender Auffassungen und der Stellungnahme bzw. dem *Engagement* der Einzelnen in diesem Zusammenhang übergegangen werden. Beides freilich so, daß als die eigentliche Thematik gerade diese *Differenzierung* als einbezogen, d. h. letztlich fundiert und motiviert von der Grundlegenden *Einheit* desjenigen Standpunktes und seines Interesses erörtert werden soll, der hier im Vorigen als eigentümlich ‚philosophisch' bezeichnet wurde. Gerade darin muß sich noch einmal tiefer und prägnanter der Vorzug, wenn auch vielleicht die mögliche Schwäche gegenüber einem theoretisch radikal monistischen und praktisch totalitären System aufzeigen lassen, daß nämlich Vielheit, Mehrfältigkeit als Zeichen von Freiheit nicht nur nicht die ebenso notwendige, erforderte grundlegende Einheit aufhebt, sondern sie im Gegenteil in sich konstitutiv einbegreift, und daß darüber hinaus gerade eine letzte systematische Einheit zu ihrem vollen Leben, ihrer vollen Ausartikulierung wesensnotwendig dieser Vielheit als Form ihres inneren Reichtums bedarf. Diese Einheitlichkeit in der Vielheit aber als gemeinsamer Ermöglichungsboden derartiger Spezifikationen ist nun genau das thematische Feld von Philosophie in Theorie und Praxis, wie hier in der ganzen Erörterung immer wieder gezeigt.

Es liegt in der ganzen Konzeption der hier vorgetragenen Gedankengänge, daß die Vielfalt großer, fundamentaler weltanschaulicher, religiöser und ideologischer Systeme – mögen sie nun eine lange Tradition für (oder gegen) sich haben oder erst neueren Ursprungs sein[6] – einerseits von Grund aus auf eine ihnen immanente Gemeinsamkeit hinweisen, etwa in Gestalt einer geschichtlichen Konvergenz, andererseits aber auch als gleichsam naturnotwendiger Ausdruck eines gemeinsamen spezifisch *menschlichen* Elements in allen solchen Versuchen der Systematisierung des Lebens- und Weltganzen gewertet werden müssen. Derartige Großsysteme der Sinngebung menschlichen individuellen wie sozialen Lebens und Wesens haben zu ihrem Boden gewöhnlich die Polarität eines mehr sachlichen, systematischen Moments und eines mehr geschichtlich zu lokalisierenden, einzuordnenden Elements. Sie pflegen somit in ihrer Gesamtstruktur nach Ursprung wie Ausgestaltung Elemente von strenger ‚Sachbezogenheit' wie auch von Erlebnischarakter konstitutiv zu einer einheitlich strukturierten Totalität zu vereinigen. Damit ist gegeben, daß einmal der reine Gedanke, sofern er sich in die Praxis geschichtlicher Wirklichkeit einbezieht, aufgrund eben dieses Mediums seiner Praktizierung oder Applikation stets und ständig in dieser offenen Möglichkeit sich befindet, eine je spezielle, gänzlich eigentümliche und geschichtlich einmalige Gestalt, Form anzunehmen (bzw. annehmen zu müssen). – Daß es gleichwohl *in* dieser jeweiligen Einmaligkeit seines letztkonkreten Ausdrucks, der mit der jeweiligen Besonderheit der Stifter, der betreffenden Religion (oder auch Ideologie) mitgegeben ist, die Gleichheit ein und desselben Themas, d. h. genauer: desselben Problems, derselben Frage gibt und daß dies seinen Ausdruck findet in der über die Zeiten hinweg grundsätzlich *möglichen* Interkommunikation der Fragenden und des Fragens gerade im Hinblick auf ihre Sache: dies gehört eigentlich schon in eine eigene Religionsphilosophie, die auszuführen hier nicht der Ort ist.[7] In diesem Kontext soll in erster Linie der für die konkrete Zukunft relevante Aspekt dieser Thematik interessieren. D. h. also folgerichtig zum soeben Gesagten: Auch nicht die allgemeinere Frage nach dem Verhältnis *überhaupt* derartiger geschichtlicher Ausdrucksformen etwa zum philosophischen Fragen in seiner offenen ‚Minimalsystematik' interessiert hier,[8] sondern nur der Aspekt, wie sich diese Frage in der konkreten Zukunft kommender Philosophie, im *Verhältnis* zur künftigen Geschichte von Religiosität (oder dem formalen Transzendenzbedürfnis) und Politik, wird artikulieren müssen, sollen die Kriterien der Humanität, wie sie hier entwickelt wurden, dabei ihre Gültigkeit behalten.

3. Philosophie und globale Einigung der Weltanschauungen

Im einzelnen läßt sich dies dann weiter so bestimmen: Ob nicht philosophische Reflexion, wie hier dargelegt, zu einem Urheber oder wenigstens zu einem wichtigen Anstoß oder zu einer Bedingung oder vielleicht auch nur zu einem Vehikel einer – historisch betrachtet freilich in fernere Zukunft hinausliegenden – *Vereinigung* oder Vereinheitlichung der Menschheit auf weltanschaulicher Ebene in wesentlichen Gesichtspunkten nicht nur der Praxis, sondern auch gerade der Theorie gelangen könne. Das Leibnizische Anliegen einer Vereinigung aller großen christlichen Konfessionen[9] würde hier mit einer erweiterten Zielsetzung und von einem vertieften Fundament her wieder aufgenommen. Der unmittelbare Anstoß ergibt sich für uns aus der mehr als nur entfernteren Möglichkeit eines weltumfassenden und alle Lebensbereiche umgreifenden, in seiner Theorie mundan-immanenten Absolutismus von bisher noch nie dagewesenem Ausmaß, demgegenüber sich dann die Vertreter *aller* religiösen Werte – soweit sich diese auf jenes formale religiöse Apriori zurückführen bzw. darin gründen lassen, wie ausgeführt[10] – zusammenzuschließen hätten; dies übrigens keineswegs nur zu rein praktischen Belangen, sondern auch hinsichtlich ihrer theoretischen, inneren Einheit. Diese aber dürfte sich wiederum – und hier erweist sich dann sogleich die überaus wichtige Rolle der Philosophie – nur finden und in einem Mindestmaß, wie es gegenüber der Usurpation eines totalitär bzw. besser: eines radikal absolutistischen Gedankengebäudes notwendig würde, positiv bestimmen lassen, indem man die *gesamte* anstehende Problematik auf den Boden der Philosophie stellt, ihr im Raum philosophischer Reflexion überhaupt den Ort anweist, wo ein Gelingen erstmalig möglich wird.[11]

In eine derartige Situation wären natürlich keineswegs nur übergreifende Weltanschauungen oder auch Weltreligionen, sondern ebensosehr die weltanschaulichen Bewegungen einer weltweit gefaßten humanistischen Kultur, d. h. eines Humanismus einzuordnen, der über seine abendländische Variante hinaus alle möglichen anderen, mit diesem in seinem Kern durchaus verträglichen humanen Bereiche und Elemente zu integrieren hätte.[12] Angesichts dessen wäre *Philosophie* dann noch einmal weiter als das fundamentale, wenn auch ein gewisses Mindestmaß und eine gewisse Mindestform nicht überschreitende, Einheit-in-Vielheit durch ihre Reflexion ermöglichende und praktisch motivierende, *integrative* systematische *Prinzip* bestimmt. Sie würde mit dieser Funktion dann im übrigen auch wiederum ihrer ältesten Definition gerecht, nicht nur Wissenschaft, sondern damit auch Weisheit in eins zu sein[13]. – Das meint dann weiter, daß zwar einerseits die außerordentliche Vielfalt möglicher Ausformung philosophischer und weltanschaulicher Anliegen und Lehren grundsätzlich als möglich und in gewissen Grenzen als durchaus legitim bestimmt werden muß, daß aber andererseits zugleich damit die erwähnte Relativierung eben dieser Gestaltungen sich als unausweichlich und in der Natur der Sache gelegen erweisen wird. Diese Relativierung ist, wie aus dem zuvor Erörterten hervorgeht, nun gewiß nicht absolut oder total, sie weist aber gerade auf das Kernstück der hier behandelten Thematik hin: Wie sich eine gewisse, sehr allgemeine und als solche primär formal zu verstehende Ordnung der möglichen Grundpositionen, als von ihrem Prinzip her vieleinheitlich strukturiert, ihrerseits als Grund und Bedingung transzendentaler Art (also der Ermöglichung ihrer Strukturen wie ihres Faktisch-Werdens) von jenen genannten vielfältigen Positionen selbst zu verstehen hätte.

Dies ist im wesentlichen eine noch ausstehende Aufgabe. Doch läßt sich als auf einen *Modellfall,* von dem dann analogerweise Strukturen in Transformation zu übernehmen wären, auf das Verhältnis etwa von allgemeiner Metaphysik zu den verschiedenen Disziplinen einer von jener begründeten Philosophie hinweisen. So wird man sagen können, daß in der historischen Verkürzung und systematischen Vereinfachung, wie es einem Modellbegriff entspricht, die ‚allgemeine Metaphysik' der Sache nach durch ihre Prinzipien in den Spezialdisziplinen – z. B. einer spekulativen Anthropologie oder Psychologie, Naturphilosophie u. ä. – voll anwesend ist, ohne doch als spezifische Reflexion auf eben jene Prinzipien mit jenen Disziplinen zusammenfallen. – Mit einem älteren Terminus technicus würde man das Immanenzverhältnis – nämlich wie ein Komplex von Oberprinzipien in einem solchen von Unterprinzipien wirkend anwesend ist, sich aber zugleich davon und von dessen speziellen Wirkungen distanziert – als ‚virtuell' bezeichnen können. Jedenfalls dürfte jene allgemeinere Religiosität oder das weltanschaulich existenziale Interesse strukturell von komplementärer Art zwischen einem mehr formalen, einheitlicheren und einem inhaltlich mehr differenzierteren, vielfältigeren Pol sein. So wenig wie beispielsweise eine monopolistische Weltsprache wird es auch eine dogmatisch eine und einzige Weltreligion geben können. Wohl aber erscheint ein Humanismus, der wie zuvor gezeigt für die Belange auch des Religiösen offen ist, als

Lebensraum der konkreten Vernunft möglich; und dies zwar nicht als ein einheitliches geschichtlich konkretes System, aber doch als einheitliche Rationalität im Vollzug.[14] Der Unterschied zu jenem Modell läge freilich außer in den modellimmanenten, vergleichsweise rein theoretischen Strukturen insbesondere hier noch darin, daß der Gesamtrahmen nun explizit durch die Thematik einer auf das Gesamt einer geschichtlich, d. h. prozessual und dynamisch existierenden und sich vollziehenden Menschheit bestimmt ist. Was bei jener Metaphysik nicht der Fall war, käme hier der entsprechenden philosophischen Zentral- und Fundamentaldisziplin durchaus zu: Philosophie in diesem Sinn hätte im Rahmen der soeben erwähnten Thematik insgesamt eine vergleichsweise *wissenssoziologische* Funktion schon an sich selbst. D. h. sie wäre zwar auch immer noch reine Theorie, doch wäre sie dies in einer Weise, die innerhalb der Grundstruktur von Theorie sachlich zugleich den Boden oder den systematischen Ort festsetzt für den ersten Bezug auf alle mögliche Praxis überhaupt. Wiederum: Dies bedeutet in der hier und anderswo vertretenen Auffassung eines korrelativen Grundverhältnisses der wesentlichen Prinzipien, d. h. ihrer Kern- oder Fundamentalstruktur, nichts anderes als nur die Konsequenz, mit der innerhalb eines derartigen konsistenten Ganzen alle wesentlichen, konstitutiven Bestandsstücke oder Teile miteinander verbunden sind.[15] – Um diesen Gedanken mit einer Erinnerung abzuschließen, so ist klar, daß gerade bei dieser ihrer Aufgabe die Philosophie ihren wahren und eigentlichen Sinn darin gewinnt, zwar die *Einheit* von Verschiedenem, also hier insbesondere und exemplarisch der weltanschaulichen und politischen Ordnung, in den Grundsätzen aufzuweisen, aber dies so, daß zugleich die *Verschiedenheit* die Möglichkeit und die Offenheit für die prinzipiell unbegrenzte Positivität des Wirklichen gewährt, jedoch auch dies wiederum in der Rückbezogenheit auf jene synthetische Grundeinheit und mit dem kontinuierlich zu verwirklichenden Ziel, beides schließlich in seiner vieleinheitlichen, strukturalen Dynamik dem wirklichen Leben als dessen innere Form je nach dem Gesichtspunkt[16] sowohl nach-zudenken als auch vorauszuentwerfen.

4. Exkurs B: Die politische Einheit der Menschheit als Problem

Die Frage nach derjenigen politischen Macht, die der Menschheit die ersehnte Einheit in Form staatlicher Organisation, und – womöglich – humaner Gesinnung, bringen wird, birgt Stoff genug für eine weitläufige Abhandlung in sich; so können hier nur mehr als knappe Hinweise gleichsam als Programm gegeben werden. Die Frage muß näher bestimmt werden als diejenige nach der weltgeschichtlich genügend bestimmten, einzelnen staatlichen Macht, die in der Verbindung politischer, gesellschaftlicher (d. h. sozio-ökonomischer), technologischer, wissenschaftlicher und weltanschaulicher Faktoren auf globaler Ebene jene Einheit herzustellen und zu erhalten in der Lage ist. So gesehen läßt sich mit an Sicherheit grenzender Wahrscheinlichkeit ein im Ansatz föderatives, gemeinschaftliches Unternehmen von annähernd Gleichen als dazu unfähig annehmen. Die Gründe dafür sollen hier nicht erörtert werden. – So bleibt allein die Frage nach der aus dem heutigen weltgeschichtlichen Kontext resultierenden Macht, welche der soeben gegebenen Definition der Bedingungen am ehesten Genüge zu tun fähig ist. Es kommen aus der Sicht von heute hier vor allem und ernsthaft nur *vier* solcher Machtgebilde auf längere Sicht in Frage: Nordamerika mit dem Kern der Vereinigten Staaten, der eurasische Komplex mit Rußland als Kern, China als Kern Ostasiens und Brasilien als Kern einer weiteren sog. latein-atlantischen Sphäre. Alle diese Komplexe sind durchaus noch in der Ausbildung begriffen und in verschiedenen Stadien der Entwicklung. Am weitesten scheint Nordamerika vorangekommen zu sein, am wenigsten weit der brasilianische Komplex; Rußlands eurasische Konzeption und Festlandchina ordnen in der Reihenfolge sich mehr oder weniger dicht an den nordamerikanischen Koloß an. – Die Politik im engeren, aber auch im weiteren Sinn mit

Einschluß aller genannten Faktoren wird auf eine lange absehbare Zeit vom Zusammenspiel dieser vier Großkomplexe abhängen. Dabei spielen auch und gerade die nicht rein politischen Elemente, bes. solche weltanschaulicher Natur, eine konstitutive Rolle. Auch darauf, d.h. vor allem auf die sich hier abzeichnenden Möglichkeiten der Kombination und Konfrontation weltanschaulicher, zivilisatorischer, geschichtlicher und politischer Elemente kann hier, so interessant und wichtig das wäre, nicht weiter eingegangen werden. – Nur dies eine gilt wohl sicher: Der Ausgang dieses kommenden weltgeschichtlichen Quadrumvirats ist keineswegs sicher. Er kann in einer festeren Form der Zusammenarbeit bestehen, nachdem man durch ein hinreichend langes Zeitalter die Nutzlosigkeit einer Hegemoniepolitik erkannt hat. Er kann ebenso gut auch in einer Entwicklung bestehen, welche die Katastrophe des einen oder anderen der Beteiligten mit einschlösse, hier käme viel auf die innere Instabilität an. Unter dieser Rücksicht wäre z.B. die an sich z.Z. als Weltmacht dastehende sowjetrussische Macht auf längere Sicht vielleicht die am wenigsten beständige.[17] Nimmt man einmal an, daß jene zu Anfang erwähnte Einheit eines Weltstaates nur durch die Obergewalt eines einzigen Machtwesens zustande kommen könne, so wäre dazu wohl mit großer Wahrscheinlichkeit der totale Untergang wenigstens eines der genannten vier Großgebilde mit entsprechenden Folgen für wenigstens zwei der anderen notwendig. – Wer realistisch in die Geschichte schaut, wird somit allem Wunschdenken traumtänzerischen politischen Humanitarismus entgegen mit Erschütterungen globalen Ausmaßes, wie auch immer diese im einzelnen sein mögen, rechnen müssen. Mit der sodann beginnenden Weltstaatlichkeit bräche aber schon die übernächste Großepoche unserer Geschichte an.

Die Frage läßt sich freilich noch von einem anderen Blickwinkel aus stellen, und zwar so, daß von einem kulturgeschichtlichen Strukturvergleich aus auf die Gegenwart bzw. die sich daraus entwickelnde Zukunft geschlossen wird. Die Folgerungen werden dann allerdings leicht variieren. – So sei als modellartiger Vergleichspunkt eine Phase unserer eigenen, wenn auch entfernteren und uns nur vermittelt betreffenden, Vergangenheit als kulturellen Großkörpers herangezogen: Gemeint ist aus Gründen, die sogleich erörtert werden sollen, der mit Alexander dem Großen eingeleitete Hellenisierungsprozeß und das sich darauf gründende Gebilde des *Hellenismus.* Mit dieser Einleitungsphase der Spätantike scheint unser eigenes Zeitgeschehen, wird es einmal auf wenige große Charakteristika, die gleichwohl typisch sein sollen, vereinfacht, wesentliche Strukturen gemeinsam zu haben, d. h. sogar: mehr als mit irgendwelchen anderen Kulturepochen oder Gesellschaftskörpern. Die Ähnlichkeit läge dann vor allem in folgendem: Alexanders Eroberungszüge bedeuteten für die griechische Welt erstmalig eine Kolonisierung in einem großen einheitlichen und zentralen, d. h. imperialen Stil, womit die früheren griechischen Kolonisationen, und schon gar diejenigen der Phönizier oder Karthager nicht verglichen werden können. Zugleich erstreckte sich diese Kolonialisierung (im Unterschied zur früheren ‚Kolonisierung') auf fast den gesamten relevanten Teil des griechischen Ostens, also den kulturell bedeutsamsten Teil der Ökumene. – Auf moderne Verhältnisse übertragen wäre damit in etwa die europäische Kolonialisierung des 19. und 20. Jahrhunderts zu vergleichen, in der ja auch so etwas wie die endgültige Aufteilung der nicht-europäischen Welt exotischer Provenienz erfolgte. Gemeinsam könnte weiter auch erscheinen, daß in beiden Fällen eine vorwiegend kulturell-zivilisatorische Durchdringung im Vordergrund stand, nicht eine zugleich ablaufende Bevölkerungsbewegung, die auf die Schaffung bzw. Herausbildung neuer – dort griechischer, hier europäischer Nationen bzw. (im Altertum) eine volkliche Ausdehnung des Griechentums bis in die Basis hinein – abgezielt hätte. Diese war für die Griechen schon früher und anders, sehr viel improvisierter verlaufen, ebenso wie für die moderne Zeit die große europäische Siedlungsbewegung ihre entscheidenden Formen teils im Anschluß an die portugiesisch-spanischen Entdecker, teils im Anschluß an die französische, vor allem aber die englische

Eroberung, beide Male in einer ‚neuen Welt', die kulturell sozusagen Niemandsland war, gefunden hatte. Die Hellenisierung Alexanders war für die westöstliche Kommunikation bekanntlich von tiefgreifenden Folgen, wenn sie es auch nicht vermochte, die östlichen Teile der Ökumene in der gleichen Weise dem Griechentum sprachlich, sozial und kulturell so einzuverleiben, wie es später im Westen Rom vermochte. Ähnlich wird die jüngste europäische Kolonialisierung, deren politische Formen sich zwar heute geändert haben, deren kulturell-zivilisatorische Formen aber ständig weiter ausgebaut und vertieft werden, zwar auch – und dies ist ja schon offenkundig – einen sehr tiefen Einfluß auf die ehemals unterworfenen Gebiete ausüben; eine Europäisierung jedoch, wie sie beispielsweise im englisch-sprachigen oder lateinamerikanischen Westen stattgefunden hat, ist auf lange Sicht nicht zu erwarten; dafür ist die kulturelle Andersartigkeit Asiens wie Afrikas (hier z.B. vermöge des Arabertums und des Islams) wohl zu groß.

Eine weitere Ähnlichkeit wird man in der fehlenden Gesamtstaalichkeit der damals wie heute relevanten Ökumene sehen können: Alexanders Reich war politisch – analog gesehen – ebenso instabil und kurzfristig wie heute etwa die verschiedenen Kolonialreiche europäischer Mächte insgesamt, die sie im vorigen und in diesem Jahrhundert errichtet haben. Die später auftretende römische Weltmacht – zumindest für den Westen und den ‚westlichen' Osten der damaligen Ökumene – hat im heutigen Zeitalter noch keine strukturelle Parallele gefunden. Freilich gibt es, wie auch damals schon, gewisse Anzeichen von *Indizien*charakter für eine solche Weltmachtentwicklung. Dabei wird man allerdings an eine über längere Zeiträume hinweg relativ kontinuierlich verlaufende Agglomeration von immer neuen Randprovinzen an den Kernbereich denken müssen; und dies der ‚Natur der Sache' gleichsam entsprechend vorwiegend auf dem Landwege. Nur hier läßt sich anscheinend ein derartiger ‚Jahresring-Imperialismus' durchführen. Dies war in der Aufstiegszeit ja auch das Entwicklungsgesetz Roms.

Von den heute für eine weltimperiale Stellung in Frage kommenden Mächten, die Vereinigten Staaten von Nordamerika, der eurasische Machtkomplex mit seinem Inbegriff Rußland, China – und vielleicht in etwas fernerer Zukunft Brasilien als Kernmacht der lateinamerikanischen, ja vielleicht sogar zugleich einer ‚lateinafrikanischen' Sphäre[18], scheint zunächst einmal dem geschichtlichen Prozeß zufolge und seiner Ablaufstruktur wohl allein Sowjetrußland für eine ähnliche Stellung in Frage zu kommen. Das eigentliche geschichtliche Gesetz Rußlands als politischer Macht ist seit Iwan dem Schrecklichen die räumliche Expansion, an deren Seite freilich schon von Anfang an auch ein ideeller Machtanspruch trat, der einerseits die räumliche Expansion teils begründete, teils unterstützte, andererseits mit der räumlichen Expansion mitwuchs. Es verschlägt nichts, daß bis zur Revolution von 1917 dieser Machtanspruch im wesentlichen theokratisch, seitdem jedoch weltrevolutionär sich artikulierte. Freilich ist dieser Anspruch zu einem konkret globalen erst durch das Umbrucherlebnis der Leninschen Revolution geworden. Weltherrschaft als unmittelbar konkretes Ziel, so möchte man einmal als These formulieren, lebt nunmehr aus dem mehrfachen artikulierten und bestätigten Erlebnis des langfristigen geschichtlichen Erfolgs eines solchen Imperialismus, der nicht nur nach außen sich durch alle Belastungen und gegen alle Widerstände durchsetzen konnte, sondern auch nach innen, d.h. hinsichtlich der gesellschaftlichen und sozusagen bewußtseinspolitischen Fundamentalstrukturen vermittels der Revolution von 1917 sich mit einem Schlage auf den Boden einer neuzeitlichen, welt- und geschichtsimmanenten Dynamik gestellt hat. Sowjetrußland ist damit in einem wahren Sinne der Erbe des gesamteuropäischen älteren – man denke an Byzanz – und neueren Imperialismus geworden. Dieser Idee einer universalen, im Herrschaftsbereich, und totalen, in den Herrschaftsdimensionen, Machtausübung muß auch die von der westlichen, vornehmlich angelsächsischen, humanitär motivierten Idee der UNO als Instrument dienen. – Die hinsichtlich des Imperialismus wohl auf absehbare Zeit einzig ernsthaft als

Konkurrenz anzusehende Macht dürfte allerdings China sein, eine Macht, die im Blick auf die spätantike Analogie in etwa mit einer vom hellenistischen sowie römischen Kultur- und Herrschaftsanspruch emanzipierten Großmacht des Ostens zu vergleichen wäre. – Eins dürfte allerdings klar sein, daß eine funktionierende, d.h. u.a. auch den Ansprüchen des inneren Friedens gerecht werden wollende Weltstaatlichkeit nur auf einer hinreichenden, proportionalen Machtbasis aufzurichten ist. Der definitive Weltfrieden ist wie die damit verbundene Weltordnung letztlich allein durch eine entsprechende Weltmacht zu gründen. Ob diese Macht und die in ihr wurzelnde Idee der betreffenden Ordnung sowie des umfassenden Friedens aber im echten Sinne human oder aber letztlich inhuman sein wird –, dies ist eine heute noch offene Frage, um deren endgültige Beantwortung der Kampf geht.

XVIII. Paradigmatische Züge einer Strategie der Humanisierung

Die entsprechenden Überlegungen zum Problemfeld des Politischen können dann, was die Verschiedenheit der auf politische Praxis hin orientierten Meinungen anbelangt, kürzer abgehandelt werden.[1] So ergibt sich hier allgemein gesprochen eine entsprechende Pluralität von Auffassungen, die innerhalb dieses hier vertretenen Konzepts humaner Politik zwar im Kampf miteinander stehen, aber doch letztlich so, daß wie schon aufgeführt, nicht der radikale Existenzkampf, sondern der ‚sportliche' Wettstreit das eigentliche Modell dafür abgibt.[2] Der Grund dafür liegt in der allgemeinen Endlichkeit und inneren Begrenztheit aller menschlichen Wirksamkeit und Handelnswirklichkeit, so daß auch im Hinblick auf vielleicht ein und dasselbe Ziel doch grundsätzlich verschiedene Wege zu seiner Erreichung, je nach den Verhältnissen, von denen die bestimmenden gesellschaftlichen und politischen Kräfte ausgehen, gleich möglich sind. – Für die hier interessierende Thematik ist dabei allerdings wesentlich, daß auch solche Rivalitäten sich im Blick auf *fundamentalere* Auseinandersetzungen, wie sie der Kampf einerseits gegen die modernen totalitären Tendenzen und andererseits der Kampf gegen das auf der Unausgeglichenheit der Produktivkräfte (im weitesten Sinn) beruhende Elend der sog. unterentwikkelten Welt darstellt, *als* relativ und *sekundär* erkennen. Eine solche Relativierung wird freilich wiederum vorwiegend pragmatischer Natur sein, da jenes genannte ideale Modell in der heutigen Wirklichkeit bestenfalls als partikulär regulatives Prinzip zu wirken vermag; denn auch die sich zur freien Demokratie bekennenden Staaten und Gesellschaften unterliegen z.Z. einem Prozeß wachsender ideologischer Anfälligkeit für totalitäre oder zumindest autoritäre politische Praktiken.[3] Um so wichtiger erscheint es, daß sich diejenigen Kräfte, die sich in den verschiedenen ‚Lagern' innerhalb der freiheitlichen demokratischen Gesellschaft finden, unter der Rücksicht auf die Verbindlichkeit des besagten Ideals von Humanität wenigstens in einer *elementaren Handlungsgemeinschaft* zusammenschließen und kooperieren. – Daß dies keinerlei parteipolitische Einheitlichkeit nach sich ziehen muß, dürfte im übrigen klar sein.

1. Die heutige Situation als Ausgangspunkt: ‚Zweifrontenkampf' des politischen Humanismus

Das eigentliche Problem für die politische Sphäre resultiert nun an diesem Punkt der Überlegungen aus der besonderen Konstellation, der sich eine, wie auseinandergelegt, humanorientierte und theoretisch abgestützte Politik gegenübersieht und die sie zu bewältigen hat: Es ist die Frage, wie der genannte Kampf gegen den neuen Totalitarismus und seine Parallelunternehmung, der Kampf gegen das ‚Entwicklungsländerelend' (um es einmal schlagwortartig zu sagen) zugleich in eine wirksame Strategie und Taktik des Alltags übergeführt werden kann, ohne daß sich der freie und im Besitz entsprechender Macht befindliche Teil der Menschheit gegen die eigenen Prinzipien verfehlen würde. Dies Problem wurde ja schon mehrfach angesprochen. – Eine solche *Strategie* – die freilich ihre jeweilige Taktik nach sich ziehen wird, wie das Allgemeinere auf das Besondere hinzielt – führt dann aber folgende Probleme mit sich: Negativ gesehen, wird sie sich nicht mit rein technischen, rein politisch pragmatischen, rein wirtschaftlichen Maßnahmen zufriedengeben können. Sie wird vielmehr durchaus als eine Strategie auf der Ebene der Bewußtseinsveränderung bzw. -erneuerung ansetzen müssen. Ideengeschichtlich betrachtet wird es darum gehen, die schon öfter erwähnten Ideen der europäischen Aufklärung des 18. Jahrhunderts (um dies als Schwerpunkt zu nennen) aus der Statik ihrer Verwirklichung, d. h. einer schon erreichten saturierten Gesellschaftlichkeit und Staatlichkeit zu lösen, sie auf das heutige Problemfeld zu beziehen und sie selbstverständlich einer damit gegebenen Weiterbildung zu unterwerfen. Das bedeutet für unsere Frage formal gesehen eine Umformung auf eine fundamentale, weltgeschichtlich-politische Dynamik hin: eine Verbindung des erneuerten Humanitätsideals mit den Errungenschaften unserer technischen Zivilisation. – Vom Gelingen der Verbindung, der *Synthese* der genannten *ideellen Welt,* welche das europäische Bewußtsein im Lauf der letzten Jahrhunderte ausgearbeitet hat, mit den Möglichkeiten der heutigen *technischen* und sozio-ökonomischen Mittel zum Ziel des Aufbaus einer humanen *und* modern leistungsfähigen menschlichen Gesellschaft hängt aller Voraussicht nach das Schicksal nicht nur der nächsten Jahrzehnte oder Generationen, sondern vielmehr noch das Schicksal wahrscheinlich der kommenden gesamtmenschlichen Kulturgemeinschaft und ihre Existenz, die man auf Jahrhunderte ansetzen kann, ab: Gelingt diese Synthese, so wird voraussichtlich auch die kommende Gesamtgesellschaft selbst diese Züge ihres Ursprungs an sich tragen. Gelingt dies Unternehmen nicht – und es sprechen freilich nicht nur der totalitäre Fanatismus, sondern auch die z. T. unglaubliche Intransigenz und Ignoranz, die Bequemlichkeit und kurzsichtig egoistisch-utilitäre Narrheit eines Teils der sog. westlichen Intelligenz für das Mißlingen –, so wird auf lange Sicht auch diese kommende Weltgesellschaft das Zeichen der inneren und auch der äußeren *Barbarei* an sich tragen. Dabei täusche man sich nicht: Man wird wohl zunächst weiterhin vom technischen Fortschritt profitieren, auf sehr lange Sicht aber wird auch hier das Niveau zurückgehen, da man hinsichtlich der schöpferischen Fähigkeiten von der Substanz lebt, gerade diese aber durch jene Vergewaltigung langsam, aber sicher abnehmen wird. So ergäbe sich die Perspektive eines sehr langfristig sich abzeichnenden zivilisatorischen Stillstandes, wobei die Machtregulation wie schon z. Z. der orientalischen Despotien durch ganz unkontrollierbare Machtkämpfe – und nicht durch ein sportliches Spiel des Machtwechsels im Licht der Öffentlichkeit stattfinden würde. Das Ganze wäre für die kulturelle

Menschheit der Sieg gleichsam einer neuen, ungleich tiefergreifenden und beständigeren ‚Mongolenzeit'.[4] Allgemein läßt sich sagen, daß zwar noch immer eine totalitäre oder, wie man es früher sagte, despotische Herrschaftsform auf ideologischer Basis *an der Substanz* menschlicher Sozialität gezehrt hat, daß aber heute mehr denn je der Luxus einer totalitären Zukunftskonzeption, unter dem Deckmantel der Utopie, dem fragwürdigen Vergnügen rauschgiftsüchtiger Selbstzerstörung gleicht, nur daß diesmal Subjekt und Objekt dieses Experiments die menschliche Gesellschaft ist.[5]

2. *Planungsmodelle*

a) Zentralistischer Aspekt

In der Praxis, um die es hier ja nun weiter geht, wird dies im Prinzip so aussehen müssen, daß in der doppelten Problemrichtung weit über alles hinaus, was auf diesem Felde bis heute existiert, eine Art von Krisenstab, besser: von *Generalstab* auf globaler Ebene von seiten der freien Gesellschaften ins Leben gerufen wird zum Zweck der Abwehr und gesellschaftsimmanenten Überwindung sowohl des Totalitarismus als auch zur Behebung und konstruktiven Entwicklung der verelendeten Menschheit. Selbstverständlich schließt dies eine Einschränkung provinzieller, nationaler oder auch erdteilegoistischer Kompetenzen *zugunsten* derartiger Planungs- und Entscheidungsinstanzen ein. – Man mag die heute schon bestehenden Zusammenschlüsse wirtschaftlicher und politischer Natur, wie verschieden sie auch immer sein mögen, als einen Anfang daraufhin betrachten; dies auch insofern, als die Sicherung einer gesunden und nicht von zivilisatorischem Unheil bedrohten Menschheit[6] natürlich beispielsweise auch die Ausschaltung der Gefahren für das partielle wie für das globale ökologische Gleichgewicht von seiten der Industrialisation mit einschließt. Dies allerdings impliziert wiederum, wie jedem Einsichtigen klar sein dürfte, vorausgehende tief-

greifende sozio-ökonomische Reform-Maßnahmen, die ihrerseits wieder entsprechende Gesamtkonzeptionen voraussetzen. – Trotzdem wird man derartige Ansätze für nicht mehr nehmen dürfen, als sie sind: allererste mühselige Anfänge auf einem Weg, der von uns schnellstens und mit größter Effizienz beschritten werden muß.
Solche Generalstäbe müßten ihrem Ziel entsprechend dann einerseits multinational und zugleich womöglich mehr-parteilich sein, andererseits möglichst integrativ alle wesentlichen sozio-ökonomischen Kräfte in sich vereinigen. Das besagt dann z. B., daß neben der technischen, der wirtschaftlichen, der juristischen und politischen durchaus auch die soziologische, ethnologische und ethnographische, geopolitische, soziokulturelle (im engeren Sinn) und -psychologische sowie religionssoziologische Perspektive zu treten hätte und entsprechend auch personell und institutionell sich manifestieren müßte. – Die Planung und die Bereitstellung der für solche integrative Planungen nötigen materiellen Mittel läßt sich pragmatisch dann wohl nicht anders denken, als daß innerhalb aller genannten Interessenbereiche eine analog zum herkömmlichen Parteiensystem organisierte *Bewegung,* gleichsam quer durch alle Staaten und alle gesellschaftlichen, ja womöglich auch parteipolitischen Gruppierungen hindurch, sich dieses Anliegens und seiner Durchsetzung annimmt und dann sich derart stark im öffentlichen nationalen und internationalen Bewußtsein zu Wort meldet, daß praktisch keine andere Wahl bleibt, als die nötigen Maßnahmen zu ergreifen.
Die Thematik solcher Instanzen wäre dann, wie schon gesagt, einerseits darauf gerichtet, durch eine Erneuerung der sozioökonomischen wie auch sozio-kulturellen Eigenstruktur sowohl den eigenen Lebensbereich gegen Totalitarismen zu immunisieren als auch zugleich den ideellen Angriff auf eben diese zu führen; wenigstens als erste Phase, der dann als konsequenter nächster Schritt die schrittweise Revolutionierung der Unterdrückten, zunächst freilich wohl nur in ihrem Bewußtsein, zu folgen hätte. Konsequenterweise wird man dann schrittweise in einem Kampf, der stets auf verschiedenen

Ebenen und auf verschiedenen gesellschaftlichen Schlachtfeldern gleichzeitig, wenn auch mit verschiedener Methodik geführt werden müßte, die sich im Monopol der totalen (also der physischen wie ideologischen) Macht Befindlichen in die *Isolierung* gegenüber dem eigenen gesellschaftlichen Ganzen zu manövrieren haben. Schließlich wird auch die physische Gewalt, sofern sich dafür die echte Chance des Erfolgs ergibt, einzusetzen sein. Dies ist notwendiger Bestandteil einer Theorie der sozialen Regeneration oder Selbstgenesung der Menschheit, da auch umgekehrt die meisten Versuche, freiheitliche Gesellschaften zu beseitigen, mit (ideeller und physischer) Gewalt vorgehen. – Der heute in gewissen Teilen unserer Gesellschaft sich rasch einstellende Verdacht totalitärer Gesinnung anläßlich derartiger Meinungsäußerungen vergißt im übrigen, daß beispielsweise auch die fundamentale Rechtsordnung aufgrund ihrer Wesensstruktur *Sanktionen,* und zwar durchaus auch physischer Art, einschließt. Das soeben Vorgetragene ist also nichts anderes als die konsequente Anwendung des Rechtsstandpunktes auf den Fall der ‚kollektiven Selbstverteidigung' der Menschheit insgesamt, wenngleich natürlich stets unter Beachtung des Grundsatzes von der Angemessenheit der Mittel auch in Rand- und Grenzsituationen. Jener Verdacht umgekehrt scheint in sich versteckterweise auch eine Denunzierung jener Rechtsordnung selbst einzuschließen; womit dann oft in der Realität eine Kompensation zugunsten utopischer Ordnungssysteme einhergeht, mögen diese nun pazifistisch oder militant, humanitär oder terroristisch sein.

b) Pluralistisch-kooperativer Aspekt

Auf der anderen Seite wird es eine vordringliche Aufgabe sein, die sog. unterentwickelten Länder gerade in ihren Führungsinstanzen zu einer *kooperativen,* und nicht von einer antagonistischen Ideologie – sei sie klassenkämpferisch oder rassistisch oder neofaschistisch – frustrierten *Gemeinsamkeit* zu bringen. Je nachdem wird man u. U. hier auch die Mittel einer sozusagen ‚passiven Gewalt', durch einfache Nicht-Unterstützung, anwenden müssen. Zugleich müßten die Arbeitsbereiche der Situation entsprechend, an der ja auch eine derartige Hilfsinstanz sich zu orientieren hätte, umfassend aufeinander abgestimmt sein. So wird beispielsweise das vordringlichste Problem der Geburtenbeschränkung nicht isoliert von der Industrialisierung, diese aber wiederum nicht isoliert von der Agrarwirtschaft, beides aber wiederum nicht isoliert von Fragen der Ökologie, und dies alles wiederum nicht isoliert von gesellschafts- und religionspolitischen Fragen zu behandeln sein. Aber schließlich: dies mag wichtig sein, entscheidend ist, daß in der uns zur Verfügung stehenden *beschränkten Zeit* die erforderten Maßnahmen nun auch tatsächlich durchgeführt werden (sofern sie, wie gesagt, umfassend und langfristig als notwendig und förderlich aufgewiesen worden sind). Dies bedingt wiederum eine zureichende je einheimische nationale, aber auch eine übernationale *Autorität*. Es könnte sein, daß gerade an dieser letzten Frage sich das Gelingen oder Mißlingen der ganzen Unternehmung zu guter Letzt entscheidet. Die zuvor anvisierte Gemeinsamkeit wird somit u. U. – wenigstens in der Theorie – auch in Fragen der *politischen* Infrastrukturierung sich artikulieren müssen. – Dies schließt freilich im Feld der faktischen Realität die Konkurrenz mit den totalitären Mächten stets und ständig mit ein. Das sollte die freiheitliche Gesellschaft bzw. die beschriebenen Gruppen der Erneuerung in ihnen nicht abhalten, sondern würde nur eine Spezifierung der Planungssituation bedeuten: Zusätzlich zur eigentlichen ‚Sachplanung' wäre vorweg die Erfolgsmöglichkeit auf kürzere, mittlere und längere Frist hin an Hand der konkreten Gegenwartsdaten zu durchdenken und dementsprechend würden dann Teilziele anzugreifen sein.

c) Grundsätze des Ausgleichs

Eine letzte, aber ebenfalls äußerst wichtige Frage steht noch aus: Die Eigenstruktur dieser ganzen neuen sog. Generalstabskonzeption, wie sie gewiß Schwierigkeiten in ihrer faktischen Inaugurierung haben wird, so noch mehr unter der Rücksicht, wie denn nun in dieser ihrer Strukturation das Übel einer zentralistischen, über die wahre Tatsächlichkeit hinweggehenden, womöglich superbürokratischen Kollektivplanung vermieden werden kann. Die Schwierigkeit besteht in der Tat. Doch sei zu ihrer Behebung auf zweierlei verwiesen: *Einmal* wird man grundsätzlich in der Konsequenz des Subsidiaritäts- bzw. Delegationsprinzips die *Partikular-Initiativen* benutzen müssen. Dies kann so geschehen, daß z. B. viele verschiedene Einzelgremien sich zu flexibler Gesamtplanung zusammenfinden. Ein Modell könnten hier die mannigfaltigen industriellen Arbeitsgemeinschaften oder auch die staatlichen großen technischen Expeditionen unserer Zeit, etwa das Mondlandungsunternehmen, abgeben. Vorweg zur Durchführung müßte natürlich erst einmal, ebenfalls von einem Arbeitsteam, der fruchtbare, d. h. übertragbare Modellcharakter solcher Unternehmungen herausgearbeitet und dann entsprechend auf die skizzierten anstehenden Aufgaben der Geo-Soziologie, Geo-Ökonomie, Geo-Ökologie, Geo-Politik usw. angewendet werden. Das meint also, daß es zu einer *Verbindung* und Durchmischung *privatwirtschaftlicher* Planungsinitiative und *gesamt*gesellschaftlicher, auch staatlicher Strukturenplanung größten Stils kommen muß. Beide Seiten werden sich dabei aneinander anpassen, sich wechselseitig beeinflussen.[7]

Zum anderen wird man sich vergegenwärtigen müssen, in welcher globalen Situation wir uns eigentlich und in Wahrheit befinden: Es ist, wie schon gesagt, die Situation einerseits eines sozio-politischen *Bürgerkriegs,* z. T. mit offenen, meist aber noch mit verdeckten Fronten weltweiten Ausmasses, und andererseits einer ebenso weltweiten *Entwicklungskrise,* die in letzter Konsequenz die industrialisierten wie auch die unterentwickelten Nationen, jedenfalls vor dem Hintergrund besagter bürgerkriegsähnlicher Konstellation, mit dem Untergang bedroht. Angesichts dieser Sachlage müssen die Mittel zur Bewältigung entsprechend sein: Ähnlich wie die demokratischen Mächte zur Überwindung des Hitlerschen Totalitarismus sich zur gemeinsamen militärischen Aktion mit einheitlichen Planungs- und Entscheidungsinstanzen zusammengefunden haben, so sollte *auch heute eine ähnliche Strategie* möglich sein. Wie jedoch schon zuvor ausgeführt, wird man sich dabei hüten müssen, allzu schnell und allzu vordergründig sich in die heute bestehenden politischen Machtverhältnisse des Tages einspannen zu lassen: Auch im sog. freien Westen ist die Zahl der Übel auf politischer, wirtschaftlicher, gesellschaftlicher Ebene Legion, wenngleich sie hier ihren Ursprung mehr dem Desinteresse, der Ignoranz, dem kurzsichtigen Egoismus von Einzelnen und gesellschaftlichen Gruppen verdanken und die Heilungsmechanismen z. T. nur langsam, zu umständlich, zu ungenau, zu wenig wirksam arbeiten oder auch nur teilweise entwickelt sind. So wird es, worauf immer wieder hingewiesen, zuallererst zu einer breiten und tiefwirkenden Mobilisierung des allgemeinen gesellschaftlichen Bewußtseins kommen müssen, damit die beschriebenen Wege begangen werden können.

3. Das Problem eines ‚demokratischen Kampfes' und seine Lösung

Jedoch ist mit dem angeführten Thema ja noch ein grundsätzlicheres Problem verbunden. Beginnen wir mit dem zuletzt Behandelten: Eine derartige kriegsähnliche Organisation der genannten Projekte, – wird sie nicht doch den Grundcharakter demokratischer Sozialität, auf die zu Recht gerade als Waffe im Kampf gegen totalitäre Tendenzen und als Vorbild für die unterentwickelten Völker hingewiesen wurde, von Grund auf vernichten oder lahmlegen? Ist freie Demokratie nicht gerade durch den Grundsatz der Konfliktlösung mit *friedlichen* Mitteln definiert? – Darauf ist zu erwidern, daß die spezifisch militärische bzw. die daran strukturierte Bewältigung einer Schwierigkeit (um es einmal so auszudrükken) *nicht* von Natur aus demokratische Freiheit ausschließt.

Dies ist in den fortschrittlicheren Entwürfen des Militärwesens, als deren für uns wichtigsten man vielleicht immer noch denjenigen von Clausewitz nennen kann[8], auch gesehen worden: Das Konzept der Eigenverantwortlichkeit des jeweiligen *Untergebenen*, wenn auch in einer gewissen Stufung, hat sich bisher sowohl militärisch als auch demokratisch dem anderen Entwurf der blinden Unterordnung als überlegen erwiesen. Nach diesem Modell würde man somit auch hinsichtlich besagter gesamtgesellschaftlicher und sogar globaler Erneuerungsinstanzen verfahren müssen, wobei auf Einzelheiten hier selbstverständlich nicht eingegangen werden kann.[9]

Damit hängt dann die Frage zusammen, wie denn überhaupt z. B. das Konzept einer *privatwirtschaftlichen* Gesellschaft in einen solchen Rahmen eingebracht, ihm integriert werden könne. Hier muß im Interesse der Präzisierung der Frage unterschieden werden zwischen einer Wirtschaftsordnung, die überwiegend auf Erhaltung und Vermehrung wirtschaftlicher Güter im Rahmen einer bestehenden sozio-ökonomischen Gesamtordnung bedacht ist, die sich zwar nicht als umfassende Überflußgesellschaft, aber doch als eine im Durchschnitt durchaus saturierte Gesellschaft bezeichnen läßt, – und einer Wirtschaftsordnung, deren Zweck es ist, unterentwickelte Gesellschaften erst einmal überhaupt auf das Niveau des menschenwürdigen Existenzminimums zu heben und ihr dann darüber hinaus den Zugang zu einer saturierten industriellen Gesellschaftsform zu ermöglichen. *Weiter* wäre zu unterscheiden zwischen einer sog. reinen Form jener erstgenannten Wirtschaftsweise und einer schon ansatzweise gemischten, also z. B. derjenigen, die wir heute ‚soziale Marktwirtschaft' zu nennen pflegen. Diese wäre heute allerdings insofern zu korrigieren bzw. *weiterzuentwickeln*, als der Begriff des ‚Marktes' in klassischer Bedeutung die Probleme einer international verflochtenen und durch vielfältige außerwirtschaftliche Faktoren mitbeeinflußten (z. B. die Konsumentenpsychologie) globalen Entwicklung *nicht* mehr voll erfaßt. Die weit vorausschauende, verschiedenartigste Lebensbereiche in

ihrem Geflecht von Ursachen und Wirkungen miteinbeziehende, und nur dergestalt verhängnisvolle Fehlplanungen im engeren und weiteren Maß (wirtschaftsparteimäßig, national, international) von vornherein vermeidende Wirtschaftsform wird in ihrem Zentrum durch ein Element der Planung grundlegend mitkonstituiert sein müssen. – Entscheidend freilich ist die *Art und Weise, wie* hier *geplant* werden soll. Gerade an diesem Punkt aber dürfte eine Methode, die sich weiterhin konsequent nach den Prinzipien der *Subsidiarität* und *Delegation* (von Verantwortung) verbunden mit den Regeln der *Durchsichtigkeit,* d. h. des unmittelbaren sachlich geforderten Kontaktes wie der Kooperation richtet, einem Weg überlegen sein, der die sog. Einzelmonopole einfach auf zentralstaatlicher oder gruppenzentraler Ebene gemäß dem Prinzip vom Primat des Kollektivs akkumuliert.[10]
Ohne hier nun näher auf Einzelnes einzugehen, wird man aber z. B. das *privatwirtschaftliche Interesse an Initiative,* kalkuliertem Risiko und Wettbewerb, also Eigenschaften, die nicht nur den Großunternehmer, sondern im Grunde *jeden ‚selbständig* Schaffenden' (um diesen Modeterminus aufzugreifen) auszeichnen, keineswegs als solche mit einer bestimmten, durch Mängel in der Regelung des Gewinnstrebens charakterisierten Gestalt dieser Wirtschaftsweise gleichsetzen dürfen. Im Gegenteil, analog zum Privateigentum als solchem kann man durchaus im Prinzip auch eine Wirtschaftsweise, deren wesentlicher Antrieb das Gewinnstreben ist, und zwar selbstverständlich für sich selbst, für die beste halten, sofern nur ihre Gefahren gebannt werden. – Im Falle eines Gewinns allein und nur für ein Kollektiv dürfte im übrigen dies Gewinnstreben dann umgesetzt werden in Machtstreben, z. B. nach einer, vermittels des wirtschaftlichen Erfolges zu bewerkstelligenden besseren, wichtigeren Machtstellung innerhalb einer primär durch politische Machtstrukturen bestimmten Gesellschaft. In Analogie also zum statisch gefaßten Privateigentumsbegriff kann man hier eine Möglichkeit erblicken, wie gerade das in jedem Einzelnen, insbesondere insofern und insoweit er öffentliche Verantwortung trägt,

schlummernde unmittelbare Macht- und Geltungsstreben auf einem weniger gefährlichen, einem *relativ entspannteren* Gebiet, als es die Politik ist, ein Betätigungsfeld finden kann. Die Analogie zu jenem Begriff kann man noch weiter ausziehen, insofern selbstverständlich auch hier die Entartungsformen verhindert, beseitigt werden müssen.[11]

4. Neue Gesichtspunkte der sozialen und politischen Ökonomie

Man wird insgesamt die Frage im Rahmen unseres Problems ungefähr wohl so lösen müssen, daß die gesamte sozio-ökonomische Ordnung, also auch die gesamte Wirtschaft, nicht mehr primär auf den bloß individuellen Mehrgewinn, sei es nun des Unternehmers oder auch des Arbeitnehmers selbst, hinorientiert ist, d. h. also auf eine zwar auch in die Zukunft weisende Norm hin, die jedoch eben diese Zukunft gleichsam immer nur zerteilt, partikularisiert in den Blick nimmt und angeht. Ebensowenig freilich wird man diese Zukunft als wirtschaftlich relevante Ordnung durch den Normenkodex kollektiver Gruppierungen bestimmt sehen wollen, sei es nun der Staat als Ganzes oder seien es bestimmte in der Machtausübung innerhalb des Staates privilegierte Gruppen, beispielsweise Adel, Kirchen, Gewerkschaften, Parteien.[12] Vielmehr wird man hier das wirtschaftlich produktive Prinzip, wie schon gesagt, in einer *Koordinierung* einer auf Privatinitiative im *Vollzug* gegründeten und auf Gemeinwohlinteressen *in der Struktur (relativ) primär* ausgerichteten Wirtschaftsform sehen müssen. Eine solche Koordinierung aber dürfte beispielsweise zwangslos in einem ersten, aber wesentlichen Schritt möglich sein durch eine grundsätzliche Umorientierung des gesamten *Steuer-* und *Abgabewesens.* Wiederum kann auf die sich hier weiter ergebenden Fragen nicht mehr eingegangen werden.[13]
Für die anstehende Frage ist allerdings damit schon Wichtiges gewonnen; denn die sog. soziale Marktwirtschaft, die vor allem auf die Interessen vieler Einzelner abgestellt ist, wenn

auch in einem gewissen innerwirtschaftlichen Ausgleich, wäre so zu ergänzen durch eine *‚unternehmerische Plangungswirtschaft'*, wobei der Begriff des Unternehmers nicht den vom marxistischen Antagonismus gezeichneten Negativtyp, sondern die vom harmonistischen Gesamtinteresse verlangten Persönlichkeitsqualitäten meint. – Es ist im ganzen Kontext allerdings noch zu beachten, daß hinsichtlich der erforderten Gesamtplanungen in globalem Maßstab, wovon zuvor die Rede war, nun hier mit den kurzen Erörterungen über Wirtschaftsstrukturen nur auf ein *Teilgebiet* der anstehenden Problematik, wenn auch auf ein sehr wichtiges, hingewiesen wurde. Ähnliches wird man über alle übrigen Aspekte jener Neukonzeption und ihrer Umsetzung in Praxis und deren Strukturen sagen müssen. Doch soll dies eine Beispiel hier und jetzt genügen. Wesentlich erscheint darin, um dies noch einmal zu wiederholen, daß jener zuvor erwähnte Generalstab somit kein niemandem (als dem abstrakten Ganzen) verantwortliches Kollektivgremium sein kann, sondern sowohl in sich selbst schon die Gesamtstruktur der Gesellschaftsordnung, zu der er gehört, *widerspiegeln* muß, als auch in der umfassendsten Zusammenarbeit, welche die menschliche Geschichte bisher zu sehen bekommen hätte, das Kunststück einer Koordinierung der privaten und der öffentlichen Interessen und Initiativen zuwege bringen muß.
Die Vorbedingung allerdings für diese Unternehmung, und in welche sich diese selbst nur als ein Teilstück einzuordnen hätte, wird nicht nur eine gleichsam ad hoc betriebene, nur auf die sozio-ökonomische Umwandlung hinzielende Bewußtseinsänderung sein, die letztlich doch über eine gewissermaßen technizistische Verlagerung von an sich bestehen bleibenden und weiterhin in gleicher Weise – nur eben in einem anderen Rahmen – fungierenden Grundinteressen nicht hinauskäme. Diese Interessen würden dabei ja ebensowenig an sich selbst verändert wie die sie gründenden Werte selbst. Es ist vielmehr schon so, daß wohl *das gesamte Interessensystem* der bestehenden Gesellschaftsordnung, sofern es sich als letztlich durch einen verabsolutierten ökonomischen In-

dividualismus wie durch die Gefahr des Kollektivismus bestimmt erfährt, *geändert* werden muß. – Die Richtung, in welcher dies zu geschehen hat, ist aber durch früher Auseinandergelegtes hinreichend bestimmt.[14] Das neue Bewußtsein wird jedenfalls *eine* Fähigkeit in wirtschaftlicher Hinsicht haben müssen: die Fähigkeit, materiellen, d. h. also hier in erster Linie wirtschaftlichen Gewinn einesteils produktiv weiterwirken zu lassen (also z. B. durch Reinvestitionen), andernteils jedoch, soweit es sich um rein privaten Verdienst handelt, vermöge des – wie dann zu erwarten – allgemeinen Wertekanons vor allem in Leistungen kulturellen Gepräges umzusetzen. Dies wiederum sollte sehr weit gefaßt sein, so daß z. B. auch die gesamte primär *humanitäre* Leistung eines Einzelnen oder von ganzen Gruppen gewissermaßen nicht außerhalb der sozio-ökonomischen Verhältnisse gestellt, aber umgekehrt natürlich erst recht nicht als ein kollektives Zwangsalmosen erscheinen würde, sondern vom gesamtgesellschaftlichen Bewußtsein her als das sowohl allein ehrenhaft (im vollen und ausschöpfenden Sinn) Mögliche als auch, damit gegeben, das nicht nur für das jeweilige Ganze (sozio-ökonomischer Institutionen), sondern auch für den je Einzelnen das Zuträglichste ist.[15]

Anmerkungen

I. Vorblick: Ansätze des Theorie-Praxis-Problems in der neueren Philosophie

[1] Einen Fall solcher verallgemeinernden Theoretisation stellte die sattsam bekannte Diskussion zwischen H. G. Gadamer und E. Betti dar. Beide Standpunkte dürften im Ganzen zwei Varianten einer (philosophischen) ‚Metatheorie‘ oder geisteswissenschaftlichen Methodologie oberhalb einer solche Einzelthematik darstellen.

[2] Einer der bis heute eindrucksvollsten Versuche dieser Art liegt m. E. in dem Werk von Windelbandt/Heimsoeth (1) vor.

[3] So etwa gleichsam vorphilosophisch, in einer allgemeinen Motivanalyse der Bewußtseinsentwicklung anhand der Analyse der Veränderungen von repräsentativen Fragestrukturen (und ihrer Motivation) H. Blumenberg (3) oder auch O. Marquard (1). – Mit der Frage nach solchen Bedingungen *a posteriori* werden sich bes. im folgenden die Abschnitte III/IV und V auseinandersetzen.

[4] Vgl. z. B. die entsprechenden Abschnitte bei Husserl (1).

[5] Hier scheint mutatis mutandis eine sehr allgemeine erkenntnistheoretische Problemstruktur wieder aufzutauchen: die Frage nach der zureichenden Synthesis von Form- und Materialqualität, oder auch (in anderer Begriffssprache): von Subjekt und Objekt. – Vgl. im übrigen vom Verf. hierzu: Holz (7) § 12.

[6] Man könnte so ‚Zukunft‘ definieren als die Dimension der noch ungelösten Probleme von Etwas, sofern sie eine reale Chance der Lösung haben.

[7] Natürlich gehört hierher auch das Problem der sog. ‚Katastrophen‘ z. T. von rein äußerer, z. T. auch politischer, z. T. religiöser Art, von denen die philosophische Reflexion in ihren Leistungen, sei es mehr subjektlich, sei es mehr in ihren Objektivationen, immer wieder betroffen worden ist. So scheinen die Bücherverbrennungen und die Emigrationen zu allen Zeiten und in allen Kulturen ein Zeichen dafür zu sein, daß die Philosophie stets in einer ambivalenten Hinordnung bzw. Abhängigkeit von Praxis sich vollziehen muß.

[8] Vgl. zu den beiden Richtungen etwa die problemgeschichtlichen Darstellungen bei Windelbandt/Heimsoeth (1), für die jüngere Vergangenheit und die Gegenwart die Arbeiten von W. Stegmüller (1), H. Noack (1) und A. Kulenkampff (1).

[9] Mit einem gewiß etwas obsolet gewordenen Ausdruck der älteren Tradition wäre hier die Frage der möglichen Inhalte einer sog. ‚philosphia perennis' angesprochen. Hier wäre aber gerade auf die dynamische, in der Problemartikulierung weitertreibende Komponente der Frageschwerpunkt abzustellen. Vgl. dazu auch noch Holz (7) § 3.

[10] Ch. S. Peirce hat bekanntlich für eine dem angedeuteten Muster recht ähnliche Konzeption das bisher bedeutendste Beispiel geliefert; vgl. dazu J. K. Feibleman (1) sowie weitere Lit. zur Orientierung BrE 14 (1972) 338.

[11] Das bekannteste Beispiel einer solchen Einstellung zeigte in jüngster Vergangenheit wohl W. Dilthey als Exponent der (älteren) Lebensphilosophie; vgl. dazu Lit. bei U. Herrmann (1), O. F. Bollnow (1) und natürlich unter dem Stichwort in den einschlägigen Enzyklopädien.

[12] In diese Richtung scheint in gewisser Weise auch das Interesse eines ursprünglich an der Fragestellung E. Rothackers orientierten Enzyklopädismus zu weisen. Die hier eingeschlagene Richtung, philosophische Forschung zu betreiben und die zu diesem Behuf gewählte Methodik hat sich bisher vor allem in der enzyklopädischen Aufarbeitung der philosophisch relevanten Gedankenmassen einesteils am Leitfaden der Historie, anderenteils an demjenigen einer gewissermaßen quantifizierten Sprache (der lexikalischen Reihenfolge) ausgewiesen. – Ihr immanentes Korrektiv erhält diese Einstellung durch die Vielzahl solcher Unternehmungen, die dann allesamt in ihrer Gesamtanlage wie in der Einzeldurchführung die Vielfalt der philosophischen Standpunkte zutage treten lassen. Vgl. dazu das Vorwort von J. Ritter in: HWtPh Bd. 1, S. V–XI.

[13] Auf die recht umfangreich gewordene Diskussion um den sog. Positivismusstreit innerhalb der letzten Jahre in der deutschen Soziologie und Sozialphilosophie kann hier natürlich nicht eingegangen werden. Als zusammenfassende und kritische Darstellungen sind zu nennen die Arbeiten von A. Wellmer (1), J. Habermas (1), Th. W. Adorno (1), K. Gründer (1), J. Habermas/N. Luhmann (1) u. (2). Von unserem eigenen Standpunkt aus erscheint die Kontroserve von beiden Seiten, nämlich der Auffassung K. Poppers und H. Alberts einerseits, derjenigen der sog. Frankfurter „Kritischen Schule" und ihrer Nachfolger andererseits, mit einer letztlich unfruchtbaren Einseitigkeit geführt zu sein, die ihren Grund in der ungenügenden transzendentaltheo-

retischen Behandlung der Thematik sowohl von seiten der sog. ‚Positivisten' als auch der Vertreter einer ‚dialektischen' Soziologie (und Metasoziologie) haben dürfte. Zum Inhaltlichen vgl. weiter unten die Kapitel VII, VIII und IX, sowie die Beiträge von K. Hartmann zur Grundlegung einer „transzendentalen Sozialphilosophie" eigenen Typs bei J. P. Sartre: K. Hartmann (1) und in jüngster Zeit von K. O. Apel (1), worin Ansätze älterer Arbeiten fortgeführt werden.

14 Eine gewisse Affinität hierzu weist aus leicht einsichtigen Gründen auch die neopositivistische Wissenschaftstheorie und Philosophiegeschichtsschreibung auf; im deutschen Sprachbereich wäre als z. Z. bekanntester (gemäßtigter) Vertreter etwa W. Stegmüller zu nennen.

15 Die grundlegende Schwierigkeit liegt ja darin, eine Philosophie der Gesellschaft und ihrer Gesamtgeschichte zu entwerfen, innerhalb welcher dann sowohl die Probleme des größten Ganzen hinreichend reflektiert erscheinen als auch zugleich die Probleme der grundsätzlichen Freiheitsspielräume – als eben diesem Ganzen prinzipiell gleichwertig –, und somit der kontinuierlichen Korrektur des Prozesses thematisiert sind. – Vgl. dazu neben der in Anm. 13 genannten Literatur noch H. Wagner (1), § 28; ferner K. Loewenstein (2) und auch noch (1).

16 Vgl. z. B. Kant (1) § 9, Anm., Kant (2) A 633, B 661; A 802, B 830.

17 Vgl. Kant (4) 55 f., Kant (6) 215 (Z. 27–31).

18 Kant (2) A 800, B 828, Kant (4) 35 f., 53 und dazu 47 Anm., Kant (5) XIII–XV, Kant (6) 218.

19 Vgl. Kant (4) 114–117: Diese Reflexion bezieht sich auf die sog. ‚Kategorien der Freiheit', wodurch die Vernunft gemäß der „Form eines reinen Willens" sich zu sittlichem Handeln bestimmt, also ihre Kausalität (aus Freiheit) vollzieht. – Zur genaueren Unterscheidung des Kantischen Begriffsinstrumentariums vgl. auch noch die Logikvorlesungen: Kant (7), (bes. Einleitung und Anhang) 134–136. In abgekürzter Form gibt Kant hier einen Überblick über die gewissermaßen systematischen Kategorien seiner gesamten kritischen Philosophie, jedenfalls soweit es sich dabei um die Kritik der reinen und der praktischen Vernunft handelt.

20 So etwa bei Kant (3) 391 (Vorrede) und Kant (2) A 738 f., B 766 f., wo der reinen Vernunft in der Hinsicht ihrer Funktion einer universalen Kritik der systematische Stellenwert einer „höheren und richterlichen" Instanz (gegenüber ihr selbst im unkritischen Gebrauch) zuerkannt wird, oder auch noch A 751, B 779, wo ihr entsprechend die Stelle eines „Gerichtshofes" über einem sich in sich selbst verfangenden Vernunftdenken einge-

räumt wird; endlich wäre noch auf A 784–796, B 822–824 hinzuweisen, wo die in der Grundl. z. M. d. Sitten vermutete Einheit der gesamten Vernunft nurmehr reduktiv dargestellt wird: die negative Aufgabe, „Irrtümer zu verhüten", wird ergänzt „irgendwo" durch „einen Quell von positiven Erkenntnissen", die freilich erst in ihrer wahren Charakteristik erfaßt werden müssen, nämlich als solche „des praktischen Gebrauchs".

21 Fichte (1) I, 91 f., 96, 124, 134 und dazu Fichte (2) Nr. 4, 5, S. 45, 49, Fichte (3) IV, 57.

22 Vgl. Fichte (4) § 1 und auch noch Fichte (3) IV, 9 f., 135.

23 Vgl. IV, 56 f., 68 ff., 75 (Nr. 1).

24 Vgl. etwa Fichte (4) § 2–6 und Fichte (3) IV, 69 f., 98–101.

25 Aus der zahlreichen Literatur zu diesem Thema seien außer dem Hinweis auf die Gesamtdarstellungen der Kantischen Philosophie von H. Cohen, E. Cassirer, K. Vorländer, F. Paulsen, A. Riehl, B. Bauch u. a. besonders genannt: A. Goedeckemeyer (1), A. Bäumler (1), J. Maréchal (2), P. Lachieze-Rey (1), K. Lehmann (1) und (2), R. Zocher (1) und F. Delekat (1).

26 Zum ersten Mal wird von Fichte die Problematik der Transzendenz unter ontologischer Rücksicht ausdrücklich thematisiert in den Wissenschaftslehren von 1801 und 1804, ausdrücklicher mit Bezug auf die Fassung der Frage im Umkreis (neu-)platonischen bzw. christlichen Denkens in der Schrift: ‚Anweisung zum seligen Leben' (1806); aus den späteren Schriften sei nur noch genannt: Transzendentale Logik (1812). – Zur Ermittlung der Fichteschen Deutung vgl. auch: D. Henrich (1), W. Janke (1), P. K. Schneider (1) und G. Schulte (1).

27 Vgl. dazu die Einteilung der Philosophie des Geistes in der ‚Enzyklopädie der philosophischen Wissenschaften' (1830) in: Hegel (2). Unter den zuletzt genannten Modi begreift Hegel als grundlegende unterscheidende Kategorialbegriffe den Begriff des Geistes als theoretisch, als praktisch und als frei, sofern er Theorie und Praxis in sich zur Vereinigung bringt.

28 Vgl. dazu etwa W. Schulz (1), bes. 102 ff., W. Kasper (1), bes. 162 ff., 198 ff., 429; und Holz (3) im II. Teil das IV. Kapitel.

29 So dem Sinne nach schon Hegel selbst in der Enzyklopädie, bes. § 213–215, und noch 236–243, und besonders deutlich in den § 574, 577. – Der Begriff spielte in den Kontroversen zwischen sog. Rechts- und Linkshegelianern und bei letzteren später wiederum nach der Feuerbachschen Wende zur Anthropologie vor allem im Rahmen der Marxschen Konzeption und ihrer Auslegung im Marxismus selber – hier zur Selbstbewegung des innergeschichtlichen emanzipatorischen und revolutionären Subjekts transformiert – eine wichtige Rolle.

II. Das Theorie-Praxis-Problem im Marxismus

1 Vgl. das Literaturverzeichnis unter dem Namensstichwort. – Es braucht nicht noch ausdrücklich erwähnt zu werden, daß die mittlerweile uferlose Literatur zu K. Marx und zum Marxismus in diesem Zusammenhang nur in einer zugegebenermaßen relativ ‚subjektiven' Auswahl Verwendung finden wird; der Verf. glaubt freilich, die Linie einer gewissen ‚mittleren' Objektivität dabei eingehalten zu haben.
Im übrigen soll hier weder eine Ideengeschichte des Marxismus noch auch eine Entwicklungsgeschichte des Marxschen Denkens, noch eine ‚Systematik' des Marxismus im Ganzen unter eigenen Aspekten gegeben werden; vielmehr sollen hier nur gewisse den verschiedenen Richtungen des Marxismus (im strengen Sinn, also sofern er für die Entwicklung zum Kommunismus zumindest offen ist) gemeinsam ideelle Grundstrukturen, die gerade auch schon bei Marx zu finden sind, kritisch untersucht werden.

2 Daß auch die sich theoretisch verstehende und vollziehende Vernunft, für sich selbst genommen, Praxischarakter hat, ist schon eine bei Fichte und Schelling ausdrücklich zu findende These: vgl. etwa zu Fichte oben Anm. 21, sowie bei Janke (1) 69 ff., 74 ff., 211 ff. (284), und Henrich (1) 25 ff.; zu Schelling/Holz (3), § 1, 3.

3 Dies zeigt sich paradigmatisch für das ganze folgende Werk schon in der ‚Kritik' an der Hegelschen ‚Rechtsphilosophie' sowie in der (späteren) ‚Einleitung' dazu; vgl. dazu auch die vorzügliche umfassende Arbeit über Marx von K. Hartmann (2), Abschnitt II und III, bes. 69 ff.; ferner D. Henrich (2) 187–208; zu Hartmann vgl. meine Besprechung: Holz (6).

4 Unter diesem Stichwort pflegt bekanntlich von marxistischer Seite beispielsweise die Aktivität aller anarchistischen und verwandten Gruppierungen eingestuft zu werden.

5 In dieser Richtung hat ja Engels durch seine Überlegungen mehr naturphilosophischer Natur, insbesondere zur Naturdialektik die Marxsche Konzeption aufgefaßt und fortgedacht. In der gleichen Richtung noch pointierter fortgeschritten ist bis heute der Dialektische Materialismus der offiziellen Auslegung des Marxismus in der Sowjetunion. Vgl. dazu auch G. A. Wetter (1), I. Fetcher (1), und noch den Artikel über Engels in SdG.

6 Vgl. dazu W. Schuffenhauer (1); im übrigen siehe bei W. Blumenberg (1) unter der bibliographischen Auswahl auf S. 172 die Titel von A. Cornu, M. Rubel, auf S. 173 und K. Bekker, H. P. Adams, H. Popitz, E. Thier, E. Fromm und G. Lukács; das Verhältnis zu Hegel, Br. Bauer, M. Hess und Feuerbach ist bes. gut dargestellt bei K. Bekker (1) und Cornu (1); schließlich vgl. noch bei Hartmann (2) bes. 43 ff., 194 ff.

[7] Vgl. dazu auch noch weiter unten Anm. II 10 und II 11.

[8] Vgl. unten Anm. II 19 und 20.

[9] Vgl. dazu die außerordentlich eindringende Darstellung bei Hartmann. Das Besondere und ganz Eigentümliche des Marxschen Kritiktypus sieht Hartmann in der wechselseitig verschränkten und einander bedingenden Bezüglichkeit von eigentlicher Kritik einerseits und genuiner ‚Theorie' andererseits. Beide Pole oder Momente sind so jeweils auch wesentlich durch das Entgegengesetzte mitbestimmt: Kritik als theoretische Struktur dient einmal der *Praxis* und der Durchsetzung von deren Belangen, sie tut dies von einem doppelten Ausgangspunkt aus: einem sog. ‚negativen', der zu den Thesen der Entfremdung der Ausbeutung, der notwendigen Veränderung usw. führt; ihr Fundament ist ein grundlegender Begriff von sog. ‚schlechter', Gutartigkeit strukturell ausschließender *Arbeit* bzw. Wesensbeschaffenheiten des Menschen, die sich in seiner Arbeit zeigen und hier für seine ganze Entwicklung konstitutiv werden. Schon hier aber liegt der kritischen Tendenz eine rein theoretische, gleichsam theoretisch konstruktive (und somit ‚positive') Phase voraus, die jedoch nicht mehr von Marx selbst kritisch, beispielsweise methodologisch, reflektiert wird. Und zum anderen besteht der Anspruch, dies ganze Vorhaben von einer unangreifbaren, unwiderleglichen *wissenschaftlichen* Grundlage aus entworfen und bis zu seiner Durchführung (als Praxis) konzipiert zu haben: Gerade die unbedingte Theorie-Gemäßheit – aus einer auf die letzten, unbestechlich sachorientierten Gründe gehenden Analyse – soll die Überlegenheit der besagten Kritik sowie der durch sie eingeleiteten Praxis garantieren: Vgl. dazu bei Hartmann (2), bes. 32 ff., 73 ff., 81–86, 90 ff., 136 ff., 142 ff., und bes. 176–192 sowie noch 193 ff. u. ö. Der sich hier abzeichnende Zirkel in der Beweisführung, auf den auch Hartmann verweist, besteht darin, daß ein Autonomes (reine Theorie) schon von vornherein als so konzipiert erscheint, daß es für die Tendenz, die das Ganze bestimmt, die Begründung abzugeben vermag, und zugleich, daß diese Tendenz ihre Durchschlagskraft aus der ‚Wissenschaftlichkeit' (Theoriehaftigkeit) ihres Ausgangspunktes herleitet.

[10] Man könnte in diesem Kontext etwa erinnern an die Marxsche Thematik unter dem Titel einer völlig sich durchdringenden ‚*Humanisierung* der Natur' und ‚*Naturalisierung* des Menschen': vgl. z. B. bei Mordstein (1), 31 ff.; von marxistischer Seite z. B. A. Schaff (1), 8 ff., 44, 49, 223 u. ö.

[11] Vgl. dazu die vorige Anm. – Es ist gerade diese sog. humanistische Seite, die die Möglichkeit bietet, im Zuge einer Prinzipienanalyse der damit gesetzten Dialektik in der Konzeption von Marx eine transzendentaltheoretische Ausgangslage für den Auf-

bau seiner Systemantik zu konstatieren. – Vgl. dazu bei Hartmann (2), etwa 7, 11, 143 ff., 247, 248 ff., 254, 405 ff., 443–452 und das Schlußkapitel XI: Marxdeutungen und die transzendentale Kritik 546 ff. – Was die Stellung zum genannten Ganzheitsproblem von seiten zeitgenössischer Autoren betrifft, so genüge es, auf den programmatischen Aufsatz von M. Horkheimer hinzuweisen: vgl. Horkheimer (1), 12–64; dort auch Abdruck des Vorworts zur Gesamtausgabe von 1968 (7–11).

[12] Vgl. bei Hartmann (2), 144 ff.

[13] Vgl. Hartmann (2), 418, Anm. 7 (im Brief an S. Meyer). Zum Verhältnis Marxens zu Feuerbach vgl. oben Anm. 35, ferner bei Henrich (2) 197 ff.

[14] Eine sehr polemische und gewiß einseitige Erörterung dieser angedeuteten Tendenz findet sich bekanntlich bei K. R. Popper (1), I. Bd., Der Zauber Platons. – Die Einseitigkeit rührt wohl vom empirismusnahen Interpretationsstandpunkt Poppers her, der in der praktischen Philosophie einen z. T. durch die spätere Aufklärung, z. T. durch die neuempiristische, vor allem deutsche, Kantauslegung (J. F. Fries, L. Nelson u. a.) bestimmten Entwurf vertritt.

[15] Auch innerhalb des Marxismus gab es als eine Grundrichtung in der Theorie einen gewissen Fatalismus, der allerdings in der Applikation auf die Praxis bei den verschiedenen Theoretikern unterschiedliche Folgerungen hervorbrachte: so etwa im sog. mechanizistischen Marxismus (Bucharin, Axelrod), ferner bei E. Bernstein, z. T. auch bei Plechánow, und in eingeschränktem Maß auch noch, wenn auch in eigenartiger Umformung, bei R. Luxemburg und sogar gelegentlich bei Trotzki; die Auffassung gerade der beiden Letztgenannten muß jedoch im Ganzen eher nichtgeschichtsdeterministisch genannt werden. Vgl. zum Ganzen noch Wetter (1), 161 ff.

[16] Vgl. den Artikel,Lenin‘ in SdG Bd. 4 (1971) 1–29 (A. K. Wildmann); ferner neben der Biographie von D. Shub (1) noch J. L. Harper (1), A. G. Meyer (1), R. Nürnberger (1) und A. U. Thiessen (1).

[17] D. h. also in erster Linie als ‚Theorie‘ des Ganzen, der Totalität von Welt (Natur), Mensch und Geschichte verstanden. – Damit ist die marxistische, gesellschaftskritische Theorie sowohl Erbin aller berechtigten Anliegen der überkommenen Philosophie [Horkheimer (1), 57 f.] als auch die einzig zureichende theoretische Gestaltung einer weder willkürlichen noch dem Zufall überlassenen Menschheitszukunft im Ganzen (ebd. 55 f. u. ö.). Dies Moment ist heute Gemeingut fast aller Spielarten marxistischer Theorie. Vgl. dazu auch H. Seiffert, Marxismus und bürgerliche Wissenschaft, München 1971.

18 So etwa auch unter den Neo-Marxisten des Westens neben anderen E. Bloch (1), I. Bd. 1954, 17, 174 u. ö., und wieder Horkheimer (1), 45 ff., 49 ff., 56, sowie den Nachtrag 57 ff., und noch die Abhdlg.: Materialismus und Metaphysik 65 ff.

19 Zwar wird in jüngster Zeit zur Betonung des sog. *Humanismus* des Marxismus oder jedenfalls von K. Marx häufig bes. von westlichen (Neo-)Marxisten sowohl auf eine ganze Reihe von positiven Äußerungen Marxens selbst zu diesem Thema hingewiesen als auch das humanistische Engagement vor den Zeitgenossen betont [so vgl., um nur einiges Wenige herauszugreifen, etwa E. Bloch (1) 1930, 1627 u. ö.; Horkheimer (1) 29 ff., 36 ff., 63, 75 f., 78 ff., 158 u. ö.; A. Schaff (1) insgesamt]. – Doch wird man bei kritischer Würdigung sowohl der Marxschen Äußerungen als auch derjenigen von heutigen Marxisten mehr liberaler Prägung auf dem Grunde dieses Theorems die Ambivalenz, um nicht zu sagen, die unreflektierte Zweideutigkeit finden, daß zwar einerseits die Würde des Menschen als das ‚höchste Gut' gepriesen wird, andererseits aber die prinzipientheoretische Absicherung einer strengen, transzendentaltheoretisch orientierten, kritischen Reflexion nicht standzuhalten vermag, *obwohl* bei Marx wie bei den Marxisten aller Richtungen gerade die ‚Wissenschaftlichkeit' im Sinne einer Gesamt- und Grundwissenschaft (vgl. oben Anm. II 17) als die entscheidende Errungenschaft gegenüber dem älteren Sozialismus von Owen, Saint-Simon, Proudhon u. a. betrachtet worden ist. Vgl. dazu auch noch kritisch Hartmann a. a. O. 566 ff., bes. 571–574, und F. Mordstein, Ist der Marxismus ein Humanismus, Stuttgart 1969, bes. 7–46. – Was die mittlerweile auch schon sehr zahlreichen kritischen Arbeiten zu diesem Thema betrifft, so sei nur auf die jüngsten Veröffentlichungen von Kolakowski (Traktat über die Sterblichkeit der Vernunft, München 1967) sowie von Stojanowić (1) als vom Marxismus bzw. der Marxschen Konzeption selbst ausgehend, hingewiesen.

20 Vgl. dazu im ‚Kapital' die Erörterungen über die ursprüngliche Rolle der Arbeit, die anfängliche Tauschwirtschaft, das Verhältnis von Arbeit und Ware, die Entfremdungsphasen im Zuge der Entwicklung der Produktivverhältnisse, die Entstehung der Klassen, des Kapitals im heutigen relevanten Sinn sowie über den Klassenkampf, die Notwendigkeit der Revolution (einschließlich der Diktatur des Proletariats): dies ist gewiß eine Quintessenz der gesamten Überlegungen, daß hier eine unausweichliche, in der Natur der Sache liegende Gesetzmäßigkeit vorliegt und die Menschheitsgeschichte bestimmt; bei Hartmann vgl. die z. T. sehr subtilen Analysen [(1) die Kapitel VI–X: S. 239–545]. – Lenin hat bekanntlich die Marxschen Gedanken

‚weiterentwickelt' in seinen Thesen über den Imperialismus des Spätkapitalismus sowie, als Initiativ-Prinzip für das zu handeln geforderte Proletariat, über die ‚Partei neuen Typs'; vgl. dazu etwa W. I. Lenin (1) und (2); kritisch dazu von marxistischer Seite die Analysen der sog. revisionistischen Linie: Bernstein u. Hilferding, aber auch manche Mitglieder der jugoslawischen Praxisgruppe; vgl. dazu auch die vorige Anm. Zur Frage, ob nicht der Stalinismus als extreme Form sog. bürokratischer Unmenschlichkeit schon im Leninismus, ja schon keimhaft in gewisser Weise bei Marx grundgelegt ist, vgl. Hartmann (2), 512, 543 f., Mordstein (1), 129; ferner E. Topitsch (1) und (2).

21 Vgl. oben Anm. II 9.

22 Vgl. dazu beispielsweise bei Mordstein (1), 96–137. – Zur kritischen Betrachtung des Marxschen Anliegens einer systematischen ‚Umstülpung' der Hegelschen Philosophie im Sinn einer genuinen Theorie der Praxis vgl. außerdem etwa: Hartmann (2), 23 ff., 44 ff., 50 ff., und bes. das ganze III. Kapitel (95–125); ferner E. Voegelin (1) 26, wobei freilich Hegel wohl etwas zu einseitig als Vorläufer von K. Marx eingestuft worden ist; vgl. außerdem noch H. Lübbe (1).

23 Vgl. dazu noch bei Hartmann a. a. O. 77, 206 ff., 465.

24 Diese Einschätzung der Politik entspricht somit konsequent dem Aktivismus der Marxschen Konzeption, auch wenn im Fall der beiden Genannten einige Traditionen mitgespielt haben mögen: vgl. bei Marx schon das Kommunistische Manifest, auf das im „Kapital" zurückgegriffen wird: Marx (2), 791, Anm. 22 (Kapitel I), oder ebd. Bd. IV, 492 ff., – dazu bei Hartmann a. a. O. 506–544. Bei Lenin wäre weiter außer dem Rückbezug auf Marx selbst wichtig der Hinweis auf den revolutionären Aktivismus der russischen Anarchisten, der von Tkatschow und Netschajew dann auch theoretisiert worden ist: vgl. z. B. bei Wetter (1) bes. I., II., III. Kapitel; für Mao Tse-tung scheint die Weiterentwicklung der Leninschen Imperialismustheorie im Hinblick auf die nichtindustrialisierte Menschheit charakteristisch zu sein, wodurch dann konkreter als bei Marx und Lenin ein politisch-revolutionärer Weg zur ‚Weltrevolution' sich abzuzeichnen scheint: vgl. dazu bei R. Grimm (1), bes. 92–102, und 174 ff. (Bibl.), O. J. Hammen (1) und St. R. Schramm (1).

25 Darauf wird im Zusammenhang mit allgemeineren Strukturen des Totalitarismus weiter unten noch zurückzukommen sein. Für jetzt kann soviel gesagt werden, daß – abgesehen auch hier einmal von der immanenten Widersprüchlichkeit des schematischen Gerüsts – sich gerade in der Geschichte seiner Praxis der Kommunismus als eine Bewegung erwiesen hat, die ebensosehr von der Wirklichkeit des gesellschaftlichen, wirtschaftlichen und poli-

tischen Lebens und ihrem eigentümlichen Sollensfeld her lebt und zehrt wie von theoretischer Systematik. Dies erscheint als ein weiteres Indiz für eine Bewertung des Kommunismus, als totalitär praktizierter Marxismus: als einer geistigen Bewegung, die in ihrer eigentümlichen Tiefenstruktur große Verwandtschaft mit ähnlichen Großbewegungen auf religiöser Grundlage zu haben scheint, jedenfalls was die formalen konstitutiven Elemente angeht. – Zur besonderen Frage des Verhältnisses von *Zweck* und *Mitteln,* das für eine jede Konzeption ideenbestimmter Politik wesentlich ist, vgl. etwa Mordstein (1), 116 ff., bes. 135 ff., mit Bezug auf Djilas: 147, Anm. 27; zur heutigen Totalitarismusdiskussion vgl. Arendt (1), wo einmal, abgesehen von dem allzu engen Rückbezug teils nur auf das Phänomen des Faschismus und teils auf tagespolitische Tendenzen, insbesondere die Beziehung zwischen ‚Ideologie und Terror' untersucht worden ist: vgl. H. Arendt a. a. O. 133–167; und vgl. J. L. Tolman (1) 202 ff. – Der moderne *Terror,* und gerade der des Kommunismus, ‚lebt' von seiner theoretischen Seite, seinem theoretischen Fundament, aufgrund deren ihm dann eine allgemeine Gesetzmäßigkeit über die Zufälligkeit individueller Grausamkeit hinaus zugesprochen wird. Zugleich aber erweist sich eine sozial atomisierte Gesellschaft als von innen heraus gerade für solche Herrschaftsformen anfällig.

26 Vgl. dazu vor allem H. Schoeck (1) das 9.–11. Kapitel, bes. etwa 204 ff., 220 ff., 275 ff.: in vielen primitiven oder auch primitivierten Gesellschaften dient ‚Egalitarismus' dazu, das Unvermögen zu verschleiern, einen eigenen Mangel angesichts des respektiven Vorzugs bei Anderen moralisch einwandfrei zu akzeptieren. Vgl. dazu auch noch ders. in: SchSWt 243–248. Schließlich ist im übrigen der marxistische Kommunismus damit, in transformierter Form, nur der Erbe des ‚Kapitalismus', sofern auch dieser sich einer innerweltlichen Askese verdankt: dazu, und insbesondere zu M. Webers Verhältnis zu Marx vgl. M. Weber (1), 354; ferner K. Löwith, M. Weber und K. Marx, in: K. Löwith (2).

27 Der Vergleich zu anderen moralischen Großkonzeptionen legt sich nahe, soll jedoch erst weiter unten durchgeführt werden.

III. Kritische Betrachtung

1 In gewisser Weise hat sie damit eine ähnliche Funktion übernommen wie bei Fichte das absolute Ich zu Beginn seiner Wissenschaftslehre (von 1794).

2 Vgl. etwa A. von Weiss (1), ferner die Bibliographie bei H. Fleischer a. a. O. 198 ff.

[3] Das will sagen, die Wirklichkeit des Handelns und Entscheidens ist, sofern sie im Prozeß des Erzeugtwerdens sich befindet, nicht in derselben Unmittelbarkeit aus reflektorischen oder allgemein theoretischen Zusammenhängen ableitbar.

[4] Vgl. die Rezension des Verfs. über das Marxbuch von Hartmann: Holz (6).

[5] Vgl. dazu E. Voegelin (2), 208 ff.; für Voegelin läßt sich dieser Typ der Argumentation prinzipiell unter das Vollzugsschema der Selbsterlösung des Gnostizismus subsumieren (a. a. O. 209 und schon 52 ff.) – Ein Ansatz für eine Interpretation der Massen in dualistischem Sinn findet sich auch bei Hartmann (2), 436, 531, 537.

[6] Damit muß freilich über das Anliegen, das auf eine solch unhaltbare Weise vorgetragen wird, noch nicht im letzten entschieden sein. Ähnlich unterscheidet auch Hartmann in seinem Werk über Marx zwischen der zugrunde liegenden umfassenden systematischen Konzeption und ihrer inakzeptablen Durchführung, wobei es allerdings schon eine Unzuträglichkeit in der Fassung der allerersten, grundlegenden Bestimmungen ist, die zu kritisieren wäre; marximmanent wird man dem Marxschen Mangel nie entrinnen. Bei Hartmann vgl. (2), 461, 546, 553, 558 f.; ferner auch noch H. Seiffert (1), 76–104.

[7] Der Gedanke, daß die Menschheit in Gestalt gerade ihrer leidenden, unterdrückten Mitglieder einen Zugang zur Befreiung von den Übeln habe, worunter sie leidet, ist ja im übrigen sehr alt. Auch daß diese Befreiung kraft eigener Anstrengung, eigener Leistung sich ereignen solle, ist nicht neu, wie der Gnostizismus beweist. Neu ist somit an diesem Gedanken nur die Einschränkung auf die *materielle*, d. h. soziologisch-wirtschaftliche Funktion, vermittels der ‚Arbeit' als einem Mittel sowohl von Befreiung als auch von Entfremdung und Versklavung, die der Gruppe der Unterdrückten hier zugeschrieben wird. – Vgl. dazu bei Marx diesbezügliche Äußerungen z. B. in der ‚Heiligen Familie': Marx (3), Bd. I, 703 f.

[8] Es erscheint nicht unwichtig, hier auf eine inhaltlich völlig anders geartete Konzeption von der Unausweichlichkeit des kommenden Geschichtsendes hinzuweisen, die weiter unten noch näher erörtert werden wird: auf die jüdisch-christliche Eschatologie. – Vgl. dazu auch noch H. Arendt (1), 141, in bezug auf Marx: „Kapital", I. Bd., 1. Buch, 1. und 5. Kapitel; Mordstein (1), 116–137, bes. 126 ff., 130 ff.

[9] Vgl. dazu oben auch die Anm. II 25 und 27.

[10] Das gleiche läßt sich m. E. auch von einem radikalisierten christlichen Glaubensansatz (vgl. oben Anm. III 4) sowie von einem gnostizistischen Existenzentwurf (vgl. oben Anm. III 5) sagen. –

Zu Marx vgl. Hartmann (2), 234 ff., 323; zu Christentum und Gnosis vgl. unten das VI. Kapitel Nr. 6.

11 Die von Feuerbach übernommene Reduktion der Gottesidee auf einen anthropologischen Boden wirkt bekanntlich demnach durch eine subtile systematische Umformung, im Sinn der dialektischen materialistischen Gesellschaftstheorie, hindurch bis hinein in den Kernpunkt des Menschenbildes. – Wenn hier von ‚Analogie' gesprochen wird, so ist freilich damit nicht eine gleichsam rhapsodische Assoziationsmethode gemeint, die mit Bildern manches dem subjektiven Verständnis näher bringen kann; vielmehr liegt dem eine sachliche Gleichheit gewisser Grundstrukturen zugrunde, die freilich methodologisch noch näher zu erklären wäre; vgl. dazu unten VI. Kapitel, Nr. 1, 2, VII. Kapitel, Nr. 6, 7, XIII. Kapitel, Nr. 2.

12 Vgl. dazu den vorigen Abschnitt.

13 Vgl. auch noch oben Anm. III. 5.

14 Vgl. dazu unten Kapitel IV, Nr. 3 b, und Anm. IV 11.

15 Vgl. dazu vor allem schon die Kritik der beiden soeben Genannten; dazu B. Menczer (1), 291–310.

16 Der Marxismus erweist sich so gemeinsam mit einer Reihe von anderen ideologischen Systemen als von *reduktionalistischer* Struktur. D. h. daß hier im wesentlichen ein problemanalytischer und methodischer Monismus herrschen. Dazu vgl. Molnar (1), 528 f., Hartmann (2), 173 ff., 578 u. ö., sowie in ganz anderen Zusammenhängen V. E. Frankl (1), 179 f. Speziell für Marx zeigt sich gerade unter soziologischen Gesichtspunkten dieser Reduktionalismus auch in der Verkennung des *Vermassungsprozesses* als eines *eigenen*, von wirtschaftlichen Voraussetzungen zwar *mit* bedingten, aber keineswegs vollständig bestimmten modernen Geschehens. Tocqueville beispielsweise hat in diesem Punkt sehr viel differenzierter, aber auch tiefer gesehen; vgl. zu Tocqueville noch J. P. Mayer (1).

17 Vgl. dazu bei Hartmann die Analyse des „Akteurs": (2), 487, 543, 562, 570.

18 Vgl. dazu oben Anm. III 5, 10 und 14.

19 Dazu vgl. Voegelin (1), 30 ff., u. ö.; ferner J. Hommes (1); ders.: Art. ‚Marxismus' in: LThK 7 (1962) 142–146; aber Andeutungen auch bei Hartmann (vgl. oben Anm. III 5. – Auch wenn man methodologische Vorsicht walten läßt (so vgl. vom Verf. den Artikel ‚Analogie' im HphGr. I, 51–65 sind solche Vergleiche mit der Einschränkung zu verwenden, daß sie beispielsweise *nicht* eine gleichsam als statischer Vergleichshorizont fungierende Philosophia perennis voraussetzen, von dem aus dann gewissermaßen zeitlos alles mit allem verglichen werden kann. Vielmehr wird es eher so sein, daß das zeitlich und entwicklungsmäßig

Frühere zwar als das strukturell Einfachere für das Spätere erhellend sein kann, daß aber zugleich damit das eigentliche, zentrale *Anliegen,* das auf einer frühen Stufe des Bewußtseins erscheint, seine reife und vollgültige Gestalt erst auf einer erheblich späteren, auch problem-strukturell weniger methodologisch (oder auch: spekulativ, ontologisch, theologisch usw.) entfremdeten Systematik erreicht. So könnte man den Gnostizismus als eine sich einer verfremdeten Begriffssprache bedienende, sachlich *noch* entfremdete Vorwegnahme des zentralsten Anliegens des Marxismus auffassen; vgl. dazu im übrigen noch weiter unten. Sofern man die ‚Entmythologisierung' der früheren Systematik radikal genug betreibt, bleibt als Gemeinsamkeit übrig: das Anliegen der Selbsterlösung in einer radikal gespaltenen Welt – dort kosmologisch, hier anthropologisch soziologisch (ökonomisch) – zugleich mit der, ebenfalls durch die Garantie der eigenen Erkenntnis, des eigenen selbstmächtigen Wissens gegebenen, Gewißtheit eines einmal real eintretenden vollkommenen Endzustandes, in welchem das (systemimmanent) Böse und die Bösen restlos vernichtet sind und die (systemimmanent) Guten das vollkommene Leben verwirklichen.

[20] Vgl. dazu Hartmann (2), 84–91, 212 ff., 507 ff.

[21] Das gilt im übrigen nicht für K. Marx und seine schon ‚klassischen Nachfolger wie Lenin und Mao Tse-tung, sondern vielleicht noch verstärkt für die unter dem Namen der ‚Neuen Linken' zusammengefaßte Bewegung. Instruktiv wie immer ist auch hier Hartmann, ebd. Kapitel XI, er spricht zu Recht von „Zusatz-" und „Abwehrtheorien" neueren Datums (z. B. 472, 543, 573 u. ö.) – die Vergleichsmöglichkeiten werden allerdings wohl unter dem Blick auf Hegels Überlegungen zum Thema nicht weiter aufgenommen (vgl. 531, 561); ferner vgl. noch vom Verf.: Holz (9), I. Teil, X. Kapitel Nr. 2, XII. Kapitel Nr. 2; N. McInnes (1) zeigt die Kontinuität vom jungen Marx über den alten Verfasser des ‚Kapitals' zu den modernen westlichen Neomarxisten; was im übrigen Hegel als ideengeschichtlichen ‚Vater' von Marx angeht, teilt McInnes das angelsächsische, von Popper betonte Mißverständnis.

[22] Damit wäre die z. B. von Mordstein kritisierte Zweck-Mittel-Relation im Falle ethischer Einzelprobleme (a. a. O. 137, 147) für das Ganze des Systems verifiziert.

[23] Es ist verständlich, daß dieser Punkt sowohl innerhalb des Neomarxismus als auch zwischen Marxisten und Nichtmarxisten kontrovers ist: Die verschiedenen Versuche, einen genuinen Humanismus für Marx und den Marxismus zu retten, reichen von Sartre, Lefebvre, Garaudy, Gramsci, Horkheimer, H. Marcuse, E. Bloch, Kolakowski über die jugoslawische Praxis-Gruppe: Supek,

Machovec u. a., bis hin zu Marcovic, Zelenyi, A. Schaff, Havemann, und maoistisch orientierten jüngeren Autoren. Die innermarxistische Diskussion stößt nun freilich gerade in dieser Frage nicht bis zu einer Generalkritik des Marxschen Ansatzes als solchen vor. Vgl. dazu bei Hartmann a. a. O. Kapitel XI, bei Mordstein a. a. O. 27 ff., ferner den Artikel ‚Humanismus' in SdG 2 (1968) 1297–1306 (R. T. de George, A. R. Caponigri); ferner A. v. Weiss (1).

24 Es ist zuzugeben, daß diese Tendenz nicht auf den Marxismus beschränkt ist, wenn sie auch in ihm am ungeschminktesten zum Vorschein gelangt.

25 Vgl. oben Anm. II 27. – Es war die Voraussicht einer solcherart entfesselten Moral, die beispielsweise Tocqueville mit fundiertem Pessimismus dem heraufkommenden Massenzeitalter entgegensehen ließ; vgl. Mayer (1), 27 ff., 97 ff., sowie den Anhang 133 ff.

26 Damit sollen die großen Leistungen islamischer Philosophen und der systematischen Theologen selbstverständlich nicht bestritten werden, wenn man auch im Osten seit dem Beginn des 12. und im Westen mit dem 13. Jahrh. eine Hinabstufung der Philosophie zur bloßen ‚Dienstwissenschaft' der Theologie beobachten kann, die bis heute nachwirkt. Unsere Aussage muß vielmehr vergleichsweise genommen werden: im Blick auf die Problemlage von Philosophie und Theologie innerhalb des Christentums; dann wird man einen Primat der Theologie feststellen können, der unangefochten im Christentum eigentlich nur als Randerscheinung zu finden ist. Vgl. die einschlägigen Artikel in: LThK 1 (1957) 790–793 (Abd-El-Jalil); 5 (1960) 790–799 (R. Köbert/W. Schatz); RGG 3 (1959) 907–920 (A. Schimmel), 928–932 (C. Colpe); BrE 9 (1970) 265 f.

27 Dies ist natürlich mit einer geradezu barbarischen Kürze gesagt; worauf es hier ankommt, ist auch nicht primär der historische Vergleich im einzelnen, sondern allein der Hinweis darauf, daß es sozusagen formal betrachtet einen Typ des Denkens gibt, der in der Ausprägung eines spezifischen Monismus Strukturverwandtschaft zwischen verschiedenen Systemen zu begründen vermag. Vgl. dazu auch noch unten V Kapitel Nr. 5 und das ganze VI. Kapitel.

28 Vgl. dazu vor allem H. Blumenberg (3) und (4). – Die vermutete strukturelle Affinität wird im folgenden noch weiter zu klären sein.

29 Vgl. dazu weiter unten im VI. Kapitel bes. Nr. 6.

30 Erst recht wird man hier keinerlei Literaturverarbeitung in der soeben genannten Arbeits- und Forschungsrichtung erwarten können; die einschlägigen Enzyklopädien bieten hier zum jeweiligen Stichwort übergenug.

IV. Das Theorie-Praxis-Problem im Umkreis des Christentums

1 Vgl. dazu oben Anm. III 10.

2 Dies ist mit Bezug auf den Marxismus ja im bisherigen Gang der Analysen schon weitgehend geschehen; es wird also im folgenden nur jeweils darauf zurückgegriffen.

3 So z. B. H. Blumenberg (3), 75 ff.

4 Das wird in den Kapiteln VII–XVIII dieser Arbeit breiter ausgeführt werden.

5 Man denke etwa an die Kritik von Hobbes, Berkeley, Locke, Spinoza, Lessing; vgl. E. Cassirer (1), P. Hazard (1) und (2).

6 Die erstgenannte Auffassung, der Origenismus, scheint endgültig durch die Theologie der sog. ‚Kappadokischen' Kirchenväter für die Diskussion uninteressant geworden zu sein, die zweite Auffassung ist in ihren verschiedenen Varianten bis heute nicht zu einem klaren Austrag der Schwierigkeiten gelangt, sondern leidet nach wie vor an den Aporien zweier Absoluta, der menschlichen Freiheit und Gottes Allbestimmung.

7 Vgl. bei Leibniz die Theodizee passim. Die Ansicht erscheint spätmittelalterlich bei Thomas Bradwardine, Wycliff sowie Joh. Hus und wird von der reformatorischen Theologie in mehrfacher Abwandlung übernommen. Innerhalb der katholischen Kirche hat sie, wenn auch theoretisch nie ganz akzeptiert, zeitweise doch auch in der Praxis, z. B. der ‚Heidenmission', nachhaltige Wirkung ausgeübt. Vgl. dazu LThK 5 (1960) 165–168 (K. Rahner), dazu auch RGG 3 (1959) 190–192 (G. Gloege).

8 Für die reformatorische Theologie ist dies klar, und die Auswirkungen zeigen sich innerhalb einer ‚streng gläubigen', an der Orthodoxie der früheren Jahrhunderte orientierten Theologenschule bis heute, so etwa innerhalb der sog. dialektischen Theologie. – Aber auch für die katholische Theologie gilt dies; man vgl. die Ausführungen von K. Rahner zu diesem Thema: etwa die einschlägigen Artikel im LThK (Heilswille, Jesus Christus, Gotteslehre u. ä.); ferner Rahner (2) 115–158.

9 Wie schon zuvor angedeutet, sind die in dieser Konzeption gelegenen Aporien bis heute nicht ausgeräumt. Innerhalb des reformatorischen Prinzips des ‚sola gratia' allerdings haben sie eine außerordentliche Verschärfung erfahren.

10 Dem Prinzip des ‚sola gratia' entspricht auf der subjektiven Seite dasjenige des *‚sola fides'*, obwohl dies in jenem seine Fundierung hat. Das Lehrstück der völligen ‚Unverdienstlichkeit' freilich stellt die protestantische Theologie vor das Problem, inwiefern dann überhaupt noch ein personaler Vollzug und nicht ein quasi-magischer Mechanismus heterologen Ursprungs im Glauben gesetzt wird; denn sofern hier überhaupt *freie Partner-*

schaft auch mitkonstitutiv ist, ist dem Subjekt ein Mindestmaß an substanziierter Eigenleistung zuzubilligen.
Man möchte ferner zur Entwicklungsgeschichte des Marxismus anmerken, daß auch hier so etwas wie ein fester Kanon autoritativer Schriften oder heiliger, d. h. unantastbarer, von ihrem Autor (allein schon durch sein Autorsein) sanktionierter Texte entstanden ist, wenn auch zuzugeben ist, daß diese Entwicklung noch nicht abgeschlossen ist und zwischen den verschiedenen Richtungen, mit einer gewissen vagen Analogie, zur frühchristlichen Zeit (z. B. der Großkirche des Ostens, des Westens und den verschiedenen Abweichungen, z. B. dem Gnostizismus Marcions) mitunter heftige Kämpfe stattfinden (etwa zwischen reinen Marxisten, Marxisten-Leninisten, Stalinisten, Maoisten).

11 Vgl. oben Anm. II 14 und Kapitel III Nr. 2, b. – Die strukturelle Parallelisierung hat soziologisch ihren Grund in der hierarchischen Struktur insofern, als die ‚Kirche' wenigstens in einem Mindestmaß als die ‚hierarchische Gestalt eines Volkes' charakterisiert sein muß, sollen nicht andere soziologische Begriffe hier relevant werden (Sekte usw.). Dem Zielbegriff des Reiches Gottes entspräche im Marxismus, jedenfalls in seiner strengen kommunistischen Form, die Idee der klassenlosen Gesellschaft, in der ja alle Pressionen von seiten eines Staatsapparates vermieden, jeder sowohl nach seinen Fähigkeiten als auch nach seinen Bedürfnissen zu leben vermag; genaugenommen ist es somit das ‚offenbare' Reich Gottes, das hier begrifflich in den Vergleich eintritt.

12 Vgl. zum Ganzen noch in SdG die Stichworte: Darwinismus, Evolution, Lyssenkoismus, Naturphilosophie, Wissenschaft (bes. Abschnitt ‚B' von K. G. Ballestrem); ferner in den beiden genannten theologischen Enzyklopädien das Stichwort ‚Entmythologisierung': LThK 3 (1959) 898–904 (H. Fries); RGG 2 (1958) 496–499 (H. Ott).

13 Die hier eingeschlagene Methode ist in früheren Arbeiten vom Verf. u. a. als *‚strukturologisch'* bezeichnet worden, um sie einerseits vom zeitgenössischen Strukturalismus, andererseits vom ‚hermeneutischen Komplex' genügend zu unterscheiden; Beispiele liegen in diesen früheren Arbeiten vor: Vgl. Holz (1), § 2–5; Holz (3), Einleitung, Exkurs A (S. 338 ff.), Exkurs B (S. 464 ff.), und im Register das Stichwort ‚Hermeneutik'; ferner Holz (4), schließlich Holz (9), bes. I. Teil, 1. Kapitel, 5. Kapitel § 1, II. Teil, 2. Kapitel § 2 und 3, 3. Kapitel § 1, 2, 7.
In gewisser Weise wird damit auch ein Verfahren in veränderter Form aufgenommen, das M. Weber schon in seinem Werk über die Protestantische Ethik angewandt hat und das man *komparatistische Strukturanalyse* von Ideen bzw. von durch be-

stimmte Ideen bestimmten Praxissphären bezeichnen könnte. – Methodologisch läßt sich das hier verfolgte Verfahren auch so verstehen, daß man den Vergleichsstandpunkt, von dem aus das Verglichene auf die je eigentümliche Einheit der Form bzw. Gleichheit von Verhältnissen und Beziehungen gebracht wird, seinerseits in Analogie setzen kann etwa zum Gattungsbegriff gegenüber seinen ihm logisch untergeordneten Artbegriffen. Das sodann entstehende methodologische Verhältnis hat zu seinen Bezugspunkten nicht Begriff oder auch einzelne Sätze, z. B. Axiome, sondern ganze Satzkomplexe bzw. Methoden. Genauer heißt dies, daß auch nicht unmittelbar die expliziten Sätze in ihrem systematischen Kontext verglichen werden, sondern ihr Resultat: die angewandte Methode mitsamt ihren inhaltlichen Ingredienzien, d. h. die historische Systematik als je solche. Das jedoch, was darin, in ihrer geschichtlichen Gestalt nur implizit, obgleich eindeutig, wirksam ist, wird hier expliziert und damit zugleich auf einen höheren Grad von Allgemeinheit gebracht, so daß nunmehr auch übergeordnete, in mehreren solcher Komplexe in gleicher Weise wirksame ‚Systematiken‘ höherer Stufe eruiert werden können. – Zur Wirkung von M. Weber vgl. im übrigen noch: D. Käsler (1).

14 In die gleiche Richtung zielten Webers Bemühungen; vgl. dazu etwa die Analysen von J. Winckelmann, E. Fischoff und R. Bendix, in: M. Weber (2), 7 ff., 346–379, 380–391; dies aber wird im folgenden noch deutlicher werden. – Wichtig für unsere Thematik sind ferner die Untersuchungen von A. Müller-Armack, die sich ähnlich wie die Arbeiten Webers mit den Zusammenhängen zwischen Religion, Kultur und Wirtschaft, jedoch im Spätbarock und in der Aufklärung sowie auch im 19 Jahrh., befaßt. Vgl. bes. Müller-Armack (1).

15 Demgegenüber wirken spezifisch ‚christliche‘ Wertungen des Marxismus naiv, wie etwa bei H. Ehlen (1), 8, 226 – festzustellen ist. Freilich zeigt sich eine solche, auf einer undurchschauten Axiomatik des Für-Wahr-Haltens des eigenen Standpunkts beberuhende Wertung der anderen Konzeption wohl noch mehr innerhalb des marxistischen Schrifttums.

16 Vgl. dazu einerseits M. Weber (1), insbesondere die Aufsätze: Die Berufsethik des asketischen Protestantismus (a. a. O. 115 bis 277) und: Die protestantischen Sekten und der Geist des Kapitalismus (a. a. O. 279–317) und allgemeiner: Die protestantische Ethik und der Geist des Kapitalismus, Nr. 1 und 2; zur andersartigen Funktion des Luthertums in diesem Problemzusammenhang vgl. ebd. 66 ff., sowie Müller-Armack [(1), 46–244, ferner das Stichwort im Register, und noch 537 ff.]; auf der anderen Seite wäre hinzuweisen auf Voegelin (2), 60. Daß gleichwohl der

Fall des Gnostizismus nicht so einfach liegt und er in inhaltlicher Hinsicht keineswegs ohne weiteres als eine eigene Art oder Gattung von Religion gelten kann, liegt im übrigen gerade an seinem Immanenzansatz: ein Punkt, der ihn ganz im Sinn der hier gegebenen Darstellung mit dem Marxismus vergleichbar werden läßt, – nicht nur: obwohl, sondern: *weil* auch dieser zwar eine Form von ‚Religiosität' (und so im weiteren Sinne Religion), nicht aber ‚Religion' im engeren Sinn des Fachbegriffs besagt. Vgl. dazu auch noch U. Bianchi (1), bes. 38 ff., 53 ff.

17 Dieser Vergleich ist in der Literatur bekanntlich schon öfter gezogen worden, man denke nur etwa an K. Löwith [(1), 26, 45 f.] oder E. Bloch [(1), das ganze 36. Kapitel].

18 Vgl. dazu auch noch weiter unten VI. Kapitel Nr. 6.

19 Vgl. dazu bei M. Weber bes. die beiden Aufsätze: Die Berufsethik des asketischen Protestantismus, und: Die protestantischen Sekten und der Geist des Kapitalismus; in Weber (1); im übrigen vgl. oben Anm. IV 16. – Man sieht übrigens: der Begriff der Entfremdung läßt sich sowohl auf die kritische Entfremdungstheorie von Marx selbst, die ja die Arbeit als unmittelbar und letzterschöpfend sinnzeugend gleichsam hypostasiert, als auch auf eine am sola-fides-Prinzip orientierte Glaubenseinschätzung anwenden.

20 Vgl. etwa bei Hartmann (2), 561, 585; ferner vom Verf.: Holz (9), bes. die Einleitungen und das Nachwort.

21 Vgl. dazu oben bes. Kapitel III Nr. 3 a sowie zum Ganzen das erwähnte Buch von K. Hartmann (siehe oben Anm. II 3); prinzipiell dazu vom Verf.: Holz (7), § 3–6.

22 Vgl. zur ‚innerchristlichen' Sachlage: R. A. Knox (1), H. Fast (1), H. Grundmann (1); zum anarcho-sozialistischen Komplex: LThK 1 (1957) 488–489 (G. Grundlach); RGG 1 (1957) 353 bis 355 (P. Heintz); EPh 1 (1967 111–115 (G. Woodcock); KEF 1 (^{2}1967) 260 f. (C. Cuio); BrE 1 (1966) 487–488; dort überall Lit.

23 Mit Recht ist dieser Zusammenhang gewiß so nicht der erste und einzige; so ist z. B. auf die für unsere Überlegungen in manchem paradigmatische *Modell*wertigkeit der Kultursoziologie M. Webers selbst hingewiesen worden: Etwa das russische, japanische – und neuerdings wohl auch, wie man hinzufügen kann, das chinesische und brasilianische – Modell des Aufbaus einer industrialisierten und zugleich menschheitlich ‚besseren' Gesellschaft lassen sich nicht mehr von den spezifischen Voraussetzungen Webers hinreichend erklären. Hier ist eine neue Kultursoziologie abstrakteren und formaleren Typs erfordert.

V. Totalitäre Christlichkeit im systemgeschichtlichen Vergleich: Calvinismus und Kapitalismus

[1] Zum Begriff der Epoche, der Epochenschwelle und der dafür zeugenden Charakteristika vgl. H. Blumenberg (2), und (3), bes. Teil IV: Aspekte der Epochenschwelle.

[2] Hier legt sich die Assoziation an die Charakteristik des Gnostizismus als Quasi-Religion nahe (vgl. oben Anm. IV 16), obzwar nur gleichsam als Exemplifikation: Daß der sog. Kapitalismus niemals eine Weltanschauung sui generis gewesen ist, dürfte erst recht nach den Untersuchungen von M. Weber, E. Troeltsch, A. Müller-Armack und H. Schoeck feststehen. Die gemeinsame Typik von ‚Kapitalismus' und ‚Gnostizismus', sofern beide nur in einem in etwa auch vereinfachenden Idealbegriff vorgestellt werden, wäre dann, daß sie beide in ihrer Kritik konstruktive Gegen- oder auch *Nachfolge-Entwürfe* zu Konzeptionen sind, die ihr ursprünglich gesetztes Ziel nicht erreicht zu haben scheinen.

[3] Es sei zugestanden, daß damit eine relativ subjektive Auswahl von Gesichtspunkten gesetzt ist, die nicht immer das jeweils konkrete Problem, wie es sich für Weber darstellt, historisch mit äußerster Akribie trifft.

[4] Vgl. dazu oben Anm. IV 7.

[5] Zugrunde liegt ein vulgär-dialektisches Verständnis zwischen Gutem und Bösem als zwischen Zweck oder Ziel und Mittel. Man mag eine strukturologisch wahrscheinlich durchaus verifizierfähige Parallele – natürlich im modern gewandelten, transformierten Bewußtsein, das auf die Idee der Autonomie bzw. in einem weiteren Schritt auf das Ideal der Emanzipation sich gründet – in gewissen Gedankengängen H. Marcuses erblicken, die in Gestalt einer emanzipatorischen Triebphilosophie den streng theologisch motivierten Sexualmessianismus jüdischer Sekten des 17. und 18. Jh. widerspiegeln; selbstverständlich ist dabei jedoch nicht an eine historische Abhängigkeit Marcuses gedacht. Vgl. dazu S. Landmann (1).

[6] Vgl. Weber (1) passim.

[7] Vgl. Holz (9), Nachwort.

[8] Es hieße Weber mißverstehen, wollte man ihm eine Vernachlässigung aller weiterreichenden sonstigen kulturellen Einflüsse auf die Ausbildung des kapitalistischen Geistes als These vindizieren; sein Forschungsziel war ganz einfach enger gesetzt, wie er selbst in der Polemik gegen seinen Kritiker F. Rachfahl erklärt; vgl. M. Weber (2), 149 ff., 283 ff.; dazu Fischoff a. a. O. 346 ff., bes. 352 ff. – Was bei Weber und auch noch bei Troeltsch fehlt, ist eine ebenso eindringende Untersuchung von etwa der

Ethik eines asketischen Protestantismus vergleichbaren katholischer Eliten. Als solche kämen vor allem die katholischen Orden und Kongregationen in Frage. Eine hier relevante ‚Nachfolge-Systematik' hätte natürlich eine ganz andere Ziel- und Stoßrichtung, als sie sich im Kapitalismus abzeichnet. Vielmehr dürfte hier eine säkularisierte Umsetzung auf der einen Seite, im Raum weltlicher Kultur, vor allem in der Erziehung u. ä. gelegen haben; auf der anderen Seite aber dürften innerkirchlich Schrittmacherdienste für die Politisierung des religiösen Katholizismus selbst geleistet worden sein: eine Politisierung, die nicht den Übergang kirchlicher Elemente unmittelbar in das Feld der Politik besagt – obwohl dies dem Anspruch nach auch gegeben ist (etwa im theoretischen Suprematsanspruch des Papsttums über alle weltliche Gewalt) –, sondern sublimer die Strukturierung des *genuin Religiösen an ihm selbst* gemäß der Form des Politischen meint: Wege dazu waren die Fundamentalisierung des (kirchlichen) Rechts und der päpstlich-kuriale Zentralismus. Davon wird weiter unten noch die Rede sein.

[9] Vgl. dazu bei Weber (1) bes. die Belegstellen im Aufsatz: Die protestantischen Sekten und der Geist des Kapitalismus, bes. 287 ff., 302 ff., 307 ff. Der theologische Ursprung menschlicher Achtung überträgt sich dann durch hinzukommende Umstände, die hier nicht weiter zu untersuchen sind, als Zug eines allgemeinen Menschentyps, nämlich des seinem ‚Beruf' asketisch dienenden Kapitalisten; es ist dann ethos-morphologisch betrachtet nur ein Schritt zur kommunistischen Ethik.

[10] Als solche können beispielsweise die Rotarier, aber in einem weiteren Sinn auch die Freimaurerlogen u. ä. gelten. – Auf ganz anderem inhaltlichen Boden, aber in der Struktur des Auserwähltheitspathos verwandt, stehen dann aber auch etwa anarchistische Gruppierungen, so beispielsweise in Rußland die revolutionären Nihilisten unter ideologischer Führung eines Netschajew oder Tkatschow, die bekanntlich für Lenin von einer gewissen Bedeutung gewesen sind. Vgl. dazu Wetter (1), z. B. im Register, ferner die oben angeführten Biographien Lenins (Anm. II 16).

[11] Vgl. dazu die Artikel in der BrE 6 (1968) 430; EF 5 (1967) 318–320 (N. Petruzellis); EPh 6 (1967) 483–487 (Ch. Frankel); LThK 4 (1960) 221–223 (A. Dempf); RGG 2 ([3]1958) 1006–1008 (H. Maus).

[12] Andeutungen davon wurden schon gegeben; vgl. z. B. oben die Anm. IV 11 und 12. Im übrigen sei verwiesen auf das weiter oben schon über den Totalitarismus Gesagte, sowie auf die im Kontext dazu angegebene Lit.

[13] Vgl. oben Anm. V 2.

[14] Man denke etwa nur an das Verhältnis der mittelalterlichen

westlichen Kirche zu den Katharern. Politische Maßnahmen als Mittel des Überzeugungswandels haben in den römischen Christen- und Judenverfolgungen ihr erstes großes Beispiel im abendländischen Raum, eine darauf abzielende auch theoretische Rechtfertigung findet sich aber schon beim späten Augustinus. Vgl. zu Augustinus die verschiedenen Lexikon- und Handbuchartikel mit der dort angegebenen Lit. [z. B. Altaner-Stuiber (1), 447 f.], zu den Katharern bes. A. Borst (1).

[15] Es genüge, hier nur an die mit einem derartigen Programm verbundenen Namen, wie A. de Tocqueville, J. Burckhardt, M. Weber, E. Troeltsch, J. Kern, M. Mirgeler, A. Müller-Armack, aber auch A. Toynbee zu erinnern. Weiter wäre nur noch anzumerken, daß der Verf., in bezug auf die Genannten, nicht der Auffassung zuneigt, heute sei eine über rein methodologische und wissenschaftstheoretische Fragen hinausgehende auch ‚inhaltliche' Behandlung der Geschichte, als Geschichtsschreibung und Geschichtsphilosophie nicht mehr möglich.

[16] Zum Begriff des Katholizismus vgl. BrE 10 (1970) 28–29; RGG 3 (1959) 1206–1226 (W. von Loewenich, W. Sucker), kritisch dazu: LThK 6 (1961) 88–89 (K. Rahner). – Auf die geschichtliche Relevanz dieses Begriffs wird hier, wie gesagt, nur in ‚Auswahl', d. h. mit dem Blick auf bes. charakteristische Perioden vorgegangen. Zur theologischen Vorgeschichte vgl. noch Blumenberg (3), bes. den II. Teil, 75 ff. – Im übrigen vgl. auch die Exkurse.

[17] Vgl. oben in diesem Kapitel Nr. 2 und 3.

[18] Zur Inquisition vgl. RGG 3 (1959) 769–772 (A. Erler); LThK 5 (1960) 698–702 (P. Mikat); BrE 9 (1970) 141.

[19] Einer ‚strengeren', sich auf das spätantik gelasianische Kirchenverständnis stützenden Richtung, die in den nachtridentinischen Jahrhunderten bes. auf die Ausbildung und Stärkung eines kurialen Papalismus, Zentralismus und damit verbundenen ‚Autoritarismus' hinzielte, steht in der Barockscholastik, die uns hier vordringlich interessiert, die Schule bes. der spanischen Rechtstheoretiker gegenüber, so Fr. von Vitoria, Melchior Cano, L. de Molina u. a. (Salmantizenser), die dann auf Hugo Grotius gewirkt haben.

[20] Zu dieser recht häufig vertretenen Ansicht vgl. C. J. Hayes (1), H. Arendt (1), C. J. Friedrich (1) u. a. in: Wege der Totalitarismusforschung. Das Neue scheint jedoch mehr in den relativ äußerlichen Merkmalen moderner Technologie im engeren Sinne zu bestehen; die politischen und sozialen Techniken totaler Machtausübung sind demgegenüber doch recht viel älter und verbreiteter, als es die vom Schock des Fortschrittsglaubens getroffenen zeitgenössischen Deutungen wahrhaben wollen, ebenso die welt-

anschauliche Verankerung; so denke man etwa an altorientalische Macht- und Staatsgebilde (Assyrer), die schon zu einer regelrechten Beamtenbürokratie geführt haben, systematische, ‚ideologisch' d. h. religions- und stammespolitisch motivierte Völkervertreibungen kannten u. ä. – Auch das Mongolenreich oder das Reich Tamerlans zeigen gewisse, wenn auch entferntere Anologien.

21 Geistesgeschichtlich ist der Hauptgrund wohl im Wiederaufleben des Augustinismus in dieser Epoche zu sehen, wie ja überhaupt Augustinus als teils direkter, teils mehr vermittelter ‚Vater' auch der Neuzeit im engeren Sinne genannt werden kann: Man denke an die Kontroversen zwischen reformatorischer und katholischer Theologie in Fragen der Freiheit, Gnade, aber auch der Anthropologie, Moral usw. Die Geschichte dieser geistigen Bewegung zwischen dem 15. und 18. Jahrh. ist trotz umfangreicher Einzelforschungen im Überblick bis heute noch nicht geschrieben.

VI. Das Theorie-Praxis-Problem und der autoritäre Katholizismus

1 Um hier den Zugang zu tragfähigen Lösungen zu gewinnen, erscheint es vor allem notwendig, in größeren Zusammenhängen, d. h. auch in längeren Zeiträumen zu denken. Als Beispiel, also als Modellfall auf einem von unserer Thematik relativ abgelegenen Gebiet könnten z. B. die Versuche von P. Schoonenberg dienen, innerhalb der Christologie aus den seit den früh- und hochpatristischen Streitigkeiten festgefahrenen Problemdispositionen herauszukommen. Es könnte sich dann zeigen, daß man vielfach in falschen, logisch und strukturell zu eng gefaßten Disjunktionen sich beruhigt hat, z. B. auch so, daß man sich eben mit der grundsätzlichen ‚Unlösbarkeit' eines Problems zufriedengegeben, wenn man nicht diese Unlösbarkeit geradezu dogmatisiert und kanonisiert hat. Vgl. Schoonenberg (1) und (2).

2 Natürlich kann hier nicht eine an sich fällige Theorie historischer Typen gegeben werden; so mögen einige kurze Randbemerkungen an dieser Stelle genügen: Überlegungen in Hinsicht auf das entsprechende Theorem M. Webers wurden vom Verf. schon früher angestellt [vgl. Holz (9), bes. II. Teil, 3. Kapitel § 1–3]. – Der Unterschied bes. zu Husserl ist dadurch charakterisiert, daß hier eben eine auf den geschichtlichen Prozeß, auf ein Werdendes also, hingeordnete Allgemeinheitsstruktur gefunden bzw. zur Erklärung eingesetzt werden soll, die noch dazu durch plurale Interaktion der tragenden Subjekte eigentümlich gekennzeichnet ist. Die Gedankengänge Husserls zu diesem Thema knüpfen im wesentlichen jedoch an seine systematisch voraus-

gehenden Überlegungen zu einem gerade geschichtliche Konkretheit methodisch ausklammernden Begriff des ‚Wesens' an. – Ansätze zu einem dies Konzept überschreitenden Neuentwurf vor allem beim späteren Husserl in der Auseinandersetzung auch mit dem Neukantianismus behandelt u. a. auch I. Kern (1). Es wäre noch die Differenz zu *A. Toynbees* de facto verwendeter Typologie anzugeben. Im Gegensatz zu uns ist er primär historisch interessiert, es liegt daher eine vergleichsweise ‚induktive' Typologie bei ihm vor. Allgemein wissenschaftstheoretisch betrachtet rückt Toynbees Konzeption in ihrer methodologischen Klassifizierung damit eher in die Nähe zu gewissen Lehrstücken beispielsweise von K. R. Popper.

[3] Im Unterschied zur Methode M. Webers oder auch E. Troeltschs soll hier nicht in Einzelforschung eingetreten werden. Es genüge der *allgemeine* Charakterzug der unmittelbaren physischen Sanktion betreffs ideeller Sachverhalte (= Fehlverhaltungen) verbunden mit einer strengen Hierarchik – einem Quasi-Monarchismus – der Kompetenzen, die schließlich im spätneuzeitlichen katholizistischen Zentralismus ihr Endresultat fanden. – Belegstellen vgl. weiter unten.

[4] In dieser Sicht fungiert bekanntlich das Falsifikationstheorem Poppers als Kritik gegenüber der Naivität eines strengen Positivismus. Der Schuldspruch darüber von seiten des sog. Frankfurter Neomarxismus als ‚positivistisch' im Sinne einer grundsätzlich partikularistisch angelegten Theorie trifft also, abgesehen einmal von der Verkennung der Rolle des Freiheitsproblems in der Popperschen Konzeption, keineswegs den Kern der Frage. – Vgl. dazu noch oben Anm. I 13, ferner die gute Gesamtdarstellung der Philosophie Poppers bei J. W. Watkins (1).

[5] Der Betrachtungspunkt ist somit kultur-, und noch treffender: religionssoziologisch, aber gleichsam auf einer seine historische Dimension zwar einschließenden, aber sie doch unter sachlichem Aspekt übersteigenden Ebene. – Der Klarheit halber sei dazu bemerkt, daß die reale Gestalt christlicher Religiosität zwar gewiß so etwas wie ‚Kirchlichkeit', d. h. sozial verifizierbare, eigentümliche Strukturen überhaupt einschließt, daß aber die je in der Geschichte herausgebildeten Ausprägungen eines besonderen Kirchentums, etwa der Orthodoxie, der römischen Kirche, des Protestantismus usw., damit noch keineswegs unmittelbar mitgemeint sein müssen, somit auch nicht unmittelbar die eine oder andere Form solcher Ausprägungen allein etwa durch ihre religionssoziologische Gestaltung und das darin wirksame Formprinzip – etwa Freiheit im Protestantismus, göttliche Autorität im römischen Kirchentum – ein Präjudiz von Wahrheit, Genuinität usw. bedeuten muß. Die hier anstehenden Fragen sind freilich

so vielfältig und teilweise auch so schwierig, daß ihre Erörterung einer anderen Gelegenheit vorbehalten bleiben muß.

6 Damit ist zunächst die Anfälligkeit für Irrtum und Fehlentscheidungen in allen Bereichen, die nicht streng unter den Anspruch einer Offenbarungsreligion zu subsumieren sind, gemeint. – Es muß im Rahmen dieser Abhandlung allerdings einigermaßen offen bleiben, ob und wieweit sich ein derartiger Anspruch in der sozio-kulturellen Konkretion unmittelbar und ungebrochen durchhaltend denken läßt.

7 Dies ist nachgerade ein kultursoziologischer Topos geworden, wodurch übrigens gelegentliche Einzelleistungen auch auf naturwissenschaftlichem Gebiet leicht vergessen worden sind, man denke etwa an A. Kircher, G. Mendel u. a. – Ein in seiner Paradoxie bloß wegen ihrer Randkonstellation und ihres, von außen verschuldeten, Mißerfolges vielleicht nicht voll gewürdigtes Phänomen sei schließlich noch in Gestalt der barocken Chinamission der Jesuiten erwähnt, die immerhin de facto sozusagen das Christentum im Namen der Naturwissenschaft und Technik pp. verkündigte. – Eine umfassende Kulturgeschichte des katholischen Barock gibt es freilich bis heute nur in Ansätzen. Vgl. dazu die Artikel in den einschlägigen Enzyklopädien: *Barock* (Scholastik): LThK 1 (1957) 1258–2370 (F. Stegmüller); ‚*Neuscholastik*‘: 7 (1962) 923–926 (G. Söhngen); RGG 4 (1960) 1433–1437 (A. Hamman); ‚*Gegenreformation*‘: LThK 4 (1960) 585–588 (E. W. Zeeden); RGG 2 (1958) 1254–1262 (W. Maurer); ‚*Mystik*‘: LThK 7 (1962) bes. 738–741 (O. Karrer); RGG 4 (1960) bes. 1252–1256 (H. Dörries, M. A. Schmidt), 1259–1262 (L. Richter); DThC X, 2 (1929) 2599–2674 (A. Fonck).

7a Vgl. dazu auch die betreffenden Abschnitte in dem ausgezeichneten Werk von A. Mirgeler, Revision der europäischen Geschichte, Freiburg/München 1971, 32ff., 100ff., 105ff., bes. aber 149ff., die einer Entmythologisierung der Papstgeschichte gleichkommen.

8 Dieser ‚Monismus‘ der praktischen Herrschaftsausübung zeigt sich mitsamt seiner theoretischen Ansicherung von einer anderen Sicht aus bes. deutlich in der katholischen Missionsgeschichte des Barock, und hier wieder bes. in den sog. Ritenstreitigkeiten in China und Indien, worin es letztlich um eine tiefgreifende Pluralität der Grundformen des religiösen Bewußtseins ging. Vgl. dazu RGG 5 (1961) 1112–1113; LThK 8 (1963) 1322–1324; dort überall Lit.

9 Hier liegt wohl eine der wichtigsten Wurzeln für die Herausarbeitung sowohl einer allgemeinen Rechtstheorie, die über die Belange der Theologie als einer theologia revelata weit hinaus-

ging, vielmehr als theologia civilis zu fungieren sich unterfing, als auch für das spätere Wuchern einer speziellen *Kasuistik.*

[10] Vgl. dazu RGG 5 (1961) 44–47 (H. Barion), 71–85 (F. Heyer); zu den Thesen H. Küngs vgl. kritisch vertiefend B. Tierney (1), R. Raffalt (1), H. E. Hengstenberg (1), H. Kühner (1); (dort überall Lit.). – Wie Zeeden in seinem Artikel (vgl. die vorige Anm.) feststellt, ist ein entscheidendes Merkmal der Epoche nicht nur der kirchliche, sondern auch der staatliche Absolutismus in Religionsfragen. Freilich hat dem wohl u. a. auch wiederum die gelasianische Zwei-Gewalten-Theorie mit vorgearbeitet (vgl. oben Amn. V 19).

Zur neuesten Entwicklung vgl. u. a. auch wohl G. Denzler (1). – Analog der Lehre Toynbees vom Streit zwischen Kaiser und Papst als dem sachlichen und zeitlichen Beginn des Zerfallsprozesses der mittelalterlichen Großgesellschaft der ‚Christenheit' kann man in einer ähnlichen Dialektik ein Wachsen kirchlicher absolutistischer Tendenzen zunächst als Gegenschlag gegen den staatlichen Absolutismus, dann aber auch – in Wechselwirkung – gegen theoretisch nicht mehr voll bewältigte Zeitströmungen beobachten, die schließlich zu einer nunmehr primär innerkirchlichen Übersteigerung des eigentlichen Machtstandpunktes und seiner Realisierung führten.

[11] Das Ausscheiden der Kirchen als erstprägender gesellschaftlicher und kultureller Macht in Verbindung mit der Emanzipationsbewegung der Aufklärung ließ dem kirchlichen Absolutismus-Streben späterhin überhaupt nur noch innerkirchliche Wege offen: So trat an Stelle der früher durchaus gleichsam föderativ aufgebauten Inquisition der kirchlichen Einzelregionen der päpstliche Zentralismus. Selbstverständlich wurde das Zensursystem damit gestrafft. Die späten und traurigen Auswüchse solcher Bestrebungen haben sich dann gezeigt auf theoretischer Ebene in solchen Phänomenen wie z. B. dem ‚Syllabus', auf praktischer Ebene in dem oft zu beobachtenden Fall, daß Fragen der Forschung und Lehre einfach durch personalpolitische Verwaltungsakte zu lösen versucht werden: wie z. B. in der Geschichte der modernen katholischen Bibelwissenschaften oft zu beobachten.

[12] Dies läßt sich sogar im Wortlaut in Lehräußerungen eines so ‚reaktionären' Papstes wie Pius IX. lesen: Vgl. z. B. Denzinger–Schönmetzer Nr. 2865–2866 (1677).

[13] Als in die Augen springendes Beispiel mag die Geschichte der sog. katholischen Tübinger Schule zu Beginn und in der Mitte des 19. Jahrhs. dienen; vgl. dazu vom Verf.: Holz (3), 390 f.; die Namen von S. Drey, R. Staudemeier sowie von H. Schell können mit anderen als Vertreter der tragischen Geschichte des

neueren Katholizismus gelten, welche die im 18. Jahrh. abgebrochene Aufgabe der Auseinandersetzung mit dem zeitgenössischen Denken auf gleicher Ebene wieder aufzunehmen und fortzuführen sich bemühten. – Es ist im übrigen kein Zufall, daß diese Theologen im Denken des Deutschen Idealismus ihrem Anliegen kongeniale Ansätze fanden.

14 Man mag es als ein außerordentliches Glück oder auch als ein ganz besonderes Unglück betrachten, daß sehr bald die rein religiöse Idee mit dem Anliegen einer spätantiken Renaissance des römischen Reiches und in der Folgezeit mit dem Gedanken einer innergeschichtlichen ‚Bewegung' der Reichsidee verbunden wurde. Diese Tendenz wurde – und das ist für unsere Zwecke hier bedeutsam – nicht nur von der weltlichen Macht des spätantiken, des oströmischen, des mittelalterlich deutschen und des zaristischen Kaisertums, sondern auch von der römischen Kurie, d. h. dann sehr bald vom Papsttum selbst aufgenommen und jeweils charakteristisch transformiert. Vgl. dazu etwa A. Alföldi (1) und W. Goez (1), bes. § 7–11, 15–17; allgemeiner (und heute teilweise überholt) C. Schmitt (1).

15 Dem Antiklerikalismus entspricht in der historischen Wirklichkeit häufig genug ein ebenso strikter Klerikalismus.

16 Vgl. zu Molina: Holz (9). I. Teil, bes. das 4. und 5. Kapitel.

17 Es braucht nicht wiederholt zu werden, daß solche Strukturähnlichkeiten von gleichwohl nicht bloß akzidenteller, sondern konstitutiver Art erst auf einer Vergleichsebene gewissermaßen zweiten Grades legitimerweise festzustellen sind. Vgl. dazu oben Anm. VI 3. Der Frage liegt das allgemeinere Problem zugrunde, *woher* eigentlich im Lauf der Ideen- und Problemgeschichte das *jeweils Neue* einer Lösung, einer Frage, eines Begriffs, eines Systemansatzes usw. ‚herkomme'. Natürlich lassen sich historische Daten dafür angeben; dadurch wird aber nicht mehr die Frage gestellt nach der grundsätzlichen Möglichkeit eines solchen sich quantitativ und qualitativ (wenigsten im Großen) vervollkommnenden Fortgangs des menschlichen Geistes. Die Richtung der Lösung wird man in einer mittleren Position zwischen einer bloßen Kombinatorik schon irgendwie gegebener Elemente u. ä. und einer sozusagen als Urzeugung fungierenden Neuschöpfung sehen müssen. Vgl. dazu aber auch noch die weiteren Andeutungen vom Verf.: Holz (7), § 13; ferner unter etwas anderem Aspekt K. Hübner (1).

18 Ein Ausfluß dieser Konstellationen dürfte z. B. die innerhalb der katholischen Dogmatik im besagten Zeitraum ausgebildete und im 19 Jahrh. bis zur Perfektion entwickelte Systematik der sog. theologischen dogmatischen Zensuren hinsichtlich des Grades an Glaubensverbindlichkeit sein: Die Spanne reicht, wie in

den dogmatischen Handbüchern zu lesen, von einem Prädikat ‚de fide' oder ‚de fide definitum' bis hin zu (bloß) ‚theologice certum' oder auch ‚tuto doceri non potest' u. ä. – Das Phänomen, hinter dem ursprünglich durchaus ein positives Anliegen stand, kann mittlerweile als Indiz eines gewissen quasi-spekulativen Positivismus gewertet werden. – Aber hier trifft sich diese Mentalität wiederum auch mit gewissen Erscheinungen der Lehraufsicht innerhalb der kommunistischen Orthodoxie.

[19] So vgl. man beispielsweise die Reihe der Pius-Päpste.

[20] Vgl. dazu oben Anm. II 25, 127, sowie der allerdings etwas radikalisierte Beitrag von H. Kühner (1).

[21] Die Frage ist nämlich, ob dieser Bezug vom Absoluten her monistisch, oder aber plural entworfen ist. Für das Christentum gilt ja – entgegen seinen Zerrformen, auf die hin z. B. der Marxismus sich orientiert hat – die Implikation bestimmter humaner Grundthesen, so daß es von seiner systematischen Struktur her keineswegs als reiner und eindeutiger theonomer Monismus angesprochen werden kann.

[22] Auf mehr ins einzelne gehende Vergleichspunkte kann hier verzichtet werden, sie tragen auch zur allgemeinen Klärung nicht mehr viel bei. – Wiederum sei nur in einer Art von Vorgriff darauf hingewiesen, daß über die Funktion eines solchen Ereignisses, wie es im Bild des ‚Gerichts' gemeint ist, innerhalb eines nicht verzerrten, nicht selbstentfremdeten Christentums mit dem bisher Gesagten noch gar nichts entschieden ist.

[23] In einem derartigen Rahmen ist es natürlich wichtig, wer von den in der jeweiligen Gegenwart sich um die wahre Auslegung und Legitimierung befehdenden Gruppen sich mit den plausibelsten Gründen auf die Autorität der Stifter berufen kann. Ein ähnlicher Fall wurde schon oben erwähnt: vgl. Anm. IV 10 (mit Bezug auf den Gnostiker Marcion).

[24] Bei einer Begriffsbetrachtung Gottes als des Souveräns wird man stets den jeweiligen Hintergrund von seiten des genannten ‚objektiven Geistes' des Zeitalters zu beachten haben. Vgl. dazu im einzelnen ferner H. Blumenberg, Theologischer Absolutismus und humane Selbstbehauptung, in: Blumenberg (33), 75–200, und (4) insgesamt sowie noch (1), 553 ff. – Im übrigen ist das Bild Gottes als eines universalen kosmisch-anthropophoren Monarchen mit Theresia von Avila, mehr aber noch mit Ignatius von Loyola in weite Kreise barocker religiöser Praxis, aber dann auch theologischer Reflexion eingedrungen; vgl. dazu etwa P. de Leturia (1) und F. Wulf (1).

[25] In dichterischer Form taucht bekanntlich das Thema zu einem späten Zeitpunkt auf bei Dostojewski in der ‚Legende vom Großinquisitor' in den ‚Brüdern Karamasow', und etwas anders

pointiert bei W. Solowjoff in der ‚Kurzen Erzählung vom Antichrist' in den ‚Drei Gesprächen'.

26 Man wird nicht fehlgehen, wenn man als den ideengeschichtlich produktiven Horizont dieser Entwicklung einen bis zu gewissen Extremen zu Ende gedachten Augustinismus ansetzt; vgl. LThK 1 (1957) 1091–1092 (L. Hödl). Dieser Extremismus zeigt sich nicht nur bei den Reformatoren in unterschiedlicher Weise (Wicliff, Luther, Calvin), sondern später auch noch, wenn auch mehr oder weniger vermittelt, in manchen Elementen bei Descartes, sehr stark bekanntlich im Jansenismus, bei Pascal, Malebranche, und sogar noch bei M. Scheler; vgl. BrE 2 (1967) 85.

27 Vgl. dazu noch einmal Voegelin (2), Topitsch (1) und (2), K. Hartmann (2)

28 Vgl. dazu aber auch Anm. II 26 und noch Schoeck (1) 267 ff.

29 Die, wie Fleischer treffend bemerkt, durchaus nicht ethisch im traditionellen Sinne sein will [(1), 194].

30 Vgl. bei Schoeck (1), 204 ff. Zur Neuen Linken vgl. insbesondere die Darstellung von A. v. Weiss (1), ebd. die Lit.-Hinweise 131 ff., ferner vgl. zum modernen Utopismus die Kurzstudie von R. Löwenthal (1).

31 Vgl. dazu Bianchi (1), 39 ff., 71 f., ferner noch oben Anm. IV 16.

32 So kann schließlich auch für K. Marx die Figur des Prometheus zum Inbegriff der Menschheit werden [Marx (1) I, 1, 1.10]. – Auch innerhalb des Neo-Marxismus lebt ein nicht geringer Teil der Adepten von der nur scheinbar reflexiv eingeholten Naivität eines durch die Marxsche Konzeption gewandelten Fortschrittsglaubens; vgl. die Lit.-Hinweise bei H. Fleischer (1), 210–219; Fleischers Stellungnahme selbst a. a. O. 188 ff., bes. 194 ff., ferner im Lit.-Verzeichnis die Nr. 2.10 und 2.27.

33 Das hier implizierte Problem wurde schon zuvor gestreift: vgl. oben Anm. VI 17.

34 Überflüssig zu betonen, daß diese zeitliche Abfolge nicht eine solche empirischer Wirkursächlichkeit (von Ursache und Wirkung) ist.

35 Damit soll natürlich nicht die Existenz von religiösem Indifferenzismus bestritten werden. Doch dürfte dieser in seiner konsequenten Form, d. h. ohne irgendeinen theoretischen oder praktischen Bezug menschlicher Existenz auf ein transzendentes Absolutes – wie auch immer dies gefaßt sein mag – weltgeschichtlich gesehen bloßes Material für weltanschauliche Kräfte sein. Andererseits kann das Gesagte ein Hinweis darauf sein, daß richtig verstanden und auf die richtige Basis gestellt, eine rationale, und d. h. dann primäre philosophische Theorie über ontologische Transzendenz, letztlich auch über Gott, im Gegenzug zu den beschriebenen Irrationalismen, in welchen das religiöse Anliegen

pervertiert wird, eine *aufklärende* Funktion zu haben vermag. Die mythifizierte, ideologisierte, ihrer selbst entfremdete – und zwar in beiden Auffassungen – Religiosität würde dadurch wieder zu sich selbst gebracht.

VII. Das Theorie-Praxis-Problem im Horizont menschlicher Vernunft

[1] Vgl. die Bestimmung von Religion in rein ‚formaler' Hinsicht: oben IV. Kapitel Nr. 3c.

[2] Dazu würde sich die jetzige faktische Geschichte zwar nicht, nach dem Entwurf von K. Marx, als ‚Vorgeschichte' der Menschheit verhalten [vgl. noch M. Horkheimer (1),10], oder jedenfalls nur in analogem Sinne, jedoch wäre dies dann eine intramundane reale ‚Endgeschichte' der Menschheit, die dann nicht katastrophisch, sondern kontinuierlich ablaufend zu denken wäre. Gegenüber dieser auf das innergeschichtlich realisierbare menschheitliche Absolute hin orientierten Auffassung verhalten sich im übrigen sowohl der marxistisch-kommunistische als auch der christliche Chiliasmus ähnlich.

[3] Vgl. dazu das Stichwort: Transzendenz-Immanenz, in RGG 6 (1962) 989–997 (H. Blumenberg).

[4] Dies ist nicht im Sinne Pascals gemeint, in der Weise, daß der Mensch sich selbst um ein Unendliches übersteige, aber eben: als Wesen der Gnade – sich als Wesen ohne Gnade [vgl. Pascal (1), Nr. 434, Schluß].

[5] Der Begriff des Abenteuers erscheint existenzphilosophisch etwas vernachlässigt; vgl. dazu u. a. J. W. N. Watkins (1), 211; ferner unten IX. Kapitel Nr. 6.

[6] Vgl. dazu vom Verf.: Holz (7), das 1. und 3. Kapitel. – Es zeigt sich, daß die vollgültige und ihrer selbst ganz sichere Weise von Philosophie allein ihre transzendentaltheoretische Version ist.

[7] Vgl. oben V. Kapitel, bes. Nr. 2.

[8] Vgl. dazu RGG 3 (1959) 769–772 (A. Erler); LThK 5 (1960) 698–702 (A. Closs, P. Mikat); dort. Lit. – Religionsphilosophisch gesehen, worauf als allein zureichenden Bewertungsmaßstab Erler hinweist, tritt die ‚katholische' Inquisition einmal in Parallele zu Phänomenen im römischen Kaiserreich, bei den Sassaniden, im frühen Kalifat und im Japan der Tokugawa-Zeit (vgl. A. Closs), ferner aber auch zu den ‚Ketzerverfolgungen' des protestantischen Landeskirchentums; zugleich allerdings kann sie auch wegen des Rechtsvollzugscharakters (Inquisition statt Akkusation) in Parallele gesetzt werden zu gewissen Tendenzen des modernen staatlichen Totalitarismus, wo wiederum die Reinheit der Lehre mit staatlichen Zwangsmitteln durchgesetzt wird. Die

funktionalen Vergleichsmomente dürften dabei sehr zahlreich sein. – Die erwähnte radikale Neuheit des modernen Totalitarismus [H. Arendt, Hayes u. a.; vgl. Arendt (1) und Hayes (1)] relativiert sich auch von diesem Aspekt aus.

9 Vgl. andernorts über die ideologie-, d. h. letztlich theoriebedingte Funktion des Terrors innerhalb kollektivistischer Herrschaftssysteme [Holz (9), II. Teil, bes. das X. und XII. Kapitel]. Einen tiefen Einblick in die gewöhnlich verdeckten Folge- bzw. Zwangszusammenhänge zwischen bestimmten humanistischen Utopien und politischen Terrorsystemen gibt neben Schoeck neuerdings auch H. Löffler (1). – Im Licht auch seiner Untersuchungen reduziert sich das ‚Einmalige' der marxistischen politischen Bewegung, insbesondere als Kommunismus, auf den Verlauf der ‚äußeren' geschichtlichen Ereignisse. Strukturell betrachtet wird hier einmal mehr der Marxismus in die Kontinuität der Utopiengeschichte eingeordnet; vgl. auch unter Anm. XVI 12.

10 Das Gemeinsame ist zweifellos die *Kollektiv*struktur des *primär* und umfassend bestimmenden Subjekts. Ideengeschichtlich führen beide Konzeptionen, wenn auch auf verschlungenen Wegen, wohl auf eine gemeinsame Wurzel: Dem erklärten Materialismus auf der einen Seite, der nach dem Ausweis der Marxschen Dissertation seine letzten historischen Quellen immerhin bei Epikur und Demokrit sucht, entspricht in gewisser Weise auf der anderen Seite die (gewiß subtilere) Form, in der auch dort eine Art von ideellem Krypto-Materialismus Pate gestanden hat, nämlich die ursprüngliche Bestimmung eines Absoluten schlechthin vermittels eines Seinsbegriffs, der seinen ursprünglichen Bedeutungsgehalt zumindest modellhaft von rein kosmologischen Zusammenhängen gewonnen hatte. E. Blochs Hinweis auf die sog. ‚aristotelische Linke' [vgl. Bloch (2)] erscheint, einmal abgesehen von der allerdings fast durchweg mißglückten begriffshistorischen Verifikation seiner These, in seiner Intension nicht ganz abwegig; es gibt einen mittelalterlichen Aristotelismus von großer Nähe zu bestimmten Theoremen der Stoa, zu dem, was man antiken Empirismus nennen könnte, überhaupt, mit Folgen für die Erkenntnistheorie, die Ethik und die Ontologie bis hin zur sog. philosophischen Theologie. Vgl. den Artikel ‚Aristotelismus' (F. van Steenberghen) in: HWtPh 1 (1971) 508–517 (Lit.), ferner K. Flasch (1), (I, 5, S. 12 ff., 19) und Flasch (2), 182–185, 194.

11 Vgl. dazu u. a. Topitsch (2).

12 Klassisch schon gesehen von Platon in der ‚Pädagogik' des Höhlengleichnisses, wobei sein eigenes sizilisches Experiment als Schulbeispiel für das ‚Zurückbleiben' des Philosophen hinter der Lebenswirklichkeit, hier der Politik, dienen kann.

[13] Vgl. dazu etwa heute Horkheimer (1), 47 ff., sowie den ganzen Nachtrag 57 ff., u. ö. Allerdings hatte schon J. G. Fichte in seinen Reflexionen über das Wesen und die Bestimmung des Gelehrten, als dessen Prototyp der Philosoph gelten kann, sehr bewußt eine Einwirkung auf die *gesamte* Praxis menschlicher Lebensbestätigungen gefordert, wenn auch in der Form einer mit allein ihren eigenen Mitteln, also durch Lehre, wirkenden Theorie. Das eigentlich praktische Element übersteigt bei Fichte die Rolle eines moralischen Beispiels allerdings nicht.

[14] Eine jede Theorie wäre als zukunftsbezogen damit eo ipso praktisch im strengen Sinn, jedenfalls dann, wenn sie Imperative in sich enthält.

[15] So wäre etwa die funktionale Wirkensweise eines ‚rein philosophischen' Denkens innerhalb der spekulativen mittelalterlichen Theologieentwürfe erst noch zu klären, ebenso wie der autoritative Charakter einer derart verfahrenden Theologie aber dann auch hinfällig werden kann. Vgl. zum Ganzen vom Verf.: Holz (9), I. Teil, II.–IV. Kapitel.

[16] Vgl. dazu heute etwa H. Wagner (1), bes. § 8–17. – Demgegenüber bedeutet es ein unentwickeltes Problembewußtsein, wenn festgestellt würde, daß Transzendentalphilosophie entweder nur Anfangsstadium für die Gewinnung einer sog. (kritisch) realistischen Ontologie zu sein habe, oder aber überhaupt nicht zu einem Bereich extramentaler Gegenständlichkeit ‚vordringen könne'. Die Spätphilosophien Fichtes und Schellings haben diesen Stand der Frage erstmalig als in sich widersprüchlich bzw. inkonsequent erwiesen. Für Fichte hat den Entwicklungsgang dahin vorbildlich aufgezeigt W. Janke (1), zu Schelling vgl. vom Verf.: Holz (3).

[17] Damit ist natürlich die Frage nach der Herkunftssphäre solcher anderer Einflüsse und deren letztlicher Einheit mit der ursprünglich thematisierten Sphäre aufgeworfen. Es ist letztlich die Frage nach der prinzipialen Vereinbarkeit von Einheit und Vielheit überhaupt, die freilich dann noch einmal eingegrenzter und bestimmter zu fassen wäre als die Frage nach der Einheit des materiellen und des geistigen, intelligiblen Seins insgesamt. Beides allerdings muß dann als einheitlich und vielheitlich konzipiert werden, um auf den hier gemeinten Stand der Frage zu gelangen.

[18] Das letzte und umfassende transzendentale, d. h. a priori ermöglichende Prinzip muß hierbei keineswegs in einem entsprechenden Begriff des Seins noch einem Begriff von Vernunft oder Intelligibilität gesucht werden. Vielmehr wird man als derartig fungierendes Prinzip in äußerster Allgemeinheit eine bestimmte Struktur, besser: einen bestimmten Grund als Bezüglichkeit

schlechthin annehmen können. Vgl. vom Verf.: Holz (7) , bes. Kapitel 3, d und Kapitel 4, b.

[19] Es ist aber an die ursprüngliche Wortbedeutung, z. B. im Sprachgebrauch M. Eckeharts zu denken: vgl. etwa: R. Fahrner (1) und B. Schmoldt (1).

[20] Es soll hier erklärt werden, daß es wohl ein modernes Vorurteil ist, wenn damit sofort schon eine gewisse Zweitrangigkeit gegenüber der mundanen, weltverändernden Praxis gesetzt wird. Eine andere Frage ist, ob nicht gegenüber der Praxis der sittlichen Tat tatsächlich eine gewisse, relative, Zweitrangigkeit gegeben ist. Doch führt das für jetzt zu weit von unserem eigentlichen Thema ab.

[21] Vgl. z. B. H. Wagner (1), 381.

[22] Die Wechselbeziehungen zwischen dem intellektiven Charakter transzendentaler Subjektivität und der Autonomie des letzten Grundes von Sittlichkeit und Freiheit, die hier angerührt werden, sind sehr kompliziert und können weder bei Kant noch den Deutschen Idealisten noch den Späteren als befriedigend gelöst angesehen werden. Der Verf. hofft, demnächst in einer eigenen Studie darauf einzugehen.

[23] Vgl. vom Verf.: Holz (8), bes. das I. Kapitel.

[24] Zur Implikation eines bestimmten Transzendenzbezugs in diesem Bezugsgefüge vgl. vom Verf.: Holz (9), I. Teil, bes. das V. und VI. Kapitel.

[25] Dies ist zugegebenermaßen z. Z. nicht mehr als ein Programm. Vorarbeiten zu dessen Einlösung im philosophischen Bemühen der jüngsten Vergangenheit und Gegenwart sind, von je verschiedenem Standpunkt aus, breit skizziert in den Arbeiten von M. Theunissen (1) und noch J. Böckenhoff (1).

[26] Der Philosophie als der Universal- und Grundwissenschaft träte so einmal die universale Praxis der Politik, zum anderen die fundamentale Praxis von Religion, Religiosität gegenüber; zu letzterer soll hier im übrigen auch das ganze Spektrum ihrer Ersatzgestaltungen zählen. Solche Praxis gibt das Fundament ab für die ihr eigentümliche Reflexion, ebenso wie diese wiederum auf den je spezifischen Tatvollzug hingeordnet ist.

[27] Vgl. dazu als Explikation die Vorträge und Diskussionen des internat. Anselmskongresses 1971 in Bad Wimpfen, veröffentlicht in: Analecta Anselmiana (1).

[28] Man wird diesen Komplex in traditioneller Begrifflichkeit ‚Bedingungen' nennen können, während den Entscheidungsakt der Einzelnen im strengen Sinn der Begriff der (Effizienz-) ‚Ursache' treffen dürfte. – Es ist im übrigen nichts Neues, daß auch hier Wechselverhältnisse zu statuieren sind.

[29] Diese Frage zu erörtern würde natürlich weitab von unserem

Thema führen, doch sei hier wenigstens eine Andeutung gegeben. Man setze einmal, daß *Materialität* als solche in ihrer Eigenstruktur, und zwar in ihren verschiedenen ‚Stufenordnungen' vom Unbelebten bis hin zur Struktur des höheren Organismus und des Gesamtsystems lebender Gattungsordnungen, durchweg ‚*intelligibel*' sei, in dem Sinn, daß es keinerlei letzte, rein stoffliche und als solche der Intelligenz (auch endlicher intelligenter Wesen) ‚undurchdringliche' Stoffelemente gebe. Die gleichwohl bleibende ‚Undurchdringlichkeit' des Stofflichen für die Erkenntnis – wie auch letztunmittelbare ‚Unhandbarkeit' für unser Handeln – wäre dann zu deuten als Ergebnis einer bestimmten Charakteristik, die allem Materiellen als solchen zukäme: Es wäre, wie schon früher ausgeführt, eine Folgeerscheinung einer für sich unbegrenzten Welt, sowohl ‚räumlich' als auch zeitlich (anfanglos). Dies prinzipiale Strukturmoment aber würde dann zu denken sein als unmittelbar bestimmte Resultate für eben *unser* Denken und Erkennen zur Folge habend. Ein solches wesentliches Resultat wäre dann, wie gesagt, die Unüberschaubarkeit des Materiellen insgesamt. – Auf der Subjektseite würde dem wiederum die nur relative Absolutheit menschlicher Intelligenz entsprechen, die eben durch einen konstitutiven Bezug auf ein (für sie) Anderes, nämlich Leiblichkeit, gekennzeichnet ist. Doch möge das für jetzt genügen.

30 Vgl. dazu die Arbeiten des Verf. zur philos. Anthropologie und Existenzthematik, die schon öfter erwähnt worden sind.

31 Vgl. die vorige Anm., ferner noch die Grundlegungsreflexionen in: Holz (7), bes. die Kapitel 2 bis 5. – Es muß schließlich durchaus auch ein prinzipialer und grundlegender Wechselbezug festgestellt werden zwischen der Prinzipiensphäre theoretischer Reflexion überhaupt, was selbstverständlich die transzendentale Grundlagentheorie von Apriorität mit einbegreift, und der Prinzipiensphäre des eigentlich praktischen Handelns, also vornehmlich der Sittlichkeit. Dies wäre freilich noch weiter zu klären.

32 Vgl. dazu auch schon oben den Abschnitt I und die Anm. 13.

33 Vgl. in diesem Sinne noch jüngst H. Albert (3) sowie Habermas/N. Luhmann (2), aber vgl. auch bes. zu Albert unten Anm. IX 22.

34 Vgl. z. B. Holz (7), bes. das 13. Kapitel.

35 Wenn man also überspitzt formulieren könnte, daß alle Zukunft nur die Extrapolation der Gegenwart sei und die Gegenwart wiederum nur Extrapolation der Vergangenheit, so gilt doch auch das andere, daß grundsätzlich alle Vergangenheit wie Zukunft, sofern sie Gegenstand wissenschaftlicher Bemühung sind, ihren Bezugspunkt in der ‚Gegenwart' haben, und dies deshalb, weil letztlich die kritische Rückbindung (in der Re-Flexion) an

die primäre *Sach*orientierung, die für derartige Bemühung prinzipiell zu fordern ist, zureichend allein in einer dem reflektorischen Denken selbst *gegenwärtigen* Weise geschehen kann, nur so garantiert zu werden vermag. Vgl. dazu auch noch Wagner (1), § 32, 33.

[36] Eine ausgeführte Theorie der Aposteriorität im Rahmen eines transzendentalen Entwurfs des Verhältnisses von Philosophie und Praxis ist bisher immer die crux einer solchen Theorie gewesen. Das Problem könnte wohl gelöst werden, wenn man sich entschlösse, zunächst einmal den Begriff der Materialität in eine Konzeption einzubringen, die den Primat eines intelligiblen Moments besagen würde (vgl. oben etwa Anm. VII 29), – und wenn man dann sich weiterhin entschlösse, diesen scheinbaren Primat eines intellektualistischen Ansatzes wiederum zu relativieren dadurch, daß man eine solche Konzeption reduzieren würde auf eine Gesamtkonzeption, in welcher der Primat des Freiheitsvollzugs bzw. des rationalen Willens die Grundlage des Ganzen abgäbe; freilich so, daß hier keine Dialektik oder Kontrarietät zwischen einem solchen Willensbegriff und dem entsprechenden Begriff von Intellektivität gesetzt würde, sondern gerade eine (im Willen) zur Einheit und Ganzheit ihrer selbst gekommene Relationalität des Ursprungs und Ur-Grunds.

VIII. Die inhaltliche Perspektive: Gesichtspunkte sozio-kultureller Geschichtlichkeit

[1] Dies ist bedingt durch die Unbegrenztheit menschlichen Wesensseins in seiner Potenzialität, die in Fragen menschlichen Miteinanders konkret stets durch einen einzigen Aktprozeß unausschöpfbar bleibt.

[2] Damit ist ungefähr, wenn auch nicht völlig deckungsgleich das gemeint, was Toynbee „Gesellschaftskörper“ nennt: vgl. z. B. Toynbee (1), I, 1, S. 33–46. Es ist also ein engerer Begriff als z. B. der des ‚Kulturkreises‘. Von uns ist hier gemeint: ein solcher Kulturkreis in seinem Gesamtzustand in einer bestimmten Epoche, *nicht* sozusagen ‚quantitativ‘, sondern in einem ‚repräsentativen‘ Grundmuster.

[3] Methodologisch gesehen überschneiden sich damit gewisse Interesse- und Fragerichtungen: in diesem Versuch werden beispielsweise kulturphilosophische, soziologische und geschichtsphilosophische Gesichtspunkte sich durchdringen. Zur Lit. vgl. im übrigen die großen Nachschlagewerke: RGG 4 (1860) 94–105 (W. E. Mühlmann/L. Richter/C. Andresen); LThK 6 (1961) 669–672 (R. Hauser); Enc. of Phil. 2 (1967) 273–276 (R. Wil-

liams); EF 2 (1967) 207–210 (V. Mathieu/G. Masi); BrE 10 (1970) 733–740.

4 Der Ausdruck wird hier nicht wertend, sondern als bloßer Arbeitsterminus verwendet.

5 Nicht also die Fixierung auf die Umwelt in Gestalt der Arbeitsteilung, sondern die *Funktionsteilung des Lebens* als eines ursprünglichen Ganzen, mit samt Kunst, Kult usw., bestimmt unsere Perspektive. Andererseits kann zwar mit A. Gehlen eine gewisse Instinktentsicherung des ‚Urmenschen' zugegeben werden [vgl. dazu: Gehlen (1)]; wie im folgenden noch klarer werden wird, geht der Institutionalisierung menschlichen Lebens jedoch als mitermöglichende Wesensbedingung die Dynamik menschlicher Personalität als leibgeistiger Einheit voraus. – Vgl. im übrigen dazu auch noch unten Anm. VIII 9.

6 Es kann hier unmöglich unsere Aufgabe sein, das Problem der Entstehung oder auch später: der charakteristischen Prägung der Hochkulturen, deren Eingangsphase wohl immer die Entstehung einer Stadtkultur im eigentlichen Sinne einschloß, explizit zu untersuchen. Von den verschiedenen Entstehungstheorien mit universalgeschichtlichem Interesse scheinen dem Verf. bis heute die Konzeptionen von Toynbee und M. Weber noch das größte Maß an Wahrscheinlichkeit für sich zu haben; obgleich sie beide für sich sehr divergente Theorieansätze haben, scheinen sie doch eine gewisse Affinität z. B. in der Betonung des Primats von Strukturen überhaupt zuzulassen. Vgl. dazu auch noch vom Verf. die methodologischen Überlegungen in: Holz (9), bes. II. Teil, II. Kapitel Nr. 3. – Im übrigen vgl. noch M. Reding (1).

7 Der Begriff ist hier rein theoretisch gemeint, nicht im Sinne A. Haushofers oder R. Siegers als ‚angewandte' Wissenschaft.

8 Auch wenn der Verf. über die Ansicht Huizingas über das Verhältnis von ‚Spiel' und ‚Ernst' in manchen Punkten hinausgeht – vgl. dazu das am Ende dieses Kapitels Ausgeführte –, so gebührt Huizinga das Verdienst, auf eine lange und auch heute in der Tageskonjunktur der Ideologien immer noch vernachlässigte anthropologische Kategorie hingewiesen zu haben: vgl. Huizinga (2), bes. 7f. sowie noch 9–33; vgl. ferner dazu auch unten Anm. IX 10.

9 Sehr beachtenswert erscheinenen in diesem Zusammenhang die Ausführungen von A. E. Jensen über grundlegende technisch-wirtschaftliche Umbrüche in ursprünglichen Kulturen bzw. Gesellschaften und ihre Hintergrundstrukturen; vgl. z. B. Jensen (1), bes. 12ff., 15ff., 143f. (122, 117). Ähnlich urteilt auch P. Bertaux (1), bes. 84f.

10 Gleichzeitig scheint damit aber ein gewisser sozialer Abstieg verbunden zu sein: So ist der freie ‚Agrarier', und gar erst der No-

made, gegenüber einer auf dem Stadtwesen fundierten Herrscherinstanz machtmäßig grundsätzlich nicht mehr gleichberechtigt, sondern zweitrangig. Dagegen besagt auch das zufällige, zeitweilige, machtmäßige Übergewicht nichts.

11 Vgl. z. B. Holz (9), I. Teil, X. Kapitel Nr. 2, XI. Kapitel Nr. 4.

12 Vgl. dazu R. Otto (1), M. Eliade (1), ferner die religionswissenschaftlichen und -philosophischen Ausführungen, bes in: LThK 5 (1960) 84–92 (B. Thum/A. Lang/B. Kraft/H. Volk); RGG 3 (1959) 146–155 (G. Lanczkowski, F. Horst, H.-D. Wendland, G. Gloege); BrE 8 (1969) 302.

13 Vgl. dazu Ausführungen des Verfs. andernorts zur Religiosität als sog. Apriori, so etwa: Holz (9), I. Teil, XII. Kapitel Nr. 6, u. ö.

14 Vgl. dazu oben Anm. VII 12; ferner die allgemeineren Artikel in: LThK 9 (1964) 966–968 (H. Vorgrimmler); RGG 6 (1962) 243–244 (G. Lanczkowski); EF 3 (1967) 170–174 (M. Sancirpiano); ferner noch unter einer strenger philosophischen Sicht I. Heidemann (1) und vom Verf.: Holz (8), IV. Kapitel § 16. – Einen Primat des Leiblichen beim Spiel schließt unsprünglich der Begriff des *Sports* in sich: vgl. RGG a. a. O. 262–263 (K. Zeiß), doch scheint sich das sportliche Ethos auf dem Umweg bzw. mit Hilfe des angelsächsischen Gentleman-Ideals auf dem Wege zu einer über den rein physisch-leiblichen Bereich hinausreichenden Relevanz für menschliches Zusammenleben auf der Stufe moderner Gemeinsamkeit überhaupt zu befinden: vgl. RGG 2 (1958) 1390–1391 (H. Pöttgen); BrE 7 (1969) 113. Damit hätte also das Ästhetische eine nicht nur vergleichsweise regulative, sondern eine konstitutive Rolle beim menschenwürdig realistischen Aufbau der menschlichen Gesellschaft

15 Unter diese Naivität fällt durchaus auch die neomarxistische Apologetik einer materialistischen Weltimmanenz. Die Konzeption einer Erlöseraufgabe für das menschliche Kollektiv setzt in sich, ihrer Struktur nach, durch ihre teils utopistischen, teils terroristischen Elemente den Anspruch auf existenziale Hingabe des Einzelnen an ein Absolutes, und zwar total. Vgl. dazu oben das ganze III. Kapitel und noch: Holz (9), I. Teil, Einleitung und X. Kapitel § 2, XII. Kapitel § 2 u. ö.

IX. Analyse menschlicher Gesellschaftlichkeit vor dem Hintergrund der modernen Kulturkrise

1 ‚Zukünftigkeit' meint hier die eigene Lebenswirklichkeit der Menschheit – in Theorie (oder Reflexion) und Praxis – als durch menschliche Leistung zu erbringen. – Zur weiteren historisch-

sachlichen Einführung in diese Thematik vgl. R. Schaeffler (1), bes. auch den Schlußteil.

[2] Trotz mancher Differenzierungen im Detail und sogar manchen Widerspruchs im Grundsätzlichen läßt sich ein gewisser formalkausaler Zusammenhang zwischen biblischem Zeitverständnis mitsamt dem damit gegebenen Existenzideal einerseits und dem neuzeitlich-modernen Existenz- und Zeitverständnis andererseits feststellen. Der Begriff einer ‚Säkularisierung' freilich bleibt in manchem zu oberflächlich; denn der Begriff impliziert eine Einseitigkeit in der Wertung auf ein Gefälle vom (an sich) Besseren zum Schlechteren hin; oder aber auch wiederum erscheint der Stolz des Befreiten angesprochen, was dann einen (wertenden) Fortschritt, Aufstieg usw. in sich enthält. Von diesem Gegensatz scheint unterschwellig beispielsweise auch die Kontroverse um die Thesen H. Blumenbergs zu leben: Vgl. Blumenberg (3), bes. die Einleitung; – dagegen K. Löwith (1) Einleitung und Beschluß. – Als gleichsam ideengeschichtliche Konterkarierung dazu vgl. auch noch Th. Bomann (1).

[3] Vgl. Holz (9), I. Teil, bes. das IV. und V. Kapitel.

[4] In Wahrheit verliert das moderne Bewußtsein auch durch das Zugeständnis einer sog. ‚Säkularisierung' von der Eigenständigkeit seiner Freiheit und ihrem Ursprung in der Emanzipationsbewegung von Renaissance und Aufklärung nichts. Das Ganze war vielmehr von allem Anfang ein ‚profaner', weil menschheitsgeschichtlicher Prozeß, in welchem sich in beiden Phasen, dem terminus a quo, und dem terminus ad quem, menschliches Bewußtsein und menschliche Freiheit sich im Prinzip wesentlich zu sich verhalten haben. Das theologische Ausgangsstadium war dann ebenso eine Art von ‚Einkleidung' wie das moderne Stadium sein letztes Explikat erst in einem Status gefunden haben dürfte, der den Bezug auf Transzendenz zu einem, wenn auch implizierten Wesenscharakter der Immanenz integriert hätte. Aber damit wäre auch ein grundsätzlich anderes, neues Schema für die Beziehung zwischen menschlicher Kontingenz und Absolutheit und der absoluten Transzendenz nahegelegt.

[5] Vgl. dazu oben Anm. IX 3.

[6] Dieser Begriff ist als ideen- und philosophiegeschichtlich relevant in jüngster Vergangenheit von M. Heidegger in die Diskussion eingebracht worden; vgl. Heidegger (1), bes. 15 (21), 51 f., 96 f.

[7] Der Unterschied zwischen den Begriffen von Kultur und Zivilisation soll uns hier nicht vordringlich beschäftigen. Die gängige Unterscheidung mit dem Akzent auf der technisch-materiellen Kulturausrüstung hier und dem Vorrang einer ‚geistigen' Gestaltung dort dürfte allerdings nicht mehr als eine bloße Akzentuierung bedeuten; Kultur im engeren Sinn und Zivilisation er-

scheinen letztlich sich komplementär bzw. wenigstens korrespondierend zueinander zu verhalten. Vgl. die Stichworte ‚Kultur' und ‚Zivilisation' in: WtSoZ (W. E. Mühlmann); ferner bei H. Schoeck, SchSWt 208–210, 375 f.

8 Es könnte gegebenenfalls so sein, daß eines ferneren Tages der Schwerpunkt der kulturellen Leistungen sich in diesen Bereich hinein verschiebt, und zwar, was besagte Leistung als die Leistung von *allen* tragenden Gliedern eines Kulturkörpers angeht. Ein Indiz neben anderen mag beispielsweise wohl auch die Verschiebung der Motivation des Ehe- und Familienlebens sein: fort von der biologisch-sozialen Fortpflanzungszelle, hin zur leiblich-personalen Erlebnisgemeinschaft der Geschlechter. In welcher Richtung sich auch hier die Entwicklung zu bewegen scheint, deutet P. Bertaux an, wenn er z. B. auch die Sexualität wie sehr viele andere menschliche Tätigkeiten von einer zweckbestimmten – wir würden sagen: heterologen – zu einer zweckfreien, sportlichen Struktur fortschreiten sieht: vgl. Bertaux (1), 185. Vgl. dazu auch noch St. Pfürtner, Sexualität als ernstes Spiel, in: Kirche und Sexualität, Reinbeck 1972, bes. 120–124.

9 *Krieg* bedeutete bisher den Konflikt ohne eine in der Struktur der betreffenden Gesellschaft (oder Gesellschaften) angelegte übergeordnete Schlichtungsmöglichkeit, stellte also einen Extremfall dar. Dort, wo institutionell unüberwindliche Konflikte auch heute noch gegeben sind, ist auch die Gefahr des Krieges gegeben. Freilich muß weiter zur konstitutiven Struktur des Begriffs nicht ein ‚äußerer' Feind gehören, auch der Bürgerkrieg ist ein ‚echter' Krieg gemäß der Definition. Heute trifft dies etwa zu für den Kampf zwischen Humanität und Inhumanität, jedenfalls auf der geschichtlich-empirischen Ebene. Der metaphysische Letzthorizont muß davon im übrigen nicht unmittelbar betroffen sein: vgl. Holz (8), Exkurs B. – Es sei noch angefügt, daß die (formale) Extremstruktur des Konflikts als solche noch keine moralische Wertung des Krieges unmittelbar in sich schließt. Dies würde nicht einmal – in einem auf die Spitze getriebenen Gedankenexperiment – die physische Vernichtung der Menschheit implizieren, *sofern* und soweit es eine Menschheit im überzeugten Zustand der Unfreiheit, wechselseitiger Unterdrückung und Unmoral von Allen ohne Ausnahme wäre.

10 Die modernen philosophischen Reflexionen auf das *Agonale* leiten sich von J. Burckhard und Nietzsche her, beziehen sich jedoch vorwiegend auf den griechischen Ursprung; erst bei Huizinga zeigt sich eine universalere Perspektive. Vgl. HWtPh 1 (1971) 112–113 (A. Reckermann) mit ausführlichen Lit.-Hinweisen (u. a. auf RE und das Theol. Wörterbuch zum NT). – Es ist klar, daß hier demgegenüber ein eigener Ansatz geboten werden soll.

– Das exemplarische Beispiel aus der Geschichte bieten dafür die alten olympischen Spiele; vgl. dazu K. Meuli (1), ferner noch G. Thomson (1). Weitere Lit. in der BrE 13 (1971) 734.

11 Von einem solchen Entwurf aus könnte dann übrigens auch ein solches Phänomen wie die derzeitigen Massenvermehrungsprozesse – bes. der Bevölkerung, aber auch z. B. der Information, oder sogar in gewissem Maß der Zivilisationsabfallprodukte – begreiflich werden: Es würde sich dann nicht um streng einmalige Vorgänge handeln, deren mathematische Abbildung etwa die Kurve einer Exponentialfunktion wäre, sondern um menschheitsgeschichtlich stufenförmige Großprozesse; mit einer (qualitativ) höheren Kulturform ist auch eine ‚Basisverbreitung' (quantitativ) verknüpft. Dies gilt für den Übergang vom Jäger- zum Viehzüchter-, von diesem zum Pflanzerdasein, von diesem zur Stadtexistenz der Hochkulturen, und schließlich auch, um vieles dazwischenliegende zu überspringen, für die industrielle Revolution, deren zweite, aber keineswegs letzte Phase wir gerade durchmachen. Bertaux sieht solche Prozesse angemessen (mathematisiert) wiedergegeben durch eine sog. Sättigungs- oder S-Kurve, von der nur der untere Teil fälschlich den Eindruck einer Exponentialkurve (z. B. hyperbolisch) erweckt: vgl. (1), 105–124, 190 f.

12 Vgl. z. B. oben Anm. IX 2.

13 Eine mehr von empirischer, insbesondere biologisch-soziologischer Grundlage ausgehende Betrachtungsweise bietet Bertaux. Was hier von uns im Begriff des Spiels anvisiert ist, wird von Bertaux im Ideal des „Sports" erblickt. Charakteristisch erscheint dann die Rückkehr des vom Menschen behandelten Naturstücks nach dem bzw. durch den Abschluß der betreffenden Operation in den Anfangszustand: Dies sei aber gerade dem Sport – wir können hinzufügen: seiner Mentalität – wesenseigentümlich (a. a. O. 144 f.).

14 Das Moment, das hier die Übertragung dieses Begriffs auf das Verhältnis des Menschen zur göttlichen Transzendenz rechtfertigen kann, ist, wie im folgenden noch näher gezeigt werden wird, das der grundsätzlichen Freiheit des Menschen auch gegenüber diesem Absoluten. Es kommt freilich noch ein ebenso grundsätzlich positiver, auch moralisch affirmativer Begriff eben dieses Absoluten *in Hinsicht auf den Menschen,* d. h. überhaupt auf sein Anderes, hinzu, da andernfalls Aporien drohen würden.

15 Man könnte sagen, daß K. Marx, Heidegger und Sartre, indem sie den ‚Ernst' unter den bezeichneten Inbegriffen bestimmten, ihn letztlich nicht in seinem Freiheits- und damit Humanitätspotential ausgeschöpft haben.

[16] Vgl. dazu: Holz (8), I. Kapitel, § 3.

[17] Dieser Bezug auf den Menschen ist freilich von einer Art, die den Menschen selbst noch als gänzlich, hinsichtlich seiner Interessen und Bedürfnisse, als naturbezogenes Wesen erscheinen läßt: Er bestimmt sich auf dieser Ebene der Handlung als mit der Natur interaktives Wesen, das über jene herrscht, aber doch dies nur so, daß die Form dieser seiner Herrschaft durch jene ihm vorgegeben sind. Ein ideelles Muster dieses Sachverhalts ist, in ganz anderen Zusammenhängen, von Hegel mit der berühmten Analyse von Herrschaft und Knechtschaft in der ‚Phänomenologie des Geistes' gegeben worden; vgl. Hegel (4), 191 ff.

[18] So gesehen ist es kein Zufall, daß ein radikalisierter Begriff von *Arbeit*, der die Gegensätzlichkeit von Neuschöpfung und Vernichtung von Werten zum Zentrum macht, in eine ganz enge Verwandtschaft zum Begriff des *Krieges* gerät. In letzter Konsequenz ist dies beispielsweise von K. Marx mit seinem Begriff des Klassenkampfes erreicht worden, insofern hier ursprünglich der Begriff der Arbeit als seinem inneren Wesen nach antagonistisch – und dies ausschließlich, so daß andere Tätigkeiten des Menschen als völlig abkünftig, davon derivativ angesehen wurden – gefaßt wurde. Damit ist Arbeit und Krieg als nach dem gleichen Muster strukturiert begriffen (vgl. auch oben das II.–IV. Kapitel). – Die innere Widersprüchlichkeit und Absurdität der Marxschen Konzeption wird aber dann noch einmal genau an demjenigen Punkt offenkundig, wo *vermittels* eines derart *negativen* Mittels ein in sich völlig *positiver Zweck* konkret erreicht werden soll. Der Rückbezug auf die Hegelsche Negation der Negation erscheint im Angesicht der humanen Wirklichkeit des Menschen nichts als wohlfeiler Verbalismus.

[19] Die prinzipiellen Erörterungen über dieses Thema finden sich in: Holz (8), I. Kapitel, § 1–6.

[20] Es handelt sich also stets um eine wenigstens zweifache Sinnrichtung des vorauszusetzenden Synergismusverhältnisses: Mensch-Gott einerseits, Mensch zu Mensch andererseits; das erste Verhältnis kompliziert sich vermittels des zweiten dann wieder zu einem doppelten Wechselbezug: Gott-Einzelperson und Gott-Gesamtmenschheit. Insofern im Synergismus von Mensch zu Mensch wiederum eine existenziale Kompensationsfunktion mit eingeschlossen ist (mitsamt bestimmten exemplarursächlichen Implikationen) differenziert sich dann dieser innermenschheitliche Synergismus: sowohl der Einzelnen als solchen untereinander, und der Vielen in Hinsicht auf exemplarische Existenzialität, als auch noch zum dritten der Synergismus Gott-Menschheit: es träte auch noch ein besonderer Synergismus mit Bezug auf eben jene exemplarische Existenzialität hinzu.

[21] Zur entsprechenden Thematik des Einzelnen vgl. vor allem vom Verf.: Holz (5); ferner den Artikel: Tod, in: HphGr Bd. 3, 1974.

[22] Die Grundposition zu allen irgendwie deterministischen, insbesondere zu alt- und neumarxistischen Auffassungen liegt auf der Hand. Jedoch auch gegenüber etwa der Auffassung K. R. Poppers und seines Kreises (vgl. dazu z. B. oben Anm. I 13, VI 4) liegt eine wesentliche Differenz darin, daß hier der Grundrahmen aller menschlichen (und menschheitlichen) Entwicklung in die Zukunft in seinen Prinzipien systematisch bestimmt erscheint, und dies gerade im Interesse einer Wahrung und Sicherung von ‚Humanität in Freiheit'. Die stets wiederholten Attacken z. B. H. Alberts gegen die ‚Metaphysik', die mit ihrer ‚verborgenen Theologie' die Freiheit gefährde (vgl. etwa oben Anm. VII 33), zielen zwar letztlich auf ein Zerrbild ab, viel schlimmer aber ist, daß gerade der ‚Vital-Rationalismus' [Albert (3), Einleitung], der von Albert vertreten wird, als letzte Garantie für die unaufgebliche Menschenwürde nicht viel mehr als den programmatischen Entschluß dazu anzugeben vermag. – Vgl. im übrigen die Alberts philosophische Bodenlosigkeit wahrhaft enthüllende, sehr treffende Rezension, bes. auch von früheren Schriften [vgl. Albert (1) und (2)], durch G. Scholtz (1). Albert erreicht freilich das auch in zugespitzter Polemik dennoch nicht selten interessante Niveau Poppers [z. B. Popper (1) passim] im allgemeinen nicht. Doch muß auch für Popper festgestellt werden, daß die Aversion, die er gegen Platon, Hegel u. a. hegt, in ihrem schon fast verzweifelten Engagement Ähnlichkeit etwa mit dem Ressentiment hat, wie wir es bei Epikur, mehr noch bei Lukrez gegen die antike Götterwelt beobachten können.

[23] Die Unterscheidung zwischen göttlichem Intellekt und Willen, die seit Origenes und Augustinus die Metaphysik bewegt hat, dient also letztlich der Rettung menschlicher Freiheit. Die Geschichte der abendländischen Metaphysik kann auf weite Strekken auch als Geschichte der Ausgleichsversuche dieser Problematik aufgefaßt werden; vgl. dazu LThK 4 (1960) 1070–1087 (J. Haekel / J. Möller / F. J. Schierse / K. Rahner), 1119–1124 (K. Rahner); RGG 2 (1958) 1701–1745 (K. Goldammer / E. Würthwein / E. Dietrich / E. Fascher / W. Pannenberg / E. Schlink / J. Klein).

[24] Vgl. dazu die Lit. oben in Anm. IX 3.

[25] Vgl. oben Nr. 4 in diesem Kapitel.

[26] Ein derartiger Pazifismus erscheint einmal ***unrealistisch,*** da auch eine Weltfriedensorganisation ohne entsprechende Machtmittel keinen Frieden zu garantieren vermag, und zum anderen ***utopisch,*** insofern er etwa glaubt, daß gesellschaftliche und inter-

nationale Mittel jemals ohne Machteinsatz, auch zur Wahrung des als für Recht Erkannten, gelöst werden könnten. Vgl. dazu weiter unten die Kapitel XII, XVII und XVIII.

X. Ein neuer Begriff des Humanismus

1 So in der Idee einer ‚dritten' Menschheit, in: Holz (8), vor allem § 15, u. ö.

2 Vgl. dazu oben im vorigen Kapitel Nr. 4, a.

3 Vgl. das in Anm. XX erwähnte Werk, bes. das I. Kapitel. – Wesentlich erscheint in diesem jetzigen Zusammenhang, daß zwar wohl geistiges Sein auch Nicht-geistiges in sich der Struktur nach enthalten und integrieren kann, daß aber umgekehrt die gleiche Operation des organischen Integrierens dem materiellen Sein in bezug auf Geistiges nicht möglich ist.

4 Vgl. oben Nr. 1.

XI. Die Möglichkeit einer Erneuerung von Politik und Gesellschaft als Problem; ihre Prognostik

1 Vgl. dazu vom Verf.: Holz (7), § 15, Anm. 27.

2 Vgl. dazu als erste Orientierung etwa C. Schmitt (2), H. Kelsen (1), H. E. Stier (1), G. Leibholz (1) und (2) und K. Loewenstein (1); ferner die Darstellungen unter dem Stichwort (Demokratie) in HWtPh 2 (1972) 50–56 (G. Bien / H. Maier); BrE 4 (1968) 406–409; RGG 6 (1962) „Staatsformen": 307–314 (A. Bergsträsser); dort überall auch Lit.

3 Mit dem Ausdruck ‚Bürger' ist hier die einzelne Person als Träger von Rechten und Pflichten im Hinblick auf den Staat als solchen gemeint. Die Denunziation des Begriffs „bürgerlich" in marxistischer Auffassung geht freilich von einem a priori polemischen Boden aus.

4 Vgl. z. B. die Darstellung von Bergsträsser: a. a. O. und von J. H. Kaiser in StL 7 (1962) 589–606 („Staatslehre"). – Die heutige Diskussion bezieht aber in einem viel stärkeren Maße als noch zu Beginn des vorigen Jahrhunderts die Wechselbeziehungen zwischen sich entwickelnder (industrieller) Gesellschaft und je verschiedenen Formen von Staatlichkeit in die Diskussion mit ein; wegweisend im Aufzeigen neuer Modelle dürften hier unter den Zeitgenossen u. a. B. de Juvenel [(1) u. (2)] und Loewenstein [(1) u. (2)] sein.

5 Dies betrifft den hier verfolgten Zweck nicht direkt. In den Arbeiten von Toynbee, M. Weber und anderen liegen dafür exemplarische Muster vor.

[6] Ideengeschichtlich stehen hier am Anfang die Modelle einer utopischen Gesellschaft, wie sie von Campanella, Thomas Morus und Fr. Bacon vorgelegt worden sind: Vgl. die übersichtliche Ausgabe von K. Heinisch (1), mit Lit. 266 ff. (bis 1968). Der sehr instruktive Gegenwartsbezug wird aufgezeigt u. a. von H. Löffler in dem schon erwähnten Werk (1).

[7] Vgl. dazu H. Schoeck (1), wo gerade auf die verborgenen tiefenpsychologischen (aber nicht psychoanalytischen) Strukturmuster bzw. Motivationen des Egalitarismus analysiert werden (vgl. dazu auch noch oben Anm. II 26).

[8] Man könnte diese Einzigartigkeit relativ äußerlich in den globalen Ausmaßen aller relevanten zivilisatorischen und kulturellen Erscheinungen von heute sehen. Doch wird man hier insofern vorsichtig sein müssen, als dieser eher quantitative Gesichtspunkt noch nicht das letzte Wort in der Sache ergeben kann. Viel eher scheint eine veränderte Stellung des Menschen zum Ganzen seiner Welt das Neue zu sein, wie auch immer dies im einzelnen dann aussehen mag.

[9] Die Art und Weise der Übernahme derjenigen spezifischen Komponente der europäischen Mentalität, die zur Hervorbringung einer eigenen industriellen Zivilisation befähigt, ist freilich mit der bloßen sprachlichen Angleichung noch nicht getroffen, viel entscheidender, und von jener unabhängig, ist eine bestimmte Bewußtseinsveränderung. Davon gibt es bisher vor allem drei, oder vielleicht auch vier, repräsentative Beispiele: Japan seit der Meji-Restauration, Sowjetrußland, das moderne Israel, und vielleicht noch die zeitgenössischen Großstaaten China und Brasilien. Eine Analyse der je verschiedenen Bedingungen wäre zweifellos sehr komplex; man würde jedoch in jedem Fall den entscheidenden Faktor übersehen, wenn man eine spezifisch europäische Form von Weltdistanz und -verfügungsmacht als das übernommene Agens – in inhaltlich verschiedenen Ausprägungen – nicht mit in Rechnung stellen wollte.

[10] Vgl. dazu noch ausführlicher weiter unten das XVII. u. XVIII. Kapitel. – Es ist im übrigen durchaus zutreffend, wenn darin ein Stimulans der Gegenwart gesehen wird; vgl. dazu u. a. noch F. L. Neumann (1), U. Matz (1), ferner B. Seidel / J. Jenkner (1).

[11] Vgl. K. Loewenstein (2).

[12] Die Ursprünge dieses heute wirksamen Ideals reichen in politiktheoretischer Hinsicht vor allem zurück in die westeuropäische Aufklärung, doch umgreift das zugrunde liegende allgemeinere Humanitätsideal einen erheblich weiteren geschichtlichen Ursprungsraum; vgl. dazu P. Hazard (1) und (2).

[13] Vgl. Kant (3), 429.

[14] Obwohl das Phänomen an sich Anlaß auch zu einer neutralen

wertungsfreien Betrachtungsweise zu geben vermag, überwiegen im Hinblick auf die Folgen doch die wertenden Beurteilungen; vgl. etwa H. de Man (1), D. Riesmann (1) und G. Schischkoff (1).

[15] Vgl. H. Mayer (1), bes. 27 ff., und 133 ff., sowie die Kritik an der Blindheit von K. Marx gerade für die Besonderheit des Vermassungsphänomens: 145. – Hand in Hand damit geht die von Montesquieu übernommene Unterscheidung sog. *freier* und *unfreier Demokratien* (a. a. O. 95 u. ö.), eine Unterscheidung, die heute von seiten der unfreien ‚Demokratie' – die aber in Wahrheit gerade gar keine wahre und wirkliche Demokratie ist – bewußt zweideutig gehalten und verwischt wird. Vgl. dazu noch H. Schelsky 2).

[16] Mayer (1), 42 ff., 140, 142, 148.

[17] Es spielt hier keine Rolle, ob man den faschistischen, kommunistischen oder irgendeinen anderen Typ sich vorstellt; es ist also hauptsächlich der mit dem traditionellen Ausdruck ‚totalitäre Weltanschauungspartei' gekennzeichnete Typ gemeint.

[18] Vgl. dazu die Ausführungen bei M. Eliade (2), und noch A. Jensen (1), bes. das IV. Kapitel.

[19] Jensen, ebd. ferner 9–25.

[20] Man möchte sagen, daß vermutungsweise – und für spätere geschichtliche Stufen, etwa für die Antike, die Renaissance oder das Barock, haben wir Zeugnisse – bisher noch eine jede derartige qualitative Veränderung der kulturellen Lebensform auch von einer Störung des ökologischen Gleichgewichts begleitet gewesen ist, wenn auch hier nicht notwendig ein unmittelbarer Zusammenhang bestehen muß.

[21] Vgl. dazu etwa J. Huizinga (1), K. Köster / J. Huizinga (1), J. H. Steward (1), W. E. Mühlmann (1), mit Lit.! und (2), im übrigen zur Einführung die Lit. in BrE 10 (1070) 739 f.

[22] Ein wichtiger Ausdruck, besser: eine Manifestation dieser veränderten Gesamteinstellung wird dann, wenn man wiederum P. Bertaux glauben darf, auch in einer veränderten Wachstumskurve sogar der materiellen bzw. biologischen Prozesse sein, sofern sie als menschliche gerade von einer entsprechenden ‚Einstellung' mit abhängen: So kann z. B. die Bevölkerungsvermehrung auf dem Hintergrund einer das Leben und den Lebensakt primär als ‚Sport' wertenden und vollziehenden Einstellung sich auf einen Sättigungsgrad einpendeln, der unübersehbar viele Möglichkeiten spezifisch menschlicher Lebensweisen offen läßt; vgl. Bertaux (1), 114 ff. und 184 f.

[23] Diese Feststellung findet sich klassisch bei Aristoteles (1), wenn sie sich auch in erster Linie auf die Glückseligkeit in der Theorie bezieht, vgl. z. B. Nik. Eth. 1178 b 22.

[24] Dies ist eine Frage des Blickpunkts: Einerseits bedingt die selbst-

gewählte Einstellungsänderung zu unserer Selbsterfahrung als eines Teils unserer Welterfahrung wenigstens indirekt auch die Einstellung gegenüber der Transzendenz, andererseits ist sie selbst auch wiederum durch eine Einstellungsänderung gegenüber dem Thema der Transzendenz mitbedingt.

[25] Dies wirft die besondere Frage auf nach dem eigentlichen Kern des Christentums, das ja diese Frage exemplarisch und unüberbietbar zu beantworten beansprucht. Eine ausführlichere Behandlung muß jedoch einer anderen Arbeit vorbehalten bleiben; vgl. vorläufig dazu weiter unten das XV. Kapitel.

[26] Vgl. dazu oben Anm. XI 13.

[27] Diese Auffassung hatte eine antike Vorläuferin schon in der späteren, bes. der römischen Stoa. Sosehr neuzeitliche Auffassungen dieser Art auch originär und in einem ganz ursprünglichen Sinne neu sind, so wirkt sich doch auch die antike Überlieferung auf mannigfachen Wegen mit für diese Neukonzeption aus. – Vgl. dazu Windelband/Heimsoeth (1), § 14, bes. Nr. 7, ferner Lit. S. 138.

[28] Dies vor allem durch Lenin inaugurierte Neuverständnis der marxistischen Lehre vom Proletariat muß doch, im Blick sowohl auf die neuere Ethnologie als auch auf die allgemeine menschliche ‚Verhaltensforschung', als atavistisch angesehen werden: die eigentliche, den Prozeß bestimmende Struktur ist hier nicht eigentlich primär positiv, Werte schaffend, sondern primär negativ, Werte zerstörend. Das proportionale Motiv sieht Schoeck u. a. im Neid [vgl. Schoeck (1), bes. 9. und 11. Kapitel, sowie: SchSWt 243–248].

[29] Vgl. dazu oben Anm. XI 15 – Demokratie in ihrer Entartung zur Massenherrschaft (der ‚Ochlokratie'), der dann bald wieder eine Despotie oder besser Tyrannei folgen dürfte, und auch schon in ihrer darauf hindeutenden augenblicklichen Krise, die Demokratie in diesem Sinne kann nur als hinter dem eigentlichen Wesen ihrer Sache zurückbleibend begriffen werden. – Kritisch zur heutigen Situation im allgemeinen vgl. auch noch K. Steinbuch (1) und K. Lorenz (1), der u. a. auf die Gefahr der Barbarisierung durch Abreißen der kulturellen Kontinuität (in der Tradition) hinweist.

[30] Damit ist freilich noch keineswegs das klassische Modell der sog. Vertragstheorien angenommen. Vielmehr stellt sich dies unser Gesamtkonzept soziologisch betrachtet eher in eine gewisse Nähe zum neueren soziologischen Funktionalismus, wobei vor allem an T. Parsons zu denken wäre. Allerdings unterscheidet es sich davon auch wiederum durch die besondere Stellung, welche eine transzendentalphilosophisch zu fundierende Sozial-Ethik innerhalb des Ganzen einnimmt. Vgl. zu Parsons noch (kritisch) J. E.

Bergmann (1) (mit Bibl. bis 1967), ferner F. Jonas (1), Bd. 4, 143 ff. u. ö., wo der wissenschaftsgeschichtliche Rahmen kurz aufgezeigt wird.

[31] Gegenüber der reinen *Macht* enthält der Begriff der *Herrschaft* bekanntlich das Element der Legitimität; wird Macht legitimiert, so erhält sie eigentlichen Herrschaftscharakter, wobei die Art und Weise solcher Legitimation natürlich wiederum vielfältig sein kann. Dies gilt nicht nur für politische, sondern in etwas übertragener Bedeutung auch für primär kulturelle oder auch religiöse Herrschaftsphänomene. – Die Legitimierbarkeit überhaupt aber von Macht beinhaltet weiter auch eine mögliche transzendentale Theorie ihrer Begründung (sowie von Herrschaft überhaupt). – Vgl. zum Begriff von Macht und Herrschaft auch die Ausführungen z. B. bei Schoeck SchSWt 151–153, 219 f. (dort Lit.).

[32] Vgl. Holz (9): Vorwort, Einleitung und Nachwort.

[33] Dies erscheint relativ einleuchtend beispielsweise innerhalb der Wissenschaften, wo der strenge Sachbezug von Forschung, Lehre und Studium Über- und Unterordnungen aller Beteiligten auszubilden imstande ist. Ähnlich, nur noch eklatanter, mag es innerhalb der Künste (im eigentlichen Sinn) sein, wo Begabung und ‚Können' eine relative Rangordnung schafft. In vielen anderen Lebensbereichen wird es ähnliche, teils strengere, teils lockerere Ordnungen geben, z. B. in der Wirtschaft oder in der Freizeitgestaltung u. ä.; vgl. zu letzteren z. B. E. Scheuch und R. Meyersohn (1). – Daß aber grundsätzlich Herrschaft im engeren Sinn als solche – also ihrem Charakter gemäß immer: von Menschen über Menschen, wie die neo-anarchistische Formel lautet (die z. T. von Marxisten zu taktischen Zwecken übernommen wird) – moralisch schlecht oder gar ‚quasi-ontologisch' negativ zu bewerten wäre, ist ein nicht begründbares Vorurteil (vgl. dazu oben Anm. XI 31).

[34] Toqueville, Iñigo Cortez, Konstantin Frantz und viele andere können hier als Vorläufer einer weltpolitischen und weltgeschichtlichen Futurologie auf philosophischer Grundlage angesehen werden. – Vgl. dazu auch: Holz (9), I. Teil, Anm. 152.

XII. Die freiheitliche Demokratie als Idealgestalt angesichts der Realität

[1] Vgl. dazu bei H. Schoeck (SchSWt) die Artikel ‚Macht' (219 f.) und ‚Herrschaft' (151–152) mitsamt der angegebenen Lit., ferner noch W. E. Mühlmann (3), sowie zur jüngsten (selektiv) bibl. Aufarbeitung: BrE 11 (1970) 754.

[2] Eine gewisse Ausnahme scheint allerdings E. Bloch in einigen

seiner Äußerungen zum Problemkreis der Kunst, insbesondere der Musik zu machen, insofern darin ein Vor-Scheinen des zu erwartenden Endgültigen schon in der Gegenwart gesetzt ist; vgl. etwa: Bloch (1), 248 ff., 254 f., 1257 ff., 1269, 1289 ff.

3 Dies ist das Fundament der neuzeitlichen ‚westlichen' rechtsstaatlichen Demokratie. – Zu ihrer Geschichte vgl. G. Oestreich (1) und im übrigen F. Ermacora (1), sowie RGG 4 (1960) 869–874 (W. Wertenbruch / O. F. Nolde, mit Lit.).

4 Vgl. dazu außer der in der vorigen Anm. gegebenen Lit. noch besonders A. Bayet (1), E. R. Huber (1), die einschlägigen Abschnitte bei Hazard (vgl. oben Anm. IV 5); außerdem noch: Windelband-Heimsoeth (1), § 36, 37, bes. 37, Nr. 1 und 2.

5 Vgl. dazu vom Verf.: Holz (8), bes. das I. und III. Kapitel; die Begründung für diese hier aufgestellte Behauptung ist dort ausführlicher gegeben.

6 Dies gilt natürlich in erster Linie für die politische, in abgeleiteter Weise dann allerdings auch für die anderen Sphären. Im übrigen widerspricht die fundamentale Rechtsgleichheit (mitsamt der darin mitgesetzten Gleichheit fundamentaler Pflichten) einer funktionalen Ungleichheit auf dem Feld sozialer (und aller möglichen vergleichbaren) Strukturen keineswegs. – Es scheint weiter als kennzeichnend für die freiheitliche Demokratie, daß nicht nur Macht durch Gegenmacht kontrolliert, sondern dem *vorweg* eine jede Macht durch eine grundlegende *Rechts*ordnung humanisiert ist.

7 Die Intention dieses Prozesses ist bekanntlich von Tocqueville als Herausbildung eines ‚neuen Adels' bezeichnet worden.

8 Darüber informiert u. a. gut, wenn auch recht knapp, z. B. K. Hartmann (2), 543, sowie im X. Kapitel bes. Nr. 5 und das ganze XI. Kapitel.

9 Zum ganzen Komplex vgl. auch noch M. J. Bonn (1), F. Somary (1), A. Weber (1), J. L. Talmon (1); Lit. noch bei Bergsträsser und Kaiser (vgl. oben Anm. XI 2).

10 Diesem Ziel dienten u. a. die erwähnten Arbeiten des Verf., die durchaus als bloße Vorarbeiten angesehen werden mögen, sofern sie Anlaß geben können zu einer vertieften Erörterung der dort angeschnittenen Fragen.

11 In dieser allgemeinen Richtung sind sich u. a. auch die oben erwähnten Autoren, etwa Bonn, Somary, A. Weber, Talmon, Bergsträsser und Kaiser, mehr oder weniger einig. Entscheidend dürfte aber sein, daß eine derartige Neukonzeption und praktische Umwandlung primär auf reformierendem, nicht revolutionierendem Wege zu erfolgen hat.

12 Traditionell wird diese soziale Schicht als Elite bezeichnet. In unserem Fall würde man die (heute) abwertende Bedeutung des

,Elitären' insofern vermeiden können, als es sich hier um den Entwurf einer *offenen Elite* handelt, die auf die Gesamtheit der staattragenden Bürger hin als zu bejahende und damit auch praktisch erstrebbare Schicht fungiert. – Das Ausleseverfahren bedingt ein eigenes Problemfeld, das hier im einzelnen nicht weiter erörtert werden kann. Doch sei so viel angedeutet, daß zumindest negative Faktoren, die primär nicht in der Hand des Einzelnen liegen, keineswegs Kriterien für den Zugang zum weiteren oder engeren Kreis solcher Eliten darstellen dürfen. M. a. W. das Recht der sozialen Chancengleichheit im weitesten Sinne muß verstanden werden als das gleiche Recht auf den Zugang zu Elitepositionen. Ähnliches muß dann weiter auch für die bestehenden Eliten gelten; bloße Faktizität des Einmal-dazu-Gekommenseins rechtfertigt nicht das weitere Dabei-Bleiben. Nicht nur die kreative Ausgangs-, sondern auch die kontinuierliche Weiterleistung (oder Vergleichbares) stellt den Legitimationsgrund dar. – Von der Popperschen Konzeption einer funktionierenden Leistungsgesellschaft unterscheidet sich dieser Entwurf übrigens weniger in diesem funktionalen Schematismus, als in der Reichweite seiner Begründung.

13 Vgl. dazu oben IX. Kapitel Nr. 3 a).

14 Vgl. dazu noch unten Nr. 7, außerdem LThK 9 (1964) 917–920 (F. Klüber); RGG 6 (1962) 455–456 (H. Weber); StL 7 (1962) 826–833 (von Nell-Breuning); Schoeck (SchSWt) 318 f.

15 Zum Offensiv-Charakter einer demokratischen Gesellschaft, wenigstens als exemplarische Struktur betrachtet, vgl. oben XI. Kapitel Nr. 5. – Solche zusätzlichen Gründe können z. B. die Gewißheit der tatsächlichen Rezeptionsfähigkeit dieser staatlichen und sozialen Struktur durch das entsprechende Gemeinwesen sein (vgl. dazu den unmittelbar folgenden Abschnitt), oder aber die Ersetzung eines totalitären Regimes, wenn bei der Art und Weise der Durchführung dieser Ersetzung auf hinreichende Dauer (wenigstens) nicht geringere Übel zu erwarten sind als bei Weiterbestehen u. ä.; die Frage des Präventivkrieges ist im übrigen damit natürlich in keiner Weise beantwortet.

16 Vgl. dazu oben VII. Kapitel Nr. 2 b, XII. Kapitel Nr. 6 und Anm. XI 31.

17 Vgl. Anm. XI 31. – Die Denunziation von Herrschaft als solcher als inhuman zeigt den Grad der heutigen Geistesverwirrung bzw. das Raffinement der nach Herrschaft um jeden Preis strebenden Gruppen.

18 Als solche Stufen können beispielsweise gelten: ein gewisser Paternalismus als Anfangsstufe, Partnerschaft in elementaren Lebensbedürfnissen, kontrollierter Zentralismus als Übergang zu einem anfangweisen Förderalismus u. ä.

[19] Als Teil einer solchen hätte dann u. a. auch eine bestimmte Art von Kommunikationspolitik zu fungieren, notfalls auch als offensive Aufklärung über die Grenzen totalitärer Staatswesen hinweg. Dies wäre weiter noch zu institutionalisieren, sei es auf der Ebene der UNO oder der verschiedenen politischen Arbeitsgemeinschaften der einzelnen Kontinente. – Pädagogik und Didaktik werden allerdings notwendig von philosophischer, d. h. hier ethischer Theorie geleitet sein, insofern alle hier anstehenden Fragen letztlich von moralischer Relevanz sind; man denke dabei beispielsweise nur an die Problematik einer technisch vielleicht schon bald zu bewerkstelligenden, sehr einfachen Geburtenkontrolle auf breitester Basis (u. a. Trinkwasser als Instrument der Durchführung) durch staatliche Stellen u. ä.

[20] Vgl. den Exkurs B.

[21] Vgl. beispielsweise Holz (8) und (9).

[22] Vgl. z. B. die Differenzschrift [Hegel (1), 92 f.], Logik [Hegel (3) I. 59].

[23] Vgl. dazu etwa Holz (8), bes. das III. Kapitel.

[24] Vgl. dazu auch unten Anm. XVII 6. – Daß wir uns in einer *bürgerkriegs*ähnlichen Situation in globaler Rücksicht bzw. in der latenten Phase vor einem offenen Ausbruch eines solchen Konfliktes befinden, dazu vgl. u. a. auch noch Th. Molnar (1); die Überlegungen, die den ‚Thesen gegen den Mißbrauch der Demokratie' [vgl. H. Buchheim und F. Raabe (1)] zugrundeliegen, weisen in eine ähnliche Richtung; vgl. außerdem noch grundsätzlicher: H. Rarsch (1), mit Auswahlbibl. 551 ff. und noch die Ausführungen von Chr. Watrin (1), oder auch A. Dobbeling (1).

[25] Auch die übergreifenden staatsähnlichen Organisationen von globalem Außmaß wie die UNO u. ä. sind gänzlich in diesen Kampf einbezogen, infolgedessen in einem tieferen Sinn weltpolitisch bedeutungslos.

[26] Vgl. dazu noch H. Schoeck (1), 252 ff., auch noch 242 ff.

[27] Diese Seite der Bewegung der Aufklärung – genauer natürlich: der Frühaufklärung – pflegt für gewöhnlich vergessen oder, in der schärferen Ansicht, ihr überhaupt nicht zugerechnet zu werden. Der Gegensatz und der Kampf zwischen den traditionsorientierten religiösen und den eigentlich aufklärerischen Kräften war ja einerseits niemals so antagonistisch, wie es manchmal auch heute noch von beiden Seiten dargestellt wird: Dafür bürgen schon allein die Namen von Leibniz und Kant; und andererseits spiegelt sich oft vorwegnehmend, gerade in der barockscholastischen Diskussion, auf katholischer wie auch auf protestantischer Seite, die gleiche Thematik wie im außertheologischen Raum wider, nur in anderem Horizont, auch mit einem anderen Interesse. – Daß das Denken der Barockscholastik bisher in

der Akzentuierung mehr und eher immer im großen Traditionszusammenhang zur älteren Scholastik bzw. zur Neuscholastik gesehen wurde, und demgegenüber so manches Neue, dem Ansatz mit nicht wenigen Ideen der eigentlichen ‚Aufklärung' Vergleichbare, relativ in den Hintergrund getreten ist, mag z. T. auch daran liegen, daß das gesamte Interesse an diesem Zeitraum weniger allgemein ideengeschichtlich, sondern eher kirchenhistorisch war und dann in diesem Rahmen z. B. primär als Verbindungsglied zwischen älterer und neuester Scholastik gewertet wurde. – Selbstverständlich können dies hier nur Andeutungen sein, welche die Tiefe und Intensität der außerordentlich vielfältigen Beziehungen des Nacheinander, Miteinander, Gegeneinander und Nebeneinander im Verhältnis des Denkens und Bewußtseins zwischen dem sog. Barock und der Aufklärung verdeckt lassen müssen.

XIII. Vertiefende Idealtypik einer künftigen vollkommeneren Gesellschaft

1 Auf die Zukunft hin betrachtet, wird dies einer Exrtapolation gleichkommen. Zum Verfahren der *Extrapolation* kann hier so viel gesagt werden, daß sie mit wohlbestimmten Analogien, besser: Isomorphien arbeitet. Sie stützt sich dabei auf gewisse in der Gesamtheit des Gegebenen implizierte Strukturen – seien diese nun mehr statischer oder mehr dynamischer Natur – und betrachtet deren eigentümliche Vollständigkeit. Handelt es sich beispielsweise im Ganzen um einen noch nicht abgeschlossenen Prozeß, so läßt sich dann mit einer mehr als geringen Wahrscheinlichkeit der weitere, noch ausstehende Verlauf eben dieses Prozesses, soweit und sofern er jenen Strukturen unterliegt, wenigstens in gewissen Zügen voraussehen; hierbei würde eine gewisse Vollständigkeit des Strukturgefüges schon vorausgesetzt. – Ist dies nicht der Fall, so wird man hinwiederum in Anbetracht der Unabgeschlossenheit des Gesamtprozesses die Tendenz zur Vervollständigung auch der konstitutiven Strukturen selber, als Hypothese wenigstens, annehmen dürfen und im noch ausstehenden, weiteren Prozeßablauf die Erwartung vor allem auf diesen Punkt richten. Auch hier läge dann eine Voraussicht, wenn auch im Vergleich mit der vorigen von etwas geringerem Wert, nahe.

2 Die sich hier anbahnende Entwicklung erscheint doppeldeutig, sie kann Positives, aber auch Negatives in sich enthalten. Vgl. dazu, als ein willkürliches Beispiel für viele, die vielleicht etwas zu optimistischen Überlegungen von W. Engels (1), bes. 61 ff.;

in den größeren Zusammenhang von planbarer Zukunft, der dafür zu erbringenden Leistung und den unvorhersehbaren Nebenfolgen stellt das Problem F. H. Tenbruck (1); schließlich noch aus der Tagesliteratur: R. Hepp (1).

[3] Der Umkreis des hier Gemeinten ist allerdings so weit zu fassen wie die heute z. B. von den Europäern erschlossenen und adaptierten Kulturen der geschichtlich vergangenen und gegenwärtigen Welt überhaupt. – Die umfassendsten Versuche im Bemühen, hier Gesamtentwürfe vorzulegen, haben bisher wohl K. Jaspers und A. Toynbee vorgelegt. Beiden geht es im wesentlichen um einen Humanismus, der seine Grundlagen im ‚Kulturgut' bzw. in den tragenden Ideen der sog. ‚Achsenzeit' hat. Sie wird hier in einem leicht abgewandelten Bedeutungsgehalt aufgefaßt, insofern alle wichtigen Hochkulturen – etwa zwischen dem 8. vorchristlichen und dem 3. nachchristlichen Jahrhundert – in ihrer geistes- und menschheitsgeschichtlichen Quintessenz einbeschlossen werden, d. h. gerade in *derjenigen* Leistung, die der Einordnung in die kommende, im Entstehen begriffene Weltkultur fähig sind. Auf die inhaltliche Seite kann hier nicht weiter eingegangen werden. Bei Jaspers vgl. (2), bes. 19 ff., bei Toynbee (2), bes. 39 f., 59; zum Begriff als solchen vgl. noch HWtPh 1 (1971) 74 f.

[4] Vgl. dazu Anm. VIII 14. Der Unterschied zwischen beiden Begriffen kann hier für jetzt vernachlässigt werden. Zur Abgrenzung könnte aber so viel gesagt werden, daß der Begriff des Sports über den Aspekt des Leiblichen, wie erwähnt, hinaus in sich ein Moment der tätigen ‚Übung' enthält, das zumindest funktional seinen Zweck in einer gewissen ‚Ertüchtigung' des betreffenden ‚Organs' erfüllt. Das schließt Raffinement und Verfeinerung auf der Ebene intellektiver Tätigkeiten nicht aus: So könnte etwa Etikette als Sport betrieben werden; ähnlich dürften Phänomene wie der Drang nach alpinistischen ‚Erstbesteigungen' u. ä., überhaupt nach der letztlich bei aller Mühsal zweckfreien, jedoch sinnvollen Bemeisterung des Schwierigen, einzustufen sein.

[5] Vgl. dazu oben das IX. Kapitel Nr. 3, 5–7. – Es macht gegenüber der Marxschen Verabsolutierung nun gerade das Problem, aber auch die Faszination aus, diese Linearität in derjenigen Weise in den Gesamtkreislauf bzw. in das dynamisch funktional sich selbst regulierende System der uns umgebenden Natur einzuordnen, daß sowohl objektiv wie subjektiv bezogen der zu erwartende Umfang des Negativen sich zureichend weit unter der ökologisch, aber auch human betrachtet kritischen Grenze befindet. Dies genau ist das Thema aller heutigen Diskussionen über Planung, Prognostik usw.

[6] Vgl. dazu: Holz (8), II. Kapitel. Quasi-subsistent kann dieses

betreffende Ganze genannt werden, insofern das grundlegend konstitutive Element gerade die existentiale Teleologie des Ganzen als der sich, personal und interpersonal, vollziehende Sinn eben dieses Ganzen ist.

7 Hier mag man den traditionellen Unterschied von sog. bildenden und musischen Künsten wiederfinden; freilich erscheint dieser ältere Sprachgebrauch als zu eng.

8 Formal kann diese Harmonie deshalb genannt werden, da sie von jedem einzelnen inhaltlichen besonderen Thema unabhängig ist: So vermag ein ‚anmutiges', aber auch ein ‚abstoßendes' Thema, oder eine heitere, aber auch düstere Erlebnissphäre formal gesehen ‚harmonisch' zu sein. Doch kann darauf hier nicht weiter eingegangen werden.

9 Vgl. dazu oben das VII. Kapitel.

10 Daß mit einer derartigen Selbstdarstellung oft eine erheblich größere Anstrengung und Mühe verbunden sein kann, als mit einer Arbeit (im herkömmlichen Begriff), dürfte seinen Grund einfach in der veränderten *Interessen*lage haben, die infolgedessen ein ganz anderes Maß an Belastungen zuläßt. – Die Gemeinsamkeit zwischen Sport als Modell und der vollkommenen Form des Politischen läßt sich an einem, wenngleich wohl charakteristischen, Einzelzug vermuten: An der ursprünglichen ‚Ehrenamtlichkeit' mancher politischen Ämter und Aufgaben könnte man ein sehr ähnliches Ethos wie im Falle des reinen Sports (heute ja nur noch im sog. ‚Amateurstatut' der Idee nach gewahrt) ablesen.

11 Doch ist dies nicht zu verwechseln etwa mit der Staatskonzeption beispielsweise Schellings, wonach der Staat in seiner wesentlichen Form allein Kulturstaat zu sein habe [vgl. dazu Schelling (1), VI. 71–130; Würzburger Vorlesungen]; vielmehr ist auch die gesamte Fülle materiellen Lebens und Wesens ein integrativer Bestandteil eben dieses Ganzen, von dem die Rede ist. Zu Schelling vgl. im übrigen noch Hollerbach (1), 174 ff.

12 Vgl. dazu oben besonders die Idee des Spiels: oben IX. Kapitel Nr. 4.

13 ‚Spiel' ist somit eine primär formale Kategorie gesellschaftlichen und gemeinschaftlichen Verhaltens. Ihre Relevanz für den Ernst des Humanen erhält sie gleichwohl aus ihrer strukturalen (relativen) Vollkommenheit der Vollzugsform von mehreren Subjekten. – Im übrigen vgl. zum Begriff des Spiels die vorige Anm., ferner noch W. Engels (1), bes. 65 ff., 72 ff. und noch Anm. VIII 14.

14 Vgl. dazu vom Verf. Holz (8), I. Kapitel Nr. 4–7.

15 Man mag darin eine Gemeinsamkeit mit gewissen Vertretern einer vorwiegend institutional orientierten oder institutions-theo-

retischen Soziologie und Anthropologie, wie sie z. B. teilweise für K. Popper oder auch für A. Gehlen typisch ist, sehen. Darüber wäre jedoch nicht zu vergessen, daß der hier verfolgten Thematik eine relativ ausgebreitete Grundlegung ihrer Möglichkeit vorausgeht, die vom Verf. in einer Theorie von Interpersonalität und ihrer geschichtlichen Relevanz zuvor schon ausgearbeitet worden ist.

16 Das ist bedingt durch die *plurale* Prinzipienstruktur menschlichen Wesens und Lebens, derzufolge dann auch ganze Sinnbereiche sich als Pluralität, also nicht-monistisch, zueinander verhalten. Vgl. dazu auch noch weiter unten das XVI. Kapitel.

17 Vgl. zu Aristoteles beispielsweise D. J. Allan (1) und P. Aubenque (1). – Weitere Literatur zur Frage findet sich in den ‚Proceedings of the Aristotelian Society' sowie im ‚Bulletin Thomiste'.
Vgl. zu Thomas etwa R. Guindon (1) und W. Kluxen (1), ferner Literaturhinweise in der Arbeit vom Verf.: Holz (4), 70 (dort Anm. 22).

18 Vgl. dazu in Auswahl etwa die kleine Bibliographie bei I. Düring (1), bes. S. 637 f. und noch J. Ritter (1).

XIV. Die konstitutive Funktion der Freiheit für eine jede künftige humane Gesellschaft

1 Trotz aller kritischen Attacken auf eine angeblich für den Gang der Wissenschaft schädliche ‚Metaphysik' als einer Theorie des Absoluten vermag z. B. H. Albert in seiner eigenen Grundlegung möglicher Wissenschaftlichkeit, die sich ergibt aus seinem Ansatz eines erneuerten kritischen Neoempirismus, der freilich mehr als einmal die Gefahr einer psychologistischen Wissenschaftstheorie ‚mit anderen Mitteln' nicht abzuwenden vermag, die Frage nach letztverbindlicher Zuverlässigkeit, Sicherheit und Wahrheitsfähigkeit von Wissenschaft überhaupt nicht befriedigend zu klären. Vgl. dazu auch das Vorwort seines neuesten Buches: Albert (3), 9–38.

2 Eine jede Tendenzkunst wird eben dadurch zu einer verfremdeten Form von Kunst; deren eigentlicher Sinn aber wird dadurch sich selbst – und damit auch dem humanen Interesse an ihr – entfremdet. – Vgl. zur ganzen Thematik, die hier selbstverständlich nicht weiter ausgeführt werden kann, von philosophischer Seite noch F. Kainz (1), R. Ingarden (1) und (2), sowie G. Morburgo–Tagliabue (1).

3 So läßt sich beispielsweise auch der Aufbau der Mathematik, sei es im Ganzen, sei es in Teilbereichen, als auch ästhetischen Ge-

setzen gehorchend aufweisen, ähnliches mag sogar für gewisse Teile mathematischer Logik gelten. Es muß also nicht immer unmittelbare sinnliche Anschauung vorliegen, damit ein Anwendungsbereich von ‚Kunst' festgestellt werden kann. – Auf das Verhältnis von Kunst und Ästhetik soll hier nicht weiter eingegangen werden.

[4] Das besagt, daß nicht nur aus Nützlichkeitserwägungen – weil nämlich große, umwälzende Erfindungen gewöhnlich nicht unter dem übermächtigen Druck ihrer technologischen Auswertbarkeit gemacht zu werden pflegen, da sie dieser Nützbarmachung in ihrer Thematik viel zu weit vorausliegen – sondern aus grundsätzlichen Überlegungen z. B. die Wissenschaft *als solche* einen Freiraum voraussetzt und benötigt, um überhaupt in der Spanne von Subjekt und Objekt, ungehindert durch ein von vornherein gegebenes allzu direktes subjektives Interesse (von mehr oder weniger empirisch verifizierbarer Natur), eben diesen Bezug in seiner *höchstmöglichen* Produktivität oder Fruchtbarkeit zu setzen, zu vollziehen. – Es ist also letztlich das transzendental zu nennende Interesse, den Menschen als konkret erkennendes, d. h. forschendes, Wesen nicht im Teilausschnitt des Wißbaren untergehen, ihn sich dort in absoluter Weise vom Objekt entfremden und besitzen, also beherrschen zu lassen, was hier maßgebend ist. Dies gilt um so mehr, wenn man einen solchen Herrschaftsanspruch von seiten des Objekts als letztlich durch bestimmte vorgängige Interessen von seiten der Subjektivität selbst konstituiert durchschaut, sei eine solche Subjektivität nun mehr intramundan oder mehr welttranszendent in ihrem Selbstverständnis strukturiert.

[5] Insofern vermag die Philosophie die Religion mit größerem Recht zu kritisieren als umgekehrt.

[6] Vgl. Holz (8), III. Kapitel, bes. die § 11, 12, 15, 16.

[7] Dies alles konstituiert in einer intakten, gesunden Gesellschaft ein funktionales Ganzes, das in seiner vielfältigen Wechselbedingtheit und -bestimmtheit zugleich seine Gefährdung wie aber auch den Grund einer ständigen Erneuerung (als möglich) in sich selbst trägt.

[8] Vgl. dazu oben Anm. XIII 3.

[9] Vgl. dazu Holz (8), § 3–6 und 11.

[10] Vgl. dazu die für unsere Thematik gewissermaßen modellartigen Überlegungen vom Verf. in: Holz (3), II. Teil, V. Kapitel § 5 und bes. VI. Kapitel § 1–3.

[11] Das bedeutet, daß z. B. auch eine sog. Offenbarungsreligion a priori an einen Mindestkanon von im menschlichen Wesen begründeter Humanität der Sache noch gebunden ist. Menschsein erweist sich auch gegenüber einer mit einem derartigen absoluten

Anspruch auftretenden Religion als vorgängiges Kriterium ihrer Menschen-Würdigkeit (oder nicht).

[12] Vgl. dazu neben den mehr grundsätzlichen Arbeiten zum Phänomen des Totalitarismus, auf die selektiv schon zuvor Bezug genommen wurde, für die heutige Situation in einem ganz bestimmten Stück unserer politischen Welt, nämlich der Bundesrepublik in der nachadenauerschen Ära, H. Schelsky (1).

[13] Es würde sich hier beispielsweise darum handeln, eine Ethik der künftigen Globalgesellschaft und ihrer besonderen Artikulierungen, insbesondere ihrer staatlichen Beziehungen, zu entwerfen.

[14] Gegenüber der allgemeinen Tendenz, Religion und insbesondere in der Gestalt reflektierter Theorie, also als Theologie, als Existenz mit explizitem Bezug auf Transzendenz, heute nicht mehr für möglich zu halten, gegenüber dieser fast zur Sententia communis gewordenen Meinung sei auf das Faktum hingewiesen, daß das heute zu beobachtende rapide Anwachsen des Irrationalismus auf allen Gebieten unseres gesellschaftlichen und kulturellen Lebens, von sehr groben bis zu sehr sublimen, von mehr unmittelbar praktischen bis zu sehr reflektierten Formen jedenfalls ein grundlegendes Bedürfnis menschlicher Existenz, wenn auch oft in pervertierter oder unzureichender Form, anzuzeigen scheint, das vom vielfach herrschenden für unser Gesamtbewußtsein aber nur partikulären Rationalismus nicht befriedigt werden kann. – Das Bedenklichste, wenn auch durchaus auf der inneren Linie dieses Irrationalismus Liegende ist dabei die Verbindung von quasi-religiösen Ansprüchen mit dem gesamten Instrumentarium politischer Macht; zum Ganzen vgl. von mehr empirischer, tiefenpsychologischer Basis aus P. W. Pruyser (1), ferner auch noch weiter unten das XV. Kapitel.

[15] Dies würde eine eigene Arbeit erfordern, in deren erstem Teil die Möglichkeit von Theologie als philosophischer, rationaler Disziplin überhaupt, und in deren zweitem Teil dann insbesondere das Phänomen der christlichen Religionsstiftung zu erörtern wäre.

XV. Ein konkreter Neuentwurf von humaner Religiosität: reformiertes Christentum

[1] Die schwierige Frage nach einer sog. ‚natürlichen Religion‘ steht hier nicht zur Debatte. In irgendeinem inhaltlichen Sinn scheint eine derartige Religion sowieso als eine Unmöglichkeit; viel eher erscheint ein natürliches religiöses Apriori, aber rein formaler Art, in sich plausibel.

[2] Die Problematik besagter Zeugnisse in ursprünglich schriftlicher

oder später mündlicher Überlieferung auszuführen, würde heißen, unser Thema zu verlassen. Doch dürfte eine genaue zeitgeschichtliche Prüfung aller Unterlagen und ihres Gesamtkontextes (für ein mögliches Verstehen) eine Reduktion der wesentlichsten Bedeutungsgehalte in sich schließen, die man ganz allgemein ‚Entmythologisierung' genannt hat, wenngleich dieser Terminus schon zu grob sein dürfte. Im übrigen wäre Gegenstand einer derartigen Reduktion nicht nur die Anfangsphase, sondern die gesamte Geschichte christlicher Theologie und Frömmigkeit.

3 Vgl. dazu die Überlegungen von P. Schoonenberg, H. Küng u. a.; Literaturhinweise s. oben in Anm. VI 1.

4 Vgl. dazu die Artikel im LThK (Christologie) 2 (1958) 1156–1166 (A. Grillmeier) und RGG 1 (1957) 1745–1789 (G. Sevenster/W. Pannenberg/P. Althaus), sowie ‚Christentum', ‚Jesus Christus', usw.

5 Der systematische Gegensatz findet sich historisch gebrochen in den mannigfachen jeweils konkurrierenden frühchristlichen ‚Schulen' wieder: so im Gegensatz zwischen antiochenischer und alexandrinischer, dann (weniger bedeutend) in dem zwischen alexandrinischer und byzantinischer, sodann aber wiederum in demjenigen zwischen byzantinisch-griechischer und sog. ‚lateinischer' Theologie, wenn man einmal hier weniger auf die Sprache und die Geographie und mehr auf ein gewisses geistiges, theologisches ‚Klima' das Hauptgewicht legen will. Vgl. dazu etwa dogmengeschichtlich: K. Rahner (1), 164 ff., im übrigen dazu die Lehr- und Handbücher der Dogmengeschichte.

6 Dies gilt jedenfalls, sofern man vor allem die Spekulation über die zentralen Gehalte der christlichen Dogmatik: Trinität, Hypostatische Union, ins Auge faßt. Der Umkreis der hier möglichen Lösungen erscheint mit Maximus Confessor, und Johannes v. Damaskus im wesentlichen ausgeschritten. Vgl. zum Ganzen noch die Patrologie von Altaner/Stuiber (1).

7 Vgl. dazu vom Verf.: Holz (2).

8 Von einem religions*philosophischen* Standpunkt führt hier gut in die Thematik ein: Th. Bomann (1), wenn auch die Parallelen, die Boman zwischen der ‚antiken' griechischen und der neuzeitlichen, insbesondere der Kantischen Philosophie zieht, nicht selten in ihrer Strukturation recht gewagt erscheinen müssen.

9 Man mag dies als den unüberwindlichen und unvergeßlichen Rest des biblischen Erbes in aller späteren theologischen Spekulation ansehen.

10 Mit dem Letzteren wäre auf die im Vergleich zum Lösungsvorschlag Augustinus ältere Auffassung innerhalb der östlichen, besser: der byzantinisch-kappadokischen und der alexandrinischen Theologie hingewiesen (z. B. die sog. Jungnizäner). Das immer

noch beste Werk zur Einführung in die Gesamtproblematik dürfte sein: Bacht/Grillmeier (1).

[11] Darin könnte u. U. eine besondere innere Affinität zwischen modernen person- und existenztheoretischen Ansätzen der Philosophie und gewissen Konzeptionen der Bibel bestehen. Vgl. dazu etwa die Arbeiten von E. von Ivanka, Hadot, E. Peterson, Th. Bomann, Tresomontant. Waszink, Grillmeier u. a. die in dem im übrigen sehr guten Artikel ‚Hellenismus und Christentum' in: LThK 5 (1960) 215–227 von P. Henry aufgeführt sind (Lit.: 222).

Im übrigen sei nicht verschwiegen, daß der hier vertretende Entwurf sich den Konzeptionen des Deutschen Idealismus zur Subjektivität besonders verpflichtet weiß. Der Verf. ist allerdings der Auffassung, daß die in diesem Begriff implizierten Möglichkeiten durch jene große Philosophie bei weitem nicht ausgeschöpft sind. Im Sinn einer Weiterentwicklung wird hier somit ein religionsphilosophisches Programm im Umriß gegeben.

[12] Darunter kann man beispielsweise eine Anzahl theologischer Theoremkomplexe verstehen wie die Dämonologie, in gewisser Weise auch die Angelologie, manches aus der Sakramentenlehre, aus der Ekklesiologie, der Eschatologie, und nicht zuletzt natürlich auch der Moral. Doch wäre dies eine eigene Arbeit wert.

[13] Was hier nur angedeutet werden kann: Gerade im Kontext des ‚heilsgeschichtlichen Abschlusses' käme dann z. B. einem Phänomenkomplex wie der Auferstehung (Auferweckung) fundamentale Bedeutsamkeit zu. – Doch kann dies Thema hier natürlich nicht weiter verfolgt werden.

[14] Vgl. dazu die vorbereitenden Erörterungen in: Holz (8), III. Kapitel § 12, 14.

[15] Vgl. a. a. O. § 6, 7 und noch vom Verf.: Holz (4).

[16] Vgl. Holz (8), bes. § 6, 10, 11.

[17] So etwa in der scholastischen Definition, ‚Gnade' sei ein ‚accidens physicum' des Menschen; vgl. dazu z. B. HthGr 1, 555 (J. Auer) und LThK 4 (1960) 992 (K. Rahner).

[18] Vgl. dazu die zuvor angestellten Überlegungen und die Anm. XV 4–10.

[19] Vgl. dazu die Hinweise auf die entsprechende Literatur oben in den Anm. XV 14–16.

[20] M. a. W. Jesus von Nazareth wäre in ganz anderer Weise als bisher üblich vom Alten Testament her zu sehen; als überbietende Erfüllung seiner ‚Abrahamitischen', ‚Mosaischen' und prophetischen Dimension. Gerade der Zusammenfall dieser drei heilsgeschichtlichen Linien in *einer* Persönlichkeit dürfte das Besondere des Stifters der christlichen Religion sei.

[21] So ist klar, daß mit diesem neuen Ansatz das, was man als den

theokratischen Zug an den traditionellen Kirchlichkeiten bezeichnen könnte, aus dem Fundament hinfällig würde. Doch soll darauf hier nicht weiter eingegangen werden.

22 Die Entwürfe der Reduktion der verschiedenen christlichen Großbekenntnisse auf einen substanziellen Gehalt haben von der Seite interessierter ‚Laien', d. h. von seiten der Philosophie, bekanntlich auch in der Neuzeit schon eine gewisse Tradition: Leibniz, Schelling und Solowjoff als die bedeutendsten seien hier genannt. – So gewiß diese drei Versuche unzureichend waren und gescheitert sind, so enthalten sie, zumal das Spätwerk der beiden Letztgenannten, doch wertvolle Anregungen. Die hier vorgelegten, gänzlich fragmentarischen Hinweise und Vorschläge wollen denn auch als konsequente Fortentwicklung von Ansätzen in den genannten Versuchen verstanden sein. – Eine Verarbeitung des ökumenischen Gedankenguts der Spätphilosophie Schellings und Solowjoffs von seiten christlicher Theologen steht allerdings bedauerlicherweise bis heute noch aus.

23 Vgl. dazu oben Anm. XV. 18.

24 Was zuvor von dem einen, den Anfang setzenden Stifter ausgesagt wurde, wäre dann entsprechend auf die Gesamtheit der von ihm bzw. seinem Werk Betroffenen zu übertragen und auch entsprechend von ihrem Wirken auszusagen. Doch kann darauf nicht weiter eingegangen werden.

25 Dies bedeutet keinen Relativismus, sondern es würde nur radikal ernst gemacht mit der ‚methodischen' Maxime, daß man, um mit der anderen Auffassung ihrem Grundgehalt nach übereinstimmen zu können, nur tief genug auf den Grund und in den Zentralgehalt der eigenen Auffassung, der eigenen Position eindringen müsse. – Es dürfte übrigens auch für einen Anhänger der These einer ‚christlichen Philosophie' nicht uninteressant sein, zu erfahren, daß der soeben angeführte Grundsatz, freilich in einem anderen Zusammenhang und in anderer Formulierung, bei einem für jene gewiß unverdächtigen Zeugen zu finden ist, bei dem Begründer des neuthomistischen Transzendentialismus, Jos. Maréchal, der mit Bezug auf die Kommunikation zwischen dem Christentum und den nichtchristlichen Religionen feststellte, daß z. B., um diese zum Christentum zu bringen, nur der Weg durch deren eigene innere Vertiefung offen sei: Vgl. Maréchal (3), I, 21 (vgl. Science religieuse, 1923, 291); Maréchal wußte, wovon er redete, wie sein umfangreiches Werk ‚Etudes sur la psychologie des Mystiques [Maréchal (1)] zeigt. – Im übrigen sei in diesem Zusammenhang weiter verwiesen auf die Arbeiten von A. Seumois, W. Andersen, G. F. Vicedom und Th. Ohm: vgl. dazu die Stichwortartikel: Missionstheorie und Missionswissenschaft in:

LThK 7 (1962) 479–483; speziell zu Th. Ohm vgl. das Stichwort in der BrE 13 (1971) 633.

26 Existenzial ist dieser Idealismus, insofern er durch die Dynamik der Existenz gerade die ältere ontologische Scheidung von materieller und intelligibler Welt als einen ausschließenden Gegensatz beinhaltend zu überwinden unternimmt. Eine entsprechende Prinzipientheorie vorzulegen wurde schon früher versucht, bes. in der Arbeit über das Wesen und die Geschichte von Personalität.

27 Vgl. dazu die Lit.-Hinweise in den großen philosophischen und theologischen Enzyklopädien und Fachlexiken unter dem entsprechenden Stichwort.

28 Selbstverständlich betrifft dies nur eine Möglichkeit einer ferneren Zukunft; wobei es noch völlig offen bleibt, ob und wenn ja, in welcher Weise es einen Typ der welt-bezogenen, mundanimmanenten Meditation geben wird, die dann von ihrer Struktur und ihrer Vollzugsqualität die gesamten Belange des Mundanen in sich aufgenommen hätte. Vgl. im übrigen RGG 4 (1960) 824–226 (W. Trillhaas) LThK 7 (1962) 234 (H. Vorgrimmler); 2 (1958) 288 f. (H. Schuster), 317–319 (G. Dümpelmann); BrE 12 (1971) 321 f.

29 Dies könnte man in der Überwindung eines originär noch dialektisch vorgestellten Verhältnisses von Immanenz und Transzendenz, die ja allerdings nicht geringe Strecken des geschichtlichen Verlaufs der Neuzeit bestimmt haben mögen, den eigentlichen Kern des Christentums und sein Existenzinteresse nennen.

XVI. Philosophische Reflexion und ihr praktisches Interesse an der Gesellschaft

1 Vgl. z. B. Wagner (1), Holz (7).

2 Intersubjektivität als solche ist freilich nur ein bedingtes Korrektiv einer unkontrollierten Subjektivität. Um Objektivität bewirken zu können, muß sie, wenigstens idealiter, auf möglichst ausnahmslose Universalität der intersubjektiven Beziehung ausgehen. – Im übrigen vgl. zur zugleich kritischen und konstruktiven Aufgabe der Philosophie oben schon das VII. Kapitel.

3 Die Frage wurde schon oben in Kapitel I angegangen; vgl. dazu auch oben die Anm. I 13–15. In jüngster Zeit hat z. B. von A. C. Danto (1) angeregt, H. M. Baumgartner erneut die Frage nach der apriorischen Struktur einer jeden möglichen Geschichtsbetrachtung aufgeworfen [vgl. Baumgartner (1), (2) und (3)]. – Eine methodologisch anders ansetzende Fragerichtung, die aber schließlich eine verwandte Problematik angeht, verfolgt A.

Schütz, der die Frage möglicher historischer Interpretation allerdings in den Rahmen einer ursprünglich durch Husserlsche Motive angeregten transzendentaltheoretischen Wissenssoziologie stellt [vgl. Schütz (1)].

4 Vgl. Holz (7), Kapitel 11, c und d.

5 Man wird Geschichte im Rahmen einer nach ihrem spezifischen Apriori fragenden Betrachtungsweise als Praxis verstehen können, in welcher sich die ihrer Handlungsträgerstruktur nach unendlich vielfältige (numerisch, aber auch qualitativ, z. B. im Bereich möglicher Motivation) Intersubjektivität menschlichen Wesens unter einer Mehrzahl konstitutiver Dimensionen des Wirkens auf endgültige Resultate im Bereich objektivierten Geistes hinbestimmt. Eine wesentliche solcher Dimensionen ist nun gewiß die als durch derartiges menschliches Handeln und Wirken charakterisierte Zeit. Daß wir sowohl in der Alltäglichkeit, die freilich keineswegs, obwohl noch nicht Geschichte geworden, immer existenziell ohne Tiefgang sein muß, als auch in der wissenschaftlichen Betrachtung nun geschichtlich Vergangenes *um der Konstitution,* d. h. Setzung und Bestimmung *von Zukunft willen* – je nach unserem Interesse mehr oder weniger – immer und notwendig aufgreifen, es als (wenigstens relatives) Formal- und auch Materialprinzip in diese schöpferische Aktivität einbeziehen und integrieren –, diese Frage soll uns hier nicht weiter beschäftigen.

6 Vgl. dazu die charakteristische Forderung Lenins nach ‚Parteilichkeit' der Wissenschaft. (Siehe das Stichwort ‚Wissenschaft' in SdG 6 (1972) 1136–1198; G. Wetter (1) 313–325.) Der gleiche Typ von Wissenschaftlichkeit findet sich natürlich auch bei den Vertretern des Neomarxismus, z. B. H. Marcuse, dazu kritisch u. a. G. Roellecke (1).

7 Dabei wäre in der Gegenwart etwa zu denken an Auffassungen, wie sie beispielsweise vertreten wurden, von E. Gilson (1), M. Blondel (1), A. D. Sertillanges (1) und insgesamt an die Arbeiten von J. Maritain, aber auch von G. Marcel u. a. auf katholischer Seite; auf protestantischer Seite wäre vor allem z. B. an R. Niebuhr und P. Tillich zu denken.

8 Vgl. dazu oben die Anm. II 11, 19.

9 Dem widerspricht nicht die These, daß als Struktur relativ ‚stabiler' geschichtlicher Großepochen eine Art von Zyklik, d. h. ein sich wechselseitig bestimmendes und im Prozeß der Wirksamkeit regelndes Kräftegleichgewicht, anzusehen wäre; ebenso nicht die These, daß eine kommende vollkommenere Kultur, z. B. die sich auf eine bestimmte Weise der Idee des Spielhaften gründete, ebenfalls eine Art von (bildlich gesagt) zyklischer Struktur hätte. – Der Übergang zwischen Phänomenen von der-

artiger Struktur kann selber durchaus wiederum ‚linear', irreversibel gedacht werden; an der möglichen Zyklusstruktur derartiger Kulturgebilde braucht dies nichts zu ändern.

[10] Deterministische und indeterministische Momente und Elemente überkreuzen sich hier in vielfacher Weise. Beide tragen in der Realität überdies sowohl rationale wie irrationale, d. h. vernunftgemäße wie widervernünftige Züge an sich. – Grundsätzlich wird man den Ablauf des Ganzen wie gesonderter, eingegrenzter Teile dieses Ganzen als in gewissen elementaren Möglichkeiten a priori bestimmt, in seiner höchstkomplexen Realität aber als für den jeweiligen, sich noch in der Entscheidungssituation befindlichen Mitbeteiligten a posteriori geprägt ansehen müssen. Doch können die hier anstehenden Fragen an dieser Stelle nicht weiter verfolgt werden.

[11] Vgl. dazu etwa die Vorworte, Einleitungen bzw. Nachworte in: Mensch und Menschheit, Personalität als Wesen und Geschichte. – Im übrigen sei hinsichtlich dieses zweifellos sehr weit gefaßten Begriffs vom ‚Philosophen' auf die Äußerung eines zeitgenössischen Philosophen, nämlich K. Poppers, verwiesen, der ein Problem nicht darin sieht, daß jedermann überhaupt sich eine Philosophie anzueignen hätte, sondern darin, daß die Philosophie, die jedermann schon immer, wenn auch gewöhnlich ganz unreflektiert und grob, um nicht zu sagen, krude, hat, auf ein einigermaßen rationales Niveau zu heben wäre [vgl. Popper (2)].

[12] Vgl. bei Fichte: Über den Gelehrten [Fichte (9) bei Mao Tse-Tung (1) und (2), dazu M. Elliott-Bateman (1)]. Die besonders unmenschliche, weil letzten Endes auf Theorie beruhende (vgl. dazu oben III. Kapitel Nr. 1c), Seite von Kampf und Krieg hat in diesem Zusammenhang D. Pikes herausgestellt, dessen Arbeit [Pikes (1)] freilich nicht den Widerhall bisher gefunden hat, den sie eigentlich verdiente. – Zum Antagonismus der Gewalt als dem unausweichlichen Gesetz des Handelns, wenn man sich erst einmal bis zu einem gewissen Grad den Methoden des Gegners ‚angepaßt' hat, vgl. auch noch E. Nolte (1).

[13] Vgl. dazu H. Schoeck (1), bes. 73 ff. Dies ist im übrigen nur ein weiterer Beleg dafür, daß der Begriff der Wissenschaft heute weithin mythologisiert bzw. ideologisiert worden ist.

[14] Vgl. dazu Holz (7), bes. die ersten vier Kapitel, ferner H. Wagner (1), bes. § 4–8, 11, 12. – Demgegenüber scheint der kritische Versuch von W. Becker (1) teils auf einer Verengung, teils auf einem Mißverständnis der Problematik zu beruhen.

[15] Vgl. dazu im übrigen u. a. auch noch M. Reding (1) (das ganze letzte Drittel seines Buches), wo nicht nur über die Struktur der Führungsschicht im demokratischen, d. h. in seiner Selbstartiku-

lierung mündigen Staat reflektiert, sondern als notwendiges Pendant die Forderung nach einem entsprechend mündigen Staatsvolk – zugleich mit der Reflexion auf *dessen* innere Struktur – erörtert wird.

XVII. Das Problem des Übergangs von Philosophie in (soziale und politische) Praxis

1 Historisch liegen derartige Entwürfe vor allem vor aus Barockscholastik im sog. *moralischen Probabilismus* und in der Kasuistik, in der Gegenwart vor allem in Gestalt der existenzialistischen Situationsethik. – Für eine sozialontologisch mitfundierte oder soziologisch interessierte Ethik ist der hiermit bezeichnete Fragenkomplex unverzichtbar und durch eine rein existenztheoretische Konzeption, die den Schwerpunkt, wie z. B. E. Grisebach (1), K. Jaspers (1), bes. 525, 571, 604, P. Sartre (1), 619, 783, auf das reine Ethos des Individuums legen, keineswegs erschöpfend oder auch nur fundamental behandelt. – Im übrigen sei auf die betreffenden – hier bes. zahlreichen – Artikel in den einschlägigen Handbüchern und Lexiken verwiesen, wo überall ausführliche Lit. angeführt ist (Ethik, Ethos, Existentialethik, Existenzialphilosophie, Existenzialismus, Situationsethik usw.).

2 Vgl. dazu oben bes. VIII. Kapitel.

3 Vgl. z. B. bei C. von Clausewitz (1).

4 So wäre mit diesem Konzept ein innerdemokratischer Parteienpluralismus ganz und gar vereinbar, ja in gewisser Weise sogar gefordert.

5 Die Manipulation der Philosophie durch den Nationalsozialismus ist bekannt: vgl. BrE 13 (1971) 222–230, bes. 226 f. und die relativ umfangreiche Lit. 229. Zum parteilichen Charakter der Wissenschaft überhaupt und der Philosophie innerhalb des Mar-
Im Prinzip gilt die gleiche Situation auch heute noch für den
xismus vgl. u. a. G. Wetter (1), 313 ff., 319 ff., bes. 321 u. ö. –
Bereich, in dem Kommunisten die Macht haben.

6 Vgl. dazu auch oben Anm. XIII 3.

7 Vgl. dazu vom Verf.: Holz (7), 13. Kapitel.

8 Vgl. dazu vom Verf.: Holz (7), bes. die Kapitel 1–6.

9 Damit sollen die darauf abzielenden ‚Projekte' des jungen Leibniz nicht überschätzt werden.

10 Vgl. dazu: Holz (9), II. Teil, bes. das 3. Kapitel, Nr. 2–3.

11 Das würde nicht die Beseitigung der Theologie, und nicht einmal die Unmöglichkeitserklärung einer Offenbarungsreligion bedeuten, wohl aber eine sehr tiefgreifende Revision aller Grundlagen derselben. – Alle bisherigen Entwürfe in dieser Richtung vermögen freilich nicht zu überzeugen, da sie entweder theolo-

gische und genuin religiöse Anliegen nicht ernst nehmen (etwa K. Jaspers, R. Bultmann, B. Russel) oder aber nur eine weitere Spielart z. B. des Christentums neben den bestehenden entwikkeln bzw. eine Art Zwischenstufe zwischen einer theoretisch (bzw. dogmatisch) relativierten Vernunft-Religion und einer globalen Moral der Solidarität und des Altruismus (etwa A. Schweitzer) stiften. Letzteres verweist freilich schon in die Thematik der Säkularisierung.

[12] Vgl. dazu oben Anm. XIII 3.

[13] Dies entspräche durchaus der Grundstruktur eines, wie zuvor geschehen, global entworfenen Humanismus. Vernunft wäre damit nicht nur als für alle theoretischen, sondern auch alle unmittelbar praktischen Belange wesentlicher Prinzipienboden als wirksam anerkannt.

[14] Inwiefern dies Systematik voraussetzt, vgl. vom Verf. den Artikel ‚Analogie' im HphGr I, 51 ff.

[15] Sie hätte damit von einem ganz anderen Ansatz und Boden aus das nachhegelsche Anliegen humaner Praxisbegründung aufgenommen.

[16] Sie wäre damit einesteils Aprioriforschung, hätte aber andererseits sich das Material von der Geschichte vorgeben zu lassen.

[17] Damit schließen wir uns nicht unbedingt etwa an die Prognose Amalriks an; vgl. zum Ganzen C. Gerstenmaier (1), zur allgemeinen Unterdrückungstechnik vgl. bes. 9–57. – Eine gewisse, wenn auch vom gesellschaftlichen Hintergrund her anders gelagerte, ähnliche Situation scheint jedoch auch in sog. freiheitlichen Gesellschaften zu bestehen, insofern z. B. nicht wenige Angehörige medizinisch-psychologischer Berufe sich als neue Kaste von Auserwählten zu verstehen scheinen: Vgl. dazu Th. Szasz (1) und (2), dazu außerdem noch Fr. Bondy (1). Im übrigen vgl. zum russischen Imperialismus einführend H. Pächter (1), der freilich nicht von historischen und weltanschaulich bedingten Einseitigkeiten ganz frei ist, sowie noch J. P. Nettl (1) und R. Conquest (1). – Es ist das weltgeschichtliche Werk Stalins, die ältere Tradition des russischen Imperialismus mit dem modernen weltrevolutionären Pathos des Bolschewismus in konkreter Politik verbunden zu haben. Auf seinem Boden steht, wenn auch äußerlich in etwas gewandelten Formen, unverändert der heutige sowjetische Imperialismus mit dem Fernziel mindestens einer großeurasischen Hegemonie, wenn nicht einer globalen Vormacht. – Ergänzend zum ganzen Fragenkomplex vgl. auch noch R. Hingley (1): zur gegenwärtigen weltpolitischen Situation außerdem D. Cycon (1).

[18] Vgl. vor allem das über den prinzipiellen Pluralismus sowie das über seine Anwendung Gesagte im XII. Kapitel.

XVIII. Paradigmatische Züge einer Strategie der Humanisierung

1 Dazu vgl. oben das IX. und XIII. Kapitel und ferner noch N. Frye mit seiner Äußerung über die Funktion des Spiels, das Niveau des Menschlichen, des Humanum in jedem Fall um einen wesentlichen Grad zu steigern bzw. zu erhöhen [Frye (1) 150], wenn auch seinem Thema entsprechend zunächst hinsichtlich der Literatur.

2 Vgl. dazu u. a. auch R. Löwenthal (1) sowie noch D. Spitz (1).

3 Aufs Ganze gesehen bessert der Klassenkampfentwurf von K. Marx an der gegenwärtigen Lage nichts und leistet zur Lösung aller wesentlichen Probleme in der Zukunft ebensowenig, da er die Problematik einfach verschiebt: Er wechselt das Subjekt des Geschichtsprozesses aus, freilich mit weitreichenden Folgen, den (vorausgesetzten) *Prozeßcharakter* aber ändert er nicht, im Gegenteil verschärft ihn noch. Genau von der Änderung dieses letzten Punktes aber hängt alles in Gegenwart und Zukunft ab. Im übrigen sei, gleichsam als Nachtrag, die eigenartige Parallele vermerkt, wonach einerseits in der marxistischen Hypostasierung der Arbeit der materielle Werte schaffende Umgang mit der nichtmenschlichen Natur (als Basis- wie als Zielauseinandersetzung) den einsinnig auf rein zweck- und nutzenorientierten Ausbeutungscharakter menschlicher Tätigkeit enthüllt – im idealen Zustand dann zwar nicht am Menschen, sondern an der Natur –, und wonach andererseits in der katholischen Hypostasierung beispielsweise der biologisch-physischen Komponente im Umgang mit der menschlichen Natur, vor allem in der Frage der ‚Fortpflanzung' eine ähnliche, primär auf den reinen Naturzweck – der Gattung als solcher, über den Sinn- oder Widersinnsentscheid des Einzelnen hinweg – abzielende ‚Quasi-Ausbeutung' und Sinnentfremdung menschlichen Wesens sich zeigt. Die gemeinsame Wurzel scheint sachlich (selbstverständlich nicht historisch) ein teils größerer, teils etwas geringerer, aber doch gegebener Primat des Kollektivs bzw. des Sozial-Allgemeinen gegenüber der Würde der einzelnen Person und der Sinndimension aller ihrer Tätigkeiten und Vollzüge zu sein.

4 Mit einer auf die sog. ‚Intellektuellen' abzielenden Pointe könnte man den Marxismus so auch, in seinen verschiedenen Formen, in Anlehnung an einen Titel von R. Aron, das heutige „Opium der Intellektuellen" nennen [vgl. Aron (1)]. Wie schon einmal erwähnt, behandeln eine verwandte Thematik Th. Molnar (1) sowie E. Topitsch (2), außerdem noch A. Dobbeling (1).

5 Dies Unheil ist freilich nicht nur technologisch, sondern ebensosehr auch biologisch-genetisch (durch zivilisatorisch-humanitäre „falsche" Auslese droht langfristig z. B. eine allgemeinere Erbgut-

Verschmutzung), und darüber hinaus auch psychologisch-pädagogisch moralischer Brutalismus als menschliche Verhaltensweise; vgl. etwa das freilich umstrittene Werk von Meadows (1), und etwa O. von Verschuer (1) zur menschlichen Zukunft aus der Sicht der Genetik, sowie den Artikel ‚Aggression' in HWtPh 1 (1971) 103–109 (U. Schönpflug).

[6] Hier bietet sich eine Vielzahl von Möglichkeiten an, aus denen recht willkürlich und beschränkt einige ausgewählt seien: Neben derjenigen einer Zusammenarbeit von privaten Planungsinstitutionen mit einer nach dem Leistungsprinzip (anstelle des reinen Laufbahnprinzips) arbeitenden staatlichen Beamtenschaft gäbe es diejenige von staatlichen Institutionen, die aber in konsequenter Weiterentwicklung des *Föderativ-* bzw. *Subsidiar-*Systems in ihrer Arbeitsweise weitgehend privatwirtschaftlich (Selbstkosten-, Konkurrenzprinzip u. a.) konstituiert wären. Die freien Demokratien zeigen schon heute eine Fülle derartiger Organisationen: Man denke etwa an den Bundesrechnungshof, die Deutsche Forschungsgemeinschaft, die Sparkassen, die Bundesbank und vieles andere nur schon innerhalb der Bundesrepublik Deutschland; auf diesem Felde hätten nichtsozialistische politische Kräftegruppen national und international noch große Chancen.

[7] Vgl. oben Anm. XVII 3.

[8] Was hier gefordert wäre, eine umfassende Theorie der freiheitlich demokratischen Gesellschaft im Kriege, fehlt bis heute noch, wenn es auch von Thukydides bis zu modernen angelsächsischen Militärtheoretikern eine Reihe von Ansätzen dazu geben mag: so vgl. etwa die Arbeiten von B. H. Lidell Hart.

[9] Es scheint allerdings den Vertretern des genannten freiheitlichen Solidarismus in der Wirtschaft heute weithin sowohl der Mut zu ihren Prinzipien als auch die fachspezifische Phantasie ihrer Anwendung und Weiterentwicklung zu fehlen. – Vgl. im übrigen die Artikel ‚Freiheit', ‚Konkurrenz', ‚Markt' bei Schoeck (SchSWt.)

[10] Vgl. dazu z. B. H. Schoeck über die grundsätzlich humanisierende Rolle von Privateigentum: Schoeck (1), 252 ff. und noch 21, 27 ff.; daß im übrigen auch dieses Prinzip mißbraucht werden kann und oft mißbraucht worden ist, sagt nichts gegen das Prinzip selbst.

[11] Zwar wird eine solche Gruppe stets vorgeben, im Interesse des Ganzen zu handeln, der Prüfstein wird jedoch in der Kontrolle der wahren Machtausübung nach ‚innen' und nach ‚außen' bestehen.

[12] So wäre u. U. neben die Steuerobjekte ‚Gewinn', ‚Verdienst' u. a. ein Faktor der *sozialen* und *ökologischen* Relevanz einzubringen; umgekehrt sollte unter diesem Aspekt aber eine längerfri-

stige Steuerung des technologisch-sozialen und technisch-ökologischen Fortschritts möglich sein; dies dann weiter vielleicht auch so, daß dann auf die Dauer diejenige technisch-wirtschaftliche Intelligenz den meisten Erfolg für sich selbst hat, die einem reibungslosen, und auf das Ganze des konkreten Zusammenhangs zwischen Zivilisation und natürlicher (sowie sozialer) Umwelt gesehen, auch dem harmonischsten Zusammenspiel der Faktoren Rechnung trägt.

13 Vgl. oben die Anm. mit den Hinweisen auf die einschlägigen Arbeiten des Verfassers.

14 Solche Umstrukturierung wäre auf manchen Gebieten wohl sehr tiefgreifend; man denke etwa nur an die Fragen der Umstrukturierung des Verkehrs-, Kommunikationswesens, aber auch des Wirtschaftens, der Aufklärung und Erziehung, der Bevölkerungseinschränkung, der Energieausweitung, ferner des Intelligenz- und Humanitätswachstums, der Steigerung der Fähigkeit und Fertigkeit zur Kooperation im weitesten Maße usw.

15 Als Schlußbemerkung sei eine Vermutung gestattet über den Verlauf der menschlichen Geschichte in den nächsten beiden Generationen. Es sieht so aus, als ob einerseits die Möglichkeiten einer der Gesamtstruktur nach total unmenschlichen Gesellschaft nicht nur in der Theorie sich ständig ausweiten, sondern auch sich mehr und mehr ihrer praktischen Anwendung nähern: Die Utopien eines G. Orwell und A. Huxley – wozu neuerdings etwa u. a. bes. noch J. G. Ballard (1) zu zählen wäre – dürften im übrigen von der Wirklichkeit noch übertroffen werden. Auf der anderen Seite hönnte heute von einer gänzlich unerwarteten Seite eine gewisse ‚Hilfe‘ oder Vorbeugung gegen besagte Unmenschlichkeit kommen, nämlich von der viel schneller und rapider sich ausbreitenden Verelendung der sog. unterentwickelten Länder und dem daraus voraussichtlich entstehenden Konflikt. Gewiß ist diese Verelendung relativ, d. h. sie findet statt bei absolutem wirtschaftlichen Wachstum, weil dies gegenüber dem überproportional und unkontrolliert wachsenden Bedarf an Gütern aller Art zunehmend weniger gewachsen ist. Die erste Ursache für dieses unkontrollierte Ungleichgewicht ist dabei sicherlich ein unkontrollierter Geburtenzuwachs. – Es könnte also sein, daß von diesem erheblich elementareren Problem der Güterverteilung bzw. der Vermittlung von produktiver Intelligenz zwischen hochindustrialisierten und nicht- oder unterindustrialisierten Gliedern der Menschheit jene mögliche Perversion des Menschlichen noch einmal verunmöglicht wird, wie bedauerlich auch immer der – für sich genommen gleichwohl auch inhumane – Anlaß dazu sein mag.

Zu diesem letzten Thema sei endlich nur noch dies bemerkt, daß dem Anschein alles darauf hinauszulaufen scheint, dem unkontrollierten Vorschub des größeren Elends von morgen mit humanitären Mitteln von heute Einhalt zu gebieten. Es sei zugegeben, daß damit die gesamte Entwicklungspolitik vorübergehend nach der Maxime des geringsten Übels zu entscheiden gezwungen sein dürfte.

Literaturverzeichnis

I.

Brockhaus-Enzyklopädie, Wiesbaden [17]1966 ff. (BrE).
Dictionnaire de Théologie Catholique, hrsg. von A. Vacant und E. Mangenot und Mgr. E. Amann, Paris 1903–1950 (DThC).
Denzinger-Schönmetzer (Hrsg.), Enchirid. Symbol. Definit. et Declarat., [33]1965 (De-Schön).
Enciclopedia Filosofica, hrsg. von F. Battaglia, F. Sciacca u. a., Florenz [2]1967 (EF).
The Encyclopedia of Philosophy, hrsg. von P. Edwards, New York, London 1967 (EPh).
Handbuch philosophischer Grundbegriffe, hrsg. von H. Krings, 3 Bde., München 1973/74 (HphGr).
Handbuch theologischer Grundbegriffe, hrsg. von H. Fries, 2 Bde., München 1962/3 (HthGr).
Historisches Wörterbuch der Philosophie, hrsg. von J. Ritter, Darmstadt 1971 ff. (HWtPh).
Lexikon für Theologie und Kirche, hrsg. von J. Höfer und K. Rahner, Freiburg i. Br. [2]1957–1965 (LThK).
Paulys Realencyclopädie der klassischen Altertumswissenschaft, hrsg. von G. Wissowa u. a., Stuttgart 1893 ff. (RE).
Die Religion in Geschichte und Gegenwart, hrsg. von K. Galling-Tübingen [3]1957–1962 (RGG).
Schoeck, H., Soziologisches Wörterbuch, Freiburg i. Br. [5]1972 (SchSWt).
Sowjetsystem und demokratische Gesellschaft, hrsg. von C. D. Kernig, Freiburg i. Br. 1966–1972 (SdG).
Staatslexikon, hrsg. von der Görres-Gesellschaft, Freiburg i. Br. [6]1957–1963 (StL).
Wörterbuch der Soziologie, hrsg. von W. Bernsdorf, 1966 ff. (WtSoz).

II.

Adorno, Th. W. u. a., (1) Der Positivismusstreit in der deutschen Soziologie, Neuwied [2]1972.

Albert, H.
(1) Traktat über kritische Vernunft, Tübingen 1968.
(2) Plädoyer für kritischen Rationalismus, München 1971.
(3) Konstruktion und Kritik, Hamburg 1972.
Allan, D. J., (1) Aristotle's account of the origin of moral principles. In: Actes du XIième Congrès international de Philosophie, XII, 1953.
Alföldi, A., (1) The conversion of Constantine, Oxford 1948.
Altaner, B./Stuiber, A., (1) Patrologie, Freiburg i. Br. [8]1971.
Analecta Anselmiana, (1) Bd. 4 und 5 (Kongreßakten des internationalen Anselmkongresses in Bad Wimpfen 1971, hrsg. von K. Flasch, R. Klibanski, F. S. Schmidt), Frankfurt a. M. 1974.
Apel, K. O., (1) Die Kommunikationsgemeinschaft als transzendentale Voraussetzung der Sozialwissenschaften. In: Neue Helfte für Philosophie 2/3 (1972).
Arendt, H., (1) Ideologie und Terror. In: Wege der Totalitarismusforschung, hrsg. von B. Seidel/S. Jenkner, Darmstadt 1968 (Wege der Forschung 140), 133–167.
Aristoteles, (1) Ethica Nicomachea, ex rec. I. Bekkeri, edidit Academia Regia Borussica, Vol. II, Berolini 1960 (fotomechanischer Nachdruck der Ausgabe Berlin 1831).
Aron, R., (1) L'Opium des Intellectuelles, Paris 1955.
Aubenque, P., (1) Prudence chez Aristote, Paris 1962.
Bacht, H./Grillmeier, A. (Hrsg.), (1) Das Konzil von Chalkedon, Geschichte und Gegenwart, 3 Bde., Würzburg 1951–1954.
Bäumler, A., (1) Kants Kritik der Urteilskraft, Bd. 1, Halle 1923.
Ballard, J. G., (1) Der unmögliche Mensch, München 1973.
Baumgartner, H. M.,
(1) Kontinuität als Paradigma historischer Konstruktion. In: Philos. Jahrb. 79 (1972), 254–268.
(2) Historie und Interesse. In: Deutscher Kongreß für Philosophie (Düsseldorf 1969), Meisenheim/Glan 1972, 401–11.
(3) Die Idee der Kontinuität, Frankfurt a. M. 1973.
Bayet, A., (1) Histoire de la déclaration des droits de l'homme, Paris 1939.
Becker, W., (1) Selbstbewußtsein und Spekulation, Zur Kritik der Transzendentalphilosophie, Freiburg i. Br. 1972.
Bekker, K., (1) Marx' philosophische Entwicklung (Diss.), Basel 1940.
Bergmann, J. E., (1) Die Theorie des sozialen Systems von T. Parsons, Frankfurt a. M. 1967.
Bertaux, P., (1) Mutation der Menschheit (Paris 1963), (dt.) München 1971.
Betti, E.,
(1) Hermeneutik als allgemeine Methode der Geisteswissenschaften, Tübingen 1962.

(2) Allgemeine Auslegungslehre als Methode der Geisteswissenschaften, Tübingen 1967.
Bianchi, U., (1) Probleme der Religionsgeschichte, Göttingen 1964.
Bloch, E.,
(1) Das Prinzip Hoffnung, Frankfurt a. M. 1959.
(2) Avicenna und die aristotelische Linke, Frankfurt a. M. 1963.
Blondel, M., (1) La philosophie et l'Esprit chretien, 2 Bde., Paris 1944.
Blumenberg, H.,
(1) Kant und die Frage nach dem gnädigen Gott. In: Studium Generale 7 (1954), 554–570.
(2) Epochenschwelle und Rezeption. In: Philos. Rundschau 6 (1958), 94–120.
(3) Legitimität der Neuzeit, Frankfurt a. M. 1966.
(4) Selbsterhaltung und Beharrung, Zur Konstitution der neuzeitlichen Rationalität, Wiesbaden 1970.
Blumenberg, W., (1) Karl Marx, in Selbstzeugnissen und Bilddokumenten, Hamburg (rm) [8]1970.
Böckenhoff, J., (1) Die Begegnungsphilosophie, Freiburg/München 1970.
Bollnow, O. F., (1) Die Lebensphilosophie, Berlin 1958.
Bomann, Th., (1) Das hebräische Denken im Vergleich mit dem griechischen, Göttingen [3]1953.
Bondy, F., (1) Wer kontrolliert den Geisteszustand der Psychiater. In: Merkur 27 (1973), 286–292.
Bonn, M. J., (1) Die Krisis der europäischen Demokratie, 1925.
Borst, A., (1) Die Katharer, Stuttgart 1953.
Buchheim, H./Raabe, F. (Hrsg.), (1) Thesen gegen den Mißbrauch der Demokratie, Stuttgart 1972.
Cassirer, E., (1) Die Philosophie der Aufklärung, Tübingen 1932.
Clausewitz, C. von, (1) Vom Kriege, hrsg. von W. Hahlweg, Berlin [16]1956.
Conquest, R., (1) The Nation Killers, New York 1972.
Cornu, A., (1) K. Marx und Fr. Engels, I., Berlin 1955.
Cycon, D., (1) Moskaus Kalter Krieg, II. In: Die Welt, 24. 3. 1973, 7.
Danto, A. C., (1) Analytical Philosophy of History, Cambridge 1965.
De Juvenel, B.,
(1) Jenseits der Leistungsgesellschaft, Elemente sozialer Planung und Vorausschau, (dt.) Freiburg i. Br. 1971.
(2) Über die Staatsgewalt, Die Naturgeschichte ihres Wachstums, (dt.) Freiburg i. Br. 1972.
Delekat, F., (1) I. Kant. Historisch-kritische Interpretation der Hauptschriften, Heidelberg 1963.
De Leturia, P., (1) Estudios Ignacianos, 2 Bde., Rom 1957.

De Man, H., (1) Vermassung und Kulturverfall, München ²1952.
Denzler, G., (1) Parallelen in der neuesten Geschichte des Papsttums. In: Neues Hochland 65 (1973), 72–87.
Dobbeling, A., (1) Schon heute ist 1984. In: Die Welt, 16. 12. 1972, Feuilleton S. I.
Düring, I., (1) Aristoteles, Heidelberg 1966.
Ehlen, H., (1) Der Atheismus im dialektischen Materialismus, München 1961.
Eliade, M.,
(1) Die Religionen und das Heilige, Salzburg 1954.
(2) Kosmos und Geschichte, (dt.) Hamburg 1966.
Elliott-Bateman, M., (1) Defeat in the East, The Mark of Mao-Tsetung on War, London 1967.
Engels, W., (1) Soziale Marktwirtschaft, Verschmähte Zukunft, Stuttgart 1972.
Ermacora, F., (1) Handbuch der Grundfreiheiten und der Menschenrechte, Berlin 1963.
Fahrner, R., (1) Wortsinn und Wortschöpfung bei M. Eckehart, Marburg 1929.
Fast, H. (Hrsg.), (1) Der linke Flügel der Reformation, Bremen 1962.
Feibleman, J. K., (1) Introduction to the philosophy of Ch. S. Peirce, Cambridge (Mass.) 1969.
Fetscher, I., (1) Karl Marx und der Marxismus, München 1967.
Fichte, J. G. (zitiert wird in der Regel nach der Ausgabe, Werke, hrsg. von I. H. Fichte, 1845 ff.).
(1) Grundlage der gesamten Wissenschaftslehre (1794), I.
(2) Zweite Einleitung in die Wissenschaftslehre (1797), Nr. 4, 5 (Ed., Phil. Bibl. 239, Hamburg 1954).
(3) System der Sittenlehre, IV.
(4) Grundlage des Naturrechts.
(5) Wissenschaftslehre (1801).
(6) Wissenschaftslehre (1804).
(7) Anweisung zum seligen Leben (1806).
(8) Transzendentale Logik (1812).
(9) Über den Gelehrten, hrsg. von P. Goldammer, Berlin 1956.
Flasch, K.,
(1) Zur Rehabilitierung der Relation, Frankfurt a. M. 1971.
(2) Kennt die mittelalterliche Philosophie die konstitutive Funktion des menschlichen Denkens? In: Kantstudien 63 (1972), 182–185.
Fleischer, H., (1) Marx und Engels, Die philosophischen Grundlinien ihres Denkens, Freiburg/München 1970.
Frankl, V. E., (1) Psychotherapie für jedermann, Freiburg i. Br. 1971.

Friedrich, C. J., (1) Der einzigartige Charakter der totalitären Gesellschaft. In: Wege der Totalitarismusforschung, hrsg. von B. Seidel/S. Jenkner, Darmstadt 1968, 179–196.
Frye, N., (1) Analyse der Literaturkritik, (dt.) Stuttgart 1964.
Gadamer, H.-G.,
(1) Wahrheit und Methode, Tübingen (erw.) 1965.
(2) Die Universalität des hermeneutischen Problems. In: Philos. Jahrb. 73 (1965/66), 215–225.
Gehlen, A., (1) Urmensch und Spätkultur, Frankfurt a. M./Bonn [2]1964.
Gerstenmaier, C., (1) Die Stimme der Stummen, Die demokratische Bewegung in der Sowjetunion, Stuttgart 1971.
Gilson, E., (1) Christianisme et philosophie, Paris 1936.
Goedeckemeyer, A., (1) Kants Lebensanschauung in ihren Grundzügen, Berlin 1921.
Goez, W., (1) Translatio Imperii, Tübingen 1958.
Grimm, R., (1) Mao Tse-Tung, Hamburg 1969.
Grisebach, E., (1) Gegenwart, Eine kritische Ethik, Halle 1928.
Gründer, K., (1) Perspektiven für eine Theorie der Geschichtswissenschaft. In: Saeculum 22 (1971), 101–113.
Grundmann, H., (1) Ketzergeschichte des Mittelalters, Göttingen 1963.
Guindon, R., (1) Béatitude et Theólogie morale chez Thomas d'Aquin, Ottawa 1956.
Habermas, J., (1) Zur Logik der Sozialwissenschaften, Frankfurt a. M. 1970.
Habermas, J./Luhmann, N.,
(1) Theorie der Gesellschaft als Sozialtechnologie. Was leistet die Systemforschung? Frankfurt a. M. 1971.
(2) Theorie der Gesellschaft oder Sozialtechnologie, Frankfurt a. M. 1972.
Hammen, O. J., (1) Die Roten 48er, Frankfurt a. M. 1972.
Harper, J. L., (1) Lenin als Philosoph, Amsterdam 1938.
Hartmann, K.,
(1) Sartres Sozialphilosophie, Eine Untersuchung zur „Critique de la raison dialectique, I.“, Berlin 1966.
(2) Die Marxsche Theorie, Berlin 1970.
Hayes, C. J., (1) Der Totalitarismus als etwas Neues in der Geschichte der westlichen Kultur. In: Wege der Totalitarismusforschung, hrsg. von B. Seidel/S. Jenkner, Darmstadt 1968, 86–100.
Hazard, P.,
(1) Die Krise des europäischen Geistes, (dt.) Hamburg 1939.
(2) Die Herrschaft der Vernunft, (dt.) Hamburg 1949.

Hegel, G. W. F. (zitiert wird nach den Ausgaben der Phil. Bibl., Hamburg).
(1) Differenz des Fichteschen und Schellingschen Systems der Philosophie (1801), 62a, 1962.
(2) Enzyklopädie der philosophischen Wissenschaften (1830), 33, 1959.
(3) Wissenschaft der Logik, Bd. 1, 56, Leipzig 1923.
(4) Phänomenologie des Geistes, 114, [6]1952.
Heidegger, M., (1) Der Satz vom Grund, Pfullingen 1957.
Heidemann, I., (1) Der Begriff des Spieles und das ästhetische Weltbild in der Philosophie der Gegenwart, Berlin 1968.
Heinisch, K. J. (Hrsg.), (1) Der utopische Staat (Morus, Utopia; Campanella, Sonnenstaat; Bacon, Neu-Atlantis), Hamburg 1960.
Hengstenberg, H. E., (1) Wahrheit, Sicherheit, Unfehlbarkeit. In: Wort und Wahrheit 27 (1972), 371–381.
Henrich, D.,
(1) Fichtes unsprüngliche Einsicht. In: Subjektivität und Metaphysik, Festschrift f. W. Cramer, Frankfurt a. M. 1966.
(2) Karl Marx als Schüler Hegels. In: Hegel im Kontext, Frankfurt a. M. 1971, 187–208.
Hepp, R., (1) Sozialer Fortschritt als Rückfall in primitivste Wirtschaftsformen. In: Deutsche Zeitung, Christ und Welt, 5. 1. 1973, 8.
Herrmann, U., (1) Bibliographie W. Dilthey, Weinheim/Berlin/Basel 1969.
Hingley, R., (1) Die russische Geheimpolizei, 1565–1970, (dt.) Bayreuth 1973.
Hollerbach, A., (1) Der Rechtsgedanke bei Schelling, Frankfurt a. M. 1957.
Holz, H.,
(1) Transzendentalphilosophie und Metaphysik, Mainz 1966.
(2) Der Begriff des Willens und der Freiheit bei Origines. In: Neue Zeitschrift für syst. Theol. und Rel.-Phil. 12 (1970).
(3) Spekulation und Faktizität, Bonn 1970.
(4) Philosophische und theologische Antinomik bei Kant und Thomas von Aquin. In: Kantstudien 61 (1970), 66–82.
(5) Philosophische Gedanken über den Tod. In: Neue Zeitschrift für syst. Theol. und Rel.-Phil. 13 (1971), 139–163.
(6) Rezension von Hartmann (2) in: Modern Law and Society (German Studies, Sect. II) 5 (1972), 107–111.
(7) Einführung in die Transzendentalphilosophie, Darmstadt 1973.
(8) Personalität als Wesen und Geschichte, Paderborn 1973.
(9) Mensch und Menschheit, Entwürfe zur Grundlegung und Durchführung einer philosophischen Anthropologie, Bonn 1973.

Hommes, J., (1) Der technische Eros. Das Wesen der materialistischen Geschichtsauffassung, Freiburg i. Br. 1955.
Horkheimer, M., (1) Traditionelle und kritische Theorie (1937). In: Traditionelle und kritische Theorie. Vier Aufsätze, Frankfurt a. M. 1970, 12–64.
Huber, E. R., (1) Bedeutungswandel der Grundrechte. In: Archiv des öffentlichen Rechts 62 (1933), 1–98.
Hübner, K., (1) Philosophische Fragen der Zukunftsforschung. In: Studium Generale 24 (1971), 851–865.
Huizinga, J.,
(1) Wege der Kulturgeschichte, (dt.) München 1930.
(2) Homo ludens, Hamburg 1956.
Husserl, E., (1) Die Krisis der europäischen Wissenschaften und die transzendentale Phänomenologie, Den Haag 1956 (Husserliana VI).
Ingarden, R.,
(1) Untersuchungen zur Ontologie der Kunst, Tübingen 1962.
(2) Das literarische Kunstwerk, Tübingen ³1965.
Janke, W., (1) Fichte, Sein und Reflexion, Grundlagen der christlichen Vernunft, Berlin 1970.
Jaspers, K.,
(1) Philosophie, Berlin ²1948.
(2) Vom Ursprung und Ziel der Geschichte, München/Zürich ⁴1964.
Jensen, A. E., (1) Die getötete Gottheit. Weltbild einer frühen Kultur, Stuttgart 1966.
Jonas, F., (1) Geschichte der Soziologie, Hamburg 1969.
Käsler, D. (Hrsg.), (1) Max Weber, Sein Werk und seine Wirkung, München 1972.
Kainz, F., (1) Vorlesungen über Ästhetik, Wien 1948.
Kant, I. (zitiert wird nach der Originalpaginierung; benutzt wurde die Akademie-Ausgabe, Berlin 1910 ff.).
(1) De mundo sensibilis atque intelligibilis forma et principiis.
(2) Kritik der reinen Vernunft (1. Aufl. – A, 2. Aufl. – B).
(3) Grundlegung zur Metaphysik der Sitten.
(4) Kritik der praktischen Vernunft.
(5) Kritik der Urteilskraft.
(6) Die Metaphysik der Sitten.
(7) Logik, Ein Handbuch zu Vorlesungen von I. Kant, Königsberg 1800, hrsg. von G. B. Jaesche.
Kasper, W., (1) Das Absolute in der Geschichte, Mainz 1965.
Kelsen, H., (1) Vom Wesen und Wert der Demokratie, Tübingen ²1929, Nachdruck Aalen 1969.
Kern, J., (1) Husserl und Kant, Den Haag 1964.

Kluxen, W., (1) Philosophische Ethik bei Thomas von Aquin (Walberberger Studien, Philos. Reihe, 2), Mainz 1964.
Knox, R. A., (1) Christliches Schwärmertum, Köln 1957.
Köster, K./Huizinga, J., (1) Geschichte und Kultur, Stuttgart 1954.
Kolakowski, L., (1) Traktat über die Sterblichkeit der Vernunft, München 1967.
Kühner, H., (1) Die römisch-katholische Kirche als konservative Großmacht im 19. und 20. Jahrhundert. In: Rekonstruktion des Konservatismus, hrsg. von G. K. Kaltenbrunner, Freiburg i. Br. 1972, 369–385.
Kulenkampff, H. (Hrsg.), (1) Methodologie der Philosophie, Darmstadt 1973 (Wege der Forschung 126).
Lachièze-Rey, P., (1) L'idealisme Kantien, Paris ²1950.
Landmann, S., (1) Der Konservatismus der Juden. In: Rekonstruktion des Konservatismus, hrsg. von G. K. Kaltenbrunner, Freiburg i. Br. 1972, 349–367.
Lehmann, K.,
(1) Kants Nachlaßwerk und die Kritik der Urteilskraft, Berlin 1939.
(2) Beiträge zur Geschichte und Interpretation der Philosophie Kants, Berlin 1969.
Leibholz, G.,
(1) Das Wesen der Repräsentation und der Gestaltwandel der Demokratie, Berlin ²1959.
(2) Strukturprobleme der modernen Demokratie, Karlsruhe 1964.
Lenin, W. I.,
(1) Über historischen Materialismus, hrsg. von A. Schmidt, München 1972.
(2) Über Klassen und Klassenkampf, Frankfurt a. M. 1972.
Löffler, H., (1) Macht und Konsens in den klassischen Staatsutopien, Köln 1972.
Loewenstein, K.,
(1) Verfassungslehre, (dt.) Tübingen 1959.
(2) Der britische Parlamentarismus, Seine Entstehung und Gestalt, (dt.) Hamburg 1965.
Löwenthal, R., (1) Der romantische Zurückfall, Stutgart ²1970.
Löwith, K.,
(1) Weltgeschichte und Heilsgeschehen, Stuttgart ⁴1953.
(2) M. Weber und K. Marx. In: Ges. Abhandlungen, Stuttgart 1966.
Lorenz, K., (1) Die acht Todsünden der zivilisierten Menschheit, München 1973.
Lübbe, H., (1) Zur marxistischen Auslegung Hegels. In: Philos. Rundschau 2 (1954/55), 38–60.

Mao Tse-Tung,
(1) Ausgewählte Schriften, hrsg. von T. Grimm, Frankfurt a. M. 1963.
(2) Selected military writings, London/New York 1963.
Maréchal, J.,
(1) Etudes sur la psychologie des Mystiques, 2 Bde., Brüssel/Paris [2]1938.
(2) Le Point de Départ de la Métaphysique, Brüssel/Paris, Bd. III [3]1944, Bd. IV 1949.
(3) Melanges, Paris 1950.
Marquard, O., (1) Skeptische Methode im Blick auf Kant, Freiburg/München 1958 (Symposion Bd. 4).
Marx, K./Engels, F.,
(1) Historisch-kritische Gesamtausgabe, Frankfurt a. M./Berlin u. a. 1927–1935.
(2) Werke, Berlin 1956 ff.
(3) Studienausgabe, hrsg. von H. J. Lieber und P. Furth, Stuttgart 1960 ff.
Matz, U. (Hrsg.), (1) Grundprobleme der Demokratie, Darmstadt 1972 (Wege der Forschung 141).
Mayer, J. P., (1) Alexis de Toqueville, München [3]1972.
McInnes, N., (1) The Western Marxists, London 1973.
Meadows, D. (Hrsg.), (1) Grenzen des Wachstums, Stuttgart 1972.
Menczer, B., (1) Spanischer Konservatismus. In: Rekonstruktion des Konservatismus, hrsg. von G. K. Kaltenbrunner, Freiburg i. Br. 1972.
Meuli, K., (1) Der Ursprung der Olympischen Spiele. In: Die Antike 17 (1941), 189–208.
Meyer, A. G. (1) Leninism, Cambridge (Mass.) 1957.
Mirgeler, A., (1) Revision der europäischen Geschichte, Freiburg/München 1971.
Molnar, Th., (1) Die Linke beim Wort genommen, (dt.) Stuttgart 1972.
Morburgo-Tagliabue, G., (1) L'esthétique contemporaine, Mailand 1960.
Mordstein, F., (1) Ist der Marxismus ein Humanismus, Stuttgart 1969.
Mühlmann, W. E.,
(1) Homo creator, Wiesbaden 1962.
(2) Geschichte der Anthropologie, Frankfurt a. M. [2]1968.
(3) Aspekte einer Soziologie der Macht. In: Archiv für Rechts- und Sozialphilosophie 40 (1952/53).
Müller-Armack, A., (1) Religion und Wirtschaft, Stuttgart 1959.
Nettl, J. P., (1) Der Aufstieg der Sowjetunion, (dt.) Wien 1972.

Neumann, F. L., (1) The democratic and the authoritarian state, Glencoe (Ill.) 1957.
Noack, H., (1) Allgemeine Einführung in die Philosophie, Darmstadt 1972.
Nolte, E., (1) Kapitalismus, Marxismus, Faschismus. In: Merkur 27 (1973), 111–126.
Nürnberger, R., (1) Lenins Revolutionstheorie, Tübingen 1954.
Oestreich, G., (1) Die Idee der Menschenrechte in ihrer geschichtlichen Entwicklung, Berlin ^{3}1969.
Otto, R., (1) Das Heilige, München ^{30}1958.
Pächter, H., (1) Weltmacht Rußland, München 1970.
Pascal, B., (1) Pensées, ed. L. Brunschwicg, Paris ^{3}1925.
Pfürtner, St., (1) Sexualität als ernstes Spiel. In: Kirche und Sexualität, Reinbeck 1972.
Pikes, D., (1) The Viet-Cong Strategy of Terror, Washington 1971.
Popper, K.,
(1) Die offene Gesellschaft und ihre Feinde, (dt.) Bern/München ^{2}1970 (Sammlung Dalp 84).
(2) Das Elend des Historizismus, (dt.) Tübingen ^{3}1971.
Pruyser, P. W., (1) Die Wurzeln des Glaubens, München 1972.
Raffalt, R., (1) Das Ende des römischen Prinzips, München 1970.
Rahner, K.,
(1) Theós im Neuen Testament. In: Schriften zur Theologie, 1. Bd., Zürich/Einsiedeln ^{3}1958.
(2) Geschichtstheologisches. In: Schriften zur Theologie, 5. Bd., Einsiedeln ^{2}1964.
Rausch, H. (Hrsg.), (1) Zur Theorie und Geschichte der Repräsentation und Repräsentativverfassung, Darmstadt 1968 (Wege der Forschung 184).
Reding, M., (1) Politische Ethik, Freiburg i. Br. 1972.
Riesmann, D., (1) Die einsame Masse, (dt.) Darmstadt 1956.
Ritter, J., (1) „Naturrecht" bei Aristoteles, Zum Problem einer Erneuerung des Naturrechts, Stuttgart 1961.
Roellecke, G., (1) Scientiae et stultitiae laus, Zur kritischen Funktion der Wissenschaft. In: Deutsche Universitäts-Zeitung 22 (1972), 899–901.
Sartre, J. P., (1) Das Sein und das Nichts, (dt.) Hamburg ^{2}1962.
Schaeffler, R., (1) Die Struktur der Geschichtszeit, Frankfurt a. M. 1963.
Schaff, A., (1) Marxismus und das menschliche Individuum, Wien/Frankfurt a. M./Zürich 1965.
Schelling, F. W. J., Werke, hrsg. von F. K. A. Schelling, 1956 ff. (die Bände werden einschl. der Nachlaßbände durchgehend gezählt).

Schelsky, H.,
(1) Die Strategie der Systemüberwindung. In: Frankfurter Allgemeine Zeitung, 10. 12. 1971, 11.
(2) Mehr Demokratie oder mehr Freiheit. In: Frankfurter Allgemeine Zeitung, 20. 1. 1973, 7 f.
Scheuch, E./Meyersohn, R. (Hrsg.), (1) Soziologie der Freizeit, Köln 1972.
Schischkoff, G., (1) Die gesteuerte Vermassung, Meisenheim/Glan 1964.
Schmitt, C.,
(1) Römischer Katholizismus und politische Form, Hellerau 1923.
(2) Verfassungslehre, Berlin/München 1957.
Schmoldt, B., (1) Zur deutschen Begriffssprache M. Eckeharts, Heidelberg 1954.
Schneider, P. K., (1) Die wissenschaftsbegründende Funktion der Transzendentalphilosophie, Freiburg i. Br. 1965.
Schoeck, H., (1) Der Neid und die Gesellschaft, Freiburg i. Br. 1971.
Scholtz, G. (Rez.), (1) Hans Albert, Traktat über kritische Vernunft, Tübingen 1968 und Plädoyer für kritischen Rationalismus, München 1971. In: Philos. Rundschau 19 (1972), 203–211.
Schoonenberg, P.,
(1) Ein Gott der Menschen, Einsiedeln 1959.
(2) Monophysitisches und dyophysitisches Sprechen über Christus. In: Wort und Wahrheit 27 (1972), 252–264.
Schramm, St. R., (1) Das Mao-System, München 1972.
Schütz, A., (1) Das Problem der Relevanz, eingel. von Th. Luckmann, Frankfurt a. M. 1971.
Schuffenhauer, W., (1) L. Feuerbach und der junge Marx, Berlin 1965.
Schulte, G., (1) Zur Wissenschaftslehre des späten Fichte, Frankfurt a. M. 1971.
Schulz, W., (1) Die Vollendung des deutschen Idealismus in der Spätphilosophie Schellings, Stuttgart 1955.
Seiffert, H., (1) Marxismus und bürgerliche Wissenschaft, München 1971.
Sertillanges, A. D., (1) Le Christianisme et les philosophies, 2 Bde., Paris 1946.
Shub, D., (1) Lenin, (dt.) Wiesbaden 1952 (letzte Aufl. New York 1966).
Somary, F., (1) Krise und Zukunft der Demokratie, Zürich 1952.
Spitz, D., (1) Patterns of Antidemocratic Thought, New York 1949.
Stegmüller, W., (1) Hauptströmungen der Gegenwartsphilosophie, Stuttgart [4]1969.
Steinbuch, K., (1) Kurskorrektur, Stuttgart 1973.

Steward, J. H., (1) The theory of cultural change, Urbana (Ill.) 1955.
Stojanowić, S., (1) Kritik und Zukunft des Sozialismus, München 1970.
Szasz, Th.,
(1) Geisteskrankheit – ein moderner Mythus, 1972.
(2) Die Produktion des Wahnsinns, 1973.
Talmon, J. L., (1) The origins of totalitarian democracy, London 1952.
Tenbruck, F. H., (1) Zur Kritik der planenden Vernunft, Freiburg/München 1972.
Theunissen, M., (1) Der Andere, Berlin 1965.
Thiessen, A. U., (1) Lenins politische Ethik nach den Prinzipien seiner politischen Doktrin, München/Salzburg 1965.
Thomson, G., (1) Forschungen zur altgriechischen Gesellschaft, 2 Bde., Berlin 1960/61.
Tierney, B., (1) Origins of papal infallibility 1150–1350, Leiden 1972.
Tolman, Y. L., (1) Die industrielle Gesellschaft und die drei Welten, hrsg. von Rheinfelden, Zürich 1961.
Topitsch, E.,
(1) Sozialphilosophie zwischen Ideologie und Wissenschaft, Neuwied 1961.
(2) Gottwerdung und Revolution. In: Conceptus 4 (1970), 53–67.
Toynbee, A.,
(1) Der Gang der Weltgeschichte, (dt.) München 1970.
(2) Surviving the Future, London 1971.
Verschuer, O. von, (1) Eugenik – kommende Generationen in der Sicht der Genetik, 1966.
Voegelin, E.,
(1) Politik, Wissenschaft, Gnosis, München 1958.
(2) Abdankung des Messianismus. In: Die industrielle Gesellschaft und die drei Welten, hrsg. von Rheinfelden, Zürich 1961.
Wagner, H., (1) Philosophie und Reflexion, München/Basel 1959.
Watkins, J. W., (1) K. R. Popper, Die Einheit seines Denkens. In: Grundprobleme der großen Philosophen, Philosophie der Gegenwart I, Göttingen 1972, 151–214.
Watrin, Ch., (1) Die Sehnsucht nach der Neuen Gesellschaft. In: Frankfurter Allgemeine Zeitung, 24. 3. 1973, 17.
Weber, A., (1) Die Krise des modernen Staatsgedankens in Europa, Berlin/Leipzig/Stuttgart 1925.
Weber, M.,
(1) Die protestantische Ethik, hrsg. von J. Winckelmann, Hamburg 1965.

(2) Die protestantische Ethik II., Kritiken und Antikritiken, hrsg. von J. Winckelmann, Hamburg [2]1972.
Weiss, A. von, (1) Neomarxismus, Freiburg/München 1970.
Wellmer, A., (1) Kritische Gesellschaftstheorie und Positivismus, Frankfurt a. M. 1969.
Wetter, G. A., (1) Dialektischer und historischer Materialismus, Freiburg i. Br. 1962.
Windelbandt, W./Heimsoeth, H., (1) Lehrbuch der Geschichte der Philosophie, Tübingen [15]1957.
Wulf, F. (Hrsg.), (1) Ignatius von Loyola. Eine Festschrift, Würzburg 1956.
Zocher, R., (1) Kants Grundlehre, ihr Sinn, ihre Problematik, ihre Aktualität, Erlangen 1959.

Namenregister

Eigennamen in Buch- oder Aufsatztiteln sind nicht aufgeführt

Abd-El-Jalil, J.-M. 324
Adams, H. P. 315
Adorno, Th. W. 312, 378
Albert, H. 152, 312, 343, 351, 363, 379
Alexander der Große 293, 294
Alföldi, A. 336, 379
Allan, D. J. 363, 379
Altaner, B.: s. Stuiber
Althaus, P. 366
Amalrik, A. 373
Anaxagoras 277
Andersen, W. 368
Andresen, C. 344
Apel, K. O. 313, 379
Arendt, H. 320, 321, 331, 340, 379
Aristoteles 26, 28, 190, 222, 239, 271, 379
Aron, R. 374, 379
Aubenque, P. 363, 379
Augustinus 110, 331, 332, 351
Axelrod 317

Bacht, H. 367, 379
Bacon, Fr. 353
Ballard, J. G. 376, 379
Ballestrem, K. G. 326
Barion, H. 335
Bauch, Br. 314
Bauer, Br. 315
Baumgartner, H. M. 369, 379
Bäumler, A. 314, 379
Bayet, A. 357, 379
Becker, W. 371, 379
Bekker, K. 315, 379
Bendix, R. 327
Bergmann, J. E. 356
Bergsträsser, A. 352, 357
Berkeley, G. 325
Bernstein, E. 317, 319
Bertaux, P. 345, 348, 349, 354
Betti, E. 311, 379
Bianchi, U. 328, 338, 380
Bien, G. 352
Bloch, E. 44, 318, 328, 340, 356, 380
Blondel, M. 370, 380
Blumenberg, H. 311, 324, 325, 329, 331, 337, 339, 380
Blumenberg, W. 315, 380
Böckenhoff, J. 342, 380
Bollnow, O. F. 312, 380
Bolzano, B. 71
Bomann, Th. 366, 367, 380
Bondy, Fr. 373, 380
Bonn, M. J. 357, 380
Borst, A. 331, 380
Bradwardine, Th. 325
Bucharin, N. J. 317
Buchheim, H. 359
Bultmann, R. 373
Burckhardt, J. 331, 348

Calvin, Joh. 338
Campanella, T. 352

Cano, Melchior 331
Caponigri, A. R. 224
Cassirer, E. 314, 325, 380
Clausewitz, C. von 306, 372, 380
Closs, A. 339
Cohen, H. 314
Colpe, C. 324
Conquest, R. 373, 380
Cornu, A. 315, 380
Cortez, Inigo 356
Cromwell, O. 219
Cuio, C. 328
Cycon, D. 373

Danto, A. C. 369, 380
Delekat, F. 314, 380
De Juvenel, B. 352, 380
De Leturia, P. 337, 380
De Man, H. 354, 381
Demokrit 340
Dempf, A. 330
Denzler, G. 335, 381
Descartes, R. 338
Denzinger (-Schönmetzer) 335, 378
Dietrich, E. 351
Dilthey, W. 31, 312
Djilas, M. 44, 320
Dobbeling, A. 359, 373
Dörries, H. 334
Dostojewski, F. M. 337
Drey, S. 335
Dümpelmann, G. 369
Düring, I. 363, 381

Eckehart, M. 342
Ehlen, H. 327, 381
Eliade, M. 346, 354, 381
Elliott-Batemann, M. 371, 381
Empedokles 277
Engels, F. 41, 46, 87, 89, 315
Engels, W. 360, 362, 381
Epikur 271, 340, 351
Erler, A. 331, 339
Ermacora, F. 357, 381

Fahrner, R. 342, 381
Fast, H. 328, 381
Feiblemann, J. K. 312, 381
Fetcher, I. 315, 381
Feuerbach, L. 38, 40, 46, 47, 314, 315, 317, 322
Fichte, J. G. 24, 33–37, 42, 60, 255, 279, 280, 314, 315, 320, 341, 371, 381
Fischoff, E. 327, 329
Fascher, E. 351
Flasch, K. 381
Fleischer, H. 320, 338, 381
Fonck, A. 334
Frankel, Ch. 330
Frankl, V. E. 322, 381
Frantz, K. 356
Friedrich, C. J. 331, 382
Fries, H. 326
Fries, J. F. 317
Fromm, E. 315
Frye, N. 374, 382

Gadamer, H. G. 311, 382
Garaudy, R. 323
Gehlen, A. 345, 363, 382
George, R. T. de 324
Gerstenmaier, C. 373, 382
Gilson, E. 370, 382
Gloege, G. 325, 346
Goedeckemeyer, A. 314
Goez, W. 336, 382
Goldammer, K. 351
Goldmann, L. 44
Gramsci, A. 44, 323
Grillmeier, A. 366, 367
Grimm, R. 319, 382
Grisebach, E. 372, 382
Grotius, H. 331
Gründer, K. 312, 382
Grundbach, G. 328
Grundmann, H. 328, 382
Guindon, R. 363, 382

Habermas, J. 152, 312, 343, 382

Hadot, P. 367
Haekel, J. 351
Hamann, A. 334
Hammen, O. J. 319, 382
Harper, J. L. 317, 382
Hartmann, K. 313, 315–319, 321–324, 328, 338, 357, 382
Hauser, R. 344
Haushofer, A. 345
Havemann, R. 324
Hayes, C. J. 331, 340, 382
Hazard, P. 325, 353, 357, 382
Hegel, G. F. W. 24, 36, 37, 42, 52, 119, 174, 224, 242, 256, 314, 315, 319, 323, 350, 351, 359, 383
Heidegger, M. 28, 347, 349, 383
Heidemann, I. 346, 383
Heimsoeth: s. Windelbandt
Heinisch, K. J. 383
Heintz, P. 328
Hengstenberg, H. E. 335, 383
Henrich, D. 314, 315, 317, 383
Henry, P. 367
Hepp, R. 361, 383
Herrmann, U. 312, 383
Hess, M. 315
Heyer, F. 335
Hilferding, R. 319
Hingley, R. 373, 383
Hitler, A. 305
Hobbes, Th. 325
Hödl, L. 338
Hollerbach, A. 362, 383
Holz, H. 311, 312, 314, 315, 321, 323, 326, 328, 329, 332, 335, 336, 339–343, 345, 346, 348, 350–352, 356, 357, 359, 361–364, 366, 367, 369–372, 383
Hommes, J. 322, 384
Horkheimer, M. 317, 318, 323, 339, 341, 384
Horst, F. 346
Huber, E. R. 357, 384
Hübner, K. 336, 384
Huizinga, J. 345, 348, 354, 384
Hus, Joh. 325
Husserl, E. 24, 311, 332, 370, 384
Huxley, A. 376

Ignatius von Loyola 337
Ingarden, R. 363, 384
Ivanka, E. von 367
Iwan der Schreckliche 295

Janke, W. 314, 315, 341, 384
Jaspers, K. 361, 372, 373
Jenker, J. 353
Jensen, A. E. 345, 354, 384
Jesus v. Nazareth 254, 259, 260, 262–267, 367
Johannes v. Damaskus 366
Jonas, F. 356, 384

Kainz, F. 363, 384
Kaiser, J. H. 352, 357, 358
Kant, I. 25, 26, 28, 32–37, 41, 42, 46, 60, 62, 194, 199, 202, 222, 239, 313, 314, 342, 353, 359, 366, 384
Karrer, O. 334
Käsler, D. 327
Kasper, W. 314, 384
Kelsen, H. 352, 384
Kern, J. 331, 333, 384
Kierkegaard, S. 36
Kircher, A. 334
Klein, J. 351
Kluber, F. 358
Kluxen, W. 363, 385
Knox, R. A. 328, 385
Köbert, R. 324
Kolakowski, L. 44, 318, 323, 385
Köster, K. 354, 385
Kraft, B. 346
Kühner, H. 335, 337, 385
Kulenkampff, A. 312, 385
Küng, H. 335, 366

Lachieze-Rey, P. 314, 385
Lanczkowski, G. 346
Landmann, S. 329, 385
Lang, A. 346
Lefèbvre, H. 44, 323
Lehmann, K. 314, 385
Leibholz, G. 352, 385
Leibniz, G. W. 82, 255, 287, 325, 359, 368, 372
Lenin, W. I. 48, 50, 55, 64, 69, 89, 115, 211, 318, 319, 323, 330, 355, 370, 385
Lessing, G. E. 325
Lidell Hart, B. H. 375
Locke, J. 325
Loewenich, W. von 331
Loewenstein, K. 192, 313, 352, 353, 385
Löffler, H. 340, 353, 385
Lorenz, K. 355
Löwenthal, R. 338, 374, 385
Löwith, K. 320, 328, 385
Lübbe, H. 319, 385
Luhmann, N. 312, 343
Lukács, G. 315
Lukrez 351
Luther, M. 338
Luxemburg, R. 317

Machoveč, M. 324
Maier, H. 352
Malebranche, N. 338
Mao Tse-tung 55, 64, 87, 89, 211, 279, 319, 323, 371, 385
Marcel, G. 370
Marcion 90, 326, 337
Marcovic, S. 324
Marcuse, H. 323, 329, 369
Maréchal, Jos. 314, 368, 385
Maritain, J. 370
Marquard, O. 311, 385
Marx, K. 35–51, 53, 54, 55, 58–64, 73, 74, 83, 87, 89, 92, 103, 104, 137, 202, 314–324, 338, 339, 340, 349, 350, 354, 361, 373, 385
Masi, G. 345
Mathieu, V. 345
Matz, U. 353, 386
Maurer, W. 334
Maus, H. 330
Maximus Confessor 366
Mayer, H. 354
Mayer, J. P. 322, 324, 386
McInnes, N. 323, 386
Meadows, D. 375, 386
Menczer, B. 322, 386
Mendel, G. 334
Meuli, K. 349
Meyer, A. G. 317
Meyersohn, R. 356
Mikat, P. 331, 339
Mirgeler, A. 334, 386
Mirgeler, M. 331
Molina, L. de 331, 336
Möller, J. 351
Molnar, Th. 322, 359, 374, 386
Morburgo-Tagliabue, G. 363, 386
Mordstein, F. 316, 318–321, 323, 324, 386
Morus, Th. 353
Mühlmann, W. E. 344, 348, 354, 356, 386
Müller-Armack, A. 327, 329, 331, 386

Nell-Breuning, O. von 358
Nelson, L. 317
Netschajew, S. G. 319, 330
Nettl, J. P. 373, 386
Neumann, F. L. 353, 387
Niebuhr, R. 370
Nietzsche, F. 348
Noack, H. 312, 387
Nolde, O. F. 357
Nolte, E. 371, 387
Nürnberger, R. 317, 387

Oestreich, G. 357, 387
Ohm, Th. 368
Origenes 256, 351
Orwell, G. 376
Ott, H. 326
Otto, R. 346, 387
Owen, R. 318

Pächter, H. 373, 387
Pannenberg, W. 351, 366
Parsons, T. 355
Pascal, B. 338, 339, 387
Paulsen, F. 314
Peirce, Ch. S. 312
Peterson, E. 367
Petruzelli, N. 330
Pfürtner, St. 348, 387
Pikes, D. 371, 387
Pius IX. 335
Platon 26, 28, 48, 137, 340, 351
Plechánow, G. W. 317
Popitz, H. 315
Popper, K. R. 30, 31, 152, 312, 317, 323, 333, 351, 358, 367, 371, 387
Pöttgen, H. 346
Prometheus 338
Proudhon, P. J. 318
Pruyser, P. W. 365, 387

Raabe, F. 359
Rachfahl, F. 329
Raffalt, R. 335, 387
Rahner, K. 325, 331, 351, 366, 367, 387
Rausch, H. 359, 387
Reckermann, A. 348
Reding, M. 345, 371, 387
Richter, L. 334, 344
Riehl, A. 314
Riesmann, D. 354, 387
Ritter, J. 312, 363, 387
Roellecke, G. 370, 387
Rothacker, E. 312
Rubel, M. 315
Russel, B. 373
Saint-Simon, C. H. 318
Sancirpiano, M. 346
Sartre, J. P. 313, 323, 349, 372, 387
Schaeffler, R. 347, 387
Schaff, A. 316, 318, 324, 387
Schatz, W.: s. Köbert
Scheler, M. 338
Schell, H. 335
Schelling, F. W. J. 24, 36, 42, 236, 315, 341, 362, 368, 387
Schelsky, H. 354, 365, 388
Scheuch, B. E. 356, 388
Schierse, F. J. 351
Schimmel, A. 324
Schischkoff, G. 354, 388
Schlink, E. 351
Schmidt, M. A. 334
Schmitt, C. 336, 352, 388
Schmoldt, B. 342, 388
Schneider, P. K. 314, 388
Schoeck, H. 101, 320, 329, 338, 340, 348, 353, 355, 356, 358, 359, 371, 375, 378, 388
Schönmetzer: s. Denzinger
Scholtz, G. 351, 388
Schönpflug, U. 375
Schoonenberg, P. 332, 366, 388
Schramm, St. R. 319, 388
Schuffenhauer, W. 315, 388
Schulte, G. 314, 388
Schulz, W. 314, 388
Schuster, H. 369
Schütz, A. 370
Schweitzer, A. 373
Seidel, B. 353
Seiffert, H. 317, 321, 388
Sertillanges, A. D. 370, 388
Seumois, A. 368
Sevenster, G. 366
Shakespeare, W. 271
Shub, D. 317, 388
Sieger, R. 345
Söhngen, G. 334

Sokrates 277
Solowjoff, W. 338, 368
Somary, F. 357, 388
Sophokles 271
Spinoza, B. 325
Spitz, D. 374, 388
Stalin, J. W. 89, 319, 373
Staudemeier, R. 335
Steenberghen, F. van 340
Stegmüller, F. 334
Stegmüller, W. 312, 313, 388
Steinbuch, K. 355, 388
Steward, J. H. 354, 389
Stier, H. E. 352
Stojanović, S. 44, 318, 389
Stuiber, A. 331, 366
Sucker, W. 331
Supek, R. 44, 323
Szasz, Th. 373, 389

Talmon, J. L. 357, 358, 389
Tamerlan 332
Tenbruck, F. H. 361, 389
Theresia von Avila 337
Theunissen, M. 152, 342, 389
Thier, E. 315
Thiessen, A. U. 317, 389
Thomas von Aquin 239, 363
Thomson, G. 349, 389
Thum, B. 346
Tierney, B. 335, 389
Tillich, P. 367
Tkatschow 319, 330
Tolman, J. L. 320, 389
Topitsch, E. 319, 338, 340, 373, 389
Toqueville, A. de 195, 202, 322, 324, 331, 356, 357
Toynbee, A. 331, 333, 335, 344, 345, 352, 361, 389
Tresmontant, C. 367
Trillhaas, W. 369
Troeltsch, E. 329, 331, 333
Trotzki, L. D. 317

Verschuer, O. von 375, 389
Vicedom, G. F. 368
Vitoria, Fr. von 331
Voegelin, E. 319, 321, 322, 327, 338, 389
Volk, H. 346
Vorgrimmler, H. 346, 369
Vorländer, K. 314

Wagner, B. 369
Wagner, H. 313, 342, 344, 371, 389
Waszink, J. H. 367
Watkins, J. W. 333, 339, 389
Watrin, Chr. 359, 389
Weber, A. 357, 389
Weber, H. 358
Weber, M. 93, 96, 98, 99, 135, 320, 326–333, 345, 352, 389
Weiss, A. von 320, 324, 338, 390
Wellmer, A. 312, 390
Wendland, H.-D. 346
Wertenbruch, W. 357
Wetter, G. A. 315, 317, 319, 330, 370, 390
Wildmann, A. K. 317
Williams, R. 344
Winckelmann, J. 327
Windelbandt, W. 311, 312, 355, 357, 390
Woodcock, G. 328
Wulf, F. 337, 390
Wurthwein, E. 351
Wyclif 325, 338

Zeden, E. W. 334, 335
Zeiß, K. 346
Zelenyi, J. 324
Zocher, R. 314, 390

Sachregister

Zur Ergänzung ist das Inhaltsverzeichnis mit heranzuziehen

Abendland 168, 278
Abenteuer 179, 180
Absolutes
–, personales 168
–, transzendentes, spiritualistisches 84, 85
– und Freiheit 243
– als Gesellschaft 120
– als Gott 120
– als Menschheit 131
– als Menschsein 280
– (bei K. Marx) 52
– (bei K. Marx) als Vollzug 67
Absolutheit menschlicher Existenzialität 70
Absolutismus, kirchlicher 105
Achsenzeit 361
Agon 171, 217, 235
Allgemeines
–, ‚abstrakt' ges. 35
– (bei Marx) 55, 56, 57, 60, 63, 64, 65
Amt, christliches 266
Analektik 153
Anarchismus 95
Anonymität 75
Anschauung, intellektuale (bei Fichte) 33
Antagonismus 63, 64, 161, 199, 202, 280
Anthropologie, spekulative 151
Aposteriorität 155
Apriori, transzendentales (auch von Ersatz- und Pseudoreligionen) 89
Arbeit 173–176, 229, 230
– (bei K. Marx) 41, 43, 47, 321
– (bei Marx) im Vgl. zum religiösen Akt und Glauben 73, 92, 93
Aristokratie, aristokratisches Modell 189
Askese, innerweltliche 99, 101, 103
Aufklärung 32, 81, 117, 206, 228, 298, 355, 359
Ausbeutung 196
Auserwählte 99, 100, 110
Autonomie 134, 146, 223, 241, 246, 276
Autorität
– und Staat 218
–, übernationale 303

Basis (bei K. Marx) 53
Beruf: s. auch Arbeit
– (bei M. Weber) 93, 330
Bewußtsein, falsches, böses 56
Bibel 256, 347
Bolschewismus 373
Böses
– (Marx, Marxismus) 56, 74, 75
– (Marxismus, Gnostizismus) 73, 323
Brasilien 291, 295, 353
Brudertum, Brüderlichkeit 267

Bürger 325
Bürgerkrieg 304, 359

Calvinismus 81, 93, 97, 102
Chiliasmus 339
China 291, 295, 296, 353
– mission 334
Christentum 76, 254
–, Entmythologisierung: s. dort
–, Vergleichbarkeit mit dem Marxismus 77, 79

Demokratie:
– tisches Ideal, Modell 188, 189, 192, 205, 212, 213, 220
–, indirekte, nicht plebiszitäre 215
–, (un)freie 175, 226, 292 (354)
–, globale, Weltdemokratie 216, 217, 218, 236
–, westeuropäische, rechtsstaatliche 195, 357
– als totalitäre Gleichheit 203
Denken, reflektorisches 145, 146
Dialektik als Klassenkampf 72, 73, 74, 280
Dialog
– zwischen Absolutem und Mensch 168
– um die Ideen demokratischer Humanität 227
Diktatur
–, römische 194
– der Werktätigen 68
Dualismus 72, 91, 104, 105
Delegation 307

Egalitarismus 124, 125, 202, 211
Einheit
– von Christen und Juden 268
– von Gott und Menschheit 259
– der Menschheit 185
– von Offenheit und systematischer Bestimmtheit 151, 290
– von Sinnvollzügen 179
Einsicht 285
Einzelner
– und Allgemeines 35, 36, 224
– – (bei Marx) 55, 56, 57, 64, 65, 74
– und (Fremd-)Bestimmung 106, 114
– und Bezugspunkt 92
– und Engagement 285
Elite 212
–, offene 358
Elitenfrage 121
Entmythologisierung 87, 323, 366
Epochenschwelle 329
Erlöser 257
Ernst 185, 186, 229, 232, 345
– und Agon 235
Erziehung des Menschengeschlechtes 220
Eschatologie und Utopie 90, 93, 120, 242, 321
Ethik:
–, allgemeine und personale 245
–, klassenkämpferische 64
Europäisierung 191
Existenzialität 260, 267
Extrapolation (als Methode) 152, 153, 343, 360

Fachverständigkeit 215
Falsifizierbarkeit: s. Nicht-F.
Föderalismus, staatlicher 206
Fortschritt 103, 159
Freiheit 193
– als gemeinsamer Bezugspunkt 206
– Gottes 257, 258
– und Kampf 284
– und Kunstwerk 240, 241
– der Person 208, 227
– und Personalität 178
– und Religiosität 243

– und Vernunft 39, 133, 145, 146, 248, 258, 278
– im Vollzug 246
Freiraum 241, 242, 243, 247
Freiwilligkeit 285
Freizeit 170
Führer und Prophet 93, 121
Funktionär 118
Funktionsteilung, gesellschaftliche 159, 162, 345

Geburtenbeschränkung 303
Gegenwart 26, 27, 343
Geist:
–, objektiver 240, 278
– – (bei Hegel) 119
–, sozialer 224
Gelasianismus 331, 335
Gemeinde: s. Kirche
Gemeinschaft, menschliche 237
Gentleman-Ideal 346
Gerechtigkeit 227, 257, 281
Geschichte
– und Absolutes 233
– als Bewußtseinsgeschichte 186
– als Einheit von Sinnvollzügen 179
– und Fortschritt 157, 186, 201
–, ihre Möglichkeit 275
–, Vorgeschichte (bei Marx) 339
–, Endgeschichte 339
Gesellschaft:
–, egalitäre 212
–, klassenlose 326
– als (Gesamt-)Kunstwerk 232, 242
–, ihr Primat 49, 50
–, privatwirtschaftliche 306
–, zukünftige 276
–, zweitbeste 239
Gesellschaftskörper (bei Toynbee) 344
Gesetz, letztbestimmendes 170
Gewaltlosigkeit 219
Gewissen 114, 115, 116
– (im Marxismus) 75
Glaube: s. auch Arbeit
– und Nicht-Falsifizierbarkeit 81, 83
– (im Marxismus) 64, 68, 69, 70, 76, 124
Glaubensbegriff, reformatorischer 85
Glaubensfreiheit 208
Gleichheit:
–, Begriff der G. 190
– der Chancen 208, 236
– der Einzelnen 91
– und Gerechtigkeit 227
– vor Gott 122
– in Gott 91
– des Rechts 207, 212, 357
–, funktionale 208
–, staatsbürgerliche 191
Gnadenproblem 117, 136
Gnosis, Gnostizismus 100, 104, 126, 321
Gott 85, 174, 257, 258, 264, 350
–, gnostischer 92
–, voluntaristischer 84
– als Jahwe 259
– als absolute Objektivität 258
– als Subjekt 258
–, Vertretung Gottes: s. Prophet
–, göttliches Wollen: s. Wille
Gottmensch 257
Gutes
– (im Marxismus) 56, 73, 74, 75
– (im Gnostizismus) 323

Harmonisierung 280
Heilsgeschichte 94, 259, 265, 267
Heilsplan 100
Heilswille 81
–, eingeschränkter 82, 110, 123
–, seine Vermittlung: s. Kirche
Hellenismus 108, 293
Hermeneutik, transzendentale 96

Herrschaft 135, 202, 211, 219, 234, 356
–, humane 203, 204, 234
Heteronomie 146
Hinduismus 108
Hoffnung (im Marxismus) 62, 68, 70
Humanismus 183–187, 288, 289
– (bei Marx, Marxismus) 44, 49, 59, 65, 87
–, positivistischer 277
Humanität 185, 186, 187, 281, 282
– s. auch Kampf

Ideologie als Ersatzreligion 269
Imperativ: s. Wahrheit
Imperialismus 295
–, russischer 373
– des Spätkapitalismus 319
Indifferentismus 269
Industrialisierung 197, 303
Inquisition 114, 331, 335
Institutionalität 219
Interesse, unabhängiges 24, 27
Interpersonalität 177
Irenik 280
Irrationalismus 365
Islam 75, 76

Judentum 108

Kampf (Arbeit, Ernst) 229
–, totalitärer 225
– um Humanität 181, 222, 238
Kapitalismus 96, 97, 98, 99, 103, 124, 134
Kasuistik 372
Katholizismus 80, 106, 107, 116, 118, 134, 135, 136
– und katholische Kirche 106
–, römischer 112
–, tridentinischer 114
Kirche 86
Kirchentum, besonderes 333
Klasse
– und Einzelner 63
–, unterdrückte 64
– der Ausbeuter 74
Klassenkampf 64, 65, 72
Klerus 114, 115, 121
Koinzidenzstruktur Gottes 258
Kollektiv 71, 346
–, Primat des K. 307
Kolonialismus 193, 294
Kommunismus 55, 56, 57, 62, 69, 75, 337
–, utopischer 91
Konflikt 171, 221
Konkretes 138
s. auch Philosophie
Kontrolle 218
Kooperation 199, 280
–, marxistische 136
–, Primat der K. 193
Korrelation(alität), existentielle 263, 280
Korrelativität, innergesellschaftliche 161
Kreislauf 197, 198, 200
Krieg 225, 348, 350
Krise 213
Kultur 170, 171, 236, 347
–, abendländische 167
–, Hochkultur 348
s. auch Gesellschaftskörper
Kulturpessimismus 268
Kunstwerk: s. Gesellschaft

Legitimation, wechselseitige 203
Legitimität (von Macht und Herrschaft) 356
Leistung 215, 233
Leistungsteilung: s. Funktionsteilung
Liebe 177, 257
Luthertum 81
Macht 135, 191, 203, 205, 207, 210, 211, 218, 219, 221, 308, 356

– als Böses 206
-streben 308
-verteilung 204
Mächte, weltgeschichtliche 291
Maoismus 272
Marxismus 78, 86, 89, 91, 96, 104, 105, 117, 118, 119, 122, 123, 134, 136
Masse 214, 321
Materialismus 41, 44, 48, 49, 60, 61, 68, 69, 74
Materie 84, 85, 92, 224, 269
Mathematik 363
Mensch 132, 168
– und Absolutes 168, 264
– als Gegenstand der Philosophie 279
– als Geist 224
–, Grundverhältnisse zu sich und zum Absoluten 199 s. auch Prozeß
– als Relation 261
–, Sinn 237
– (bei Marx) 46, 47, 48, 52, 74, 350
– als Absolutes (bei Marx) 126
– als Gattungswesen (bei Marx) 49, 56
– und Natur (bei Marx) 42, 46, 47, 52, 350
–, Selbstwerdung (bei Marx) 42, 47, 48
Menschheit
– als Absolutes 131, 136
– als Gattungswesen 71
– als Viel-Einheit 185, 186
– als Ziel der Heilsgeschichte 267
–, Instrumentalisierung der M. 194
–, Selbstwerdung 230
–, dritte 238
Menschlichkeit: s. Recht
Menschsein, Kanon des M. 247
Messias 121
Messianismus (marxistischer) 69
Metaphysik 289
Metatheorie, philosophische 311
Militanz 212, 280
Modell 154
Monarchie, Modell 189
Monismus 73, 113, 114
Monophysitismus 255
Monopol der Heils-Vorsorge 123
Moral, altruistische 225
Mühe 173

Nationalsozialismus 372
Natur (bei K. Marx) 45
Nicht-Falsifizierbarkeit 78, 81, 83, 84, 85, 90, 93, 101, 119
Nihilismus, positiver 270
Nihilisten, revolutionäre 330
Nordamerika 291, 295
Neid 101, 102, 125, 281
Neurose, kollektive 102

Ochlokratie 355
Offenbarung 82
–, Hypostasierung der O. 119
Offenheit 150, 240, 243, 290
Ökologie 303
Ontologie, Sozial- 237
Option 248
Origenismus 82, 325
Orthodoxie 80, 82

Pädagogik, sozio-politische 220, 221, 359
Papalismus 331
Papsttum 330
Partei 69, 86, 120, 121
–, Kader- 115, 121
Partnerschaft (s. auch Kooperation):
–, innermenschliche 174, 266
– von Gott und Mensch 263, 264

Person 174, 210, 247
– des Erlösers 257
– (bei Kant) als Zweck 202
– und Gesellschaft 224
Personalität 168, 169, 177, 200, 237, 238, 258
petitio principii (bei Marx) 60
Pflege **199**
Pflicht **247**
Philosoph **279**
– (bei Popper) 371
philosophia perennis 312
Philosophie:
–, christliche 368
– phische Gegenwart, Zukunft 26, 27
– und ihre Geschichte 23, 24, **25, 26, 29**
–, hermeneutisch ges. 23, 24
– und Humanität 282
– und Konkretheit, Faktizität 137, 138
– und Konstruktivität 144
– und Kritik 24, 25, 144
– – (bei Marx) 42
–, Natur- (bei F. Engels) 41
– und Option 140
– und ihr Verhältnis zur Praxis 138
– und praktische Aporie 139
– und Standpunktlichkeit 274, **282**
–, systematische 28, 32
– und Vernunft 134
– und Voraussetzungslosigkeit 274, 282
– als Weisheit des Lebens 275, **288**
– in wissenssoziologischer Funktion 290
– als Wissenschaftstheorie 140
– und gesellschaftliche Zukunft **284**
Planung 300, 303, 307
Pluralismus, gesellschaftlicher 206
Pluralität 149, 215, 223, 363
– als Prinzip 284
Polarität 163
Politik 133, 187, 287
– (bei Marx) 55, 94, 319
Positivismus 111, 150
Pragmatismus 248
Praxis:
–, ethische (bei Kant) 32
– (bei Marx) 43, 45, 50, 52, 60, 75, 119, 316
– der Praxis (sich praktizierende Praxis) 43, 45, 50, 52, 66, 67, 83
–, Primat der P. 39, 40, 42, 43, 50
– als Verifikationskriterium 94, 119
– als Zirkel 50, 101, 119
s. auch Philosophie
Prinzipien des Denkens, Geltens, Seins 141
Privateigentum 228, 307
Privilegierung 214, 215
Probabilismus, moralischer 372
Profanität 347
Proletariat 44, 63, 68, 73, 74, 86, 120, 124
Prophet 265
Prophetentum 93
Protestantismus 63, 86, 97, 99, 134, 135, 136
Prozeß
–, künstlerischer 235
– des Menschen (bei Marx) 40, 42

Rache 281
Raum 241
Raumzeitkontinuum 149
Realismus 248
Recht 163, 357

– auf Gleichheit, auf Menschlichkeit 208
– und Pflicht 247
Rechtsabsolutismus (im Katholizismus) 113, 118
Reduktionalismus (im Marxismus) 322
Reflexion (bei K. Marx) 43
Reform der Demokratie 214
Reformkommunisten 87
Reich Gottes 326
Relationalität 151
Relativismus 28, 29
Religion 89, 163
– der Weltimmanenz 72
Religiosität 163, 164, 182, 183, 242, 244, 245, 287
–, formale 127, 131, 132
–, parasitäre 126
– und Weltimmanenz 70
Revolution
– (bei K. Marx) 64, 68
– Weltrevolution 90, 120, 319
–, englische, amerikanische, französische 227
– von 1917 295
Rom 294
Rußland 291, 295, 353

Säkularisierung 102, 103, 168, 347
Sanktionen 302
Schicksal 257
Scholastik, Barock- 117, 136, 228, 331
Schrecken 285
Schuld und Sühne 256, 257, 258
Schwärmertum 95
Selbstapplikation der Prinzipien 54, 55, 61
Selbsterlösung
– im Gnostizismus 321
– der Massen 321
Selbstverteidigung, kollektive 302
Selbstverwaltung 223
Sendungsbewußtsein 191
Seßhaftigkeit 160, 161
Sinn
– als Einheit mit seinem Vollzug 261
–, Einzel- und Gesamtsinn 182
– erfüllung und Christentum 271
– und freier Wille 178
–, Gesamtsinn und Religiosität 182, 237
– und Personalität 177
– und Relativität 272
– gebung 286
Skepsis 28
Solidarität 227
Sorge 173
Sozialismus 95
– und Minderwertigkeitskomplex 124, 125
Spiel (Spielhaftes)
– und Ernst 185, 186, 229, 236, 345, 362
–, freies Wechselspiel in der Gesellschaft 164
– und Herrschaft 203
– und Selbstreproduktion der Menschheit 231
– und Sport 170, 231, 346, 349, 361
– und Zukunftsprognose 188
– und Kunstwerk 235
– und neues Menschsein 172
–, Zyklusstruktur des Sp. 231
Sport: s. Spiel
Spiritualismus 270
Staat, Kultur- 236
Staatskapitalismus 124
Stadt 160
Stil der Arbeit 233
Stoa 355
Strafrecht 248
Strategie der Humanisierung 298, 305

–, Generalstab als S. 300
Streben (Gewinn-, Macht-) 307
Subjektivität, menschliche und göttliche 177
Subsidiaritäts-, Substitutionsprinzip 217, 307
Subsistenz, theologische Quasi-S. des Sinns 177
Synergismus 261, 350
System
–, Föderativ, Subsidiar-S. 375
–, geschlossenes 150
s. auch Wettkampf

Tapferkeit 248
Terror 65, 66, 71, 320
-systeme: s. auch humanistische Utopie
Theologie:
–, antiochenische, alexandrinische, byzantinisch-griechische, lateinische 366
– als theologia civilis 335
– als theologia relevata 334
– und Philosophie 324
Theoretiker 118
Totalitarismus
– beim Christentum 80
– und freiheitliche Demokratie 225, 226, 227, 228
–, seine Nicht-Falsifizierbarkeit 66
– und Zweck-Mittel-Relation 284
Transzendentalphilosophie 341
Transzendenz
– formale 120, 165
-bezug einer freien Gesellschaft 241, 242, 243
Tyrannei 355

Überbau 145
– (bei Marx) 53
Umwelt 160
Unendlichkeit
– und Freiheit 242, 246
–, schlechte (bei Hegel) 242
Ungleichheit 122, 124, 190
–, funktionale 205, 207, 209, 210
Union, hypostatische 262
Utopie 237
– und Eschatologie 68, 90, 93, 120
– und Negation des Bestehenden 125
–, humanistische und Terrorsysteme 340
Utopismus beim modernen Demokratie-Ideal 192

Veränderung (bei Marx) 38
Verantwortung(steilung) 234
Verbraucher 175
Vereinigung christlicher Konfessionen 287
Verfolgungen von Juden und Christen 331
Vergangenheit, Extrapolation der V. 152, 343
Verifikation 94, 101
Vermassung 195, 322
Vernunft
–, kritische, konstruktive, konkrete 187
–, transzendentale 141
– und Freiheit 39, 133, 145, 146, 248, 278
–, Primat der V. 143
–, Zuwachs an V. 278
Verwandlung, schöpferische 171
Wagnis 179, 180
Wahrheit 95
Wahrscheinlichkeit 155
Welt
-demokratie 216, 217, 218
-friede 296, 351
-gericht 91, 120
-macht 294, 296

-staat 216, 222, 225, 292, 296
-zivilisation, -kultur 198
Werte 175
Wettkampf 171
– der Systeme 213
Widerstand 228
Wille
–, freier 178, 246
–, göttlicher 82
Wissenschaft
– und Freiraum 241
– (bei Marx) 316
Wissenschaftstheorie 30
Würde, menschliche 119, 184, 194, 202, 247

Zeit 235, 241
Zensur
–, dogmatische 336
–, kirchliche 335
Zentralismus
–, päpstlicher 335
– im Katholizismus 113
Zirkel
–, logischer 93
– betr. Praxis 50, 101, 119
Zivilisation: s. Kultur
Zorn, göttlicher, und Versöhnung 256, 257, 258
Zukunft 52, 64, 147, 149, 167, 210, 275, 346
– als Dimension ungelöster Probleme 27, 311
– als Extrapolation von Gegenwart und Geschichte 343, 370
– und systematische Geschlossenheit 150, 152
– und Offenheit 150, 152, 240
Zyklus: s. Kreislauf

In der Reihe „Alber-Broschur Philosophie“ sind außer diesem Buch bisher erschienen:

Karl Acham: Analytische Geschichtsphilosophie

Gellért Béky: Die Welt des Tao

Günther Bien: Die Grundlegung der politischen Philosophie bei Aristoteles

Hubert Hendrichs: Modell und Erfahrung

Hans-Ulrich Hoche: Handlung, Bewußtsein und Leib

Norbert Hoerster: Utilitaristische Ethik und Verallgemeinerung

Wolfram Hogrebe: Kant und das Problem einer transzendentalen Semantik

Fernando Inciarte: Eindeutigkeit und Variation

Henri-Irénée Marrou: Über die historische Erkenntnis

Luis Noussan-Lettry: Spekulatives Denken in Platons Frühschriften. Apologie und Kriton

Cornelis Anthonie van Peursen: Wirklichkeit als Ereignis

Otto Pöggeler: Hegels Idee einer Phänomenologie des Geistes

Otto Pöggeler: Philosophie und Politik bei Heidegger

Grau/Fetscher/Pöggeler/Ilting: Probleme der Ethik – zur Diskussion gestellt

Heinrich Rombach: Strukturontologie Eine Phänomenologie der Freiheit

Richard Schaeffler: Religion und kritisches Bewußtsein

Werner Schneiders: Die wahre Aufklärung

Jörg Splett: Gotteserfahrung im Denken

Jörg Splett: Die Rede vom Heiligen

Fridolin Wiplinger: Der personal verstandene Tod

In der Studienreihe „Kolleg Philosophie" liegen bis jetzt vor:

Karl Bormann: Platon

Jan M. Broekman: Strukturalismus. Moskau – Prag – Paris

Wilhelm K. Essler: Wissenschaftstheorie
Band I: Definition und Reduktion
Band II: Theorie und Erfahrung
Band III: Wahrscheinlichkeit und Induktion

Heribert Fischer: Meister Eckhart

Helmut Fleischer: Marx und Engels. Die philosophischen Grundlinien ihres Denkens

Lutz Geldsetzer: Allgemeine Bücher- und Institutionenkunde für das Philosophiestudium

Franz von Kutschera: Einführung in die Logik der Normen, Werte und Entscheidungen

Franz von Kutschera und Alfred Breitkopf: Einführung in die moderne Logik

Eike von Savigny: Analytische Philosophie

Herbert Schnädelbach: Geschichtsphilosophie nach Hegel. Die Probleme des Historismus

Alfred Schöpf: Augustinus. Einführung in sein Philosophieren

Venanz Schubert: Plotin. Einführung in sein Philosophieren

Andreas von Weiss: Neomarxismus. Die Problemdiskussion im Nachfolgemarxismus der Jahre 1945–1970